Edition Maritim

JÖRG-M. HORMANN
DOMINIK PLASCHKE

DEUTSCHE FLAGGEN

GESCHICHTE
TRADITION
VERWENDUNG

Edition Maritim

Bibliografische Information der Deutschen Nationalbibliothek
Die Deutsche Nationalbibliothek verzeichnet diese Publikation in der Deutschen Nationalbibliografie; detaillierte bibliografische Daten sind im Internet über http://dnb.d-nb.de abrufbar.

1. Auflage
ISBN 3-89225-555-5
ISBN 978-3-89225-555-0

Raboisen 8, 20095 Hamburg

Umschlaggestaltung: Buchholz/Hinsch/Hensinger, Hamburg
Lithografie: scanlitho.teams FullService GmbH, Bielefeld
Druck und Bindearbeiten: J. P. Himmer GmbH + Co. KG, Augsburg

Bildverzeichnis
Sämtliche Vorlagen der Abbildungen stammen aus den Sammlungen von Jörg M. Hormann und Dominik Plaschke
bis auf:
adidas, Herzogenaurach: S. 24 li.
akg-images, Berlin: S. 29 re., 32, 39, 44 li., 105, 174 li.
APA-IMAGES/APA-Grafik: S. 165, 235 li.
Fritz Behrendt, Amsterdam: S. 176 li., 242 u.
Claus Friedrich Bergen (© VG Bild-Kunst, Bonn 2006): S. 103, 119, 153
Bildarchiv Preußischer Kulturbesitz, Berlin 2006: S. 41, 46 (Kunstbibliothek, SMB/Knud Petersen)
Hans Bohrdt (© VG Bild-Kunst, Bonn 2006): S. 82
Bundesarchiv, Koblenz: S. 48 o.
dpa Picture-Alliance GmbH/ZB, Frankfurt: Titelfoto
Deutsches Historisches Museum, Berlin: S. 235 re. Mi.
Focke-Museum, Bremerhaven: S. 47
Geo Epoche, „Deutschland um 1900": S. 69
Haus der Geschichte, Bonn: S. 167 li. o, 196 li. (Foto: Robert Tönshoff), 242 o.
Ludwig Hohlwein (© VG Bild-Kunst, Bonn 2006): S. 117
César Klein (© VG Bild-Kunst, Bonn 2006): S. 105
Stadtmuseum Jena: S. 34 o.
ullstein bild, Berlin: S. 8 (Foto: Müller-Stauffenberg), 9 (Foto: Unkel), 45 (Archiv Gerstenberg), 125 (AKG Pressebild), 154 re., 173 li., 174 re., 194 (dpa85), 195 (dpa85), 196 re. (Reuters), 197 (HDG, Bonn), 205 u., 206 re. (LS-PRESS), 210 re. (Foto: Simon)

Printed in Germany 2006

Vertrieb: Delius Klasing Verlag, Siekerwall 21, 33602 Bielefeld
Tel.: 0521 / 55 90, Fax: 0521 / 55 91 15
E-Mail: info@delius-klasing.de
www.delius-klasing.de

Inhalt

Einleitung

„Gesehen, schön gefunden, gekauft – jetzt weht sie halt am Mast." Etwas überrascht schaute ein Urlauber an der ostfriesischen Nordseeküste auf den stolzen Besitzer des flatternden Tuches am Flaggenmast eines gepflegten Vorgartens. Als Antwort auf seine Frage nach der Bedeutung der Flagge hatte er sich aus heimischem Munde eher Aufklärung über die Farben und die drei abgebildeten Schiffe erhofft. Der setzte jedoch nach: „Wieso? Die passt toll hier an den Deich. Sieht doch einfach gut aus!" Dass dort die Ortsflagge von Eiderstedt in Schleswig-Holstein wehte, wussten bei diesem Urlaubsschnack über den Gartenzaun beide nicht.

Gespräche wie diese sind charakteristisch für das heutige Deutschland. Flaggen haben im Bewusstsein vieler Deutscher einen eher oberflächlichen Stellenwert. Sie dienen ihnen allenfalls dazu, ein wenig Farbe in den Garten zu bringen und das flatternde Geräusch des Tuches im Wind zu erzeugen. Welche Flagge schließlich weht, spielt kaum eine Rolle. So ist es Hobby vieler Flaggenmastbesitzer, möglichst exotische Exemplare zu hissen. Es gibt Nachbarn, die sich einen regelrechten „Flaggenwettstreit" liefern, unter dem Motto: Jeden Tag eine andere Flagge, mal sehen, wie lange der andere durchhält! So wehen dann binnen weniger Tage zum Beispiel die Flaggen Islands, Fehmarns, Maltas, der Deutschen Gesellschaft zur Rettung Schiffbrüchiger oder Tibets im Wind und sorgen für viel Farbe und Abwechslung.

Dass das Hissen einer Flagge unter solchen Vorzeichen keiner Identifikation mit der eigentlichen Symbolik bedarf, liegt auf der Hand. Die Symbolkraft von Flaggen wird in der deutschen Gesellschaft allgemein eher gering geschätzt, nicht wahrgenommen oder verdrängt. In vielen Ländern ist dies ganz anders. So weht beispielsweise in Dänemark der Danebrog wie selbstverständlich vor den Häusern der Menschen zum Zeichen der Verbundenheit mit dem eigenen Land. Gleiches gilt in den USA für das Sternenbanner. Dort führen Schüler sogar vor Schulbeginn einen Flaggenappell durch. In England findet man den Union Jack selbst an zahllosen gewerblichen Produkten, so z. B. als Bestandteil von Automarkenbezeichnungen oder auf Turnschuhen. In diesen Ländern pflegen die Menschen also ein inniges Verhältnis zur eigenen Nationalflagge. In Deutschland hingegen galt lange Zeit und gilt noch immer für viele Menschen folgende Denkweise: Will ich meinen Nationalstolz zeigen, hisse ich entweder eine Michael-Schumacher-Flagge oder die Flagge einer deutschen Biermarke. Auch Flaggen der Bundesländer, Regionen oder Städte werden bei uns leichteren Herzens gehisst als Schwarz-Rot-Gold.

Welche Ursache aber hat diese noch immer vorhandene Distanziertheit vieler Deutscher gegenüber ihren Nationalsymbolen? Sind wir ein Volk, das sich wenig für seine Vergangenheit und seine geschichtlich gewachsene Identität interessiert? Ist es die Tatsache, dass

Deutschland aus zahlreichen sehr unterschiedlichen Regionen besteht und viele Menschen sich zunächst als Sachsen, Friesen, Schwaben, als Hamburger, Berliner oder Kölner sehen und erst dann als Deutsche? Immerhin stellte auch Bismarck bereits 1890 fest: „Als Preuße, Hannoveraner, Württemberger, Bayer, Hesse ist der Deutsche früher bereit seinen Patriotismus zu dokumentieren denn als Deutscher." Und schon Goethe beklagte sich, dass Deutschland seinerzeit keinen einheitsbildenden kulturellen Mittelpunkt hatte, anders als Frankreich mit Paris. Oder aber liegt die Scheu vor einer Identifikation mit unseren Nationalsymbolen allein an den dunklen zwölf Jahren der NS-Diktatur, welche Deutschland neben Krieg, Terror und Verbrechen auch einen regelrecht inflationären Gebrauch von Symbolen brachte?
Für viele Menschen ist die Erfahrung mit der NS-Zeit auch heute noch ein Hemmnis, sich mit der Geschichte unseres Landes und seinen Nationalsymbolen neutral und unbefangen auseinanderzusetzen. Die deutsche Geschichte reicht indes weit über tausend Jahre zurück bis in das frühe Mittelalter und weiter. Zu allen Zeiten gab es auch Herrschaftszeichen, welche für die Entwicklung unserer heutigen Nationalsymbole bedeutsam waren. Der Nationalsozialismus hingegen brach mit den Traditionslinien der alten deutschen Symbolik und verwendete seine eigenen Symbole.
Die Unwissenheit eines Großteils der Bevölkerung darüber und über unsere Nationalsymbole an sich ist bemerkenswert. Sarah Connors legendäre Neuschöpfung des Textes der Nationalhymne beim Eröffnungsspiel in der neuen Münchner Fußball-Arena („Brüh' im Lichte dieses Glückes") hat dies auf heitere Weise belegt. Vermutlich hat Frau Connor ihre Nationalhymne aber auch nicht in der Schule gelernt. Eine Thematisierung der Nationalsymbole unseres Staates sehen die Lehrpläne nämlich bis heute nicht vor. Auch hierin unterscheidet sich Deutschland von anderen Ländern. Eine mexikanische Besucherin in Deutschland antwortete einmal auf die Frage, ob sie denn in der Schule ihre Nationalhymne gesungen hätte: „Ja, montags." Schon in der ersten Klasse musste sie die Nationalhymne im Unterricht lernen.

Unüberschaubar war das Flaggenmeer auf den Fanmeilen während der Fußball-Weltmeisterschaft 2006, wie hier in Berlin.

Bei uns darf sich also niemand wundern, dass die Einwohner Deutschlands wenig mit ihren Nationalsymbolen anfangen können und besonders ihre Entstehungsgeschichte für die meisten gänzlich im Dunkeln liegt.
Symbole aber haben für einen Nationalstaat einen nicht zu unterschätzenden Wert: Sie lösen eine emotionale Bindung der Bevölkerung an das Gemeinwesen aus. Nationalsymbole bieten den Menschen eine Identifikationsmöglichkeit nach innen und außen. Sie lassen den Staat, anders als bei einem gefühlsleeren Verfassungspatriotismus, auch sinnlich wahrnehmbar werden. Das schwarz-rot-goldene Flaggenmeer vor dem Reichstag am 3. Oktober 1990, dem Tag der deutschen Wiedervereinigung, hat der Welt ein eindrucksvolles Zeichen gegeben, dass die Deutschen in Ost und West eine Einheit sein wollen. Bis heute ist dieses Bild fest im Kopf der Menschen verankert. Kaum eine Geste oder Rede hätte wohl jemals so tiefe und langzeitliche Wirkung erzeugen können wie das Bild jener Flaggen.
Seit den 90er-Jahren des vergangenen Jahrhunderts spürt man ohnehin einen zunehmend normaleren Umgang der Deutschen mit ihren Nationalsymbolen. Im Gegensatz zu den Jahrzehnten vor der Wiedervereinigung sind deutsche Symbole heute wieder eher positiv besetzt – besonders von den jungen Menschen. Fragt man Schülerinnen und Schüler nach ihrem Verhältnis zu den Nationalsymbolen, so antworten viele wie selbstverständlich, dass sie sich zu unseren Symbolen bekennen. Dies gilt auch und gerade für viele Schüler mit ausländischen Wurzeln. Jugendliche in Deutschland kritisieren heute scharf, dass es für viele in unserer Gesellschaft noch immer üblich ist, die deutschen Nationalsymbole und mit ihnen die deutsche Kultur und Identität gering zu schätzen. Sie wollen, dass wir keine Sonderrolle mehr spielen, sondern ein normales Verhältnis zu uns und unseren Nationalsymbolen haben, wie die anderen Völker auch. Ihre in den 1960er- und 1970er-Jahren aufgewachsenen Eltern indes schütteln über so viel Natürlichkeit und Selbstverständlichkeit im Umgang mit den eigenen Nationalsymbolen oft nur verständnislos den Kopf.
Doch auch viele Politiker entdecken heute wieder den Identifikationswert unserer nationalen, demokratischen und von ihren geschichtlichen Ursprüngen her unbelasteten Symbole. So gab es im November 2005 die Forderung der sächsischen CDU, dass die Nationalhymne verbindlicher Unterrichtsgegenstand werden soll. Die Fußball-WM im Sommer 2006 hat eine regelrechte Welle schwarz-rot-goldener Begeisterung in Deutschland ausgelöst. Es gab kaum einen Supermarkt, der nicht deutsche Flaggen im Angebot hatte, unzählige Autos waren mit Schwarz-Rot-Gold geschmückt. Politiker fast aller Parteien begrüßten das neue Bekenntnis zur deutschen Flagge. Der Versuch der Lehrergewerkschaft GEW, während der Fußball-WM die deutsche Nationalhymne als „furchtbares Loblied auf die deutsche Nation“ zu diffamieren, traf auf so viel Widerstand, dass sich die GEW nur wenige Tage später öffentlich entschuldigte.
Ganz anders die Äußerung von Bundespräsident Horst Köhler nach dem Spiel um den dritten Platz bei der Fußball-WM: Er zeigte sich erfreut über die vielen deutschen Fahnen auf den Straßen und in den Stadien. Es freue ihn, „dass wir uns zu unserer Fahne bekennen, ohne dass wir daraus jetzt eine Großaktion des Nationalismus machen“.

Die Flaggen der alten und neuen Bundesländer.

Noch weiter ging Charlotte Knobloch, Präsidentin des Zentralrats der Juden in Deutschland, die im Hinblick auf die Patriotismusdebatte bemerkte: „Ich habe selten ein natürlicheres Verhältnis eines Volkes zu seinem Land gesehen. Die selbstbewusste Leichtigkeit, mit der die Nationalfarben auf Wangen und um die Schultern getragen wurden, war einfach schön.“

Selbst Günter Grass, eher unverdächtiger Zeitzeuge und jeglicher nationaler Kraftmeierei abhold, meinte in einem Interview mit der Süddeutschen Zeitung: „Da sich sonst wenig Anlass bietet, Flagge zu zeigen, lädt der Sport und die sportliche Veranstaltung dazu ein.“ Und noch deutlicher: „Es ist ein wunderbares Nebenprodukt dieser Weltmeisterschaft, dass auf eine sehr einfallsreiche Art und Weise Flagge gezeigt wurde. (...) Diese völlig unorganisierte Art war überzeugend.“

Dieses Buch handelt von der Geschichte der deutschen Flaggen seit dem Ende des Heiligen Römischen Reiches Deutscher Nation und damit auch von der deutschen Geschichte des 19. und 20. Jahrhunderts an sich. Heute leben wir in einem geeinten und demokratischen Deutschland in der Mitte eines friedlichen Europas. Ganz anders sah die Situation zu Beginn des 19. Jahrhunderts aus. Im Jahr 1806 wurde das seit dem frühen Mittelalter bestehende Heilige Römische Reich Deutscher Nation aufgelöst. Der Österreicher Franz II. legte als letzter deutscher Kaiser dieses Reiches auf Druck Napoleons die deutsche Kaiserkrone nieder. Die Eroberung Europas durch den französischen Feldherrn hatte den Untergang des Reiches besiegelt. Für Deutschland bedeutete dies, dass es zunächst keine politische Instanz mehr gab, welche die Deutschen in irgendeiner Weise einte. Doch durch den Untergang des alten Reiches wurde der Weg frei für das Entstehen eines neuen deutschen Selbstbewusstseins: Unter den Repressalien der französischen Besatzungstruppen entwickelte sich aus dem Wunsch nach Befreiung und Selbstbestimmung die nationale und liberale Einigungsbewegung. Mit der Befreiung von Napoleon im Jahre 1815 war der Wunsch nach nationaler Einheit bei der deutschen Bevölkerung kaum mehr zu bremsen. Damit wurde auch die Frage nach einer Einheitsflagge relevant. Die nachfolgenden Ereignisse und Entwicklungen in der deutschen Flaggengeschichte des 19. und 20. Jahrhunderts sind sehr vielfältig, gerade so, wie es ja die deutsche Geschichte jener Zeit selbst ist. Diese Komplexität hat drei grundlegende Ursachen. Zum einen war die Zersplitterung Deutschlands in zahllose große, mittlere und kleine Einzelstaaten im 19. Jahrhundert verantwortlich für eine kaum überschaubare Flaggenvielfalt. Eine Nationalflagge konnte sich im Vergleich zu anderen Staaten erst sehr spät etablieren. Zum Zweiten haben mehrere politische Systemwechsel seit der Nationalstaatsgründung von 1871 eine Kontinuität in der Führung der deutschen Nationalflagge verhindert. Zum Dritten ist ein bedeutender Teil Deutschlands, nämlich Österreich, in einem langen geschichtlichen Prozess vom 19. bis zur Mitte des 20. Jahrhunderts aus dem deutschen Staatsverbund ausgeschieden.

Eben wegen dieser direkten Auswirkungen der jeweiligen politischen Ereignisse auf die Flaggenfrage ermöglicht die Beschäftigung mit der Flaggenthematik faszinierende Einblicke in die deutsche Geschichte. Politische und gesellschaftliche Prozesse der Vergangenheit spiegeln sich in den Entwicklungen der deutschen Flaggen wider, ja sie werden für den Geschichtsinteressierten anhand der Flaggenthematik geradezu fühlbar und lebendig. Entsprechend wird im Buch die Flaggenthematik eingebettet in die für ihr Verständnis wichtigen gesamtgeschichtlichen Zusammenhänge.

Dominik Plaschke

Vom Zusammenbruch des alten Kaiserreiches bis zur Auflösung des Deutschen Bundes (1806–1866)

Das Jahr 1806 bedeutete für Europa eine Zäsur. Das Heilige Römische Reich Deutscher Nation, welches seit dem frühen Mittelalter weite Teile Mitteleuropas unter einem deutschen Kaiser einte, hörte auf zu existieren. Verantwortlich dafür war Napoleon Bonaparte. Er hatte sich 1804 zum Kaiser der Franzosen erklärt. Ein deutsches Kaiserreich wollte er neben sich nicht dulden. Am 2. Dezember 1805, dem Jahrestag seiner Kaiserkrönung, besiegte Napoleon in der „Dreikaiserschlacht" bei Austerlitz die russischen und österreichischen Truppen. Seine politischen Ziele bezüglich Deutschlands waren in der Folge die Auflösung des Heiligen Römischen Reiches Deutscher Nation, die Bildung deutscher Mittelstaaten als Gegengewicht zu Österreich und Preußen sowie die Verpflichtung deutscher Fürsten als Vasallen Frankreichs. Letzteres erreichte Napoleon, indem er kleinen Fürstentümern territoriale Zugewinne verschaffte und sie damit von Frankreich abhängig machte.

Am 12. Juli 1806 erfolgte in Paris die Gründung des zunächst aus 16 deutschen Staaten bestehenden Rheinbundes. Diesem von Frankreich abhängigen Staatenbund traten bis 1808 noch die meisten übrigen deutschen Länder außer Preußen und Österreich bei. Unmittelbar nach der Gründung erklärten die 16 Unterzeichnerstaaten offiziell ihren Austritt aus dem Reich. Am 6. August 1806 schließlich verzichtete Kaiser Franz II. von Habsburg nach einem Ultimatum Napoleons auf die Kaiserkrone des Heiligen Römischen Reiches Deutscher Nation. Damit war das Reich formal aufgelöst.

Viele Deutsche empfanden diese Zwangsauflösung der jahrhundertealten deutschen Kaiserwürde als Demütigung. In einer anonymen Flugschrift mit dem Titel „Deutschlands tiefste Erniedrigung" urteilte der Buchhändler Philipp Palm aus Nürnberg: „Weine laut auf, edler, biederer Deutscher, dessen ruhige Hütte, von den ersten Fürsten ungeschützt, den Heeren des allgemeinen Friedensstörers zum Aufenthalte dienen muss …" Palm sah insbesondere in der Uneinigkeit der Deutschen und in mangelnder Verantwortung der beiden deutschen Großmächte Österreich und Preußen einen Hauptgrund für die Stärke Frankreichs. Die Flugschrift wurde sein Verhängnis: Im August 1806 wurde er auf Befehl Napoleons hingerichtet.

Die Auflösung des Reiches bildete unbeabsichtigt die Voraussetzung für einen politischen Prozess, der bis 1871 zur Gründung des deutschen Kaiserreiches führen sollte. Napoleon, der die Rheinbundstaaten möglichst eng an Frankreich binden wollte, schuf Grundlagen für einen modernen Einheitsstaat nach französischem Vorbild mit Fachministerien und zentraler Bürokratie. Er verordnete Freiheiten, etwa bei der Berufswahl oder der Religionsausübung. Zudem führte er Steuersowie Rechtsgleichheit ein und verfügte eine

Schulaufsicht. Als Napoleons Macht im Verlaufe der kommenden Jahre geringer wurde, lockerte sich jedoch die Bindung des Rheinbundes an Frankreich zunehmend. In der Völkerschlacht bei Leipzig 1813 kämpften bereits Mitglieder des Rheinbundes auf Seiten der Alliierten gegen die französische Fremdherrschaft.
Auch Preußen führte seit 1806 weitreichende Reformen durch. Religiöse Toleranz hatte hier schon seit Friedrich dem Großen Tradition. Nun kam es auch zur Aufhebung der Leibeigenschaft, zum Aufbau von Fachministerien und zur Einführung der Gewerbefreiheit. Zudem wurde eine weitreichende Bildungs- und Heeresreform durchgeführt. Die Namen der Reformer Freiherr vom und zum Stein, Hardenberg, Wilhelm von Humboldt, Scharnhorst und Gneisenau stehen für diese weitreichenden Maßnahmen, die Preußen bis 1814 zu einem der fortschrittlichsten Staaten Europas machten. Vom Steins Ziel war es, den bestehenden preußischen Staat in einen modernen Nationalstaat umzuwandeln, in dem die Bürger ihre Verantwortung für diesen Staat einbringen. Und 1871 sollte es dann tatsächlich zur Nationalstaatsgründung unter preußischer Führung kommen.
Die Auflösung des Heiligen Römischen Reiches Deutscher Nation wurde zwar auf Druck Napoleons 1806 vollzogen, sein eigentlicher Untergang hatte sich aber längst ereignet. Zu Beginn des 19. Jahrhunderts war kaum noch jemand bereit gewesen, dieses Reich zu verteidigen, das aus einer Vielzahl weitgehend eigenständiger Territorien bestand: Königreichen, Herzogtümern, Fürstentümern, Bistümern, freien Reichsstädten.

Entstehung und Geschichte des Heiligen Römischen Reiches Deutscher Nation

Das Reich war aus dem Ostfränkischen Reich hervorgegangen und stand in der Nachfolge des von Karl dem Großen (742–814) 800 begründeten Kaiserreiches. Am 2. Februar 962 ließ sich Otto I. (912–973) in Rom vom Papst zum Kaiser krönen. Er erklärte sich

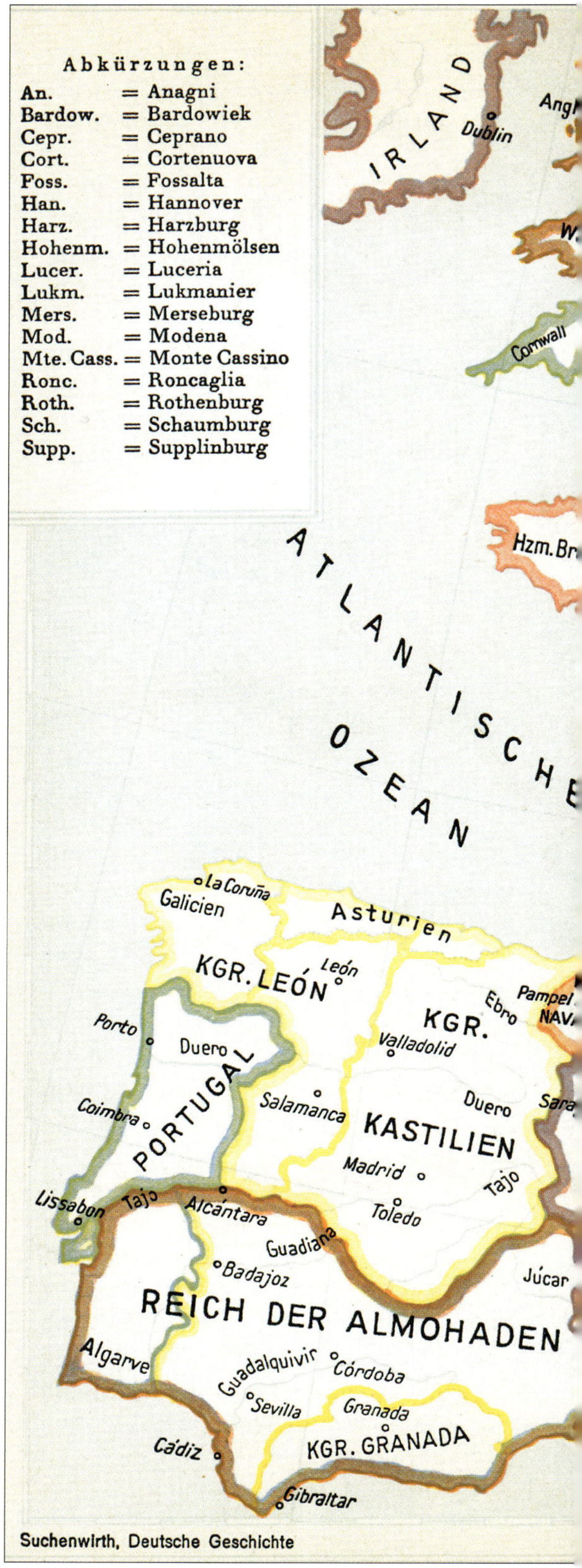

Suchenwirth, Deutsche Geschichte

Das Heilige Römische Reich auf der Höhe seiner Macht
Deutschland um 1197
(Reichsstädte unterstrichen)

damit zum Schutzherrn der Christenheit in Europa und begründete gleichzeitig die Tradition des römischen Kaisertums der deutschen Könige.
Der Name „Römisches Reich" sollte den Anspruch auf das legitime Erbe des antiken Römischen Reiches verdeutlichen. Seit dem 12. Jahrhundert hatte dieses neue Römische Reich den Zusatz „heilig", um das Gottesgnadentum zu versinnbildlichen. Vom Jahre 1512 an hieß es dann offiziell „Heiliges Römisches Reich Deutscher Nation". Dieses Reich war niemals ein einheitlicher Staat, geschweige denn ein deutscher Nationalstaat. Der Kaiser fungierte zwar als Reichsoberhaupt, die einzelnen Königreiche, Fürstentümer, Bistümer und freien Städte waren aber weitgehend autonom. Es handelte sich eher um einen Bund souveräner Staaten.
Seit dem Mittelalter erlebte das Reich mehrere Stufen der Machtauflösung. Im Westfälischen Frieden 1648 etwa hatte es Gebietsverluste an Frankreich und Schweden sowie das Ausscheiden der Niederlande und der Schweiz verkraften müssen. Frankreich erlangte die Hegemonie in Europa. Der Einfluss des Kaisers wurde mehr und mehr eingeschränkt. Schon im 18. Jahrhundert war das Reich kaum noch ein Machtfaktor. Preußen und Österreich waren militärische und politische Großmächte geworden, die vornehmlich ihre eigenen Interessen verfolgten. So stimmten sie 1795 und 1797 sogar Forderungen Frankreichs nach Annexion linksrheinischer deutscher Gebiete zu, um sich die Gewogenheit der europäischen Hegemonialmacht zu sichern.
Die deutschsprachige Bevölkerung des Heiligen Römischen Reiches Deutscher Nation hatte nur geringe Vorstellungen davon, was es hieß, „Deutsche" zu sein. Vielmehr war man eher Sachse, Österreicher oder Preuße. Allenfalls einen kulturellen Patriotismus gab es schon im 17. Jahrhundert. So wurde insbesondere die gemeinsame deutsche Sprache als einigendes Band gesehen. Zahlreiche Gesellschaften kümmerten sich um die Pflege und Verbreitung der deutschen Sprache und um den Schutz vor immer größeren französischen Spracheinflüssen.

Der wichtigste Gott der persischen Mythologie in Adlergestalt: Ahura Mazda, der „Herr der Weisheit", schwebt auf dem berühmten Dareios-Relief, am Felsen von Bisutun (520 v. Chr.).

Der Adler als göttliches und politisches Herrschaftszeichen

Das Heilige Römische Reich verfügte über verschiedene Symbole. Da das Reich viele hundert Jahre lang existierte, wurden diese Herrschaftszeichen auch immer wieder verändert. Das wichtigste Symbol des Heiligen Römischen Reiches war der Adler. Er entwickelte sich im Lauf der Geschichte von einem Symbol göttlicher Macht zu einem Herrschaftszeichen für Könige und Kaiser und schließlich zu einem modernen Staats- und Nationalsymbol.
Schon die Griechen kannten den König der Vögel als Sendboten des griechischen Göttervaters Zeus. Als dessen Blitzträger versinnbildlichte er die Allmacht ihres höchsten Gottes. Abgebildet war er oft auf der ausgestreckten Rechten des Zeus oder auf seinem Zepter sitzend. Auch die Perser versahen ihre Götter mit den Merkmalen des Adlers. So sieht man auf dem berühmten Dareios-Relief von Behistun den zur Zeit der Achaimeniden wichtigsten persischen Gott Ahuramazda in Adlergestalt schweben. Die Germanen verehrten den „Adel-ar", den Edelvogel. Für sie galt er als Zeichen der unüberwindbaren Kraft des höchsten Gottes Odin.

Die Azteken sahen schon vor ihrem ersten Kontakt mit Europäern den Adler als mystisches Wesen an. Der Legende nach trug ihnen ihr Gott Huitzilopochtli einst auf, sich dort niederzulassen, wo sie einen Adler auf einem Kaktus, der aus einem Stein herauswuchs, sähen. An dieser Stelle gründeten sie ihre Hauptstadt Tenochtilán, das heutige Mexiko-Stadt. Die Szene ist in der mexikanischen Nationalflagge abgebildet.

Von der Legende zum Staatswappen. An der Stelle, an der sich der Legende nach der Adler niederließ, entstand 1325 Tenochtitlán, heute Mexiko-Stadt.

Im antiken Römischen Reich bekam der Adler als Symbol eine herausragende Bedeutung. Im Jahr 104 v. Chr. bestimmte Konsul Gaius Marius ihn zum alleinigen Feldzeichen der Legionen, den größten Truppeneinheiten der Römer (6000 Mann). Der Adler schwebte auf einer verzierten Stange mit ausgebreiteten Fittichen und wurde vom Adlerträger, dem Aquilifer, vorangetragen. Der Aquilifer unterstand direkt dem ranghöchsten Centurio. Nur besonders ausgezeichnete Soldaten erhielten die große Ehre, den Adler tragen zu dürfen. Anfangs waren die Symbolfiguren aus Holz, später aus Silber. Nach Siegen wurden sie mit silbernen Lorbeerkränzen zusätzlich geschmückt. Der Legionsadler befand sich stets bei der ersten Kohorte. Sie war doppelt so groß wie die übrigen Kohorten.

Die Standarte der Legion und die Feldzeichen ihrer Centurien hatten die Funktion von Orientierungszeichen für die Truppe im Gefecht. In Kämpfen wurden sie bis auf das Blut verteidigt. Wenn sie in Feindeshand gerieten, waren sie entehrt. Die große Symbolkraft im Kampfgeschehen als weithin sichtbares Zeichen für jeden einzelnen Soldaten über Aussicht auf Sieg oder Niederlage, Leben oder Tod, war wohl ein Grund für die besondere Verehrung.

Auch die für das antike Rom charakteristische Nähe von Politik und Religion ist eine weitere mögliche Erklärung für die geradezu religiös anmutende Behandlung der Adlersymbole. Sie dienten zudem nicht nur der Identitätsstiftung in politischer und kultureller Hinsicht, sondern signalisierten auch aller Welt die Macht und Hoheit des Römischen Reiches. Als Symbol

Historische Abbildungen waren hier die Kostümvorlagen. Der Träger des Legionsadlers, der Aquilifer, mit einem Centurio (rechts) und einem Signifer (links). Der Signifer trägt das Feldzeichen der Centurie.

für die Weltherrschaft ließen sich auch die Imperatoren und Konsuln auf Münzen häufig mit einem Adler abbilden. Der Adler zierte meist die Bekrönung des Zepters als Zeichen für die von Jupiter, dem höchsten römischen Gott, empfangene Weltherrschaft.
Nach der Teilung des Römischen Reiches 395 waren es besonders die oströmischen Kaiser, die sich gern als römische Konsuln mit dem Adlerzepter darstellen ließen, so beispielsweise Mauricius Tiberius (582–602).
Da sich das mittelalterliche Heilige Römische Reich in unmittelbarer Nachfolge des antiken Römischen Reiches sah, griffen die westeuropäischen Erneuerer der römischen Kaiserwürde ebenfalls auf das Adlersymbol zurück. Es stand nun allerdings neben einem anderen mächtigen Symbol, dem christlichen Kreuz. Beim ursprünglich heidnischen Adlersymbol verwundert, dass die tiefreligiösen deutschen Kaiser, die sich als Hüter der Christenheit sahen, den Adler verwendeten. Es ist zu vermuten, dass der Adler von ihnen als Symbol für die Weltherrschaft übernommen wurde. Dass schon der Begründer der mittelalterlichen Kaiserwürde, Karl der Große, im Jahre 800 oder später den Adler verwendete, lässt sich anhand zeitgenössischer Quellen nicht belegen. Erst schriftliche Überlieferungen aus dem 10. und 11. Jahrhundert berichten, Karl habe auf seiner Aachener Pfalz einen „ehernen“ (eisernen) Adler als Herrschaftszeichen errichtet. Da Karl selbst sich jedoch in der Tradition der altrömischen Kaiser stehend sah, gibt es keinen Grund, diese Quellen anzuzweifeln.
Wahrscheinlich orientierten sich die frühen Kaiser des Reiches auch an den oströmischen Herrschern, welche sich ihrerseits bereits als rechtmäßige Nachfolger der römischen Imperatoren sahen und die römische Tradition des Adlers als Herrschaftssymbol selbstbewusst fortführten. Zwischen beiden Kaiserreichen entwickelte sich seit 800 das so genannte „Zweikaiserproblem“: Beide Reiche standen in Konkurrenz um die legitime Nachfolge des antiken Roms und die Schirmherrschaft über die Christenheit. Diese Auseinandersetzung spiegelte sich auch in der beiderseitigen Verwendung des Adlersymbols wider.
Im Heiligen Römischen Reich symbolisierte der Adler nicht einen bestimmten Staat, sondern die Idee einer staatlichen Ordnung, den Reichsgedanken. Das Reich gehörte nach mittelalterlichen Vorstellungen nicht den Herrschern, sondern es war ein von Gott gegebenes Lehen. Dieses war verbunden mit der Weltherrschaft. So führte Otto III. (980–1002) um das Jahr 1000 das altrömische Konsularzepter mit dem Adler als Bekrönung zum Zeichen dieses Anspruchs ein.
Zur Zeit der Kreuzzüge (ca. 1100–1300) entwickelte sich das Wappenwesen, die Heraldik. Völlig eingerüstete Ritter mussten sich anhand ihrer Erkennungszeichen auf den Schilden identifizieren können, um zwischen Freund und Feind zu unterscheiden. So bildeten sich in der ersten Hälfte des 12. Jahrhunderts in Europa einheitliche heraldische Regeln heraus. Nach diesen Regeln gab es als Wappenfarben die „Metalle“, Gold und Silber, sowie die Farben Rot, Grün, Blau und Schwarz. Das Adlersymbol veränderte sich im Rahmen dieser Entwicklung ebenfalls. Waren die Darstellungen zuvor noch eher naturgetreu gewesen, so wurde der Adler jetzt stilisiert und in den üblichen Wappenfarben dargestellt, um den Regeln der Heraldik zu entsprechen. Gleichzeitig bildete man ihn meist in einem Schild ab. Eine Silbermünze des Stauferkaisers Friedrich Barbarossa aus dem 12. Jahrhundert gilt als erste heraldische Darstellung des deutschen Adlers. Bis dahin waren die Adlerdarstellungen farblos gewesen. Erst um die Wende vom 12. zum 13. Jahrhundert bildete sich eine regelmäßige Farbgebung aus.
Etwa seit 1200 war der Adler Herrscherwappen. Eine Miniatur der Weltchronik des Otto von Freising belegt folgende Farbgebung des Wappens: Es zeigte einen schwarzen Adler in einem goldenen Schild. Gold war die Kaiserfarbe. Dies war schon bei den Byzantinern so gewesen. Die schwarze Farbe des Adlers lässt sich nicht unmittelbar erklären. Es ist

Der Adler hat schon Ähnlichkeit mit dem Bundesadler von heute. Kaiser Heinrich VI. mit seinem Reichswappen in der Großen Heidelberger Liederhandschrift (Codex Manesse).

aber möglich, dass man sich am heimischen Steinadler und dessen dunkler Färbung orientierte. Die Blickrichtung des Adlers war nicht einheitlich. Es finden sich verschiedene Abbildungen, bei denen der Adler nach rechts oder nach links blickt.

Schwarz und Gold waren von nun an die Farben des Reichswappens. Seit der Mitte des 14. Jahrhunderts finden sich erste Abbildungen, auf denen der Adler eine rote Bewehrung (Zunge, Fänge, später auch Schnabel) hat, so etwa in der „Großen Heidelberger Liederhandschrift" oder der „Zürcher Wappenrolle". Unter Heinrich VI. (1165–1197) erschien erstmals ein mit roter Zunge und roten Fängen versehener Adler, bei dem der Schnabel aber noch schwarz war. Eine Theorie besagt, dass die filigranen Fänge und die Zunge des Adlers ursprünglich eine rote Unterfarbe erhielten, auf die dann die eigentliche goldene Farbe der Bewehrung aufgetragen wurde. So sollte das Gold besser sichtbar bleiben. Durch häufigen Gebrauch der Fahnen ist dann das Rot mehr und mehr durchgedrungen. Spätestens seit dem 17. Jahrhundert wurden rote Fänge, Zunge und Schnabel des Reichsadlers allgemein üblich. Heraldiker hatten herausgefunden, dass eine goldene Farbgebung auf gleichfarbigem Schildgrund unheraldisch sei und die rote Farbe zudem einen besonderen ästhetisch ansprechenden Akzent setzte.

Kaiserfahne des Heiligen Römischen Reiches Deutscher Nation.

Doppeladler für den Kaiser, einfacher Adler für den König

Eine Neuerung des Reichswappens war die Einführung des Doppeladlers, den zuvor auch schon die Byzantiner benutzten. Er galt im Gegensatz zum einköpfigen deutschen Königsadler als Wappen der deutschen Kaiser. Der Ursprung für die Unterscheidung des kaiserlichen und königlichen Wappens in Deutschland findet sich in einer Wappenrolle des Königs Heinrich III. von England (1207–1272) aus dem 13. Jahrhundert. Der Adler des deutschen Kaisers wird dort als doppelköpfiger, der des deutschen Königs als einköpfiger bezeichnet. Auch ein um 1307 gefertigtes Fenster im Münster von York zeigt einen Doppeladler neben einem einköpfigen. In Deutschland selbst galt als Reichswappen zunächst nur der einköpfige Adler. Es war das Ausland, in diesem Fall England, das aus dem Kaisersymbol einen zweiköpfigen Adler machte. Dort entwickelte sich die Anschauung, das Kaisersymbol müsse ein zweiköpfiger Adler sein. Diese Auffassung gelangte dann auch nach Deutschland. Schließlich wurde der deutsche König erst dadurch Kaiser, dass er sich in Rom vom Papst dazu salben ließ. Damit verbunden war natürlich eine höhere Machtfülle, die auch durch ein

Unter Kaiser Sigismund gab es erstmals den zweiköpfigen Adler der Kaiserwürde und den einköpfigen deutschen Königsadler. Holzschnitt aus der Chronik des Ulrich von Richtental (1536).

anspruchsvolleres Wappenbild symbolisiert werden sollte. Der zweiköpfige Adler stand also für die Doppelwürde des von den Fürsten rechtmäßig anerkannten Königtums und der päpstlichen Kaiserweihung.
Sigismund von Luxemburg (1368–1437) führte den Doppeladler als Reichswappen ein. Man sieht ihn in den entsprechenden Kaisersiegeln. Von nun an war der Doppeladler ununterbrochen deutsches Reichswappen und der Kaiser trug den Titel „Erwählter römischer Kaiser und König von Germanien“.
Kaiser Friedrich III. (1415–1493) begründete dann im 15. Jahrhundert den Brauch, dem Adler die Wappen der jeweiligen Herrscher auf die Brust zu legen. Der Reichsadler hatte zudem weitere Attribute: den Reichsapfel, das Zepter und das Schwert in den Fängen, die Krone über den Häuptern. Dadurch sollten die weltliche Macht und die Schutzherrschaft über die Christenheit zusätzlich symbolisiert werden. Seit dem 15. Jahrhundert wurde es dann auch üblich, die Köpfe des Adlers mit Heiligenscheinen darzustellen, um die von Gott abgeleitete Macht zu versinnbildlichen.
Die Kriegsschiffe des Kaisers führten ebenfalls eine Flagge mit dem Reichswappen. Sie dienten als militärisches und quasi-staatliches Kennzeichen und wurden zudem als Standarte und Merkmal der Anwesenheit eines Mitgliedes des Kaiserhauses an Bord eines Schiffes geführt. Ein Brügger Seegesetz aus dem Jahr 1487 gilt als ältestes Dokument über die Kaiserflagge zur See. Dort werden Bestimmungen für „kaiserliche General-Gouverneure des Meeres“ abgefasst. Am großen Mast geführt, diente die Adlerflagge gleichzeitig als Admiralsflagge, um anzuzeigen, dass auf einem bestimmten Schiff das erste Kommando geführt wurde. Die Handelsschiffe des Reiches führten zu Beginn des 18. Jahrhunderts kein Adlersymbol. Sie zeigten lediglich eine schwarz-gelb gestreifte Flagge.

11-streifige Reichsflagge mit zweiköpfigem Adler zur Zeit Kaiser Karl VI. um 1737.

Auch viele deutsche Städte wählten im Mittelalter den Adler als Symbol, um ihre Reichsfreiheit bzw. ihr Streben danach zu dokumentieren. So führen beispielsweise Lübeck, Dortmund oder Nürnberg seit dem Mittelalter den Adler im Stadtwappen. Auch auf Siegeln, an Mauern, Stadttoren oder Häusern wurden zu diesem Zweck Adlersymbole angebracht. Besonders schöne Adlerbilder kann man noch heute an den Rathäusern von

Nach dem Zweiten Weltkrieg wieder aufgebauter gotischer Rathausgiebel von Münster: Doppeladler in der Mitte.

Münster und Augsburg erkennen. Die selbstbewussten Städte stellten ihre Symbole den fürstlichen Wappen entgegen und demonstrierten so Unabhängigkeit.

Christliches Kreuz und weltlicher Adler

Neben dem Adler, der für weltliche Herrschaft stand, diente das Kreuzsymbol zur Veranschaulichung der Schirmherrschaft über die Christenheit im westlichen Europa. Im 11. und 12. Jahrhundert wurden Kreuz und Adler nebeneinander als Symbole des Reiches verwendet. Das Kreuz als christliches Symbol ist in den Quellen des frühen Mittelalters häufiger belegt als der Adler, da die Mönche, die wichtigsten Urkundenschreiber des frühen Mittelalters, Ersterem gegenüber wohl positiver eingestellt waren als dem ursprünglich heidnischen Adler.

Nachdem unter Konstantin (288–337) das Christentum zur römischen Staatsreligion geworden war, nutzten die Byzantiner das Kreuz als Symbol für die Schirmherrschaft über die christliche Kirche. Das Kreuz wurde bei ihnen neben dem Adler und dem so genannten Labarum, einer Standarte, an dessen Spitze ein Christusmonogramm angebracht war, als Feldzeichen verwendet. Der Norden und Westen Europas eiferten auch hier dem byzantinischen Vorbild nach.

Das Christensymbol nahm naturgemäß zuvorderst der Papst in Anspruch. Er führte während des gesamten Mittelalters ein Kreuzbanner und zeigte damit seine geistliche Macht, vor der sich die Christen zu beugen hatten. Gerade den deutschen Kaisern mit ihrem weltlichen Machtanspruch hielt er dieses Banner stets besonders deutlich entgegen. Vermutlich ist dies ein Grund, weshalb die frühen Kaiser noch auf eine Kreuzfahne verzichteten.

Erst Otto I. nutzte seit 962 ein Kaisersiegel mit Darstellung des Kreuzes: Es schmückte sowohl das Zepter als auch den Reichsapfel. Der verstärkte Missionsgedanke ließ dann das Kreuzsymbol große Verbreitung finden. Es wurde zum Erkennungszeichen der Kreuzfahrer. Sie hefteten es sich zunächst auf die Schulter, später verwendeten sie es auch als Feldzeichen. Noch heute besitzt die Kaukasusrepublik Georgien mit der „Fünfkreuzflagge" ein Nationalsymbol, das unmittelbar auf die Kreuzzugssymbolik zurückgeht.

Kaiser Friedrich I., genannt Barbarossa (1122–1190), führte noch keine Kreuzfahne als Kaisersymbol. Er bevorzugte den Adler. Dies änderte sich unter Heinrich VI. (1165–1197), der als Hauptfahne das Kreuzbanner annahm. Um 1215 erwähnt Wolfram von Eschenbachs „Willehalm": „nu bendt die marter wider an: mit rehte sol des riches van das kriuce tragen, dar nach gesniten Da unser heil wart an erstritten."

Die Farbgebung dieser Kreuzfahne wurde ebenfalls in der ersten Hälfte des 13. Jahrhunderts festgesetzt: Es war ein rotes Tuch mit einem weißen Kreuz. Sie wurde als Heerfahne gebraucht. Unmittelbar von dieser Fahne stammt die heutige schweizerische Nationalflagge ab. Auch die dänische Nationalflagge wurde möglicherweise unmittelbar vom Reichsbanner übernommen. Die Überlieferung, der Danebrog sei 1219 in der Schlacht Waldemars II. (1170–1241) gegen die heidnischen Esten bei Reval vom Himmel gefallen, ist eine schöne Legende.

Kreuzfahne des Heiligen Römischen Reiches auf einem Kampfwagen mit Bewaffneten im 15. Jahrhundert. Aus der Kriegshandschrift des Hans Eyb.

Eine weitere Fahne des Heiligen Römischen Reiches Deutscher Nation war die Reichssturmfahne. Auch sie war eine Kriegsfahne, die dem Heer vorangetragen wurde. Kaiser Ludwig der Bayer (1282–1347) verlieh sie 1336. Sie zeigte, an einer roten Stange mit silberner Spitze befestigt, ein goldenes Tuch mit dem schwarzen Reichsadler. Zusätzlich war sie mit einem roten Schwenkel (verlängerter Stoffstreifen an der Oberseite) geziert, der als „Blutfahne" das Recht des Kaisers über Leben und Tod andeutete.

Reichssturmfahne. Der rote Schwenkel symbolisierte als „Blutfahne" das Recht des Kaisers über Leben und Tod.

Die Symbole des Heiligen Römischen Reiches Deutscher Nation waren keine persönlichen Zeichen der Herrscher oder Königsgeschlechter, sondern sie waren stets Symbole für den Reichsgedanken. So hatten diese Reichssymbole Züge moderner Staatssymbole und waren ihrer Zeit – wenn man so will – schon ein Stück weit voraus.

Neben den Reichssymbolen gab es auch die Symbole der Einzelstaaten. Die Flaggengeschichte der in der Endphase des Reiches wichtigsten Einzelstaaten wird nachfolgend vorgestellt.

Österreich und die Habsburger

Kernland der kaiserlich-habsburgischen Monarchie waren die von deutschen Stämmen bewohnten österreichischen Erbländer – etwa im Gebiet des heutigen Österreich. Das Herrschergeschlecht der Habsburger stellte von 1438–1806 die Kaiser des Heiligen Römischen Reiches Deutscher Nation. Im 18. Jahrhundert verfolgten sie in erster Linie österreichische Interessen. So ist es verständlich, dass es auch zur Einführung einer österreichischen Flagge kam. Es handelte sich um die rot-weiß-rote Flagge, welche auch heute noch österreichische Staatsflagge ist.

Die Legende besagt, diese Flagge gehe auf den Kreuzzug nach der Wiedereroberung Jerusalems durch Sultan Saladin im Jahr 1187 zurück. In der Schlacht von Akkon am 12. Juli 1191 sei demnach der Babenberger Leopold V. (1177–1194), welcher nur auf Druck Papst Clemens III. in den Krieg zog, im Kampf über und über mit Blut bespritzt worden. Sein weißes Waffenkleid färbte sich demnach blutrot. Nur unter dem Schwertgurt sei das Kleid weiß geblieben. Dieser blutrote Rock mit dem weißen Streifen sei dann über 400 Jahre lang in der Kirche „Maria auf der Had" (Maria Enzersdorf) aufbewahrt worden. Seit

der zweiten Türkenbelagerung 1683 ist er verschollen.
Auch die historischen Ursprünge dieser Flagge liegen im Mittelalter, sind aber weniger spektakulär. Ein erster Schild in den Farben Rot-Weiß-Rot findet sich beim Babenberger Herzog Friedrich II. Sein Amtssiegel vom 30. November 1230 ist ältestes Zeugnis dafür. Es zeigt einen deutlich sichtbaren Querbalken auf dem Schild.

Siegel Friedrich II. mit dreieckigem Bindenschild.

Die Farben sind hier allerdings noch nicht erkennbar. Sie wurden zuerst 1232 durch Bischof Gebhard von Passau belegt. Er berichtet, Friedrich II. am 2. Februar 1232 im Wiener Schottenkloster zum Ritter geweiht zu haben. 200 Edelleuten in rot-weiß-roter Kleidung hätten dieser Zeremonie beigewohnt. Es ist nicht auszuschließen, dass der rot-weiß-rote Schild ein altes Familienzeichen der Babenberger war, des fränkischen Fürstengeschlechts, das bis 1246 in Österreich herrschte.
Bereits im 13. Jahrhundert erhielt der Schild mehr und mehr den Charakter eines Territorialwappens für Österreich. Ein Siegel des Grafen Otto von Plain und Hardeck aus dem Jahr 1254 zeigt das dreistreifige Banner. Dies ist die erste deutliche Darstellung der österreichischen Fahne. Nachdem die Habsburger 1282 die Herrschaft über Österreich erlangten, nutzten sie ebenfalls den rot-weiß-roten Schild als Wappen. Friedrich der Schöne (1286–1330) legte 1325 dem Königsadler einen rot-weiß-roten Schild auf die Brust. Dieser Schild wurde sowohl zum Landeswappen für Österreich als auch zum Familienwappen der Habsburger.
Da die Habsburger als deutsche Kaiser seit 1438 die kaiserlichen Symbole verwendeten, trat das rot-weiß-rote Wappen mehr und mehr in den Hintergrund. Nur selten, etwa bei Festzügen, sah man noch Rot-Weiß-Rot. Auch im Krieg gegen die Schweizer Eidgenossen 1386 und 1388 wurde unter diesen Farben gekämpft. Seit dem 16. Jahrhundert aber führten die österreichischen Soldaten hauptsächlich den kaiserlichen Doppeladler. Unter Ferdinand II. (1578–1637) wurde daneben noch ein Madonnenbild geführt.
Im 18. Jahrhundert ließ Maria Theresia (1717–1780), deutsche Kaiserin und Erzherzogin von Österreich, neue Flaggen für die österreichischen Schiffe entwerfen, nachdem Österreich 1737 das Großherzogtum Toskana erlangte. Die blühenden Handelsverbindungen der Toskana wollte Maria Theresia für Österreich nutzen. In dieser Zeit machten die räuberisch lebenden Barbaresken aus den nordafrikanischen Staaten Algier, Tripolis und Tunis das Mittelmeer für die Schifffahrt unsicher. Seit die Osmanen diese Gebiete erobert hatten, organisierten sie von dort aus den Seeraub. Die Toskana hatte weitreichende Friedens- und Handelsverträge mit ihnen geschlossen. Daher wollte die Kaiserin ihren Handelsschiffen eine Flagge geben, welche der toskanischen ähnelte, jedoch nicht mit ihr identisch war. Die toskanische Flagge zeigte den Reichsadler auf gelbem Grund mit der schwebenden kaiserlichen Krone sowie Zepter und Schwert in den Fängen. Der ebenfalls auf gelbem Grund liegende Adler der neuen habsburgisch-kaiserlichen Flagge hingegen sollte die ungarische Krone auf dem Haupte tragen und war ohne weitere Attribute. Am 29. November 1749 wurde die neue Flagge per Hof-Reskript eingeführt. Allerdings ließ sie der Commercial-Intendant von Triest, Baron von Wiesenhütter, versehentlich doch gleich der toskanischen ausführen. Die irrtümlich gestaltete Flagge wurde dann beibehalten, um einen erneuten Wechsel zu vermeiden. Die Handelsschiffe verwendeten seit 1749 ein

Kriegs- und Handelsflaggen zur Zeit Kaiser Karl VI. von 1730 (oben) und Kaiserin Maria-Theresias von 1749.

Kriegsflagge Karl VI., 1730.

Kriegsmarine-Flagge. Maria-Theresia, 1749.

Handelsmarine-Flagge. Maria-Theresia, 1749.

gelbes Tuch mit dünnen schwarzen Streifen, welches im Obereck am Liek einen Reichsadler abbildete.
Kaiser Josef II. (1741–1790) griff aber dann wieder auf die rot-weiß-roten Farben der Babenberger zurück. Grund für diesen Bruch mit den ehrwürdigen Kaiserfahnen war wohl die Gründung eines Fürstenbundes zwischen Preußen, Sachsen und Hannover am 23. Juli 1785. Dieser richtete sich gegen die Pläne des Habsburger-Kaisers, die Reichsverfassung zu reformieren.
Am 20. März 1786 bestimmte Josef II. die Farben Rot-Weiß-Rot zur Seeflagge für den österreichischen Gesamtstaat. Im weißen Feld zeigte sie zum Liek hin versetzt das österreichische Wappenschild in den Farben Rot-Weiß-Rot unter einer Königskrone. Die Flagge ging auf einen Entwurf des Staatskanzlers von Kaunitz zurück. Ab dem 1. Januar 1787 führten die österreichischen Kriegsschiffe und Handelsschiffe gleichermaßen diese Flagge.
Die Offiziere der Kriegsmarine waren allerdings wenig erbaut darüber, dass die Handelsschiffe die gleiche Flagge hatten wie die

Kaiser Josef II. (1741–1790) ließ die rot-weiß-roten Farben der Babenberger aufleben, die dann zu den österreichischen Nationalfarben wurden.

Kriegsschiffe. So gab es mehrere Entwürfe für neue Flaggen. Staatskanzler Graf Cobenzl legte 1805 Muster für entsprechende Kriegs- und Handelsflaggen vor. Die Kriegsflagge zeigte ein schwarz gerändertes gelbes Tuch mit dem Reichsadler. Der Adler trug auf der Brust die österreichischen Farben. Die Handelsflagge sollte auf dem rot-weiß-roten Tuch den Reichsadler ohne Brustschild zeigen. Auch das Marine-Kommando legte einen Entwurf für eine Kriegsflagge vor. Auf rot-weiß-rotem Tuch zeigte sie den kaiserlichen Doppeladler in einem spitz zulaufenden gelben Wappenschild. Der Adler war belegt mit dem rot-weiß-roten Schild. Allerdings war die Kriegsmarine gegenüber den 1000 Handelsschiffen viel zu bedeutungslos, um ihr Ziel einer eigenen Kriegsflagge verwirklichen zu können. Und so blieb die Flagge von 1786 zunächst unverändert für alle Schiffe gültig.
Mit dem Ende des Heiligen Römischen Reiches Deutscher Nation 1806 übernahm Kaiser Franz II. (1768–1835), der sich 1804 zum Kaiser von Österreich proklamiert hatte, das Reichswappen, den schwarzen Doppeladler mit roter Bewehrung auf goldenem Grund, als Symbol für die Habsburgermonarchie. Damit führte Österreich das ehemalige Symbol für das gesamte deutsche Reich von nun an als eigenes Symbol fort. Die rot-weiß-rote Seeflagge blieb weiterhin Handelsflagge der Kauffahrteischiffe.

Schwarz und Weiß – Preußens Farben

Die Fußball-Nationalmannschaft der Bundesrepublik Deutschland ist für ihre typische Spielweise berühmt: Nicht unbedingt so schön anzusehen wie die südamerikanischer Mannschaften, aber sehr effektiv. Als Grund dafür werden seit dem „Wunder von Bern“, dem ersten Weltmeistertitel für Deutschland 1954, immer wieder die so genannten „deutschen Tugenden“ angeführt. So werden unseren Spielern gerade auch von ausländischen Trainern und Medien immer wieder ein besonderer Mannschaftsgeist, hohe Dis-

Handels- und Kriegsmarine-Flagge Josef II. von 1786 (oben links) und die folgenden Flaggenprojekte für eine österreichische Kriegsmarine-Flagge zu Beginn des 19. Jahrhunderts.

Das Wappen des DFB in der Fassung von 2006.

Trikot der deutschen Nationalmannschaft zur Fußball-Weltmeisterschaft 2006 .

ziplin und unbedingter Siegeswille bescheinigt. Diese „deutschen Tugenden“ erinnern stark an die „preußischen Tugenden“, die man den Einwohnern des einstigen deutschen Königreiches nachsagte: Pflichterfüllung, Disziplin und Opferbereitschaft. Ist diese Traditionslinie von Preußen zur Bundesrepublik des Jahres 2006 übertrieben? Vielleicht.

Fest steht allerdings, dass die deutsche Nationalmannschaft auch heute noch in den preußischen Farben spielt: Schwarze Hosen und weiße Trikots. Diese Farben entsprechen auch den Farben des DFB-Wappens, einem schwarzen Adler auf weißem Feld. Das Wappen und die Kleiderkombination in den preußischen Landesfarben wählten die Gründer des Deutschen Fußball-Bundes 1900 in Leipzig. Damals war Preußen der dominierende Staat im Deutschen Reich.

Bis dahin hatte Preußen eine außergewöhnliche Entwicklung vom kleinen Herzogtum zur europäischen Großmacht vollzogen. Die schwarzweißen Farben begleiteten diese Entwicklung bereits von Beginn an. Preußen war ursprünglich der Name für das Land der litauischen Pruzzen. Im frühen Mittelalter wehrten diese sich lange Zeit erfolgreich gegen alle Versuche der Christianisierung. Erst der Deutsche Orden eroberte bis 1283 das Land, christianisierte es und gründete dort einen Ordensstaat. Dieser erstreckte sich ungefähr im Bereich des späteren Ostpreußen, Westpreußen und Ostpommern. Der Hochmeister, das Oberhaupt des Ordens, und sein Verwaltungsstab führten diesen Staat nach strengen Regeln und machten ihn bald zu einer starken Macht im Ostseeraum. Im Jahr 1309 verlegte der Hochmeister seinen Sitz von Venedig in die neu errichtete Marienburg an der Nogat, nahe Danzig. So wurde die Marienburg Haupthaus des Ordens und Residenz der Hochmeister.

Gegründet wurde der Deutsche Orden während des 3. Kreuzzuges ins Heilige Land im Jahre 1190 in Akkon. Seit 1198 war die Bruderschaft auch ritterliche Kampfgemeinschaft zum Schutz der Pilger im Heiligen Land. Innerhalb weniger Jahre hatte der neue Orden Niederlassungen in ganz Europa. Das „Deutsche Eck“ am Zusammenfluss von Rhein und Mosel in Koblenz ist beispielsweise nach ihm benannt. Seit dem 13. Jahrhundert strebten die Deutschordensritter vornehmlich nach Christianisierung der heidnischen Völker im Osten Europas.

Neben Johannitern und Templern war der Deutsche Orden der dritte große geistliche Ritterorden im Mittelalter. Da er fast 100 Jahre jünger war als jene, orientierte er sich an deren Regeln und Organisationsmustern. So übernahmen die Deutschordensritter nach dem Vorbild der Templer einen weißen Mantel als Kleid. Statt mit einem roten war er jedoch mit einem schwarzen Kreuz belegt. Papst Cölestin III. (1106–1198) verlieh den Brüdern des Deutschen Ordens am 5. März 1198 das schwarze Kreuz zum weißen Ordensgewand. Es bestand aus zwei senkrecht sich kreuzenden schwarzen, etwa fingerbreiten Bandstreifen und wurde auf der linken Brustseite des Mantels, des Waffenrockes und der Kutte getragen. Entsprechend

Ritter des Deutschen Ordens auf einer Postkarte des Deutschen Ostmarken-Vereins von 1906.

zeigte auch der Schild der Deutschordensritter das schwarze Kreuz auf weißem Feld. Kaiser Friedrich II. schließlich verlieh dem Großmeister des Deutschen Ordens, Herrmann von Salza (vor 1179–1239), im Jahr 1226 einen einköpfigen Reichsadler in seinen weißen Schild. Dies war eine besondere Auszeichnung. Der Kaiser als Träger der weltlichen Macht im Mittelalter hatte die Pflicht, die Heiden an den Grenzen der Christenheit zu missionieren. Diese Aufgabe übernahm im Nordosten Europas der Deutsche Orden. Durch die Würde, den Reichsadler führen zu dürfen, wurde er vom Kaiser in besonderer Weise bestätigt. So bestand das Wappen des Großmeisters seit 1229 aus einem weißen Schild mit schwarzem Kreuz, das mit dem vom König von Jerusalem gestifteten goldenen Kreuz belegt war. An den Enden war dieses Kreuz mit den von König Ludwig dem Heiligen von Frankreich gespendeten goldenen Lilien verziert und in der Mitte trug es auf silbernem Schild den schwarzen Reichsadler. Während der Hansezeit schuf sich der Deutsche Orden auch eine Seemacht. Die Schiffe führten vermutlich eine Flagge, die das schwarze Kreuz auf weißem Tuch zeigte. Eine Beschreibung oder Zeichnung dieser Flagge liegt aber nicht vor.

Seit dem 15. Jahrhundert schwand die Macht des Ordensstaates zunehmend. Im zweiten Frieden von Thorn, am 19. Oktober 1466, verlor der Orden alles Land westlich der Weichsel und musste das ihm verbleibende Land, etwa im Bereich des späteren Ostpreußens, vom polnischen König zum Lehen nehmen. Der 1511 zum Großmeister bestimmte Markgraf Albrecht von Ansbach-Brandenburg (1490–1568) trat zum protestantischen Glauben über und empfing 1525 das preußische Ordensland als erbliches evangelisches Herzogtum, für das er die polnische Lehnshoheit anerkannte. So verschwand das schwarze Kreuz aus dem Wappen des Erbherzogs, der schwarze Adler auf weißem Grund blieb jedoch.

Wappen des Großmeisters des Deutschen Ordens seit 1229.

Im Jahre 1618, zu Beginn des Dreißigjährigen Krieges, fiel das Herzogtum Preußen an das Kurfürstentum Brandenburg, gehörte aber dennoch nicht zum Deutschen Reich. Kurfürst Johann Sigismund (1572–1619) aus dem Herrschergeschlecht der Hohenzollern übernahm das Herzogtum Preußen. Dies war die Voraussetzung dafür, dass sich der Name Preußen bald auf weite Teile westlich des eigentlichen preußischen Territoriums ausdehnen sollte.

Flagge des Kurfürstentums Brandenburg von 1695.

Das Zentrum der Macht lag nun in Brandenburg. Auch die brandenburgischen Farben waren zunächst die vorherrschenden für den Staat. Das brandenburgische Wappen zeigte einen roten Adler auf weißem Feld. Dieser Adler wird als brandenburgischer oder auch als askanischer Adler bezeichnet. Das Geschlecht der Askanier stammte ursprünglich aus dem Ostharz und herrschte von 1134 bis 1373 in Brandenburg. Otto I. (vor 1128–1184) führte seit 1170 als erster Askanier den roten Adler. Die Herkunft des Symbols ist unbekannt. Es könnte sich aber um ein Familiensymbol der Askanier aus vorheraldischer Zeit gehandelt haben. Möglicherweise gab es in der Nähe der Stammburg der Askanier einen Adlerhorst, der die Menschen damals inspirierte. Eine andere Theorie besagt, dass der brandenburgische Adler in Anlehnung an die deutschen Königs- und Kaiseradler entstand. So führte der Hochadel im Mittelalter häufig einen Reichsadler als Amtswappen. Die Familien änderten dann teilweise die Farbe des Adlers und machten ihn so zum Geschlechterwappen.

Im Laufe der Zeit ging der askanische Adler auf das Fürstentum Brandenburg über. Auch die nachfolgenden Herrschergeschlechter der Wittelsbacher, Luxemburger und Hohenzollern nutzten den roten Adler. Er zeigte auch verschiedene Attribute: Während der kurfürstlichen Zeit trug er etwa einen Kurhut auf dem Kopf als Zeichen der Kurwürde des brandenburgischen Herrschers.

Der Große Kurfürst Friedrich Wilhelm (1620–1688) erhielt 1657 das Recht, eigene Seeschiffe zu besitzen. Er schuf eine kleine Flottille von drei Schiffen, darunter seine Lustyacht. Jedes dieser Schiffe führte drei bis vier Flaggen, welche den brandenburgischen Adler zeigten. Auch die Schiffe der 1682 gegründeten Brandenburgisch-Afrikanischen Handelsgesellschaft segelten unter der brandenburgischen Flagge und trugen den roten Aar in ferne Gefilde, so etwa in die 1682 gegründete brandenburgische Handels-

Kurbrandenburgische Flotte mit voller Beflaggung. Gemälde aus dem Jahre 1684 von Lieve Pietersz Verschuier; Schloss Charlottenburg, Berlin.

feste Großfriedrichsburg an der Goldküste Guineas. Die polnische Lehnsherrschaft über das Herzogtum Preußen endete 1660. Der Große Kurfürst erlangte im Frieden zu Oliva die Souveränität.
Sein Sohn, Kurfürst Friedrich III. (1657–1713), vollzog zu Beginn des 18. Jahrhunderts ein politisches Kabinettstück. Am 18. Januar 1701 setzte er sich in der Schlosskirche von Königsberg eigenhändig die Königskrone aufs Haupt und nannte sich von nun an Friedrich I., König in Preußen. Sein Ziel war es, außerhalb des Heiligen Römischen Reiches, unabhängig vom Kaiser souveräner König zu werden. Daher wurde er zum preußischen statt zum brandenburgischen König. Auch die Flagge des neuen Königreiches trug von nun an den schwarzen preußischen Adler.
Schon am 8. Januar 1701 hatte Friedrich III. die preußische Flagge durch folgenden Erlass an die Befehlshaber zu Emden, dem Hauptkriegshafen der brandenburgischen Flotte in Ostfriesland, gestiftet: „Es müße auch ins Künftige die Flagge und Wimpel bey diesem unter Unserm Pavillon (…) in See gehenden Schiffen geändert werden, dergestalt daß an stat eines rohten adlers, welchen solche Schiffe bisher geführet, ein Schwarzer adler in Weißem Felde mit den beyden Buchstaben F. R. auf der Brust (…) gebrauchet werde."
Die Buchstaben FR standen für Fredericus Rex (König Friedrich). Im Wappen trug der Adler um den Hals die preußische Herzogskrone in Erinnerung an die polnische Lehnshoheit, über dem Kopf eine geschlossene Königskrone. Die Krone um den Hals wurde bald entfernt.
Im Gegensatz zu König Friedrich I. ließ sein Sohn Friedrich Wilhelm I. (1688–1740), der „Soldatenkönig", die überseeischen Aktivitäten ruhen und konzentrierte sich auf festländische Aufgaben. Er machte das junge Königreich zu einem mächtigen Staat in Europa. Sein Sohn Friedrich II. (1712–1786) förderte die Preußische Seehandlungsgesellschaft und den Handel mit der Welt. Die Schiffe, die von Emden aus Handelsfahrten unternahmen, führten die neue preußische Flagge, welche den preußischen Adler auf weißem Feld zeigte.

Preußischer Flaggenadler zur Zeit der ersten preußischen Könige im 17. Jahrhundert.

Auch die preußischen Seestädte mussten ihre eigenen Flaggen auf den Handelsschiffen bald durch die neuen preußischen ersetzen. Gerade die einflussreichen Hansestädte wie Stralsund oder Danzig waren nicht erfreut, ihre Symbole der Unabhängigkeit durch das neue Hoheitssymbol des Königreiches auszutauschen. Als die vormals freie Stadt Danzig nach der zweiten polnischen Teilung 1793 an Preußen fiel, forderte das preußische Außenministerium jedoch: „Große seefahrende und handelnde Nationen und Staaten, die auf der See nur einige Figur machen wollen, müssen eine gemeine National- und Staatsflagge für Kriegs- und eine unterschiedene für Kauffahrteischiffe haben. Eine solche Nationalflagge ist ein Souveränitätsrecht, ein Merkmal der Oberherrschaft bzw. Unterwerfung." So bestimmte König Friedrich Wilhelm III. (1770–1840), dass Danzig ab 1804 die preußische Staatsflagge zu führen habe.
Eine Kriegsflagge wurde zunächst nicht eingeführt. Jedoch stiftete der preußische König einen Kriegsorden, der als Symbol für die späteren preußischen und deutschen Kriegs- und Militärflaggen eine herausragende Bedeutung bekommen sollte: das Eiserne Kreuz.

Geschwärztes Gusseisen und weiß glänzendes Silber: das Eiserne Kreuz

Das Eiserne Kreuz war eine Kriegsauszeichnung, die am 10. März 1813, während der Befreiungskriege gegen Napoleon, durch Friedrich Wilhelm III. in Breslau gestiftet wurde. Dieser Kriegsorden konnte allen Soldaten, ohne Unterschied nach Stand und Dienstrang, verliehen werden.
Mit der Stiftungsurkunde ließ der preußische König seinen „Unterthanen" am 10. März 1813 in Breslau mitteilen: „... In der jetzigen großen Katastrophe, von welcher für das Vaterland Alles abhängt, verdient der kräftige Sinn, der die Nation so hoch erhebt, durch ganz eigenthümliche Monumente geehrt und

Zeitgenössische Vorlage der Vorder- und Kehrseite des Eisernen Kreuzes von 1813.

verewigt zu werden. Daß die Standhaftigkeit, mit welcher das Volk die unwiderstehlichen Uebel einer eisernen Zeit ertrug, nicht zur Kleinmüthigkeit herabsank, bewährt der hohe Muth, welcher jetzt die Brust belebt und welcher, nur auf Religion und auf treue Anhänglichkeit an König und Vaterland sich stützend ausharren konnte (...) Dem gemäß verordnen Wir wie folget: 1. Die nur für diesen Krieg bestehende Auszeichnung des Verdienstes Unserer Unterthanen um das Vaterland ist das eiserne Kreuz von zwei Klassen und einem Groß-Kreuz. 2. Beide Klassen

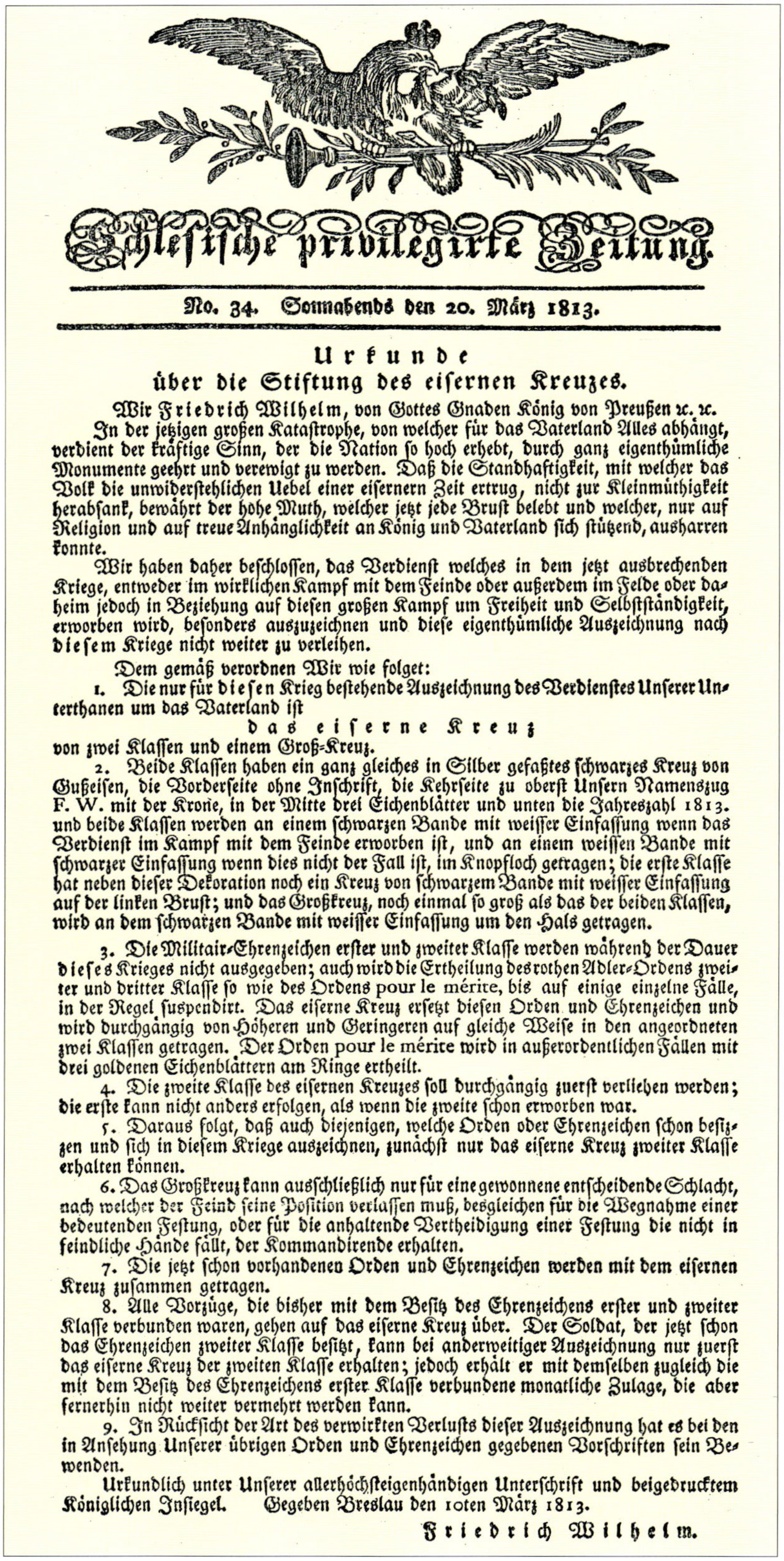

Schlesische privilegirte Zeitung.

No. 34. Sonnabends den 20. März 1813.

Urkunde
über die Stiftung des eisernen Kreuzes.

Wir Friedrich Wilhelm, von Gottes Gnaden König von Preußen ꝛc. ꝛc.

In der jetzigen großen Katastrophe, von welcher für das Vaterland Alles abhängt, verdient der kräftige Sinn, der die Nation so hoch erhebt, durch ganz eigenthümliche Monumente geehrt und verewigt zu werden. Daß die Standhaftigkeit, mit welcher das Volk die unwiderstehlichen Uebel einer eisernern Zeit ertrug, nicht zur Kleinmüthigkeit herabsank, bewährt der hohe Muth, welcher jetzt jede Brust belebt und welcher, nur auf Religion und auf treue Anhänglichkeit an König und Vaterland sich stützend, ausharren konnte.

Wir haben daher beschlossen, das Verdienst welches in dem jetzt ausbrechenden Kriege, entweder im wirklichen Kampf mit dem Feinde oder außerdem im Felde oder daheim jedoch in Beziehung auf diesen großen Kampf um Freiheit und Selbstständigkeit, erworben wird, besonders auszuzeichnen und diese eigenthümliche Auszeichnung nach diesem Kriege nicht weiter zu verleihen.

Dem gemäß verordnen Wir wie folget:

1. Die nur für diesen Krieg bestehende Auszeichnung des Verdienstes Unserer Unterthanen um das Vaterland ist

das eiserne Kreuz

von zwei Klassen und einem Groß-Kreuz.

2. Beide Klassen haben ein ganz gleiches in Silber gefaßtes schwarzes Kreuz von Gußeisen, die Vorderseite ohne Inschrift, die Kehrseite zu oberst Unsern Namenszug F. W. mit der Krone, in der Mitte drei Eichenblätter und unten die Jahreszahl 1813. und beide Klassen werden an einem schwarzen Bande mit weisser Einfassung wenn das Verdienst im Kampf mit dem Feinde erworben ist, und an einem weissen Bande mit schwarzer Einfassung wenn dies nicht der Fall ist, im Knopfloch getragen; die erste Klasse hat neben dieser Dekoration noch ein Kreuz von schwarzem Bande mit weisser Einfassung auf der linken Brust; und das Großkreuz, noch einmal so groß als das der beiden Klassen, wird an dem schwarzen Bande mit weisser Einfassung um den Hals getragen.

3. Die Militair-Ehrenzeichen erster und zweiter Klasse werden während der Dauer dieses Krieges nicht ausgegeben; auch wird die Ertheilung des rothen Adler-Ordens zweiter und dritter Klasse so wie des Ordens pour le mérite, bis auf einige einzelne Fälle, in der Regel suspendirt. Das eiserne Kreuz ersetzt diesen Orden und Ehrenzeichen und wird durchgängig von Höheren und Geringeren auf gleiche Weise in den angeordneten zwei Klassen getragen. Der Orden pour le mérite wird in außerordentlichen Fällen mit drei goldenen Eichenblättern am Ringe ertheilt.

4. Die zweite Klasse des eisernen Kreuzes soll durchgängig zuerst verliehen werden; die erste kann nicht anders erfolgen, als wenn die zweite schon erworben war.

5. Daraus folgt, daß auch diejenigen, welche Orden oder Ehrenzeichen schon besitzen und sich in diesem Kriege auszeichnen, zunächst nur das eiserne Kreuz zweiter Klasse erhalten können.

6. Das Großkreuz kann ausschließlich nur für eine gewonnene entscheidende Schlacht, nach welcher der Feind seine Position verlassen muß, desgleichen für die Wegnahme einer bedeutenden Festung, oder für die anhaltende Vertheidigung einer Festung die nicht in feindliche Hände fällt, der Kommandirende erhalten.

7. Die jetzt schon vorhandenen Orden und Ehrenzeichen werden mit dem eisernen Kreuz zusammen getragen.

8. Alle Vorzüge, die bisher mit dem Besitz des Ehrenzeichens erster und zweiter Klasse verbunden waren, gehen auf das eiserne Kreuz über. Der Soldat, der jetzt schon das Ehrenzeichen zweiter Klasse besitzt, kann bei anderweitiger Auszeichnung nur zuerst das eiserne Kreuz der zweiten Klasse erhalten; jedoch erhält er mit demselben zugleich die mit dem Besitz des Ehrenzeichens erster Klasse verbundene monatliche Zulage, die aber fernerhin nicht weiter vermehrt werden kann.

9. In Rücksicht der Art des verwirkten Verlusts dieser Auszeichnung hat es bei den in Ansehung Unserer übrigen Orden und Ehrenzeichen gegebenen Vorschriften sein Bewenden.

Urkundlich unter Unserer allerhöchsteigenhändigen Unterschrift und beigedrucktem Königlichen Insiegel. Gegeben Breslau den 10ten März 1813.

Friedrich Wilhelm.

Text der Stiftungsurkunde des preußischen Eisernen Kreuzes vom 10. März 1813.

haben ein ganz gleiches in Silber gefaßtes schwarzes Kreuz von Gußeisen, die Vorderseite ohne Inschrift, die Kehrseite zu oberst Unseren Namenszug F. W. mit der Krone, in der Mitte drei Eichenblätter und unten die Jahreszahl 1813 (...).“
Idee und erster Entwurf des Eisernen Kreuzes stammten vom preußischen König selbst. Kein Geringerer als Karl Friedrich Schinkel (1781–1841), berühmter preußischer Baumeister, Stadtplaner und Maler des Klassizismus, modifizierte diesen Entwurf und gilt deshalb als Schöpfer des Eisernen Kreuzes. Entsprechend dem damaligen Geist Preußens sollte der Orden schlicht sein. Er stand für tugendhafte Pflichterfüllung und Ritterlichkeit der preußischen Soldaten. Schinkel orientierte sich am Symbol des Deutschen Ritterordens zu Beginn des 14. Jahrhunderts: Es war ein schwarzes Kreuz mit geschweiften Armen, ein so genanntes „Tatzenkreuz“.

Rückseite der Ersten und Zweiten Klasse des Eisernen Kreuzes am Band für Tapferkeit vor dem Feind von 1813.

Preußische Kriegsflagge von 1816 mit dem Eisernen Kreuz im Obereck.

Karl August Freiherr von Hardenberg, einer der Reformer Preußens, zur Zeit der Befreiungskriege mit dem Eisernen Kreuz 1. Klasse für Kriegsverdienste am weißen, schwarz eingefassten Band.

Die Verleihung weiterer preußischer Orden wurde für die Kriegszeit ausgesetzt. Das Eiserne Kreuz war als preußische Kriegsauszeichnung eigentlich ausschließlich für die Befreiungskriege gegen Napoleon gedacht. Mehrfache Erneuerungen in den Jahren 1870, 1914 und 1939 ließen es jedoch zu einem traditionsreichen deutschen Nationalsymbol werden.
Die höchste preußische Kriegsauszeichnung erlangte während der Befreiungskriege

Die „rectificierte“ preußische Kriegsflagge von 1817 als Doppelstander mit angepasstem Wappenadler. Hier in der Form ab 1850, bei der das Eiserne Kreuz direkt in die obere Lieckecke rückte.

Friedrich Wilhelm III., König von Preußen und Stifter des Eisernen Kreuzes, hier auf dem Gemälde von Franz Krüger.

Das Eiserne Kreuz über das ganze Quadrat der Gösch für preußische Kriegsschiffe von 1816.

schnell große Beliebtheit unter den Soldaten. Und so wünschten sich auch die Admirale der Königlich Preußischen Marine dieses Kreuz als Symbol der Kriegsflagge. Am 28. Dezember 1816 bestätigte Friedrich Wilhelm III. eine neue Kriegsflagge, die auf weißem Tuch den Preußischen Adler und im Obereck am Liek das Eiserne Kreuz zeigte. Wegen ihrer Verwendung auf dem Schoner STRALSUND wurde sie auch „Stralsund-Flagge" genannt. Eine Besonderheit dieser Flagge war, dass der Adler eher ausgebreitete Flügel hatte. Da der Adler in der Kriegsflagge jedoch nicht vom königlichen Wappen abweichen sollte, wurde 1817 eine „rectificierte" (berichtigte) Ausführung mit dem Adler des preußischen Wappens vorgeschrieben. Die neue Flagge hatte nun auch eine Doppelstanderform in Anlehnung an die skandinavischen Kriegsflaggen. Als Gösch führten die königlich preußischen Kriegsschiffe eine quadratische weiße Flagge mit ausfüllendem Eisernen Kreuz.

Die Entstehung des deutschen Nationalbewusstseins

„Um die Franzosen zu schonen, habe ich die Deutschen und die Polen geopfert. Ich habe in dem Feldzug von Moskau 300 000 Mann verloren und es waren nicht mehr als 30 000 Franzosen dabei." Dieses Zitat Napoleons nach dem gescheiterten Russlandfeldzug von 1812/13 offenbarte seine Überzeugung, dass Franzosen einen höheren Wert hätten als Menschen anderer Nationalität. Die politischen Reformen im Rheinbund wurden zwar von vielen freiheitlich gesinnten Deutschen positiv gesehen; das Gefühl der Unterdrückung und Demütigung durch die Franzosen überwog aber gerade angesichts einer solchen Einstellung bei weitem. Und besonders die liberal und demokratisch gesonnenen Bürger waren glühende Anhänger nationaler Souveränität.

Viele Bürger wünschten, dass Deutschland eine unabhängige und freie Nation werde. Unter Nation stellten sie sich eine geistige Kulturgemeinschaft, aber auch eine politische Gemeinschaft freier Menschen vor. Diese Gedanken entwickelten sich besonders in gebildeten Kreisen jener Zeit. Der Philosoph Johann Gottlieb Fichte (1762–1814) wurde zu einem Sprecher dieser nationalen und liberalen Bewegung. Er betonte schon 1806 in seinen Berliner „Reden an die deutsche Nation" die Verschiedenheit der Völker und forderte die nationale Einheit der Deutschen.

Auch der Professor und Publizist Ernst Moritz Arndt (1769–1860) erklärte 1813 als Reaktion auf die napoleonischen Repressalien die Notwendigkeit der Unterschiede zwischen den Völkern. Diese seien gottgewollt und durch einen „natürlichen Hass" zwischen den Nationen zu wahren. Daher rief er zum „Hass" gegen die Franzosen sowie zur Liebe zum deutschen Vaterland und zur deutschen Sprache auf. Der Schriftsteller Friedrich Ludwig Jahn (1778–1852), der „Turnvater", sah die Notwendigkeit, die Deutschen auf den Befreiungskampf gegen Napoleon vorzubereiten, und propagierte das Turnen als national-pädagogische Bewegung zur körperlichen Ertüchtigung und Förderung des nationalen Selbstbewusstseins der Deutschen. 1811 gründete er den ersten öffentlichen Turnplatz in der Hasenheide bei Berlin.

Der Freiheitsdrang der Völker entwickelte sich in ganz Europa unter der französischen Besatzung immer stärker. In den Jahren 1808

Napoleons Flucht durch die Straßen von Leipzig nach dem Sieg der preußisch-österreichisch-russischen Koalition über die Franzosen in der Völkerschlacht bei Leipzig vom 16. bis 19. Oktober 1813. Nach dem Gemälde von L. Braun.

und 1809 scheiterten noch Erhebungen in Spanien und Österreich. Napoleons misslungener Feldzug nach Russland 1812 zeigte den nach Freiheit strebenden Völkern jedoch die Verwundbarkeit der französischen Truppen und löste besonders unter Studenten und Handwerkern eine große Begeisterung für den nationalen Befreiungskrieg aus.
So kam es 1813 in der Völkerschlacht bei Leipzig schließlich zur großen Niederlage Napoleons. Die verbündeten Russen, Preußen und Österreicher wurden verstärkt durch Truppen ehemaliger Rheinbundstaaten und durch die Sachsen, welche während der Schlacht die Fronten wechselten. Die Alliierten besiegten den französischen Eroberer und zogen in der Folge bis nach Paris. Napoleon musste abdanken und Ludwig XVIII. (1755–1824) aus dem Hause Bourbon wurde neuer französischer König. Die Sieger ließen bei den Friedensverhandlungen Milde walten, verzichteten auf Kriegsentschädigungen und gestanden Frankreich die Grenzen von 1792 zu. Zwar kam Napoleon noch einmal für 110 Tage zurück, in Waterloo bei Brüssel wurde er am 18. Juni 1815 aber endgültig von Engländern, Preußen und Niederländern geschlagen.
Auf dem ab September 1814 stattfindenden Wiener Kongress wurde eine Neuordnung

Faksimile des Extrablatts der „Berlinischen Nachrichten“ über die Schlacht bei Belle-Alliance, der preußische Sieg über Napoleon bei Waterloo, Ende Juni 1815.

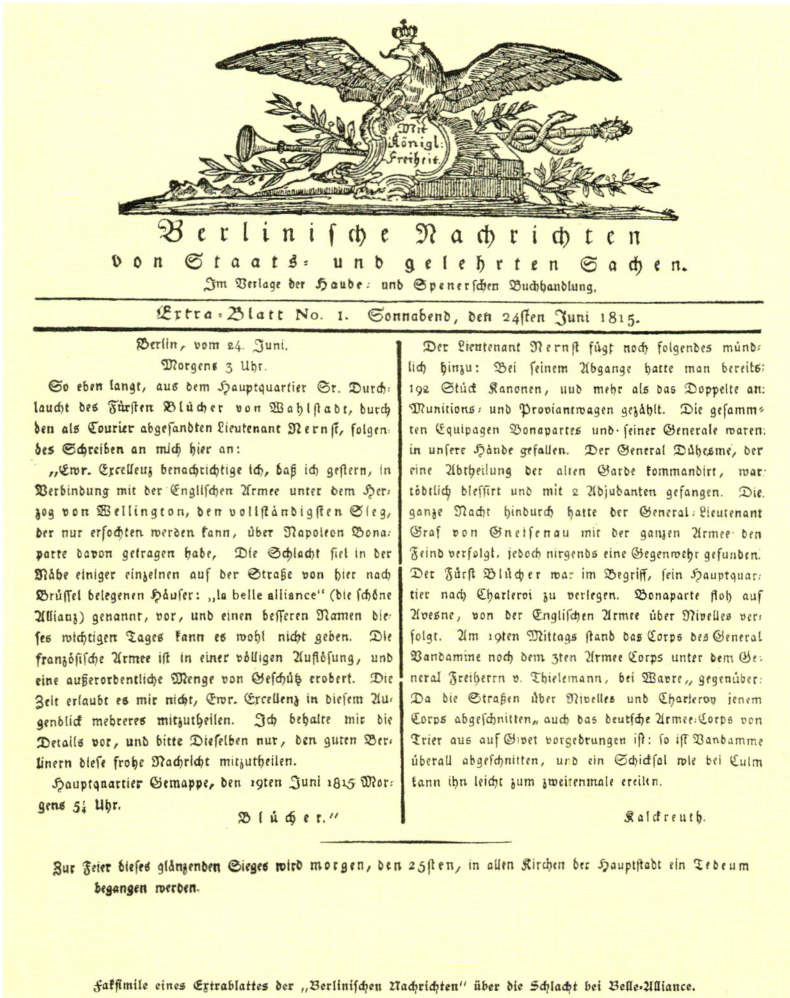

Berlinische Nachrichten
von Staats- und gelehrten Sachen.
Im Verlage der Haude- und Spenerschen Buchhandlung.

Extra-Blatt No. 1. Sonnabend, den 24sten Juni 1815.

Berlin, vom 24. Juni.
Morgens 3 Uhr.

So eben langt, aus dem Hauptquartier Sr. Durchlaucht des Fürsten Blücher von Wahlstadt, durch den als Courier abgesandten Lieutenant Nernst, folgendes Schreiben an mich hier an:

„Ewr. Excelleuz benachrichtige ich, daß ich gestern, in Verbindung mit der Englischen Armee unter dem Herzog von Wellington, den vollständigsten Sieg, der nur erfochten werden kann, über Napoleon Bonaparte davon getragen habe, Die Schlacht fiel in der Nähe einiger einzelnen auf der Straße von hier nach Brüssel belegenen Häuser: „la belle alliance“ (die schöne Allianz) genannt, vor, und einen besseren Namen dieses wichtigen Tages kann es wohl nicht geben. Die französische Armee ist in einer völligen Auflösung, und eine außerordentliche Menge von Geschütz erobert. Die Zeit erlaubt es mir nicht, Ewr. Excellenz in diesem Augenblick mehreres mitzutheilen. Ich behalte mir die Details vor, und bitte Dieselben nur, den guten Berlinern diese frohe Nachricht mitzutheilen.

Hauptqnartier Gemappe, den 19ten Juni 1815 Morgens 5¼ Uhr.

Blücher.“

Der Lieutenant Nernst fügt noch folgendes mündlich hinzu: Bei seinem Abgange hatte man bereits 192 Stück Kanonen, uud mehr als das Doppelte an Munitions- und Proviantwagen gezählt. Die gesammten Equipagen Bonapartes und seiner Generale waren in unsere Hände gefallen. Der General Dühesme, der eine Abtheilung der alten Garde kommandirt, war tödtlich blessirt und mit 2 Adjudanten gefangen. Die ganze Nacht hindurch hatte der General-Lieutenant Graf von Gneisenau mit der ganzen Armee den Feind verfolgt. jedoch nirgends eine Gegenwehr gefunden. Der Fürst Blücher war im Begriff, sein Hauptquartier nach Charleroi zu verlegen. Bonaparte floh auf Avesne, von der Englischen Armee über Nivelles verfolgt. Am 19ten Mittags stand das Corps des General Vandamine noch dem 3ten Armee Corps unter dem General Freiherrn v. Thielemann, bei Wavre„ gegenüber: Da die Straßen über Nivelles und Charleroy jenem Corps abgeschnitten„ auch das deutsche Armee-Corps von Trier aus auf Givet vorgedrungen ist: so ist Vandamme überall abgeschnitten, und ein Schicksal wie bei Culm kann ihn leicht zum zweitenmale ereilen.

Kalckreuth.

Zur Feier dieses glänzenden Sieges wird morgen, den 25sten, in allen Kirchen der Hauptstadt ein Tedeum begangen werden.

Faksimile eines Extrablattes der „Berlinischen Nachrichten“ über die Schlacht bei Belle-Alliance.

Europas festgelegt. Der Kongress, an dem Abgesandte der fünf europäischen Großmächte Russland, Preußen, Österreich, England und Frankreich teilnahmen, verlief unter der Regie des österreichischen Reichskanzlers Fürst von Metternich (1773–1859). Auch der britische Adelige Robert Castlereagh (1769–1822) war maßgeblich an den Beschlüssen beteiligt. Nicht das Selbstbestimmungsrecht der Völker, sondern das Gleichgewicht der Großmächte sowie die Stärkung der fürstlichen Macht waren Ordnungsprinzipien. Auch die Unabhängigkeit der deutschen Kleinstaaten und damit die Zersplitterung Deutschlands wurden manifestiert.
Liberale und nationale Ideen verwarf man als staatsgefährdend. Es kam zu einer weitgehenden Restauration des politischen Zustandes von 1792. Das Heilige Römische Reich Deutscher Nation wurde aber nicht erneuert. An seine Stelle trat der neu gegründete Deutsche Bund, dessen Präsidentschaft und damit Führung bei Österreich lag. Dieser lose Zusammenschluss von 37 souveränen deutschen Einzelstaaten und vier Freien Städten hatte keine eigene Bundesflagge. Die Fürsten wollten möglichst wenig Verbindlichkeit und möglichst viel einzelstaatliche Unabhängigkeit. Daher benötigten sie auch kein Einheitssymbol. Organ des Deutschen Bundes war der Bundestag in Frankfurt am Main.

Die Jenaer Urburschenschaft

Die nationalen und liberal-demokratischen Kreise in Deutschland waren von den Ergebnissen des Wiener Kongresses zutiefst enttäuscht. Sie hatten mit glühendem Eifer und Patriotismus gegen die französische Unterdrückung sowie für nationale Einheit und demokratische Freiheit gekämpft. Nun sahen sie sich von den Fürsten um ihren Lohn betrogen.

Unter der Regie des österreichischen Reichskanzlers Fürst von Metternich (links stehend mit weißen Beinkleidern): eine Sitzung des Wiener Kongresses mit den Vertretern der europäischen Staaten. Gemälde von J. B. Isabey.

Am 12. Juni 1815, drei Tage nach dem Ende des Wiener Kongresses und sechs Tage vor der endgültigen Niederlage Napoleons in Waterloo, zogen in Kamsdorf bei Jena auf Veranlassung von Fichte, Jahn und anderen mehr als 100 Studenten zum Gasthof „Grüne Tanne“. Dort legten sie in einer Zeremonie ihre Landsmannschaftsfahnen, die für regionale oder kleinstaatliche Identität standen, nieder und bekannten damit, dass sie in erster Linie Deutsche sein wollten. Dann gründeten sie eine Vereinigung, die sich für die nationale Einheit und gegen die Zersplitterung Deutschlands wandte. Diese wurde später „Urburschenschaft“ genannt.

Die Verbindung aus Jena war Vorbild für zahllose Burschenschaften, welche sich in den kommenden Jahren und Jahrzehnten überall in deutschen Universitätsstädten gründeten. Gemeinsam führten sie den Wahlspruch „Ehre, Freiheit, Vaterland“. In der Grundsatzerklärung der Studenten von 1817 heißt es: „Je mehr die Deutschen durch verschiedene Staaten getrennt sind, desto heiliger ist die Pflicht für jeden frommen und edlen deutschen Mann und Jüngling, dahin zu streben, dass die Einheit nicht verloren gehe und das Vaterland nicht verschwinde.“

Der Nationalismus dieser Burschenschaften steht in keinem Verhältnis zum übersteigerten

Deutschland vom Wiener Kongress bis zum Ende des Deutschen Bundes.

und imperialistischen Nationalismus, wie er sich seit der zweiten Hälfte des 19. Jahrhunderts überall in Europa ausbilden sollte. Die Urburschenschaft entstand in der unmittelbaren Folge eines verheerenden Krieges, in dessen Verlauf ein Eroberer nahezu ganz Europa unterworfen hatte. Um einer erneuten Aggression Frankreichs vorzubeugen, wollten die Studenten ein starkes und geeintes Deutschland. Auch die autoritären monarchischen Herrschaftsstrukturen dieser Zeit riefen den Widerstand der Studenten hervor. Sie strebten nach Freiheit und Mitbestimmung. Der studentische Nationalismus des frühen 19. Jahrhunderts in Deutschland hatte also einen defensiven Ursprung, sein Charakter war nicht aggressiv oder chauvinistisch. Das unverrückbare politische Ziel eines deutschen Nationalstaates, in dem persönliche Freiheit herrschen sollte, wurde verbunden mit dem Streben nach sittlichen und christlichen Tugenden. Die Burschenschaften gehörten bald fest zum deutschen Universitätsleben. Professoren und breite Kreise der Bevölkerung standen hinter den Studenten.

Entstehung der ersten schwarz-rot-goldenen Trikolore

Auch eine Fahne legte sich die Jenaer Burschenschaft zu. Ein erstes Exemplar, das sich noch heute im Besitz der Jenaer Burschenschaft Arminia befindet, war rot-schwarz-rot gestreift und mit goldenen Fransen verziert. Viel berühmter ist jedoch die Nachfolgefahne: „Von den Frauen und Jungfrauen zu Jena am 31. März 1816“ ist an der unteren Kante dieser Fahne als Stifterhinweis vermerkt. Übergeben wurde sie am aufgestickten Datum, dem zweiten Jahrestag der Einnahme von Paris. Sie war rot-schwarz-rot mit goldenen Fransen und einem goldenen Eichenzweig in der Mitte. Diese Fahne wird noch heute im Museum der Stadt Jena aufbewahrt, obwohl sie 1820 auf der Fahndungsliste stand und sich daher einige Jahrzehnte im Schweizer Exil befand. Die Verfassungsurkunde der Studentenschaft bestimmte „Roth und

„Für's Vaterland“ lautet die Klingenätzung auf dem Schwert der Burschenschaft. Hier zusammen mit der ersten Namensliste und Satzung auf der Fahne der Jenaer Urburschenschaft von 1816.

Schwarz zu den Farben ihres Paniers“. Zudem trugen die Burschenschafter einen schwarzen „Waffenrock“ mit rotsamtenen, von goldenen Eichelblättern verzierten Aufschlägen sowie schwarz-rote, mit gold durchwirkte Schärpen. Hintergrund dieser golde-

Farbig angelegte Fahne der Jenaer Urburschenschaft, nach Ottfried Neubecker.

nen Einfassungen der Schärpen und der Fahne war ein praktischer: Aus Schutz vor Zerfransung oder Verschleiß wurden sie mit einem feinen Gold- oder Silberdraht eingefasst.
Wie aber entwickelte sich diese Farbenkombination von Schwarz, Rot sowie Gold?
Bei der Fahnenweihe wurden im „Farbenlied" „die Farben Rot und Schwarz, von Gold umzogen" besungen. Es hieß dort weiter: „Sie deuten einen tiefen, heiligen Sinn: Der Jüngling soll von jugendlichen Freuden den hohen Ernst des Lebens nimmer scheiden."
Diese romantisch-verklärende Deutung wurde vermutlich nachträglich erdichtet, um den einmal vorhandenen Farben einen tieferen Sinn beizumessen.
Für die Entstehung der Burschenschaftsfahne in den Farben Schwarz, Rot und Gold gibt es mehrere andere, plausiblere, Deutungsversuche. Nach den Aufzeichnungen des Burschenschafters Anton Probsthain aus Mecklenburg wurde die Fahne von Amalie Nitschke, der Tante seines Schwiegersohns, angefertigt. Ihm zufolge hat sie sich dabei an den Farben der Landsmannschaft Vandalia orientiert. Diese seien Schwarz, Rot und Gold gewesen. Auch der Historiker Heinrich Leo (1799–1878), der 1816 einer Erlanger Burschenschaft angehört hatte, stützte 1850 diese These. Ein weiterer Anhaltspunkt dafür ist, dass die Verfassung der Jenaer Burschenschaft sich in weiten Teilen auf die der Landsmannschaft Vandalia gründete. Forschungen der 1890er-Jahre ergaben allerdings, dass die Farben der Vandalia Rot-Gold waren. Ihr Feiertagskleid immerhin war purpurrot, schwarz ausgeschlagen und mit goldenen Eicheln verziert.
Entgegen dieser Theorie führten mehrere Gründer der Urburschenschaft die Farben der Fahne auf die Uniformfarben des Lützower Freikorps zurück, dem viele Burschenschafter zuvor angehört hatten. Der preußische Major Ludwig Adolf Wilhelm Freiherr von Lützow (1782–1834) gründete es 1813 aus Freiwilligen für den Kampf gegen Napoleon. Während der Befreiungskriege erlangte es

Major Ludwig Adolf Wilhelm Freiherr von Lützow (1782–1834), Initiator des Lützower Freikorps. Holzstich von Giuseppe Longhi.

besonderen Ruhm. Studenten und Professoren hatten in ihm für ihre nationalen Ideale gegen die Franzosen gekämpft. Berühmte Persönlichkeiten wie der Dichter und Sänger Theodor Körner (1791–1813), der Romantik-Dichter Joseph von Eichendorff (1788–1857) oder der „Turnvater" Friedrich Ludwig Jahn gehörten ihm an. Militärisch war das Freikorps wenig bedeutungsvoll gewesen. Seine besondere Ausstrahlung ergab sich aber aus dem Gedanken der Aufopferung für die Freiheit der deutschen Nation.
Die so genannten „Lützower Jäger" hatten schwarze Uniformen mit roten Aufschlägen und goldenen Knöpfen getragen. Dies war mit königlich-preußischer Verordnung vom 18. Februar 1813 bestätigt worden. Sie erhielten auch die Bezeichnung „Schwarze Schar". Der Grund für die schwarze Uniformfarbe ist ein praktischer: In einem Bericht der preußischen Heeresreformer Hardenberg und Scharnhorst vom 15. Februar 1813 ist zu lesen, dass sie Lützow die Bedingung machten, „dass dieses Korps (...) schwarze Montie-

Lützower Jäger „Auf Vorposten“. Gemälde von G. F. Kersting (1815).

rung tragen dürfte, weil nur bei dieser Farbe die Kleidungsstücke, welche sie schon haben, durch Färben gebraucht werden können“. Die Freiwilligen mussten ihre Zivilkleidung nutzen, und nur schwarzes Einfärben konnte hier Einheitlichkeit erzeugen. Eine bewusste Verbindung der Lützower Uniformfarben zu den Farben des Wappens des Heiligen Römischen Reiches Deutscher Nation, wie sie in mehreren Abhandlungen formuliert wurde, ist wohl auszuschließen.

Mehrere Gründungsmitglieder der Urburschenschaft, die sowohl ehemalige Lützower als auch ehemalige Angehörige der Landsmannschaft Vandalia waren, erklärten die Burschenschaftsfarben als die der Lützower Freischar. Ob dies nun tatsächlich zutreffend ist oder nicht, lässt sich nicht sicher klären. Fest steht jedoch, dass diese Anschauung sich unter den Studenten schnell verbreitete. Für sie leiteten sich die Burschenschaftsfarben unmittelbar von den Farben der Lützower ab. Zudem entsprach ja auch ihre Festkleidung weitgehend den Uniformen der Lützower Jäger. Vermutlich hatten die alten Lützower ihre Uniformen in Erinnerung des Feldzuges behalten und, nur geringfügig umgearbeitet, zum Festkleid der Burschenschaft gemacht. Der goldene Eichenreis der Fahne ging aber offensichtlich auf die Landsmannschaft Vandalia zurück.

Der Historiker Heinrich von Treitschke (1834–1896) vertritt in seiner „Deutschen Geschichte“ noch eine weitere Theorie zur Entstehung der Fahne. Demnach soll Jahn Schwarz, Rot und Gold als deutsche Farben bei der Burschenschaft eingeführt haben. Jahn habe Schwarz-Gold als die alten Reichsfarben bezeichnet und im Rot das für die Freiheit vergossene Blut gesehen. Auf eine Anfrage nach den Burschenschaftsfarben erklärte Jahn selbst aber 1848, diese Farben hätten zuerst die Lützower getragen, die Stifter der Burschenschaft aber seien Turner und Lützower gewesen. Der Historiker und ehemalige Lützower Friedrich Förster (1791–1868) verwies in seiner „Geschichte der Befreiungskriege“ von 1857 darauf, dass Jahn bei den Lützowern ein „deutsches“ Banner von roter und schwarzer Seide mit goldenen Fransen und der von zarter Frauenhand in Gold gestickten Inschrift „Mit Gott fürs Vaterland!“ eingeführt habe. Auch Jahn selbst erklärte in seiner berühmten „Schwanenrede“, er habe die deutschen Farben „im Befreiungskriege aufgebracht“. Möglich ist also, dass Jahn der Schöpfer einer Lützower-Fahne war, die dann zum Vorbild für die Burschenschaftsfahne wurde, von der sich später die schwarz-rot-goldene Trikolore ableitete.

In den Studentenverbindungen Süddeutschlands wurde es üblich, die goldenen Fransen der Jenaer Fahne als dritte Grundfarbe einer deutschen Trikolore anzusehen.

Seit 1816 sind erste Dreifarbfahnen in den Farben Schwarz-Rot-Gold belegt. Hinweise

Auch dem Schriftsteller Friedrich Ludwig Jahn (1778–1852), dem „Turnvater“, werden die deutschen Farben zugeschrieben.

finden sich in Stammbüchern verschiedener Burschenschaften, so z. B. aus Jena, Breslau, Heidelberg und Berlin. „Vivat Schwarz-Rot-Gold“ ist dort etwa zu lesen. Besonders in Süddeutschland wurde der Dreifarb schnell beliebt. Die Nähe zu Frankreich und das Bewusstsein um die Symbolkraft der blau-weiß-roten Trikolore dort ließen auch in Deutschland die Begeisterung für eine dreifarbige Nationalflagge aufflammen.

Der 19. Oktober 1818 kann als offizieller Geburtstag der schwarz-rot-goldenen Trikolore bezeichnet werden. Vom 10. bis zum 19. Oktober berieten in Jena auf dem 2. Deutschen Burschentag Vertreter der Burschenschaften aller 14 deutschen Universitäten über die Bildung der „Allgemeinen Deutschen Burschenschaft“. Zum Schluss des Burschentages vollzogen die Delegierten mit ihren Unterschriften unter die Urkunde feierlich die Gründung dieser nationalen Studentenverbindung. In der Urkunde hieß es, die Burschenschaft sei „die freie Vereinigung der gesamten wissenschaftlich auf der Hochschule sich bildenden deutschen Jugend zu einem Ganzen, gegründet auf das Verhältnis der deutschen Jugend zur werdenden Einheit des deutschen Volks“.

Nach außen wollten sie durch ein einheitliches Banner auftreten. Der Sprecher des Deutschen Burschentages, der Jenaer Student Robert Wesselhoeft (1796–1852), überbrachte den Teilnehmern die Nachricht, das Banner solle in den alten Reichsfarben sein, diese seien Schwarz-Rot-Gold gewesen. Wer Wesselhoeft diese Nachricht gegeben hatte, ist unbekannt. Jahn, der in vielen Berichten genannt wurde, war es wohl nicht, da er nicht als Delegierter anwesend war. Eher in Betracht kommt der Jenaer Historiker Heinrich Luden (1778–1847), der in engem Kontakt zu den Burschenschaften stand. In jedem Falle wollte man also bewusst an die Tradition des Heiligen Römischen Reiches Deutscher Nation und damit an vermeintliche nationale Größe im Mittelalter anknüpfen.

Tatsächlich existierte die Verbindung dieser drei Farben im Alten Reich: Der schwarze Adler mit roter Bewehrung auf goldenem Grund war Kaiser- und damit Reichssymbol gewesen. Dieses mittelalterliche Reich, ein Vielvölkerstaat mit weitreichendem Partikularismus, hatte freilich nichts von einem Nationalstaat. Wahrscheinlich ist daher auch, dass die Burschenschafter dem ohnehin schon vorhandenen und bekannten Symbol für die nationale Einheitsbewegung eine zusätzliche Legitimation verschaffen wollten.

Als Farben für ein einheitliches Banner der Allgemeinen Deutschen Burschenschaft wurden Schwarz-Rot-Gold in drei gleich breiten horizontalen Streifen beschlossen. Die Verbindungsfahne der Allgemeinen Deutschen Burschenschaft erlangte nun endgültig nationale Bedeutung.

Demonstrationen für die nationale Einheit: Wartburgfest, Hambacher Fest

Seit der Gründung der Jenaer Urburschenschaft strebten die Studenten und Professoren auch nach öffentlicher Beachtung. Am 18.

Oktober 1817 kam es zu einem ersten Höhepunkt der öffentlichen Selbstdarstellung. Auf der Wartburg bei Eisenach versammelten sich etwa 500 Studenten und Professoren, um den vierten Jahrestag der Völkerschlacht bei Leipzig sowie die 300-Jahr-Feier der Reformation zu begehen. Die Wartburg war ein Ort mit Symbolcharakter. Schon Martin Luther (1483–1546) und die heilige Elisabeth (1207–1231) hatten auf ihr gewirkt.

Am frühen Morgen des sonnigen Herbsttages zogen unter Glockengeläut und festlicher Musik die Männer vom Marktplatz in Eisenach zur Burg hinauf. Dem Zug voran schritt der Jenaer Student Karl Herrmann Scheidler (1795–1866). Er trug das Burschenschwert sowie die rot-schwarz-rote, gold gefranste und mit einem goldenen Eichenzweig belegte Fahne der Jenaer Burschenschaft. Entgegen späterer bildlicher Darstellungen oder Berichte wurden beim Wartburgfest noch keine schwarz-rot-goldenen Trikoloren mitgeführt. Allerdings schmückten sich einige Teilnehmer, in Anlehnung an die französische Revolutionstradition, mit schwarz-rot-goldenen Kokarden am Hut. Auch sangen die Männer das Lied „Schwarz-Rot-Gold lebe!“. Der Kieler Student August von Binzer (1793–1868) hatte es auf der Fahrt zum Wartburgfest gedichtet. Dort hieß es:

„Stoßt an! Schwarz-Rot-Gold lebe! Hurra hoch!
Der die Sterne lenket am Himmelszelt,
Der ist's, der unsre Fahne hält. Frei ist der Bursch, frei ist der Bursch!
Stoßt an! Schwarz-Rot-Gold lebe! Hurra hoch!
Stoßt an! Freies Wort lebe! Hurra hoch!
Wer die Wahrheit kennet und saget sie nicht,
Der bleibt ein ehrlos erbärmlicher Wicht.
Frei ist der Bursch, frei ist der Bursch!“

Die erste Zeile der Strophen fand naturgemäß auch als Trinkspruch schnelle und enthusiastische Verbreitung.

Auf der Burg angekommen, wurden zunächst Reden gehalten, dann gab es einen Gottesdienst, der mit dem gemeinsam gesungenen Choral „Nun danket alle Gott“ endete. Gegen 14 Uhr zogen die Männer wieder nach Eisenach hinunter und feierten in der Hauptkirche der thüringischen Stadt einen weiteren Gottesdienst. Später führten die Jahnschen Turner der staunenden Eisenacher Bevölkerung ihr Können vor. Der Landsturm, der als Ordnungsmacht gegen die Burschenschafter eingesetzt werden sollte, verbrüderte sich mit ihnen.

Am Abend trafen sich Festteilnehmer, Landsturm und Eisenacher Bürger auf dem Wartenberg zu einem „Siegesfeuer“ bei euphorischer, ja aufgeladener Stimmung. Der Jenaer Philosophiestudent Ludwig Rödiger aus der Pfalz forderte in einer pathetischen und berühmt gewordenen Rede: „Wer bluten darf für das Vaterland, der darf auch davon reden, wie er ihm am besten diene im Frieden. (…) Die Zeit ist gottlob gekommen, wo sich der Deutsche nicht mehr fürchten soll vor den Schlangenzungen der Lauscher und dem Henkerbeil der Tyrannen und sich niemand entschuldigen muss, wenn er vom Heiligen und Wahren spricht.“

Im Anschluss an Rödigers Feuerrede warfen

Beim „Siegesfeuer“ auf dem Wartenberg nach dem Wartburgfest am Abend des 18. Oktober 1817 warfen Burschenturner reaktionäre Schriften in das Feuer.
Zeitgenössische Federzeichnung.

einige Burschenturner reaktionäre Schriften in das Feuer. Es handelte sich um Makulaturen, da echte Bücher zu teuer gewesen wären. Vor allem Schriften, die sich gegen das Turnwesen und die Burschenschaften richteten, wurden symbolträchtig verbrannt: etwa der Kodex der Gendarmerie, Hallers „Restauration" und besonders August von Kotzebues Schriften.
Der geistige Höhepunkt des Wartburgfestes war aber weitaus gemäßigter. Friedrich Wilhelm Carové (1789–1852), Sprecher der Heidelberger Burschenschaft, forderte am kommenden Tag in der letzten großen Rede des Festes, dass sich alle Stände gegenseitig achten sollten. Diesen Aufruf richtete er besonders an die Studenten, die die Standesehre der Hochschüler mit der Volksehre versöhnen sollten.
In dieser politisch turbulenten Zeit gab es aber auch Patrioten, die ihre nationalen Emotionen nicht zügeln konnten. Karl Ludwig Sand (1795–1820), ein radikaler Student aus Jena, erstach am 23. März 1819 in Mannheim den Schriftsteller August von Kotzebue (1761–1819). Dieser hatte als Lustspieldichter die Ideen und patriotischen Gefühle des Bürgertums verspottet. Am 20. Mai 1820 wurde sein Mörder öffentlich mit dem Schwert enthauptet. Ungewöhnlich viele Menschen wohnten der Hinrichtung schweigend bei. Einige tauchten später ihr Halstuch in das Blut Sands. Sie sahen in ihm einen Märtyrer. Die Bücherverbrennung auf dem Wartburgfest und der Mord an Kotzebue lieferten dem österreichischen Kanzler von Metternich willkommene Anlässe, mit unnachgiebiger Härte gegen die nationale und liberale Bewegung vorzugehen. Er berief im September 1819 in Karlsbad in Böhmen eine Konferenz

30 000 nationalbewusste Menschen auf dem Weg zur Schlossruine von Hambach bei Neustadt a. H. am 27. Mai 1832. Die Reihenfolge der deutschen Farben war manchen Künstlern noch nicht geläufig.

ein, deren Beschlüsse 1820 zu Bundesgesetzen wurden. Die Burschenschaften wurden verboten, Professoren und Studenten streng kontrolliert oder von den Universitäten entlassen. Presse- und Meinungsfreiheit wurde durch die Einführung einer Zensur stark eingeschränkt. Zudem wurde eine Zentraluntersuchungskommission in Mainz eingesetzt, die jedwede „revolutionären Umtriebe“ von vornherein verhindern sollte.
Die Gefühle der Bevölkerung aber konnten von der Obrigkeit weder verboten noch unterdrückt werden. Im Jahr 1832 wurden schwarz-rot-goldene Trikoloren zum ersten Mal auf einer öffentlichen Massenveranstaltung gezeigt. Auf dem Hambacher Fest bei Neustadt in der Pfalz demonstrierten rund 30 000 Menschen – eine für die damalige Zeit ungeheure Zahl – für Freiheit und nationale Einheit. Schwarz-rot-goldene Fahnen wehten während der drei Tage vom 27. bis 30. Mai als nun allseits bekanntes und zunehmend geliebtes Symbol deutscher Einheit. Die Männer trugen schwarz-rot-goldene Armbinden, Kokarden und Rosetten, die Frauen schwarz-rot-goldene Schleifen. Über ihnen wogte ein Fahnenmeer in den deutschen Farben. Jacob Philipp Siebenpfeiffer (1789–1845), einer der Veranstalter, hatte ein Lied zum Fest gedichtet: „Hinauf, Patrioten! Zum Schloß, zum Schloß! Hoch flattern die deutschen Farben.“ Unter dem Gesang dieses Liedes zogen die Menschen zur Hambacher Schlossruine. Als oben die „deutsche Fahne“ auf den Zinnen des Schlossturms gehisst wurde, jubelten die 30 000 Menschen begeistert.

„Deutschlands Wiedergeburt“: die Hauptfahne des Hambacher Festes 1832.

Die Teilnehmer stammten aus allen Teilen Deutschlands. Besonders zahlreich waren Süddeutsche vertreten: Pfälzer, Elsässer, Österreicher, Bayern, Badener, Württemberger. Aber auch Sachsen, Hannoveraner und viele andere Deutsche. Ja, sogar Polen und Franzosen nahmen teil und feierten gemeinsam mit den deutschen Verbündeten ein Fest für nationale und liberale Freiheit in ganz Europa. Entsprechend erklärten sich die Festteilnehmer solidarisch mit dem polnischen Novemberaufstand von 1830. Siebenpfeiffer brachte in seiner Rede ein „Hoch“ aus auf „die Polen, der Deutschen Verbündeten“ und auf „die Franken, der deutschen Brüder, die unsere Nationalität und Selbständigkeit achten“. Der Mitveranstalter Johann Georg August Wirth (1798–1848) forderte die „Vereinigten Freistaaten Deutschlands“ und das „confoederierte republikanische Europa“. Das Hambacher Fest war also seiner Zeit weit voraus. Die Teilnehmer wünschten sich ein vereinigtes Europa der freien und selbstständigen Nationen – eine Forderung, die auch in der heutigen Zeit unter dem Motto „Europa der Vaterländer“ bekannt und aktuell ist.
Anders als beim Wartburgfest demonstrierten 1832 nicht nur Akademiker. Menschen aus vielen sozialen Schichten vereinten sich in ihren nationalen und demokratischen Forderungen: Neben Studenten und Professoren demonstrierten Kleinbürger, Handwerker, Bauern und viele andere. Der schwarz-rot-goldene Dreifarb war also endgültig zu einem die Bevölkerung Deutschlands einenden Nationalsymbol geworden. Hauptfahne des Festes war eine schwarz-rot-goldene Fahne, auf derem roten Streifen in goldenen Lettern die Worte „Deutschlands Wiedergeburt“ eingestickt waren. Sie wurde dem Zug zum Schloss vorangetragen. Wirth erklärte diese Losung mit der „Befreiung und Wiedervereinigung Deutschlands“.
Heinrich Heine (1797–1856) verfolgte das

Geschehen dieser Zeit aus Paris. Auch er war begeisterter Anhänger der deutschen Farben. So schrieb er: „Pflanzt die schwarz-rot-goldene Fahne auf die Höhe des deutschen Gedankens, macht sie zur Standarte des freien Menschentums, und ich will mein bestes Herzensblut für sie hingeben."

Die Obrigkeit reagierte auf das Hambacher Fest mit noch größerer Strenge. Der Deutsche Bundestag beschloss am 28. Juni und 5. Juli 1832, dass das öffentliche Zeigen der Farben Schwarz-Rot-Gold als „Attentat gegen die Sicherheit und Verfassung des (deutschen) Bundes" bei Strafe verboten sei. Diesem Beschluss folgten entsprechende Taten: Nationale und liberale Persönlichkeiten wie der patriotische Schriftsteller Ludwig Uhland (1787–1862) oder Heinrich Hoffmann von Fallersleben (1798–1874), der Dichter des Liedes der Deutschen, wurden verfolgt. Der Burschenschafter und spätere Heimatdichter Fritz Reuter (1810–1874) erhielt gar ein Todesurteil, weil er „am helllichten Tage das schwarz-rot-goldene Band auf der Brust getragen hatte". Diese Strafe wurde allerdings später in 30 Jahre Festungshaft umgewandelt, aus der Reuter wegen Krankheit „schon" 1840 entlassen wurde.

Es wird deutlich, welch maßlose Angst die Fürsten vor diesen deutschen Nationalfarben hatten. Ihre Sorge betraf die eigene Machtstellung, welche in einem einheitlichen und demokratischen Nationalstaat gelitten hätte. König Ludwig I. von Bayern (1786–1868) wollte das Pferd von hinten aufzäumen. Er schlug dem Bundestag 1846 vor, Schwarz-Rot-Gold zur Bundesflagge zu machen, um damit der „revolutionären Partei eine Waffe zu entreißen". Die übrigen fürstlichen Vertreter lehnten dies jedoch entschieden ab. Sie bestimmten nur, dass an den Geschützrohren des Bundesheeres ein doppelköpfiger Adler mit der Umschrift „Deutscher Bund" angebracht wurde. Bei dem Adler handelte es sich in der Vorstellung der Fürstenvertreter um das alte Kaisersymbol des Heiligen Römischen Reiches Deutscher Nation.

Schwarz-rot-goldene Revolution von 1848/49 – Kaiser von Volkes Gnaden?

Alle Repressionen, aller Zwang und alle Unterdrückung nützten jedoch nichts, ja sie bewirkten geradezu das Gegenteil. Im Sommer 1841 dichtete der Schriftsteller und Germanistik-Professor Heinrich August Hoffmann von Fallersleben auf Helgoland das Lied der Deutschen. Darin forderte er die Deutschen auf, ihre Kleinstaaterei aufzugeben und endlich zu nationalstaatlicher Einheit zu finden. Die Zeile „Deutschland, Deutschland über alles" brachte dies zum Ausdruck. Entsprechende Gefühle der Menschen brachen sich im Frühjahr 1848 Bahn. Zu dieser Zeit gab es in mehreren Ländern Europas nationale und liberale Erhebungen: der polnische Aufstand 1846, der Schweizer Bürgerkrieg 1847/48, die französische Februarrevolution 1848 und Aufstände in Italien 1848/49. In Deutschland brach die Revolution Ende Februar 1848 aus. Drei Schauplätze waren dabei von besonderer Bedeutung: die süddeutschen Kleinstaaten mit dem Zentrum Frankfurt am Main, Österreich mit der Hauptstadt Wien und Preußen mit der Hauptstadt Berlin. Die Demokraten forderten Volksbewaffnung mit freier Offizierswahl,

Die Farbenfolge Schwarz-Rot-Gold war bei den Berliner Barrikadenkämpfen im März 1848 noch immer nicht allen bekannt. Eine senkrechte Anordnung der Farbstreifen kam genauso vor wie die umgekehrte horizontale Reihenfolge. Hier bei der „Verteidigung der Barrikade am Cöllnischen Rathaus in Berlin".

„Freiheit · Bildung · Wohlstand“. Fahne eines Revolutionskontingentes aus der badischen Stadt Lahr.

unbeschränkte Pressefreiheit, Schwurgerichte, Gleichheit aller Stände und ein deutsches Nationalparlament. Barrikaden wurden errichtet, und es kam zu blutigen Kämpfen. Ferdinand Freiligrath (1810–1876) dichtete ein Lied zu den Kämpfen, das sich auf die Flagge bezog, die über den Barrikaden wehte: „Pulver ist schwarz, Blut ist rot, golden flackert die Flamme“.

Die Menschen trugen in ganz Deutschland wieder begeistert die Farben Schwarz-Rot-Gold, die sie zuvor viele Jahre im Verborgenen halten mussten. Schleifen in den deutschen Farben schmückten die Taillen der Damen, schwarz-rot-goldene Kokarden die Hüte der Männer. Überall in Deutschland waren Häuser, Kirchen, Universitäten und andere Gebäude schwarz-rot-gold geschmückt. So wehten schon am 10. März 1848 schwarz-rot-goldene Fahnen auf dem Turm des Wiener Stephansdoms und am Thurn und Taxisschen Palais in Frankfurt. Rheinische Demokraten hissten den deutschen Dreifarb am 19. März auf dem Kölner Dom. Auch viele Regierungsgebäude waren schwarz-rot-gold beflaggt.

Die Fürsten versuchten, durch Zugeständnisse die Ordnung wieder herzustellen. Sie hoben die Karlsbader Beschlüsse auf. Zudem entschied die Bundesversammlung am 9. März 1848 nun doch, Schwarz-Rot-Gold zu Bundesfarben zu erheben. Gleichzeitig wurde der doppelköpfige Reichsadler mit der Umschrift „Deutscher Bund“ zum Bundeswappen bestimmt. Ein Sprecher des politischen Ausschusses betonte, dass die Kraft Deutschlands aus dem Bewusstsein seiner

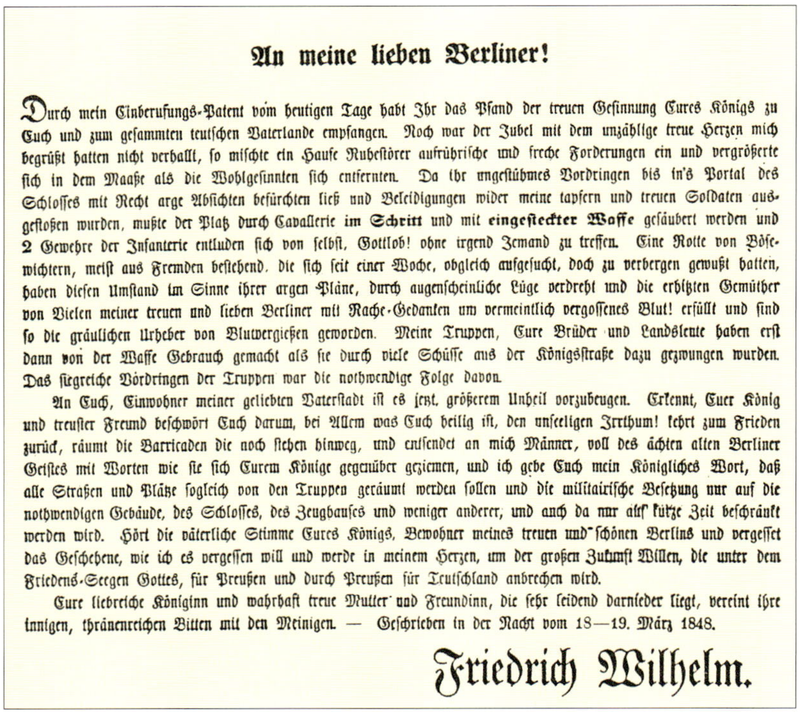

An meine lieben Berliner!

Durch mein Einberufungs-Patent vom heutigen Tage habt Ihr das Pfand der treuen Gesinnung Eures Königs zu Euch und zum gesammten teutschen Vaterlande empfangen. Noch war der Jubel mit dem unzählige treue Herzen mich begrüßt hatten nicht verhallt, so mischte ein Haufe Ruhestörer aufrührische und freche Forderungen ein und vergrößerte sich in dem Maaße als die Wohlgesinnten sich entfernten. Da ihr ungestühmes Vordringen bis in's Portal des Schlosses mit Recht arge Absichten befürchten ließ und Beleidigungen wider meine tapfern und treuen Soldaten ausgestoßen wurden, mußte der Platz durch Cavallerie **im Schritt** und mit **eingesteckter Waffe** gesäubert werden und 2 Gewehre der Infanterie entluden sich von selbst, Gottlob! ohne irgend Jemand zu treffen. Eine Rotte von Bösewichtern, meist aus Fremden bestehend, die sich seit einer Woche, obgleich aufgesucht, doch zu verbergen gewußt hatten, haben diesen Umstand im Sinne ihrer argen Pläne, durch augenscheinliche Lüge verdreht und die erhitzten Gemüther von Vielen meiner treuen und lieben Berliner mit Rache-Gedanken um vermeintlich vergossenes Blut! erfüllt und sind so die gräulichen Urheber von Blutvergießen geworden. Meine Truppen, Eure Brüder und Landsleute haben erst dann von der Waffe Gebrauch gemacht als sie durch viele Schüsse aus der Königsstraße dazu gezwungen wurden. Das siegreiche Vördringen der Truppen war die nothwendige Folge davon.

An Euch, Einwohner meiner geliebten Vaterstadt ist es jetzt, größerem Unheil vorzubeugen. Erkennt, Euer König und treuster Freund beschwört Euch darum, bei Allem was Euch heilig ist, den unseeligen Irrthum! kehrt zum Frieden zurück, räumt die Barricaden die noch stehen hinweg, und entsendet an mich Männer, voll des ächten alten Berliner Geistes mit Worten wie sie sich Eurem Könige gegenüber geziemen, und ich gebe Euch mein Königliches Wort, daß alle Straßen und Plätze sogleich von den Truppen geräumt werden sollen und die militairische Besetzung nur auf die nothwendigen Gebäude, des Schlosses, des Zeughauses und weniger anderer, und auch da nur auf kurze Zeit beschränkt werden wird. Hört die väterliche Stimme Eures Königs, Bewohner meines treuen und schönen Berlins und vergesset das Geschehene, wie ich es vergessen will und werde in meinem Herzen, um der großen Zukunft Willen, die unter dem Friedens-Seegen Gottes, für Preußen und durch Preußen für Teutschland anbrechen wird.

Eure liebreiche Königinn und wahrhaft treue Mutter und Freundinn, die sehr leidend darnieder liegt, vereint ihre innigen, thränenreichen Bitten mit den Meinigen. — Geschrieben in der Nacht vom 18—19. März 1848.

Friedrich Wilhelm.

„An meine lieben Berliner!“. Proklamation König Friedrich Wilhelm IV. vom 19. März 1848 als Entschuldigung für 183 Märzgefallene.

Das Wappen des Deutschen Bundes.

Einheit erwachse und es für diese Einheit auch entsprechender Symbole bedürfe. In dem Beschluss wurde jeder Bezug zu den Burschenschaften vermieden. Vielmehr verwies man auf das Heilige Römische Reich Deutscher Nation: „Eben so werden die Bundesfarben der deutschen Vorzeit zu entnehmen seyn, wo das deutsche Reichspanier schwarz, roth und golden war".

Wenige Tage später, am 20. März 1848, verfügte die Bundesversammlung, dass auf allen Bundesfestungen und an den Uniformen der Bundestruppen die neuen Einheitsfarben zu zeigen seien. Die Fürsten selbst waren es also, die Schwarz-Rot-Gold zu Bundesfarben machten, weil sie keinen Ausweg sahen. Gerne griffen sie die schon von vielen Urburschenschaftern vorgenommene Interpretation auf, die Farben seien die des Alten Reiches gewesen. Sie versuchten damit, den revolutionären und demokratischen Kreisen ihr ureigenstes Symbol streitig zu machen und es zu einem Symbol in der Tradition der kaiserlichen Monarchie umzudeuten.

Selbst die Herrscher der beiden deutschen Großmächte mussten nun dem Zeitgeist Tribut zollen. Als am 13. März 1848 in Österreich der bei den Nationalen und Demokraten verhasste Staatskanzler Fürst von Metternich endlich gestürzt wurde, zeigte sich Kaiser Ferdinand I. (1793–1875) wenig später mit einer schwarz-rot-goldenen Fahne am Fenster der Wiener Hofburg.

Preußens König Friedrich Wilhelm IV. (1795–1861) hatte noch am 19. März wütend gefordert: „Schafft mir diese Fahne aus den Augen!" Zwei Tage später stand er auf dem Berliner Schlosshof unter einer vom ehemaligen Bonner Burschenschafter Karl Aegidi (1825–1901) getragenen schwarz-rot-goldenen Fahne. Mit einer schwarz-rot-goldenen Binde am Arm ritt er anschließend durch die in den Nationalfarben geschmückten Straßen Berlins und ließ sich von der Bevölkerung umjubeln. Gefolgt wurde er von Ministern, Prinzen und Generälen, die alle eine schwarz-rot-goldene Binde trugen. Auch am Berliner Stadtschloss und an der Universität

Friedrich Wilhelm IV. mit schwarz-rot-goldener Armbinde auf seinem Ritt durch das flaggengeschmückte Berlin.

wurden die deutschen Farben gehisst. In seiner berühmten Rede „An mein Volk und die deutsche Nation" erklärte der König am Abend des 21. März: „Ich habe heute die alten deutschen Farben angenommen und mich und mein Volk unter das ehrwürdige Banner des ‚alten' deutschen Reiches gestellt. Preußen geht fortan in Deutschland auf." Durch königlichen Erlass wurde sogar der preußischen Armee befohlen, neben der preußischen auch die deutsche Kokarde anzustecken.

Der Monarch war Opportunist genug, um sich an die Spitze der Revolution zu stellen. Robert Blum (1807–1848), Führer der demokratischen Linken, misstraute ihm jedoch zutiefst. Für ihn war es unerträglich, dass „die deutschen Farben so von der Hand eines Gauklers beschimpft" würden. Er mutmaßte, Friedrich Wilhelm IV. missbrauche sie nur zur Verhüllung der Lüge und des Verrats. Schon im nächsten Jahr sollte sich zeigen, dass Blum Recht hatte.

Erste Flaggen-Beschlüsse der Paulskirchenversammlung

Am 31. März 1848 trat in der Frankfurter Paulskirche ein Vorparlament zusammen. Es beschloss die Wahl einer Nationalversammlung zur Beratung über eine deutsche Reichsverfassung. Der gemäßigte Liberale Heinrich von Gagern (1799–1880) wurde zum Vorsitzenden gewählt. Die Abgeordneten waren in der Mehrheit Akademiker, unter ihnen waren auch Jahn, Arndt und Hoffmann von Fallersleben. Sie standen vor schwerwiegenden Fragen: Sollte das neue Reich eine Republik oder eine Monarchie werden? Wie groß sollte das Staatsgebiet sein: ganz Deutschland mit Österreich oder zunächst eine kleindeutsche Lösung ohne Österreich unter preußischer Führung?

Der Liberale Heinrich von Gagern (1799–1880), Präsident der sich konstituierenden Nationalversammlung.

Einzug der Mitglieder des Vorparlaments in die Paulskirche zu Frankfurt am Main am 18. Mai 1848. Nachkolorierter Holzstich von Fritz Bergen.

Am 18. Mai 1848 zogen die Parlamentarier in Frankfurt durch schwarz-rot-gold geschmückte Straßen zur Paulskirche, welche als Sitzungssaal diente. Ein Chronist zählte 7000 Fahnen. Die Frankfurter jubelten den Männern begeistert zu. Das Plenum selbst war mit prächtigen schwarz-rot-goldenen Fahnen festlich ausgeschmückt.

In der Flaggenfrage waren sich die Volksvertreter einig. Das Reich sollte durch die deutschen Farben repräsentiert werden. Der Abgeordnete Jahn erklärte in einer Sitzung: „Auf jedem Tourniere mußte sich jeder ausweisen, was er für einen Schild führte. Ich will hier meinen Schild künden, da ich ihn nicht aushängen kann: Mein Schild führt die Farben Schwarz-Rot-Gold und darauf steht geschrieben: ‚Einheit, Freiheit, Vaterland'."

Einige Heraldiker dieser Zeit kritisierten aber die Reihenfolge der Nationalfarben. Ein Buchautor namens F. W. Ghillany etwa verfocht in seinem Werk leidenschaftlich die These, die Reihenfolge der Farben müsse so sein, dass das Schwarz-Gold als alte Kaiser- und Reichsfarben erhalten bliebe. Auch verwies er auf eine heraldische Regel, welche besagt, dass Farben (Schwarz, Rot, Grün

usw.) und Metalle (Gold und Silber) in Farbkombinationen immer einander abwechseln müssen. So plädierte er für Schwarz-Gold-Rot als Nationalflagge. Damit wären seiner Meinung nach die alten Kaiserfarben Schwarz-Gold vereint geblieben. In der hinzugefügten roten Farbe sah er entweder das Zeichen für den Kampf der Burschenschaft oder aber das Rot der Hohenstaufen. Gold hätte ihm zufolge schon deshalb in der Mitte stehen müssen, da er dort den schwarzen Reichsadler platziert sehen wollte.

Es kam jedoch anders. Am 31. Juli 1848 bestätigte die Nationalversammlung den Bundesbeschluss vom 9. März betreffs Bundesfarben und Bundeswappen. Als Reichsflagge wurde also die schwarz-rot-goldene Trikolore eingeführt. Auf der letzten Seite von Ghillanys Buch findet sich folgender Zusatztext: „Der Aufsatz war vollendet und sollte eben an den Druckort abgehen, da gaben die Zeitungen die Nachricht, daß das Parlament sich über die Gestalt des Adlers schlüßig gemacht und die Farben in der Ordnung Schwarz, Roth, Gold festgesetzt habe. Obwohl ich glaube, daß nach der von mir gegebenen Erklärung die Farbenstellung Schwarz, Gold, Roth vorzuziehen wäre, so fügt sich doch ein guter Bürger willig der Majorität der Reichsversammlung. Es lebe also Schwarz, Roth, Gold!“

Der Marineausschuss legte am 31. Juli 1848 einen Gesetzentwurf vor, der Schwarz-Rot-Gold auch zu den Farben der Kriegsflagge bestimmte. In diesem Entwurf wurde der Ursprung der Farben folgendermaßen erklärt: die alten Reichsfarben des Heiligen Römischen Reiches Deutscher Nation seien aus-

Die verfassungsgebende Nationalversammlung in der Frankfurter Paulskirche, nach einer Zeichnung von Brockmüller.

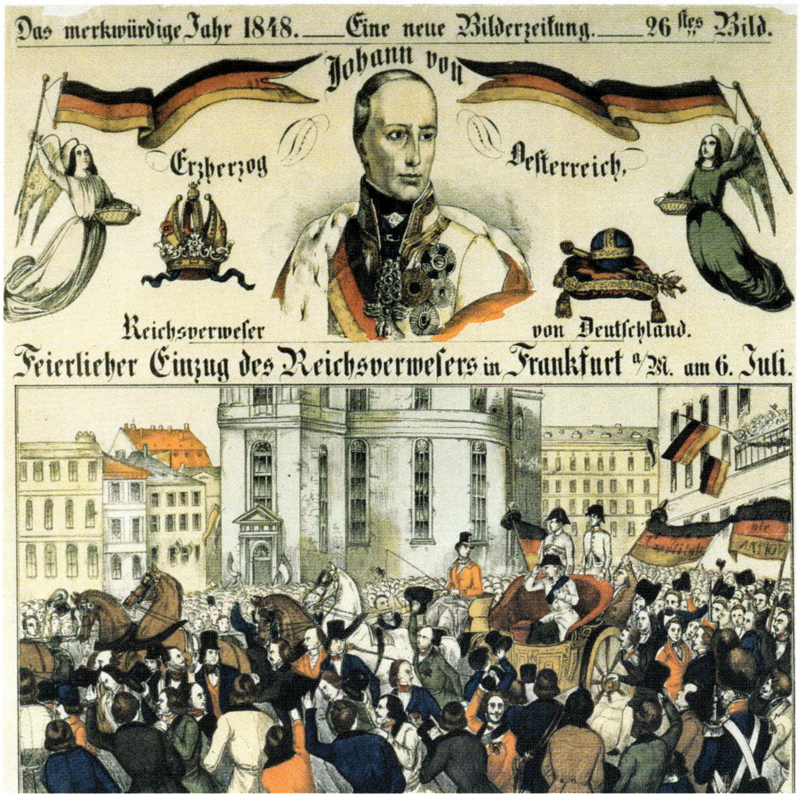

Einzug des von der Nationalversammlung gewählten Reichsverwesers Erzherzog Johann in Frankfurt 1848. Nach dem Scheitern der Märzrevolution legte er das Amt Ende 1849 dann nieder.

schließlich Schwarz-Gold gewesen. Die rote Farbe stamme als Zeichen der Reichshoheit von der roten Stange und dem roten Schwenkel des Reichspaniers. Zudem bezieht sich der Bericht auf die Reichssturmfahne, welche auf rotem Feld ein weißes Kreuz gezeigt hatte. Das Gutachten geht auch auf die von Heraldikern vorgebrachte Kritik an der heraldisch nicht korrekten Reihenfolge der Farben ein. In dem Bericht wird dieser Kritik entgegengehalten, dass die Reihenfolge schon so bekannt sei, dass dies eine Abweichung von der Regel rechtfertige.

In den zahlreichen Debatten um den Ursprung der Farben wurde auch die folgende Meinung geäußert, welche die Pragmatik der allgemeinen Auffassung widerspiegelt: „Für uns ist das schwarz-rot-goldene Banner des neuen deutschen Reiches das Symbol der Freiheit und Einheit Deutschlands, ein Paladin unserer Zukunft, das wir in unsere Herzen pflanzen wie auf die Zinnen unserer Städte und Burgen. Mögen die Wappenkundigen die Farben deuten wie sie wollen, wir wollen bei der eigenen sinnigen Deutung beharren: Durch Nacht und Blut zum goldenen Licht der Freiheit."

Flaggenrechtliche Schwierigkeiten mit der neuen Nationalflagge

Die Nationalversammlung hatte jedoch große Schwierigkeiten bei der Umsetzung ihrer Flaggenbeschlüsse. Ihr Problem war, dass die staatliche Einheit Deutschlands entgegen dem Wunschdenken nicht vertraglich vollzogen wurde und die Einzelstaaten daher rechtlich weiterhin souverän waren. In einer Denkschrift vom 25. August 1848 über die deutsche Flagge wurden diese Probleme ausgiebig erläutert. Für das Ausland galten demnach weiterhin nur einzeln abgeschlossene Schifffahrtsverträge, also preußische, hannoversche und hanseatische. So waren auf See auch nur die Flaggen der Einzelstaaten anerkannt. Deutschland musste also zunächst völkerrechtlich legitimierter Bundesstaat werden, ehe die Handelsschiffe eine schwarz-rot-goldene Handelsflagge bekommen konnten. Die Verträge aller Einzelstaaten hätten in Reichsverträge umgewandelt werden müssen. So wurde die Möglichkeit diskutiert, die schwarz-rot-goldene Nationalflagge neben den Flaggen der Einzelstaaten einzuführen. Die Schiffe hätten dann womöglich zwei Flaggen nebeneinander geführt – ein in der internationalen Schifffahrt außergewöhnlicher Fall. Für das Ausland wäre diese Regelung mehr als verwirrend gewesen und so war zu befürchten, dass sie gar nicht akzeptiert worden wäre. Zudem verwies Reichshandelsminister Arnold Duckwitz (1802–1881) darauf, dass „die deutsche Flagge (...) nicht Nebenflagge und symbolischer Schmuck, sondern nationale Flagge sein" sollte. In der Denkschrift wurde folgende Konsequenz gezogen: es wird „sich wohl empfehlen (...) die Einführung der Reichsflagge zu vertagen, bis der Bundesstaat wirklich völkerrechtlich ins Leben getreten sein wird".

Für die Abgeordneten der Paulskirche war die Lage verzweifelt. Sie hatten einfach nicht die juristischen Möglichkeiten, das Symbol ihrer Revolution als offizielle Handelsflagge einzuführen. Hier deutete sich schon an, wie machtlos das Paulskirchenparlament gegen die alt eingefahrenen Partikularstrukturen war.

Schwarz-Rot-Gold auf See – die Flaggen der Reichs-Marine 1848–1853

Nur als Marineflagge konnten die Farben Schwarz-Rot-Gold vorübergehend erfolgreich eingeführt werden. Dafür gab es einen konkreten Anlass. Im Frühjahr 1848 versuchte der dänische König Friedrich VII. (1808–1863), Dänemark das Herzogtum Schleswig einzuverleiben. Dies war ein Verstoß gegen den gültigen Vertrag von Ripen von 1460. Die Schleswiger und Holsteiner fühlten sich entsprechend der Festlegung dieses Vertrages „up ewig ungedeelt" (auf ewig ungeteilt) zusammengehörig. Zudem war die große Mehrheit der Einwohner deutsch. Für die Unabhängigkeit von Kopenhagen stritten die Schleswig-Holsteiner zunächst unter den vom dänischen König verbotenen Farben Blau-Weiß-Rot (horizontal gestreift). In Kiel wurde eine neue Regierung ausgerufen. Sie führte am 2. Mai 1848 Schwarz-Rot-Gold als Handelsflagge für die Schiffe ein.
Der Deutsche Bund ließ Schleswig als neues Bundesmitglied zu und erklärte Dänemark wegen des Rechtsbruchs den Krieg. Die Bundestruppen kämpften erfolgreich gegen die Dänen. Es zeigte sich aber, dass man den dänischen Kaperschiffen zur See nicht entgegentreten konnte. Dänische Schiffe blockierten deutsche Häfen und unterbrachen damit den Handel.
Aus diesem Grund wurde die Nationalversammlung in Frankfurt einberufen. Sie beschloss am 14. Juni 1848 den Aufbau einer deutschen Flotte und bewilligte dafür sechs Millionen Reichstaler. Gebrauchte Handelsschiffe wurden gekauft und zu Kriegszwecken umgerüstet. Befehlshaber der in Brake und Bremerhaven an der Unterweser stationierten Flotte wurde Karl Rudolf Bromme (1804–1860), der sich selbst „Brommy" nannte. Diese Flotte sollte in erster Linie der Verteidigung gegen Dänemark dienen. Gleichzeitig sollte die Marine auch zu einem Symbol für die nationale Einheit Deutschlands werden. Im Gegensatz zu den Bundesheeren, welche unter dem Befehl der jeweiligen Einzelstaaten standen, war die Flotte eine gesamtdeutsche. Daher erhielt sie in Dokumenten wie etwa der Dienstvorschrift auch die Bezeichnung „Reichs-Marine". In der Bevölkerung entwickelte sich ein regelrechter Flottenenthusiasmus. Bürger St. Paulis etwa sammelten am 6. Mai 1848 Spenden. Im August kam es in Berlin zu einer „musikalischen Aufführung zum Besten der Kriegsflotte". Die Einzelstaaten hatten Flottenbeiträge zu entrichten. Geld wurde benötigt, um Schiffe und Ausrüstung zu kaufen.

Der Oberbefehlshaber der Reichsflotte, Konteradmiral Karl Rudolf Bromme – er nannte sich selbst „Brommy".

Auch Flaggen mussten für die neue Flotte geschaffen werden. Im „Gesetz betreffend die Kriegs- und Handelsflagge" vom 12. November 1848 wurden folgende Flaggen bestimmt: Die Kriegsflagge war schwarz-rot-gold und zeigte in der oberen Ecke am Liek den doppelköpfigen Reichsadler in einem quadratischen goldenen Feld. Die Län-

Entwürfe für Kriegs- und Handelsflagge, veröffentlicht zusammen mit dem Reichsgesetzblatt vom 13. November 1848.

ge der Seiten dieses Feldes entsprach zwei Fünfteln der Breite der Flagge. Somit reichte es in den roten Streifen hinein. Als Wimpel der Kriegsschiffe wurde ein roter mit dem Reichsadler auf goldenem Feld bestimmt. Die Handelsflagge war schwarz-rot-gold. Handelsschiffen sollte es freigestellt werden, neben der „allgemeinen deutschen Reichsflagge“ auch eine Landes- oder Stadtflagge zu zeigen. So entschied man sich nun also doch für die Option, dass Handelsschiffe zwei Flaggen nebeneinander führen konnten. Allerdings ist das Gesetz über die Handelsflagge nie in Kraft getreten.

Wenige Tage nach dem Beschluss bestimmte der Marineminister noch weitere Marineflaggen: die Gösch entsprach dem Obereck der Kriegsflagge, die Admiralsflagge war wie die Handelsflagge und der Kommodorestander schwarz-rot-gold mit einem dreieckigen Einschnitt am Fliegenden Ende.
Im Gegensatz zur Handelsflagge wehten die Marineflaggen vier Jahre lang auf den Schiffen der neuen Reichs-Marine. Von 1848 bis 1849 führten auch preußische und schleswigholsteinische Marineschiffe offiziell die schwarz-rot-goldene Bundes-Kriegsflagge. Das Habsburgerreich hingegen blieb bei seiner rot-weiß-roten Kriegsflagge für die Schiffe der Kaiserlichen und Königlichen Marine. Das Gesetz vom 12. November hätte durch die Paulskirchenversammlung allen Seestaaten mitgeteilt werden müssen. Die provisorische deutsche Regierung vollzog diese offizielle Notifikation der neuen Flaggen aber erst im Frühjahr 1849 und zwar lediglich gegenüber den Regierungen der Vereinigten Staaten von Amerika, Belgiens, Hollands und Neapels. Das Reichsministerium befürchtete, dass die europäischen Großmächte die Einheitsflaggen abweisen würden. Erst im Sommer 1849 unterrichtete die Bundeszentralkommission als Nachfolgerin der Frankfurter Ministerien die europäischen Mächte von der deutschen Einheits-Kriegsflagge. Frankreich erkannte sie an, Russland und England lehn-

Kriegsflagge, Kommodorestander, Admiralsflagge, Wimpel und Gösch der Marine des Deutschen Bundes von 1848 (von links nach rechts).

ten sie mit dem Hinweis ab, dass die deutsche Zentralgewalt keinen endgültigen Bestand habe und es keine anerkannte und konstituierte Behörde gebe.
So kam es am 4. Juni 1849 zu einem Zwischenfall, der deutlich zeigte, dass die Frankfurter Zentralgewalt auch international nicht anerkannt war. Drei deutsche Schiffe kämpften in der Nordsee vor Helgoland gegen ein dänisches Geschwader. Die Hochseeinsel war damals im Besitz von England. Angeblich sollten die deutschen Schiffe während der Kampfhandlungen die britische Hoheitszone verletzt haben. Der deutsche Befehlshaber Bromme berichtete später, dass von Helgoland aus „drei Kanonen gegen uns gefeuert wurden, um uns zu warnen, dass wir auf neutralem Boden wären". So ließ Bromme abdrehen. Dieses Gefecht – das einzige der deutschen Reichs-Marine überhaupt – hatte ein diplomatisches Nachspiel. Der britische Außenminister Lord Palmerston (1784–1865) richtete am 9. Juni eine Note an den preußischen Gesandten in London, da er sich nicht an die provisorische Zentralregierung wenden wollte. Er beschwerte sich darüber, dass deutsche Kriegsschiffe mit der „Schwarzen Goldenen und Roten Flagge" in britischen Hoheitsgewässern gegenüber dänischen Kriegsschiffen einen „Akt der Aggression" ausgeübt hätten. Dies habe in Zukunft zu unterbleiben. Dass Palmerston die Dampfer als „deutsche" bezeichnete, zeigt deutlich, dass ihre Zugehörigkeit inoffiziell erkannt wurde.
Preußen forderte nähere Angaben, da auf dem Kontinent andere Ansichten über die Grenzen der Hoheitsgewässer bestünden als in England. Darauf reagierte das britische Außenministerium nicht. Stattdessen wiederholte es seine Beschwerde gegenüber den Gesandtschaften der Hansestädte Bremen und Hamburg. Der Bremer Senator und ehemalige Reichshandelsminister von Duckwitz lehnte jegliche Verantwortung ab, verwies auf die deutsche Zentralgewalt und bezweifelte zudem eine tatsächliche Verletzung der Hoheitsgrenzen. Darauf reagierten die Briten am 2. Juli in scharfer Form. Sie betonten, dass die Zentralregierung nicht anerkannt sei. Daher werde darauf hingewiesen, „dass diese Dampfschiffe sich der Gefahr aussetzen, wie Piraten behandelt zu werden, falls nicht eine existierende Regierung sie als unter ihrem Kommando operierend anerkennt".
Die europäischen Großmächte standen einer deutschen Einigung ablehnend gegenüber. Für sie bedeutete die Möglichkeit einer Reichsgründung, vielleicht sogar einer großdeutschen, dass im Herzen Europas ein neu-

Schleswig-holsteinische Flottille der Reichs-Marine im Kieler Hafen 1850 mit dem Raddampfer BONIN (rechts) und dem Schoner KIEL (links). Lithografie von Julius Prömmel.

Einziges Gefecht der Reichs-Marine mit den Raddampfern BARBAROSSA, HAMBURG und LÜBECK gegen dänische Schiffe am 4. Juni 1849 bei Helgoland. Gouache des Marinemalers Lüder Arenhold.

er Machtfaktor entstünde, dem man vielleicht irgendwann nicht mehr gewachsen wäre. Die eigene Großmachtstellung schien bedroht. So ließ Palmerston die Frankfurter Zentralregierung mit kaum verhohlener Genugtuung über das Scheitern der Einheitsbestrebungen wissen, dass die britische Regierung zwar grundsätzlich bereit sei, einen deutschen Einheitsstaat und dessen Flagge anzuerkennen, „aber die Zeit für solch einen Schritt scheint jetzt noch nicht gekommen zu sein". Die innere Zerrissenheit Deutschlands kam also den Großmächten mehr als gelegen.

Das Scheitern der Märzrevolution

Am 28. März 1849 hatte die Paulskirchenversammlung die Reichsverfassung verkündet. Die Verfassung sah zunächst eine kleindeutsche Lösung vor. Da der österreichische Kanzler Felix Fürst zu Schwarzenberg (1800–1852) ultimativ gefordert hatte, dass das gesamte Habsburgerreich in den neuen Staat aufgenommen werden sollte, also auch die weiträumigen nicht-deutschen Gebiete im Südosten Europas, entschieden sich die Delegierten für ein Reich unter preußischer Führung. Die lange Zeit wahrscheinliche großdeutsche Lösung mit einem Wahlkaisertum scheiterte also an der mangelnden Bereitschaft Österreichs, auf seine nicht-deutschen Territorien zu verzichten.

König Friedrich Wilhelm IV. von Preußen wurde von den Abgeordneten zum deutschen Kaiser bestimmt. Er lehnte diese Kaiserkrone am 3. April 1849 ab, obwohl sich 28 Kleinstaaten bereits für das preußische Kaisertum entschieden hatten. Der Mann, der noch ein Jahr zuvor in den schwarz-rot-goldenen Far-

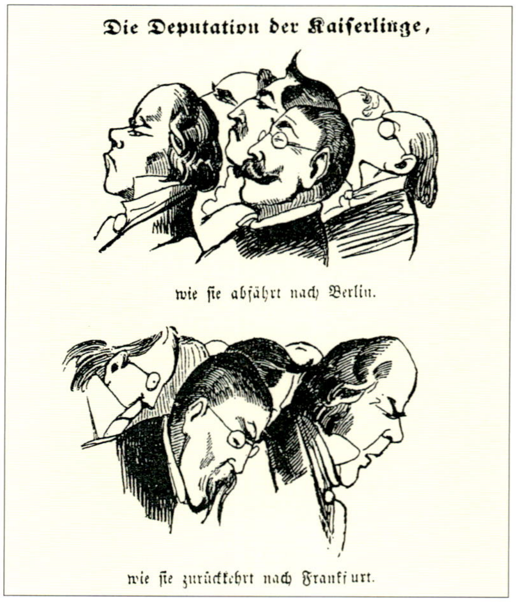

„Die Deputation der Kaiserlinge" – Karikatur im satirischen Wochenblatt „Eulenspiegel".

ben geschmückt durch Berlin geritten war und sich angeblich an die Spitze der Revolution gestellt hatte, schimpfte nun wieder verächtlich auf die Demokraten: „Die Kaiserkrone aus der Hand des Volkes ist ein imaginärer Reif aus Dreck und Letten gebacken, an dem der Modergeruch der Revolution klebt, die von Volkssouveränität und Parlamentarismus sprach." Die Revolutionäre bezeichnete er als „mehrheitsanbetende Schöpse" und „Mitglieder der europäischen Schuftenschaft". Der Gipfel seiner Hasstiraden war der Ausspruch: „Gegen Demokraten helfen nur Soldaten." Der König war vom Gottesgnadentum seines Königstitels überzeugt. Vom Volk wollte er sich nicht krönen lassen. Durch die Ablehnung der ihm angetragenen Kaiserwürde bewirkte Friedrich Wilhelm IV. das endgültige Scheitern der Arbeit der Paulskirchenversammlung. Ein Rumpfparlament wurde nach Stuttgart verlegt und dort vom württembergischen Militär auseinandergesprengt. Am 2. September 1850 holte man die verwitterte schwarz-rot-goldene Fahne auch vom Turm der Frankfurter Paulskirche nieder.

Die Fürsten als Vertreter des wiederhergestellten Deutschen Bundes wollten Schwarz-Rot-Gold zu Bundesfarben machen, und auch die reaktionären Bundesdiplomaten wollten sie beibehalten, um sie den demokratischen und nationalen Kräften zu nehmen. Es konnte jedoch keine Einigung erzielt werden. So wurden bald die schwarz-rot-goldenen Kokarden der Truppen abgelegt, zuletzt in Mecklenburg-Schwerin am 2. Juni 1851. Ein gutes Jahr später, am 15. August 1852, verschwand auch die deutsche Fahne vom Frankfurter Bundespalais. Der Frankfurter Demokrat Nikolaus Hadermann (1805–1871) hatte sie als „Jungfrauenkranz auf einem Hurenhause" bezeichnet.

Unrühmliches Ende der Reichs-Marine

In der Reichsverfassung wurde eine Reichsflagge nicht erwähnt. Der Beschluss des Bundestages über die Bestimmungen von Schwarz-Rot-Gold als Bundesfarben vom 9. März 1848 war ja auch nach wie vor gültig. Zudem war das Flaggengesetz vom 12. November 1848 bereits einen Tag später im Reichsgesetzblatt veröffentlicht worden und hatte damit staatsrechtliche Verbindlichkeit. Aus diesem Grund blieben die Flaggen auch nach dem Scheitern der Verfassung noch im Dienst.

Dies galt zwar nicht für die schwarz-rot-goldene Handelsflagge, deren In-Kraft-Treten in selbigem Gesetz auf unbestimmte Zeit verschoben worden war, wohl aber für die Kriegsflagge. Sie wehte auch nach Auflösung der Zentralregierung weiter am Mast der Reichs-Marine-Schiffe.

Die Schiffe lagen seit dem Sommer 1849 jedoch untätig im Hafen. Auch hatten die Kleinstaaten wenig Interesse daran, weiterhin Beiträge für eine Flotte zu zahlen, deren Flagge von keiner Regierung gedeckt wurde.

So beschloss der Bundestag 1852 die Versteigerung der Schiffe. Die Regierungen befürchteten, damit wenig populär zu handeln. Zu groß war die Flottenbegeisterung in der Bevölkerung. Um der politischen Maßnahme den Anschein einer gewissen Würde zu geben, beschloss man, die Flaggen der Schiffe nicht zu versteigern. Der preußische Bundestagsgesandte Otto von Bismarck (1815–1898) führte die Verhandlungen. Er verfügte, dass die Flaggen an die Bundesfestung Mainz überwiesen wurden. Die Flagge des Flaggschiffs BARBAROSSA wurde dazu bestimmt, später einmal dem Admiral der Flotte, Bromme, mit in das Grab gegeben zu werden.

Bromme ging nach der endgültigen Auflösung der Flotte 1853 nach Österreich, wo er in der Kaiserlichen und Königlichen Marine diente. Er akzeptierte, die schwarz-rot-goldene Kriegsflagge von 1848 nach seinem Tode mit ins Grab zu nehmen. Otto von Bismarck, der später zum erbitterten Gegner von Schwarz-Rot-Gold wurde, rettete so die Ehre dieser ersten gesamtdeutschen Kriegsflagge.

Turner, Sänger und Schützen halten den Einheitsgedanken aufrecht

Der deutsche Nationalismus im 19. Jahrhundert entwickelte sich schubweise. Die Entwicklungsschübe wurden jeweils durch Aggressionen von außen, vornehmlich aus Frankreich, ausgelöst: Während der napoleonischen Besatzung entstand aus der Abneigung gegen die Unterdrücker der Wunsch nach nationaler Freiheit und Selbstbestimmung. Der nächste Schub begann 1840, als Frankreich erneut den Rhein forderte. In französischen Zeitungen hieß es damals, der Strom sei Frankreichs „natürliche Grenze" und ehe er es nicht auch auf der Landkarte sei, gebe es keinen dauernden Frieden in Europa. In der Folge kam es in Deutschland zu einer von Frankreich nicht erwarteten heftigen Abwehrhaltung breiter Bevölkerungsschichten. Das noch im gleichen Jahr gedichtete Lied „Die Wacht am Rhein" rief zur Einigkeit auf: „Lieb Vaterland, magst ruhig sein, fest steht, und treu, die Wacht, die Wacht am Rhein". Politisch motivierte Feste wie das Kölner Dombaufest gaben dem Willen nach nationaler Einheit gegen die als Aggressoren empfundenen Franzosen Ausdruck. Auch Nationaldenkmäler wie das Hermannsdenkmal entstanden noch Mitte des 19. Jahrhunderts aus dem Willen zur Verteidigung.
Während der Jahre 1848/49 waren es der Versuch Dänemarks, das Herzogtum Schleswig zu annektieren, und der Freiheitsdrang der Schleswig-Holsteiner, die die Deutschen in besonderer Weise einten und die Flottenbegeisterung auslösten.
In den 1850er-Jahren nahm Napoleon III., (1808–1873) Kaiser der Franzosen und Neffe Bonapartes, eine drohende Haltung gegen Deutschland ein. Um seine innenpolitische Stellung zu stärken, betrieb er eine aggressive Außenpolitik, zu der zahlreiche koloniale Eroberungen und der Krimkrieg gegen Russland gehörten. Deutschland gegenüber forderte er nichts weniger als das gesamte linksrheinische Gebiet. Zudem wollte er die preußische Machtausweitung in Deutschland verhindern und strebte nach französischer Hegemonie in Europa.
Die Reaktion der deutschen Nationalbewegung war von Empörung und Trotz geprägt. Turn- und Schützenvereine erhielten regen Zulauf. Sie vertraten die Idee der Volksverteidigung. Körperliche Ertüchtigung und ziviles Schützenwesen sollten die Verteidigungsbereitschaft der Bevölkerung herstellen. Die Erinnerung an die Befreiungskriege wurde wach und einte die national gesonnenen Bürger. Dieser nationalpolitisch motivierte Aufbruch schloss auch den erneuten Ruf nach dem einheitlichen deutschen Nationalstaat ein. Revolutionäre Erwartungen waren aber seit 1849 nicht mehr vorhanden.
Das Turnen war seit seiner Begründung durch „Turnvater" Friedrich Ludwig Jahn im Jahr 1811 eine freiheitlich-national ausgerichtete Massenbewegung. Während der Befreiungskriege sollte das Turnen unter dem Wahlspruch „Frisch, frei, fröhlich, fromm!" der körperlichen Wehrertüchtigung dienen. Nach dem Sieg über Napoleon blieben besonders die freiheitlich-nationalen Bestrebungen der Turner den Herrschenden suspekt. Zwischenzeitlich kam es zum Verbot der Turnerbewegung. Jahn verbrachte fünf Jahre in preußischer Festungshaft. 1840 erfolgte seine Amnestierung und vollkommene Rehabilitierung durch König Friedrich Wilhelm IV. Jahn erhielt auch das in den Befreiungskriegen erworbene Eiserne Kreuz zurück. 1842 wurden alle Turnverbote aufgehoben, das Turnen wurde in Preußen sogar zum Schulfach. Nach 1849 trat bei den Turnern der freiheitliche Gedanke zugunsten des nationalen teilweise zurück.
Die Turnvereine hatten Fahnen in den deutschen Farben als Vereinsbanner. So auch der Nürnberger Turnverein, dessen Vereinsfahne aus dem Jahr 1848 stammte. Nürnberger Frauen hatten sie im Revolutionsjahr genäht. Nach der Revolution musste die Fahne im Verborgenen gehalten werden, da die schwarz-rot-goldenen Farben 1850 von den wieder erstarkten Fürsten gemeinsam mit den Burschenschaften und den Turnvereinen

Gruß der Münchner Sängergenossenschaft zum Nürnberger Sängerfest vom 21. bis 23. Juli 1861.

erneut verboten worden waren. Der junge Otto von Bismarck wetterte damals im Erfurter Unionsparlament, dass diese Farben seit zwei Jahren die Farben des Aufruhrs und der Barrikaden gewesen seien. Die Nürnberger Turner konnten ihr Banner erst nach zehn Jahren wieder in der Öffentlichkeit zeigen. Am 14. Oktober 1860 zogen sie mit ihrer Fahne durch Nürnberg zu einem Schauturnen.
Im selben Jahr gründete sich auch eine nationale Turnorganisation. Die großen Turnfeste wurden wie nationale Zeremonien gefeiert. Schwarz-rot-goldene Fahnen zierten die Festgelände. Das 1. Deutsche Turn- und Jugendfest 1860 in Koburg stand unter dem unmittelbaren Eindruck der Bedrohung von Frankreich. Die Turner folgten einem „Ruf zur Sammlung". Schwäbische Turner zogen mit einer schwarz-rot-goldenen Fahne vom Bahnhof zur Stadt. Die Stadt selbst war mit deutschen Fahnen festlich geschmückt.
Auf dem 3. Deutschen Turnfest in Leipzig 1863 feierten 20 000 Besucher aus ganz Deutschland. Heinrich von Treitschke (1834–1896) forderte: „… es fehlt noch das Gehäuse für die mächtige Bürgerkraft, der nationale Staat." Leipzig war über und über mit schwarz-rot-goldenen Fahnen geschmückt. Allein in der Grimmaischen Straße wurden 250 Fahnen gezählt. An jedem Haus wehten durchschnittlich sieben Fahnen. Alle öffentlichen Gebäude waren beflaggt. Auch auf dem königlichen Palais und auf den vier Türmen der Festhalle wehte Schwarz-Rot-Gold. Junge Turner sahen die schwarz-rot-goldenen Farben damals geradezu als Turnerfarben an. Sie kannten nicht mehr die Trikolore aus der Revolutionszeit. Die ursprünglichen Turnerfarben waren aber Rot-Weiß.
Auch die Sängervereine feierten unter Schwarz-Rot-Gold. Auf dem Allgemeinen Deutschen Sängerfest 1861 in Nürnberg wurde zu Beginn der ersten Festaufführung eine schwarz-rot-goldene Fahne unter großem Jubel enthüllt. Ähnliche Zeremonien unter Schwarz-Rot-Gold spielten sich bei den Schützenfesten ab.
Viele fürstliche Regierungen duldeten die einst gefürchteten und verachteten Farben. Sie sahen sich nicht in der Lage, gegen die Begeisterung bei der Bevölkerung anzugehen und setzten die eigentlich bestehenden Verbote nicht durch. Manche Fürsten versuchten sogar, die Begeisterung für die gesamtdeutschen Farben zu ihren politischen Zwecken zu nutzen.

Schwarz-Rot-Gold in Süddeutschland

Nicht nur Turner, Sänger und Schützen standen weiterhin zum schwarz-rot-goldenen Einheitssymbol. Breite Schichten der Bevölkerung identifizierten sich in der Zeit nach der Revolution selbstverständlich mit den deutschen Farben. Dies verdeutlichten etwa die Schillerfeiern im Jubiläumsjahr 1859. In Preußen, wo das Zeigen der schwarz-rot-goldenen Farben bald verboten war, trugen sie viele Menschen im Verborgenen.
Besonders in Süddeutschland aber spielte Schwarz-Rot-Gold in dieser Zeit eine bedeutende Rolle. Die österreichische Regierung strebte danach, den Bundestag zu reformieren, um die eigene Machtstellung im Bund wieder auszubauen. Aus diesem Grunde nutzten die Wiener Politiker gerne die deutschen Farben. So erhielten etwa die Truppen der österreichischen Bundesfestung Rastatt schwarz-rot-goldene Armbinden. In Wien

wurde Schwarz-Rot-Gold behördlich geduldet. Auch andere süddeutsche Fürsten hielten an den Revolutionsfarben fest. Großherzog Friedrich I. von Baden (1826–1907) ließ bei der Einweihung der Kehler Rheinbrücke 1861 neben badischen und französischen auch schwarz-rot-goldene Fahnen hissen. In Württemberg wurde per Erlass vom 15. Februar 1862 das Tragen von Schwarz-Rot-Gold ausdrücklich gestattet.

Selbst der Fürstentag in Frankfurt nutzte die ehemaligen Revolutionsfarben nach wie vor. Österreichs Kaiser Franz-Josef (1830–1916) propagierte dort ein großdeutsches Reich. Er wollte Österreichs Führung im Bund wieder herstellen. Schwarz-Rot-Gold wehte bei den Zusammenkünften auf dem Frankfurter Bundespalais.

Adalbert, Prinz von Preußen, als „Admiral der preußischen Küste“. Kreativer Gestalter deutscher Einheitsflaggen. Gemälde von Franz Krüger.

Zwar spielte auch Otto von Bismarck mit dem Gedanken, mithilfe der Farben Schwarz-Rot-Gold die übrigen Bundesmitglieder außer Österreich auf die Seite Preußens zu ziehen – so sprach er davon, Österreich „etwas Schwarz-Rot-Gold unter die Nase reiben“ zu wollen. Die von ihm ungeliebten Farben waren ihm aber doch zu gefährlich, als dass er dies konsequent versucht hätte. Gleichzeitig spürte er, dass Österreich, das jahrhundertelang die Führung im Deutschen Reich bzw. im Deutschen Bund innegehabt hatte, sehr viel glaubhafter für die gesamtdeutschen Farben eintrat als das eher norddeutsch orientierte Preußen.

In den 1850er- und 1860er-Jahren also bekam Schwarz-Rot-Gold einen eher süddeutsch-großdeutschen Charakter. Die Ablehnung der gesamtdeutschen Farben durch Preußen förderte dies zusätzlich. Preußen strebte nach der Vormachtstellung in Deutschland und musste daher Österreich aus dem Bund hinausdrängen. Die deutschen Farben aber waren auch die Farben Österreichs. Dennoch gingen auch in Preußen damals viele davon aus, dass nur Schwarz-Rot-Gold als deutsche Nationalflagge in Betracht käme.

Gedankenspiele zur deutschen Einheitsflagge – Prinz Adalbert ging von Schwarz-Rot-Gold aus

Auf zahlreichen Seereisen war der preußische Prinz Adalbert (1811–1873) zu der Gewissheit gelangt, dass eine Kriegsflotte für einen Staat unerlässlich sei, um den Handel zu schützen. Lange Zeit hatte die Landmacht Preußen sich diesbezüglich weitgehend auf ihre verbündeten Seemächte Großbritannien, Holland und Dänemark verlassen. Der erste Deutsch-Dänische Krieg 1848/49 zeigte aber, dass diese Strategie falsch war. Dänemark wurde zum Kriegsgegner und legte den deutschen Seehandel lahm. Briten und Holländer verhielten sich neutral, weil ihnen an einem Machtgewinn Deutschlands nicht gelegen war. Eine eigene schlagkräftige Marine musste also her. Die Reichs-Marine der Paulskirchenversammlung war ein erster Versuch; sie scheiterte aber an der Machtlosigkeit der provisorischen Regierung. Die Marinebegeisterung und die maritimen Bestrebungen in Deutschland blieben indes weiterhin lebendig – nicht nur bei der Kaiserlichen und Königlichen Marine Österreich-Ungarns, sondern auch bei der preußischen Regierung.

Nach dem Scheitern der Revolution stellte Prinz Adalbert umfangreiche Überlegungen bezüglich einer deutschen Einheitsflagge an. Obwohl der König Schwarz-Rot-Gold verabscheute, war es für den Prinzen bis 1866 selbstverständlich, dass die deutschen Farben dafür verwendet werden müssten.

Schon 1849/50 versuchte Preußen, eine kleindeutsche Föderation unter Ausschluss Österreichs zu bilden. Das Dreikönigsbündnis zwischen Preußen, Sachsen und Hannover sollte die Vorstufe für eine „Deutsche Union" sein. Auf Drängen Österreichs intervenierte jedoch der Bundestag und ging gegen das abtrünnige Preußen vor. In der Olmützer Punktation von 1850 wurde ein drohender Krieg unter Vermittlung des russischen Zaren Nikolaus I. (1796–1855) vorläufig abgewendet. Die „Deutsche Union" kam nicht zustande. Die bereits ausgearbeitete Verfassung für diese Union war aber dennoch die Grundlage für Adalberts Flaggen-Überlegungen. Immerhin wurde darin die Marine als „Reichsangelegenheit" bezeichnet. Es gab den Plan, neben der noch existierenden Reichs-Marine des Deutschen Bundes eine Flotte der „Deutschen Union" zu begründen. Dafür entwarf der Prinz zahlreiche Flaggen. Die Einzelstaaten sollten bei der Gestaltung der Kriegsflagge keinen Einfluss haben. Für die Handelsflagge sah Adalbert nach wie vor das Problem, dass alle Einzelstaaten bestehende Handelsverträge hatten. Dieses Problem hatte ja bereits 1848 für die Frankfurter Zentralgewalt existiert.

Während der Revolutionszeit hatte Prinz Adalbert sich noch mit einer preußischen Flaggenordnung beschäftigt. Für seine Überlegungen skizzierte er Schiffe mit Beflaggung. Auf der Abbildung unten ist zu erkennen, dass das Eiserne Kreuz, das schon seit 1816 die preußische Kriegsflagge zierte, in Adalberts Flaggenplänen eine große Rolle spielte. Dies gilt auch für seine späteren Überlegungen bezüglich einer gesamtdeutschen Flagge. Allerdings modifizierte er das Kreuz meist. Er ließ die Arme nicht auseinanderschweifen, sondern zeichnete sie geradlinig. Immer jedoch war es weiß-schwarz umrandet. Dieses Kreuz bezeichnete er als „deutsches Kreuz".

Skizze zur Flaggenführung eines preußischen Schiffes bei Anwesenheit eines Admirals nach Prinz Adalberts Flaggenplänen.

Für seine Flaggenentwürfe, die er in zahllosen Skizzen festhielt, orientierte sich der Marine-Begeisterte teilweise an der russischen Marine. So sah er entsprechend der russischen Gepflogenheit die Gösch auch als Marineflagge an Land vor. Adalbert formulierte verschiedene Möglichkeiten der Flaggenführung. Entweder sollten die deutschen Kriegsschiffe alle die gleiche Flagge führen, oder sie sollten am Heck die Flaggen der Einzelstaaten, am Bug aber eine einheitliche Gösch führen. Eine weitere Möglichkeit sah die gleiche Flagge, aber unterschiedliche Göschen vor. Auch sollten Bundes- und Unionsmarine unterschiedliche Flaggen führen. So hätte etwa die Unionsmarine eine schwarz-rot-goldene Flagge mit einer eigenen Unions-Oberecke führen können. Ein anderer Entwurf für eine Unionsmarine-Kriegsflagge sah ein Muster vor, bei dem das „deutsche Kreuz", also das schwarze, weiß-schwarz geränderte Balkenkreuz, das weiße

Tuch teilte. Im Obereck waren die „deutschen Farben“ – für Adalbert selbstverständlich die Farben Schwarz-Rot-Gold –, belegt mit einem weiteren „deutschen Kreuz“. Dieses von Adalbert kreierte Grundmuster – schwarzes, weiß-schwarz gerändertes Balkenkreuz auf weißem Tuch – wurde später für die (nord)deutsche Kriegsflagge von 1867 bis 1921 übernommen. Die Gösch hätte das „deutsche Kreuz“ auf rotem Grund zeigen sollen. Die Standarte des Fürstenkollegiums hätte wie folgt ausgesehen: Unter einem „deutschen Kreuz“ hätte sich ein das Tuch vierfach teilendes rotes Kreuz befunden. Die oberen beiden Ecken wären schwarz, die unteren gold gewesen. In jeder Ecke hätte sich eine Fürstenkrone befunden. Für diese Standarte waren 21 Schuss Salut vorgesehen.

Kolorierte Skizzen früher Flaggenentwürfe zur „Deutschen Union“: Kriegsflagge, Gösch, Standarte des Fürstenkollegiums (von oben nach unten).

Die Entwürfe der Unionsflaggen wurden aber durch die Olmützer Punktation bedeutungslos.

Preußen strebte dennoch weiterhin danach, ein deutsches Reich unter seiner Führung zu schaffen. So gab auch Prinz Adalbert seine Planungen bezüglich einheitlicher Flaggen nicht auf. Leitziel für seine Flaggenentwürfe war stets eine Vereinigung der deutschen Farben mit dem „deutschen Kreuz“. Dieser Gedanke war durchaus berechtigt. Seine Umsetzung hätte sowohl die nicht-preußischen Kleinstaaten befriedigen können, welche in Schwarz-Rot-Gold das nationale, nicht- preußische Symbol mit hohem Identifikationswert sahen, als auch Preußen, dessen wichtiges Symbol aus der eigenen Kriegsflagge, das Eiserne Kreuz, zu einem zentralen Bestandteil geworden wäre.

Preußen hätte auch durchaus einen berechtigten Anspruch gehabt, symbolhaft auf der Einheitsflagge besonders hervorgehoben zu sein. Das Königreich wäre nicht nur der führende Staat gewesen, es hätte auch die größte Marine eingebracht. Entsprechend der preußischen Kriegsflagge sah Adalbert nun auch einen dreieckigen Einschnitt für die deutsche Kriegsflagge vor. Dieser dreieckige Einschnitt entsprach der skandinavischen Tradition. Auch die heutige Seedienstflagge der Bundesrepublik Deutschland hat einen dreieckigen Einschnitt und steht in dieser skandinavisch-preußischen Tradition.

Adalbert experimentierte mit verschiedensten Kombinationen der deutschen Farben und des „deutschen Kreuzes“. So sah ein Vorschlag beispielsweise für die Oberecke ein goldenes Feld mit rotem Kreuz vor, das wiederum mit dem „deutschen Kreuz“ belegt war. Er war sich jedoch nicht sicher, ob er zwischen Kriegs- und Handelsflagge unterscheiden sollte. In Preußen gab es diese Unterscheidung: Die Handelsflagge zeigte lediglich den preußischen Adler, nur in der Kriegsflagge fand sich zusätzlich noch im Obereck das Eiserne Kreuz. In manchen anderen Ländern gab es diese Unterscheidung jedoch nicht.

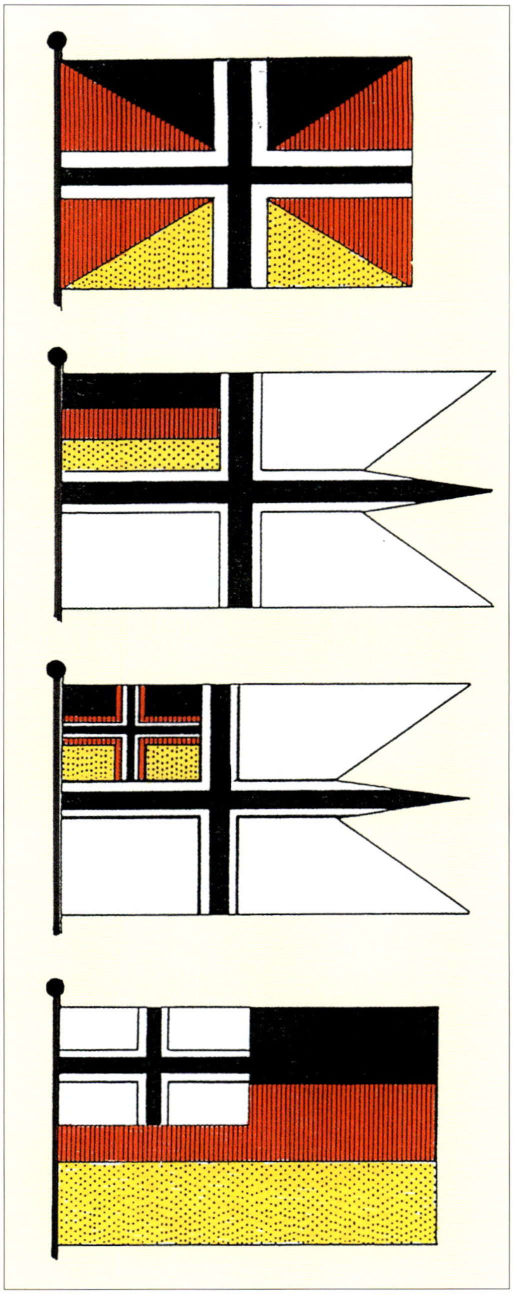

Verschiedene kolorierte Skizzen von Flaggenentwürfen des Prinzen Adalbert für eine „Deutsche Union". Einige Elemente wurden für spätere deutsche Flaggenkreationen wieder verwendet.

Nach dem Sieg Preußens über Österreich und seine Bundesgenossen im Jahre 1866 lief die politische Entwicklung auf die Schaffung eines norddeutschen Bundes unter preußischer Führung hinaus. Für die zu schaffende norddeutsche Bundesmarine überlegte sich der Prinz wiederum unterschiedliche Möglichkeiten der Flaggenführung, von denen einige Beispiele aufgeführt werden: „... I. Die Unionsflagge die einzige für alles. II. Die Unionsflagge für alle Schiffe, an Land die Staatenflagge mit dem Unionsjack darin. (...) IV. Innerhalb Ost- und Nordsee die Staatenflagge mit dem Unionsjack erlaubt, außerhalb beider nur die Unionsflagge ..." Punkt IV. verdeutlicht die alte deutsche Problematik, dass die Einzelstaaten keine große Bereitschaft hatten, ihre traditionellen Flaggen aufzugeben. Adalbert wollte hier Kompromisse eingehen, die gewiss von vornherein zu verwirrenden Zuständen geführt hätten.

Verdrängung Österreichs aus dem Deutschen Bund

Preußen hatte schon 1850 die schwarz-rot-goldenen Flaggen von den Regierungsgebäuden entfernen lassen und schaffte auch die deutschen Kokarden an den Helmen der Soldaten ab. Gleichzeitig löste sich das Königreich zunehmend vom Deutschen Bund, welcher dem eigenen Vormachtstreben in Deutschland hinderlich war.

Die Versuche Österreichs, den Bundestag für seine Zwecke zu reformieren, führten schließlich dazu, dass Preußen diesen nicht mehr akzeptierte. Nicht die bürgerlich-liberale Bewegung sprengte also den Bundestag, sondern der österreichisch-preußische Gegensatz. 1864 hatte man noch einmal gemeinsam erfolgreich gegen Dänemark gekämpft, nachdem der dänische König Christian IX. die Einverleibung Schleswig-Holsteins und Lauenburgs in den dänischen Gesamtstaat betrieben hatte. Die Gegensätze zwischen den beiden deutschen Großmächten wurden aber immer drastischer. Im Sommer 1866 kam es dann zum Bruderkrieg zwischen Preußen und den Staaten, die am Bundestag festhielten. Neben Österreich waren dies z. B. die Königreiche Bayern,

Preußische Dragoner erobern bei Nachod eine österreichische Standarte während eines Vorgeplänkels zur Schlacht von Königgrätz Anfang Juli 1866. Chromolithografie nach Richard Knötel.

Sachsen, Württemberg und Hannover. Das VIII. Armeekorps des Deutschen Bundes kämpfte mit schwarz-rot-goldenen Armbinden gegen die Preußen. Die preußische Monarchie, welche die revolutionären Farben ohnehin ablehnte, sah darin einen schändlichen Akt und kritisierte dies scharf.
Preußen siegte in der Schlacht bei Königgrätz in Böhmen am 3. Juli 1866 gegen Österreich und entschied damit den österreichisch-preußischen Dualismus um die Vorherrschaft in Deutschland für sich. Der Sieg über die Bundestruppen war zugleich auch ein Sieg über die Farben Schwarz-Rot-Gold, unter denen diese gekämpft hatten.
Bismarck wollte fortan die Machtstellung Preußens in Norddeutschland ausbauen und gleichzeitig eine Verständigung mit den süddeutschen Staaten erzielen. Letztere erhielten einen maßvollen Frieden, während Hannover, Kurhessen, Frankfurt, Nassau und Schleswig-Holstein dem Hohenzollernreich einverleibt wurden.
Die Wege Österreichs und des übrigen Deutschlands trennten sich von nun an. Daran änderte auch das Festhalten der Österreicher an den deutschen Farben nichts, ja es bestärkte Preußen eher noch in seinem Alleingang. Beim Bundesschießen in Wien 1866, bei dem auch zahlreiche Vertreter aus den südlich des Mains gelegenen Kleinstaaten vertreten waren, versank die alte deutsche Kaiserstadt geradezu in einem schwarz-rot-goldenen Fahnenmeer. Die Zeichen standen aber schlecht für die Farben Schwarz-Rot-Gold und für eine großdeutsche Einheitslösung. Vielmehr war durch die Niederlage Österreichs in Königgrätz die Grundlage für eine kleindeutsche, preußisch geprägte Staatsgründung gelegt worden. Österreich blieb nichts übrig, als die Niederlage zu akzeptieren. Es verlor seinen Einfluss in der gesamtdeutschen Politik und wendete sich von nun an seinen eigenen innerösterreichischen Problemen zu.

Dominik Plaschke

Der Norddeutsche Bund und das Wilhelminische Kaiserreich (1867–1918)

Nach dem Sieg Preußens 1866 über Österreich wurde der Deutsche Bund aufgelöst. Otto von Bismarck ergriff die Initiative zur Bildung eines neuen Bundes unter preußischer Führung. Dies führte zur Gründung des Norddeutschen Bundes am 18. August 1866. Ihm gehörten die 22 deutschen Staaten nördlich der Mainlinie an. Neben den Bundesgenossen Preußens zählten dazu auch ehemalige Gegner der Hohenzollern, z. B. Sachsen sowie die mittlerweile von Preußen annektierten Kleinstaaten Hannover und Hessen. Die Verfassung dieses Bundes trat am 22. Juni 1867 in Kraft und ging auf die Vorarbeit Bismarcks zurück. Sie sah eine Verbindung der Vorherrschaft Preußens mit der bundesstaatlichen Tradition Deutschlands vor. Die Leitung des Bundes lag bei Preußen. Der preußische König, Wilhelm I. (1797–1888), wurde oberster Bundespräsident, der preußische Ministerpräsident Bismarck Bundeskanzler. Preußen dominierte also Norddeutschland, es hatte seine Augen aber auch schon auf die südlich des Mains gelegenen Kleinstaaten gerichtet. Mit ihnen schloss Preußen ein Verteidigungsbündnis.

Formell war Schwarz-Rot-Gold entsprechend dem Beschluss des Deutschen Bundestages vom 9. März 1848 bis zu seiner Auflösung 1866 als Bundesflagge in Kraft. Nun wurde Prinz Adalbert durch die politischen Entwicklungen überrascht. Mit der Auflösung des Deutschen Bundes verloren auch die Farben Schwarz-Rot-Gold ihre offizielle Bedeutung als Bundesfarben. Adalberts Vorarbeiten, die immer von den deutschen Farben ausgegangen waren, erübrigten sich fortan.

Die Flaggenfrage wurde zu einem drängenden Thema auf höchster politischer Ebene. Insbesondere die Handelsschiffe, aber auch die zu gründende Kriegsflotte des Norddeutschen Bundes, sollten einheitliche Bundessymbole bekommen. Bismarck erklärte dazu schon im Juni 1866, noch vor Ausbruch des

Eröffnung des Reichstages des Norddeutschen Bundes am 24. Februar 1867 in Berlin. Lithografie von C. Mende.

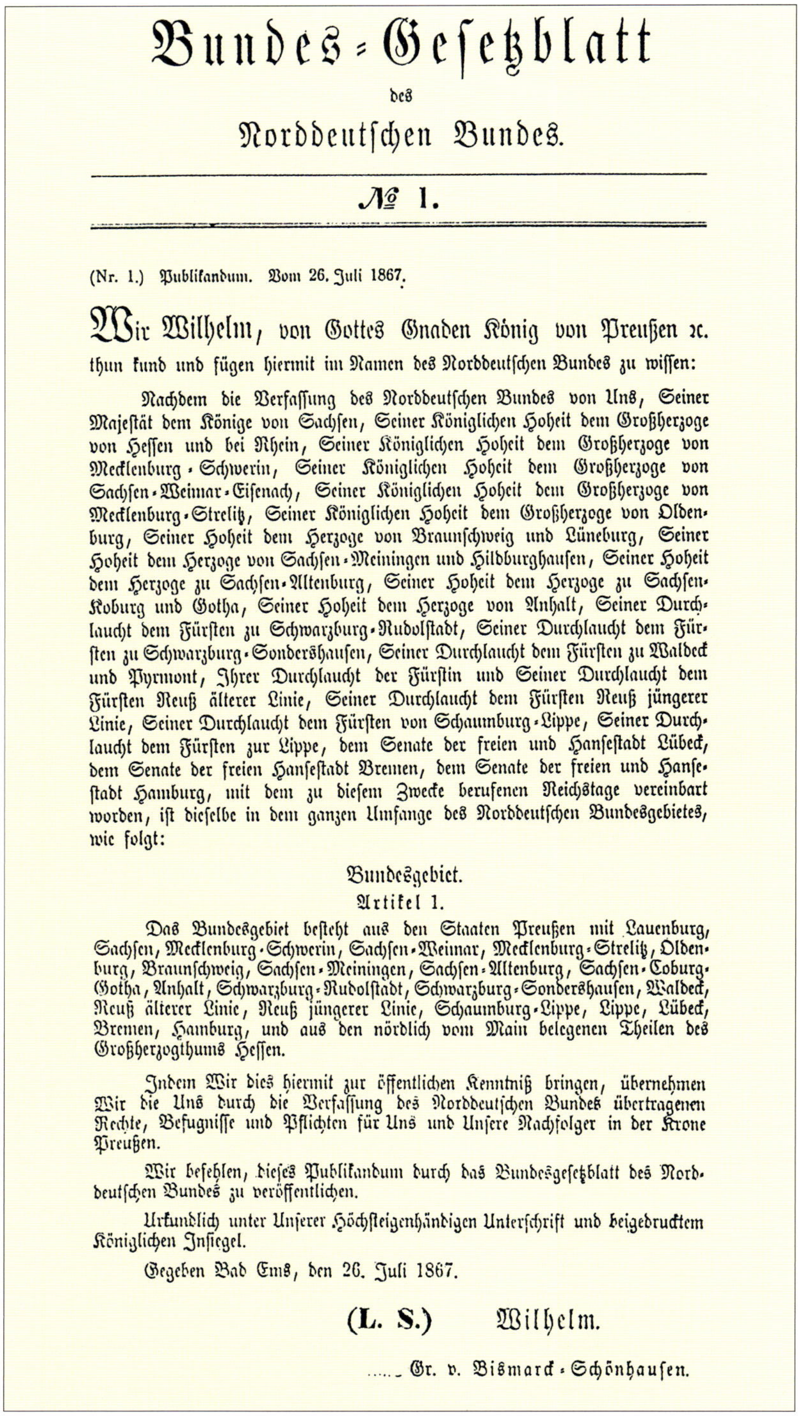

Bundes-Gesetzblatt

des

Norddeutschen Bundes.

№ 1.

(Nr. 1.) Publikandum. Vom 26. Juli 1867.

Wir Wilhelm, von Gottes Gnaden König von Preußen rc. thun kund und fügen hiermit im Namen des Norddeutschen Bundes zu wissen:

Nachdem die Verfassung des Norddeutschen Bundes von Uns, Seiner Majestät dem Könige von Sachsen, Seiner Königlichen Hoheit dem Großherzoge von Hessen und bei Rhein, Seiner Königlichen Hoheit dem Großherzoge von Mecklenburg-Schwerin, Seiner Königlichen Hoheit dem Großherzoge von Sachsen-Weimar-Eisenach, Seiner Königlichen Hoheit dem Großherzoge von Mecklenburg-Strelitz, Seiner Königlichen Hoheit dem Großherzoge von Oldenburg, Seiner Hoheit dem Herzoge von Braunschweig und Lüneburg, Seiner Hoheit dem Herzoge von Sachsen-Meiningen und Hildburghausen, Seiner Hoheit dem Herzoge zu Sachsen-Altenburg, Seiner Hoheit dem Herzoge zu Sachsen-Koburg und Gotha, Seiner Hoheit dem Herzoge von Anhalt, Seiner Durchlaucht dem Fürsten zu Schwarzburg-Rudolstadt, Seiner Durchlaucht dem Fürsten zu Schwarzburg-Sondershausen, Seiner Durchlaucht dem Fürsten zu Waldeck und Pyrmont, Ihrer Durchlaucht der Fürstin und Seiner Durchlaucht dem Fürsten Reuß älterer Linie, Seiner Durchlaucht dem Fürsten Reuß jüngerer Linie, Seiner Durchlaucht dem Fürsten von Schaumburg-Lippe, Seiner Durchlaucht dem Fürsten zur Lippe, dem Senate der freien und Hansestadt Lübeck, dem Senate der freien Hansestadt Bremen, dem Senate der freien und Hansestadt Hamburg, mit dem zu diesem Zwecke berufenen Reichstage vereinbart worden, ist dieselbe in dem ganzen Umfange des Norddeutschen Bundesgebietes, wie folgt:

Bundesgebiet.
Artikel 1.

Das Bundesgebiet besteht aus den Staaten Preußen mit Lauenburg, Sachsen, Mecklenburg-Schwerin, Sachsen-Weimar, Mecklenburg-Strelitz, Oldenburg, Braunschweig, Sachsen-Meiningen, Sachsen-Altenburg, Sachsen-Coburg-Gotha, Anhalt, Schwarzburg-Rudolstadt, Schwarzburg-Sondershausen, Waldeck, Reuß älterer Linie, Reuß jüngerer Linie, Schaumburg-Lippe, Lippe, Lübeck, Bremen, Hamburg, und aus den nördlich vom Main belegenen Theilen des Großherzogthums Hessen.

Indem Wir dies hiermit zur öffentlichen Kenntniß bringen, übernehmen Wir die Uns durch die Verfassung des Norddeutschen Bundes übertragenen Rechte, Befugnisse und Pflichten für Uns und Unsere Nachfolger in der Krone Preußen.

Wir befehlen, dieses Publikandum durch das Bundesgesetzblatt des Norddeutschen Bundes zu veröffentlichen.

Urkundlich unter Unserer Höchsteigenhändigen Unterschrift und beigedrucktem Königlichen Insiegel.

Gegeben Bad Ems, den 26. Juli 1867.

(L. S.) Wilhelm.

Gr. v. Bismarck-Schönhausen.

Faksimile des ersten Bundes-Gesetzblattes des Norddeutschen Bundes vom 26. Juli 1867. Mit der Herausgabe und Veröffentlichung am 1. August 1867 war der Norddeutsche Bund manifestiert.

Krieges mit Österreich, dass „die Organisation eines gemeinsamen Schutzes des deutschen Handels im Auslande [sowie] der deutschen Schiffahrt und Flaggen zur See" der Gesetzgebung und der Oberaufsicht der Bundesgewalt unterliegen müsse. Er sprach zu diesem Zeitpunkt also noch von mehreren und damit von Einzelstaatenflaggen. An eine Einheitsflagge dachte er offensichtlich noch nicht. Nach der Gründung des Norddeutschen Bundes änderte sich dies aber – nun sollte eine einheitliche Bundesflagge eingeführt werden.

Schwarz-Rot-Gold kam als Bundesflagge für die preußische Staatsführung nicht in Betracht. König Wilhelm I. verabscheute die Revolutionsfarben ebenso wie sein Ministerpräsident Bismarck. Wilhelm war fest überzeugt vom Gottesgnadentum der monarchischen Herrschaft. Die „ultralinken Überlieferungen von 48/49" samt deren Farben waren ihm zutiefst verhasst. Er und Bismarck hatten aber nicht nur wegen der Märztage von 1848 und wegen des Krieges von 1866 diese Farben in schlechtester Erinnerung, sondern sie sahen sich vornehmlich als Preußen, nicht als Deutsche. Für den König galt, im Gegensatz zu Hoffmann von Fallerslebens „Lied der Deutschen": Preußen, Preußen über alles! Als Bismarck ihm einmal ein Gedicht preußischer Soldaten aus der Revolutionszeit vorlas, begann er, vor tiefer Rührung zu weinen. In dem Gedicht hieß es: „Da schnitt ein Ruf ins treue Herz hinein: Ihr sollt nicht Preußen mehr, sollt Deutsche sein." Wilhelm I. fürchtete auch 1866 um die Eigenständigkeit Preußens und damit um die geliebten preußischen Farben.

Welche Bundesfarben?

Bismarck hingegen zeigte wenig Interesse an der Hoheitszeichenfrage. Für ihn waren Staatssymbole unbedeutend. Allerdings sah er aus rationalen Gründen die Notwendigkeit eines Bundessymbols: Die Souveränität des staatlichen Zusammenschlusses sollte international demonstriert werden.

Die zu schaffenden Bundesfarben mussten in seinem Sinne politisch unbelastet und frei von Vorurteilen jeder Art sein. Frankreich etwa hätte die Farben Schwarz-Rot-Gold als großdeutsches Symbol mit Argwohn gesehen. Das Verhältnis zwischen Preußen und Frankreich war ohnehin von dauernden Spannungen geprägt. Im August 1866 erhob Frankreich Anspruch auf die Grenzen von 1814, das heißt auch auf von Napoleon Bonaparte eroberte Gebiete: Luxemburg, die bayerische Pfalz und Rheinhessen einschließlich Mainz sollten französisch werden. Im September 1866 forderte der französische Kaiser von Preußen Hilfe bei der Annexion Belgiens und Luxemburgs. Bei Missachtung der französischen Forderungen drohte Paris Preußen mit einem Revanchebündnis zwischen Frankreich und Österreich.

Otto von Bismarck als preußischer Minister des Auswärtigen Mitte des 19. Jahrhunderts. Lithografie von E. Engelbach.

Das preußisch-französische Verhältnis durfte also in dieser brenzligen Situation keinesfalls auch noch durch ein provozierendes Symbol zusätzlich belastet werden. Wenige Jahre zuvor hatte schon Österreich erkennen müssen, dass seine Vorliebe für das großdeutsche Schwarz-Rot-Gold das Bündnis zu Frankreich gekostet hatte: Beim Frankfurter Fürstentag 1863 hatten die deutschen Farben geweht, und es wurde auf Vorschlag Österreichs ein großdeutsches Programm beschlossen. Napoleon III. hatte sich daraufhin von Österreich abgewendet.
Preußen mochte sich einen ähnlichen Fehler in der momentanen Situation nicht erlauben. Zudem sollten aber die neuen Farben auch die deutschen Kleinstaaten südlich des Mains nicht von vornherein in Oppositionshaltung versetzen. Einfach die preußischen Farben zu Bundesfarben zu erklären, war also auch keine Möglichkeit.
Eine Lösung ergab sich aber bald – fast zufällig. Im Bremer Handelsblatt erschien am 22. September 1866 ein Artikel, in dem der Hamburger Adolf Soetbeer (1814–1892) eigentlich für Schwarz-Weiß als norddeutsche Bundesfarben plädierte. Als Alternativvorschlag brachte er eine schwarz-rot-weiße oder schwarz-weiß-rote Flagge ins Spiel. Dieser Vorschlag wurde schnell aufgegriffen und folgendermaßen gedeutet: Schwarz-Weiß-Rot sei eine Kombination der preußischen Farben Schwarz-Weiß mit denen der Hansestädte. Die wichtigsten Hansestädte besaßen Flaggen in den Farben Rot und Weiß, wie z. B. Lübeck, Hamburg und Bremen. Auch Holstein hatte eine Flagge, die auf rotem Grund ein weißes Nesselblatt zeigte.
Der Artikel wurde möglicherweise im Preußischen Auswärtigen Ministerium gelesen. Bismarcks Berater, insbesondere Lothar Bucher (1817–1892), haben – so die Spekulation – diesen Vorschlag aufgegriffen und an den Ministerpräsidenten weitergeleitet. Bismarck wollte sich nicht lange mit der Flaggenfrage aufhalten und entschied sich, so viel steht fest, kurzerhand für diese Farbenkombination. Handschriftlich vermerkte er am

Eine der Interpretationen für die Farben des Norddeutschen Bundes. Das preußische Schwarz und Weiß verschmolz mit dem Weiß und Rot der Hansestädte zu Schwarz-Weiß-Rot.
Von oben nach unten: preußische Kriegs- und Handelsflagge; Hamburg – Staatsfahrzeuge der Seeschifffahrt (Admiralitätsflagge); Bremen – Staatsfahrzeuge der Seeschifffahrt; Lübeck – Staatsflagge.

9. Dezember 1866 in dem Konzept der Bundesverfassung: „Die Kauffahrteischiffe sämtlicher Bundesstaaten führen dieselbe Flagge: Schwarz-Weiß-Rot."

So geschah es. In der Verordnung über die norddeutsche Handelsflagge vom 25. Oktober 1867 hieß es: „Die Bundesflagge, welche von den Kauffahrteischiffen fortan als Nationalflagge ausschließlich zu führen ist (...) bildet ein längliches Rechteck, bestehend aus drei gleich breiten horizontalen Streifen, von welchen der obere schwarz, der mittlere weiß und der untere roth ist." Diese Flagge war aber keinesfalls eine echte Nationalflagge, wie die Formulierung fälschlich vermuten lässt. Von einem Nationalstaat konnte beim Norddeutschen Bund keine Rede sein. Es handelte sich zunächst ausschließlich um eine Handelsflagge für Schiffe. Sie wurde aber von den Schiffen an der exponiertesten Stelle geführt, am Heck oder am hinteren Mast.

Für die Entstehung der Farben Schwarz-Weiß-Rot tauchten bald auch andere Erklärungen auf. Bismarck selbst hat teilweise zur Verwirrung beigetragen. Zunächst ist wichtig zu erwähnen, dass es bereits am 20. September 1848 in der „Spenerschen Zeitung" einen Aufsatz gab, in dem sich der hohenzollernsche Hausarchivar T. Märcker gegen die Farben Schwarz-Rot-Gold als deutsche Nationalflagge wandte und stattdessen eine Flagge in den Farben Schwarz, Weiß und Rot vorschlug. Für ihn war das kaiserliche Gold zu unbescheiden. Alternativ schlug er vor, den Reichsadler auf einen königlich-silbernen Schild zu setzen. „Die deutsche Trikolore würde demgemäß schwarz, rot und weiß ausgefallen sein". Dies sei außerdem „eine Kombination von Schwarz und Weiß und Rot und Weiß, d. h. der Farben der beiden Hauptdynastien und Staaten, Preußen und Alt-Österreich, sowie zweier der vorzüglichsten deutschen Urstämme, der Schwaben und Franken usw., also recht eigentlich Nationalfarben". Entsprechend der heraldischen Regel, dass Farben durch Metalle getrennt werden sollen, plädierte er schließlich für die Reihenfolge Schwarz-Weiß-Rot. Ob Soetbeer oder Bismarck diesen Artikel kannten, ist ungewiss.

Bismarck selbst bestand nach der Einfüh-

rung der schwarz-weiß-roten Flagge des Norddeutschen Bundes nie darauf, ihr Urheber zu sein. Er gab allerdings unterschiedliche Erklärungen zu ihrer Bedeutung ab.
Im Jahre 1893 bestritt er in einem Brief an den Sohn Soetbeers, dass der Artikel seines Vaters für die Farbwahl ausschlaggebend gewesen sei. Das Rot gehe nicht auf die hanseatischen, sondern auf die kurbrandenburgischen Farben zurück. Allerdings habe man gerne auch die Farben der seefahrenden norddeutschen Städte sowie Holsteins und auch die Farben vieler deutscher Städte, welche Rot und Weiß führten, zur Legitimation herangezogen. Ein Jahr später ließ Bismarck in einer Rede vor Studenten in Berlin den Hintergrund des Bezuges auf Kurbrandenburg durchblicken: „Später, als wir Preußen wurden, haben wir Schwarz-Weiß angenommen, und aus der Kombinierung beider ist dann das jetzige Schwarz-Weiß-Rot entstanden. Erst nachdem ich dem alten Kaiser Wilhelm dies auseinandergesetzt hatte, hat er die Annahme der neuen Farben erträglich gefunden.“ König Wilhelm, der Stockpreuße also, musste 1866 dazu gebracht werden, die preußischen Farben durch die neuen Bundesfarben zu ersetzen. Erst Bismarcks sprichwörtliches diplomatisches Geschick konnte Wilhelm mit der neuen Flagge halbwegs versöhnen. Der König scherzte später beim Anblick der neuen Farben gelegentlich mit Bismarck: „Da haben Sie Ihre brandenburgischen Fahnen.“
In einem Artikel der „Hamburger Nachrichten“ vom 25. März 1897 gab Bismarck dann wieder als wichtigstes Motiv für die rote Farbe den Bezug zu den Hanseaten und Holsteinern an, als nicht-preußischen Inhabern von Kriegsflotten.
Eine dritte These zur Entstehung der Bundesfarben stellt der renommierte zeitgenössische Heraldiker Maximilian Gritzner (1843–1902) im Jahre 1902 auf. Er beschreibt die Zusammensetzung dieser Farben als Kombination der preußischen Farben mit der roten Blutfahne, genauer gesagt mit dem Schwenkel der Reichssturmfahne des Heiligen Römischen Reiches Deutscher Nation. Auch hier wird das Bemühen nach Legitimation deutlich. Das preußische Kaiserreich sollte in die Tradition des Heiligen Römischen Reiches Deutscher Nation gestellt werden.
Letztlich ist bei der Schaffung der schwarz-weiß-roten Trikolore auch nicht auszuschließen, dass Bismarck die rote Farbe einfach aus einer Laune heraus wählte, weil es eine gute Ergänzung zu Schwarz-Weiß war.

Die Handelsflagge des Norddeutschen Bundes und des Kaiserreiches von 1867 bis 1921.

Konsulatswappen des Norddeutschen Bundes mit den „Wilden Männern“ aus dem großen preußischen Staatswappen.

Am wahrscheinlichsten ist aber wohl die Theorie, dass die Farben doch in Anlehnung an den Artikel Soetbeers gewählt wurden. Auch Kriegs- und Marineminister Albrecht Graf von Roon (1803–1879) erklärte später entsprechend dieser Theorie: „Es kann wohl möglich sein, ich glaube sogar, dass es sich wirklich so verhält, dass man dabei an die Bedeutung gedacht hat, welche der vorzugsweise Seeschifffahrt treibende Teil der Nation

in diesem Betracht gewonnen hat, an die hanseatische Flagge, um auf diese Weise (zu den preußischen Farben) eine dritte Farbe, die rote, hinzuzufügen, welche in der Verbindung mit Weiß auf allen Meeren bekannt ist."
Gerade die Hansestädte aber taten sich schwer damit, ihre bis in das Mittelalter zurückreichenden Symbole nun durch eine neue Farbkombination zu ersetzen und gleichzeitig ihre ebenfalls bis in das Mittelalter reichende Eigenständigkeit aufzugeben. Hamburg etwa bestand darauf, seine Flagge und sein Konsularwesen im neuen Bund beizubehalten. Senator Gustav Kirchenpauer (1808–1887) pochte in der Gesandtenkonferenz am 20. Dezember 1866 auf den Bekanntheitsgrad der Hamburger Flagge in der Welt. Bismarck reagierte gereizt: Er beschwerte sich, dass kein Fürst so engstirnig partikularistisch denke wie der Vertreter der freien Hansestadt. Dieser Partikularismus aber stehe einer Verschmelzung der Interessen Norddeutschlands entgegen. Die offiziöse „Kölnische Zeitung" kommentierte Hamburgs Wünsche am 26. Dezember 1866 folgendermaßen: „Daß sie aufrecht erhalten werden sollten, ist um so weniger glaublich, als Preußen, was die Flagge angeht, ja die hanseatische mit der seinen verbinden will. Die künftige norddeutsche Flagge soll schwarz-weiß-rot sein." Und tatsächlich gab Hamburg seinen Widerstand bald auf.
Der Artikel aus der „Kölnischen Zeitung" bezieht sich auf einen am Vortag gehaltenen Vortrag des Prinzen Adalbert beim König und Kronprinzen. Auch Adalbert hatte noch einmal über die Reihenfolge der Farben nachgedacht und war zu dem Schluss gekommen, dass Schwarz-Weiß-Rot längs gestreift die einzig sinnvolle Kombination sei, da sie auf See nicht verwechselt werden könne. Bei umgekehrter Reihenfolge sei etwa eine Verwechslung mit der niederländischen, bei vertikaler Anordnung mit der französischen Flagge nicht auszuschließen.
Schwarz-Weiß-Rot war also keine traditionsreiche Flagge, es hatte aber durchaus seine Zweckmäßigkeit für die optische Wahrnehmung auf See. Auch die Ästhetik konnte überzeugen. Julius Müller (1839–1922), Theologe und Historiker, verwies etwa auf die deutschen Märchen. Schon dort heiße es: „Rabenschwarz, weiß wie Schnee und rot wie Blut". Zudem entsprach die Reihenfolge der heraldischen Regel, dass die Farben durch das Metall getrennt werden sollten. Dies war auch dem Prinzen Adalbert wichtig.
Die neu konstruierte Flagge wurde von der Öffentlichkeit gelassen bis kühl aufgenommen. Eine breite Begeisterung wie einst für Schwarz-Rot-Gold entwickelte sich im Norddeutschen Bund nicht. Seit dem unrühmlichen Ende des großdeutschen schwarz-rot-goldenen Einigungsprozesses war die Symbol-Euphorie ohnehin einer gewissen Nüchternheit gewichen. Unzufriedenheit über die neue Farbkombination gab es auch. Der liberale Abgeordnete Franz Duncker (1822–1888) betonte im konstituierenden Reichstag, er sei enttäuscht, dass nicht Schwarz-Rot-Gold gewählt worden sei. Als Reaktion rief man ihm zu, dies sei ein überwundener Standpunkt. Seine Antwort darauf lautete: „Seit den Freiheitskriegen sind im Bewusstsein des deutschen Volkes Schwarz-Rot-Gold die Farben desselben und das Zeichen für die Bestrebungen für die Einheit und die Freiheit des gesamten Vaterlandes. Ich muss es daher beklagen (...) dass man dieses Symbol in diesem Augenblick verleugnen zu müssen geglaubt hat." Allerdings trauten sich die Liberalen nicht, einen Antrag für Schwarz-Rot-Gold als Bundesfarben einzubringen, aus Sorge, „dass die deutsche Volksvertretung die deutschen Farben etwa abvotiert". Duncker hoffte jedoch, dass irgendwann einmal diese „ehrwürdigen Farben" wieder zum offiziellen deutschen Symbol würden. Er selbst hisste als Besitzer der „Berliner Volkszeitung" zu feierlichen Anlässen die schwarz-rot-goldene Flagge.

Entstehung einer neuen Kriegsflagge

Der einzige Staat, der Kriegsschiffe in die zu bildende Bundes-Kriegsmarine einbrachte, war Preußen. Ihr oberster Befehlshaber war König Wilhelm I. Seine Schiffe führten seit 1817, mit Unterbrechung während der Revolutionszeit, die preußische Kriegsflagge, welche auf weißem Feld in der Mitte den schwarzen preußischen Adler sowie im Obereck am Liek das Eiserne Kreuz zeigte. Diese preußischen Attribute gingen an gleicher Stelle in die neue Kriegsflagge des Norddeutschen Bundes ein. Bis es so weit war, hatte Prinz Adalbert, der für die Entwürfe einer neuen Kriegsflagge verantwortlich war, jedoch einen langen und komplizierten Arbeitsprozess zu bewältigen.

Fest stand von vornherein, dass die Kriegsmarine eine andere Flagge führen sollte als die Handelsmarine. Da es in Preußen schon lange Zeit Tradition war, dass sich die Kriegsflagge von der Handelsflagge unterschied, forderten die Admirale auch jetzt eine eigene, prestigeträchtige Kriegsflagge.

Prinz Adalbert, der unermüdliche Arbeiter und Flaggenschöpfer, bekam die Aufgabe, sich Gedanken über eine neue Kriegsflagge zu machen. Die Farben der Handelsflagge sollten unbedingt mit aufgenommen werden. Adalbert betonte, dass die Kriegsmarine nur dann den deutschen Handel effektiv schützen könnte, wenn die Farben der Handels- und der Kriegsflotte übereinstimmten. In ausländischen Häfen wäre der Respekt vor den Handelsschiffen Norddeutschlands sofort garantiert, wenn auch die norddeutschen Kriegsschiffe unter diesen Farben fahren würden. Aber auch die eigenen Handelsschiffe wären eher bereit, auf See Anweisungen der Kriegsschiffe zu befolgen, wenn jene die gleichen Farben hätten.

Adalbert wollte für die Kriegsflagge das weiße Grundtuch beibehalten und damit die brandenburgische und preußische Tradition fortführen. Sein früher Entwurf aus den 1850er-Jahren wurde nun wieder interessant. Das weiße Tuch sollte durch das Balkenkreuz, das entsprechend dem skandinavischen Vorbild leicht zum Liek versetzt war, vierfach geteilt werden. Adalbert bezeichnete dieses schwarze, weiß-schwarz geränderte Kreuz nun jedoch nicht mehr als „deutsches Kreuz“, sondern als „Eisernes Kreuz“. In einem Brief vom 9. Januar 1867 schrieb er an den König: „So schlage ich allerunterthänigst die Theilung der Flagge durch das Eiserne Kreuz vor, ein Symbol, auf welches

Auswahl erster Entwürfe des Prinzen Adalbert für eine Kriegsflagge des Norddeutschen Bundes. Neben der Symbolik ist die optische Wahrnehmbarkeit der Kriegsflaggen auf See wichtig.

Detailarbeit: Wie können das Eiserne Kreuz und der Preußenadler platziert werden? Weitere Entwürfe des Prinzen Adalbert für eine Kriegsflagge.

die Marine besonderen Werth legt." Dieses Kreuz sollte aber im Gegensatz zum eigentlichen Eisernen Kreuz geradlinig sein, da dies international gängig sei: „Es existiert in keiner Flagge ein ausgeschweiftes Kreuz und würde dies daher überall im Auslande auffallend gefunden werden." Adalberts starke Orientierung an den internationalen Vorbildern und seine Furcht vor einer Abweichung von internationalen Gepflogenheiten wird hier deutlich. Er selbst äußerte sich dazu: „Es ist für uns natürlich, den großen Seemächten nachzustreben und uns dem in anderen Marinen Hergebrachten anzuschließen."

Die Flaggenfrage wurde im Kreise der Hohenzollern-Familie intensiv diskutiert. Der König forderte, dass auch die originale Form des Eisernen Kreuzes, also das Tatzenkreuz, aufgenommen werden sollte. Zudem sollte der preußische Adler unbedingt seinen Platz in der Flagge behalten. War Wilhelm bei der Handelsflagge noch einen Kompromiss eingegangen, so beharrte er bei der Kriegsflagge strikt auf preußischer Symbolik. Auch Bismarck konnte den König nicht mehr beeinflussen. Als er in der Gesandtenkonferenz gefragt wurde, welche Flagge die Kriegsmarine bekäme, antwortete er: „Diese Frage möge man als eine offene betrachten, Seine Majestät der König hätten sich hierüber noch nicht schlüssig gemacht."

Prinz Adalbert entwarf nun zahllose Varianten, bei denen die Vorgaben des Königs meist umgesetzt wurden. Ein schon sehr geeignet erscheinendes Muster des Prinzen wurde in die engere Wahl gezogen. Es zeigte das Balkenkreuz und im Obereck die Bundesfarben, belegt mit dem preußischen Adler. König Wilhelm I. selbst war es dann aber, der die endgültige Form der Kriegsflagge festlegte. Er entschied, dass der preußische Adler und das Eiserne Kreuz an der gleichen Stelle zu bleiben hatten wie in der alten preußischen Kriegsflagge. Mit dem Eisernen Kreuz belegte er also die Bundesfarben im Obereck, und den Adler setzte er in einen Kreis in der Mitte des Balkenkreuzes.

Mit Allerhöchster Kabinettsorder vom 4. Juli

Die Gösch des Norddeutschen Bundes und des Kaiserreiches setzten deutsche Kriegsschiffe, wenn sie im Hafen oder vor Anker lagen.

1867 wurde dieses Muster zur Kriegsflagge des Norddeutschen Bundes bestimmt. Die Gösch der Kriegsschiffe, welche sonntags und zu feierlichen Anlässen am Bug der Schiffe gesetzt wurde, entsprach der Oberecke der Kriegsflagge. Sie wurde erst später vom preußischen König genehmigt.
Auch die Bundeskonsulate sollten die neue Kriegsflagge führen. Die Konsuln erhielten schwarz-weiß-rote Wappen für ihre Wohnungen und schwarz-weiß-rote Kokarden für die Uniformen. Die Truppen aber blieben bei den Kokarden ihrer jeweiligen Landesfarbe.
Am 1. Oktober 1867 wurden auf den Kriegsschiffen, Werften und Depots die alten preußischen Flaggen niedergeholt und die neuen Kriegsflaggen des Norddeutschen Bundes gehisst. Ein Augenzeuge beschreibt die feierliche Zeremonie: „Die preußische Flagge wurde, nachdem die Besatzung in Paradezeug versammelt war, kurz vor 9 Uhr gehisst und nach einer auf die Bedeutung des Vorganges hinweisenden Ansprache des Kommandanten niedergeholt; dann stieg die mit drei ‚Hurras' und 21 Ehrenschüssen begrüßte Bundeskriegsflagge unter Präsentieren des Seesoldaten-Detachements und Marschschlagen der Tambours aus der Gaffel empor: ein geschichtlicher Augenblick!"

Kriegsflagge des Norddeutschen Bundes und des Kaiserreiches. Mit Allerhöchster Kabinettsorder vom 4. Juli 1867 eingeführt, wehte diese Ausführung bis zur ersten gestalterischen Modifizierung im Jahre 1892 am Heck deutscher Kriegsschiffe.

Ein deutsches Kaiserreich unter Preußens Führung – der Weg zur Reichsgründung

Die Entstehung eines mächtigen norddeutschen Großstaates wollte Frankreich nicht hinnehmen. Paris fürchtete um die ohnehin nicht mehr vorhandene Hegemonie in Europa. Im Sommer 1870 sah Napoleon III. eine Gelegenheit, den preußischen Machtzuwachs zu unterbinden. Als Spanien seinen Königsthron dem Hohenzollern-Sigmaringer Prinzen Leopold (1835–1905) anbot, gab die französische Regierung unmissverständlich zu verstehen, dass sie einen Preußen auf dem spanischen Thron nicht dulden würde. Napoleon III. drohte Preußen mit Krieg. Bismarck hatte zwar die Kandidatur Leopolds unterstützt, die Hohenzollern verzichteten aber angesichts dieser Drohung auf den Thron. Die französische Regierung setzte jedoch noch nach, mit dem Ziel, Preußen auch eine diplomatische Niederlage beizubringen. Ihr Botschafter Benedetti verlangte von König Wilhelm, dass dieser für alle Zeiten auf die Kandidatur eines Hohenzollern verzichten solle. Wilhelm lehnte dies ab und ermächtigte Bismarck, die Presse über die Angelegenheit zu informieren. Jener veränderte den Wortlaut Benedettis zuvor noch, sodass die französischen Forderungen einen noch negativeren Klang erhielten. Frankreich erklärte daraufhin am 19. Juli 1870 Preußen den Krieg.

Die süddeutschen Staaten mit Ausnahme Österreichs bekannten sich sofort zu Preußen und zogen an seiner Seite gegen Frankreich in den Krieg. Alle deutschen Staaten außer Österreich und Liechtenstein nahmen am Krieg teil.
Am 2. September 1870 kapitulierte eine große französische Armee bei Sedan. Napoleon III. und mit ihm 100 000 Soldaten gelangten in preußische Kriegsgefangenschaft. Diese durch die Waffenbrüderschaft der deutschen Kleinstaaten erreichte Entwicklung löste in Deutschland eine Welle der nationalen Begeisterung aus. Am 28. Januar 1871 kapitulierte Frankreich endgültig. In Versailles wurden die Friedensverhandlungen geführt. Frankreich musste fünf Milliarden Goldfranken als Kriegsentschädigung zahlen und zudem das Elsass sowie große Teile Lothringens an Deutschland abtreten.
Die Friedensbedingungen waren im Vergleich zu den französischen Forderungen zu Kriegsbeginn und in den Jahren und Jahrzehnten davor aus heutiger Sicht durchaus eher maßvoll. Bei der Annexion Elsass-Lothringens ist zu bedenken, dass die Bevölkerung dort weitgehend deutschsprachig war. Frankreich jedoch empfand die Friedensbedingungen als tiefe Schmach. Nun annektierte nicht mehr Frankreich fremdes Land, sondern die Franzosen sahen sich plötzlich und völlig unerwartet damit konfrontiert, eigene Territorien abgeben zu müssen. Der Verlust Elsass-Lothringens belastete das deutsch-französische Verhältnis in den kommenden Jahrzehnten schwer und führte zu tiefem Hass der Franzosen gegen Deutschland, welcher sich nach dem Ersten Weltkrieg im Versailler Vertrag auf tragische Weise entladen sollte.
Als besonders schmachvoll empfanden die Franzosen auch die deutsche Kaiserproklamation in Versailles, die am 18. Januar 1871 stattfand. Bismarck nutzte die nationale Begeisterung nach den Siegen über Frankreich und brachte die am Krieg beteiligten

Friedensverhandlungen in Versailles Anfang 1871 zwischen Bundeskanzler Otto von Bismarck und den beiden französischen Bevollmächtigten Jules Favre (1809–1880), später französischer Außenminister, und Adolphe Thiers (1797–1877), erster Präsident der dritten Republik in Frankreich ab August 1871 (im Lehnstuhl). Gemälde von Karl Wagner.

Das Deutsche Kaiserreich 1871–1918.

süddeutschen Kleinstaaten dazu, den preußischen König als Kaiser des neuen Deutschen Reiches anzuerkennen. Schon einen Tag vor der Einnahme von Paris durch die deutschen Truppen und genau am 170. Jahrestag der Königskrönung des ersten preußischen Königs Friedrich I. in Königsberg wurde Wilhelm I. im Spiegelsaal von Versailles von den anwesenden deutschen Fürsten zum Kaiser gekrönt.

Das Schloss von Versailles war mit schwarz-weiß-roten Flaggen geschmückt. Im Herzen Frankreichs also vollzogen die Deutschen den Akt, der Frankreichs Vormachtstellung in Europa endgültig zur Geschichte machte. Diese Demütigung Frankreichs nach dem kurzen Krieg war überwältigend. Zu bedenken ist allerdings, dass Frankreich selbst diesen Krieg schon während des gesamten 19. Jahrhunderts und unmittelbar vor dessen Ausbruch durch seine Gebietsforderungen Deutschland gegenüber herausgefordert hatte. Andererseits hätte es Frankreich nicht für möglich gehalten, dass die Deutschen doch einmal in weitgehender Einheit gegen ein anderes Land stehen würden.

Kaiserproklamation im Spiegelsaal des Schlosses von Versailles am 18. Januar 1871. Anton von Werner malte sein berühmtes Gemälde im Jahre 1885.

Das neue Deutsche Reich war ein preußisches. Preußen hatte die politische Macht. Das Übergewicht Preußens war angesichts von 17 Stimmen im Bundesrat gegenüber nur 41 nicht-preußischen deutlich. Zudem war der Kaiser der preußische König. Die süddeutschen Kleinstaaten erhielten aber weitgehende Sonderrechte, insbesondere im Militär-, Steuer- und Postwesen, sodass eine gewisse Eigenständigkeit gewahrt werden konnte. Die Reichsverfassung von 1871 entsprach bis auf wenige Ausnahmen der auf das ganze Reich übertragenen Verfassung des Norddeutschen Bundes.

Das Volk wollte Schwarz-Rot-Gold

In ganz Deutschland, ja selbst in der preußischen Hauptstadt Berlin, waren die Farben Schwarz-Rot-Gold tief in den Herzen der Menschen verwurzelt. Nach dem Sieg bei Sedan schmückten Berliner Bürger das Denkmal Friedrichs des Großen unter den Linden mit schwarz-rot-goldenen Farben. Ein Gedicht, das angesichts der militärischen Erfolge die Hoffnung auf ein geeintes Reich zum Ausdruck brachte, ließ einen deutschen Kaiser im Schmuck der „teuren deutschen Farben Schwarz-Rot-Gold" wiederkehren.

Im Zuge der Reichsgründung stand auch die Flaggenfrage wieder auf der politischen Tagesordnung. Der Norddeutsche Bund führte erst seit vier Jahren die Farben Schwarz-Weiß-Rot – länger existierten sie noch gar nicht. Sie waren vornehmlich die Farben der Handelsschiffe und der Kriegsmarine. Niemand hielt sie im Entferntesten für gesamtdeutsche Nationalfarben. So schienen sie als Reichsfarben nicht in Frage zu kommen. Für die Bevölkerung gab es nur ein Symbol, das die Einheit Deutschlands versinnbildlichte: Schwarz-Rot-Gold.

Insbesondere in den Ländern südlich der Mainlinie hofften die Menschen freudig auf die alten deutschen Farben. Die süddeutschen Minister wollten die preußisch dominierte Symbolik des Norddeutschen Bundes unbedingt durch eine gesamtdeutsche Symbolik ersetzen. Schon im September 1870 beharrte die bayerische Regierung bei einem Verfassungskongress in München darauf, die Flagge des Norddeutschen Bundes für das zu bildende Reich zu ändern. Für eine spätere „Reichsmarine" wollte Bayern nur dann Beiträge zahlen, wenn „in Berücksichtigung weitverbreiteter Gefühle, die Flagge aus den Farben Schwarz-Rot-Gold bestände oder eine andere Flagge gewählt würde, die die Gesamtheit des neuen deutschen Bundes repräsentiere". Selbst der preußische Zeremonienmeister und Chef des Heroldsamtes, Rudolf Graf von Stillfried-Alcántara und Rattonitz (1804–1882), forderte aus Rücksicht auf die süddeutschen Staaten Schwarz-Rot-Gold. Er verfasste zahlreiche Denkschriften über die Flaggenfrage.

Anders als 1866/67, zur Gründung des Norddeutschen Bundes, war die Flaggenfrage diesmal keine Angelegenheit, die nur von den Herrschern im stillen Kämmerlein besprochen wurde. Das ganze Volk nahm regen Anteil. Um Preußen die Annahme der deutschen Farben ohne Gesichtsverlust zu ermöglichen, plädierten viele Beteiligte für die Reihenfolge Schwarz-Gold-Rot, welche auch schon einmal während der Revolutionszeit im Gespräch gewesen war. Der Münchner Kunsthistoriker Jakob Heinrich von Hefner-Alteneck (1811–1903) schlug vor, dass der Norddeutsche Bund lediglich das „Silber" durch das „Gold" ersetzen müsse. Auch der anerkannte Heraldiker Friedrich Karl Fürst zu Hohenlohe-Waldenburg (1814–1884) forderte diese Farbkombination. Er hielt dies in Bezug auf Süddeutschland für zwingend erforderlich, um „zugleich allen realen und idealen politischen Sympathien und Antipathien Rechnung zu tragen". M. Hildebrandt-Mieste, ebenfalls Heraldiker, argumentierte für die gleiche Reihenfolge und beschwichtigte vorauseilend etwaige Kritiker: „Die, denen seit fünfzig Jahren die Farben Schwarz-Rot-Gold ans Herz gewachsen sind, erblicken dieselben ja auch in dieser neuen (schwarz-gold-roten) Trikolore und mögen bedenken, daß die Umgestaltung der Reihenfolge aus wissenschaftlichen Gründen geboten ist (...)." Damit verwies er auf die mittlerweile allseits bekannte heraldische Regel der Trennung von Farben und Metallen in Farbkombinationen.

Schwarz-gold-rote Trikolore. Die deutschen Farben in der als „heraldisch korrekt" bezeichneten Anordnung.

Der bedeutendste Fürsprecher für Schwarz-Rot-Gold war jedoch der preußische Kronprinz und spätere Kaiser Friedrich III. (1831–1888). Am 3. Dezember 1870 antwortete er dem Großherzog von Weimar auf die Frage nach einem Reichssymbol: „Ich könnte meinen Standpunkt nicht besser kennzeichnen, als indem ich die schwarz-rot-goldene Fahne und Farbe als Bundes- und Reichszeichen und den Reichsadler an den Helmen des gesamten Heeres verlangte." Friedrich stand schon lange liberalen Ideen sehr nahe und hatte deshalb auch keine Abneigung gegen die demokratischen Farben.

Auch Schwarz-Weiß-Rot hatte in der Öffentlichkeit Befürworter, sie waren aber selten. David Friedrich Strauß (1808–1874) etwa bezeichnete Schwarz-Rot-Gold in der „Augsburger Allgemeinen Zeitung" im Oktober 1870 als die Farben der deutschen Kindheit, Schwarz-Weiß-Rot aber als die Farben des zur Einheit führenden Sieges. In öffentlichen Reaktionen auf diese Aussage wurde darauf hingewiesen, dass in Bayern bei den Siegesfeiern vornehmlich Schwarz-Rot-Gold gehisst würde und dies die deutschen Farben seien.

Es gab sogar Vorschläge, eine völlig neue Flagge zu schaffen. Geschichtsforscher Leopold Freiherr von Ledebur (1799–1877) brachte eine schwarz-weiß-blaue Trikolore als Kombination der preußischen mit den bayerischen Farben ins Spiel. Wie hätten wohl die Hansestädte reagiert, wäre dieser Vorschlag ernsthaft diskutiert worden?

Die Flaggen des Norddeutschen Bundes werden für das Reich übernommen

Die zahllosen Befürworter der deutschen Farben wurden nicht erhört. Schwarz-Weiß-Rot setzte sich letztlich durch. Gemeinsam mit der Verfassung des Norddeutschen Bundes wurden auch die Bundesfarben für das Reich stillschweigend übernommen. Wieder einmal war es Bismarck, der Schwarz-Rot-Gold, gerade mit dem Wissen um Wilhelms strikte Ablehnung, verhinderte.

Bismarck verhielt sich zur Frage der Reichssymbole ähnlich desinteressiert wie 1866/67. Als Reaktion auf die schwarz-rot-goldene Schmückung des Friedrich-Denkmals äußerte er sich am 22. September 1870 unwillig: „Sonst ist mir das Farbenspiel ganz einerlei. Meinetwegen grün und gelb und Tanzvergnügen oder die Fahne von Mecklenburg-Strelitz. Nur will der preußische Troupier nichts von Schwarz-Rot-Gold wissen, was ihm, wenn man sich an die Berliner Märztage erinnert und an das Erkennungszeichen der Gegner im Mainfeldzuge von 1866, von billig Denkenden nicht übel genommen wird.“ Auch in einem Telegramm aus Versailles vom 23. Oktober 1870 sprach er der Flaggenfrage eine „untergeordnete“ Bedeutung zu: „Wir haben mehr zu tun, und wer über solche Fragen stutzt, ist nicht reif.“ Als ihn der schwarz-rot-gold gesonnene Großherzog Friedrich von Baden am 9. November in Versailles fragte, ob ein gemeinsames Reichsheer auch ein einheitliches Abzeichen tragen werde, antwortete Bismarck ihm, dass dies nicht sicher sei, dass es aber in jedem Falle nicht schwarz-rot-gold wäre, sondern in den Farben des Norddeutschen Bundes. Den Soldaten könne man nicht zumuten unter den Farben, gegen die sie 1848 und 1866 vorgingen, zu kämpfen und der König würde dies auch niemals befehlen.

Dem König war nicht einmal Schwarz-Weiß-Rot lieb. Er lehnte 1870 eine einheitliche Bundeskokarde in diesen Farben strikt ab. Die preußischen Soldaten führten weiterhin die schwarz-weiße Kokarde, und auch alle anderen Soldaten trugen die Kokarde ihres jeweiligen Landes. Graf Stillfried forderte nach der Einführung von Schwarz-Weiß-Rot als Flagge: „Ebenso erledigt scheint die Frage wegen des Nationalbanners, nachdem in der deutschen Verfassung bestimmt wurde, dass die Kriegs- und Handelsflagge schwarz-weiß-rot ist. Was für die Marine gilt, wird auch für das Reichsheer gelten müssen, wie denn auch auf den Forts um Paris und auf dem Schlosse zu Versailles die dreifarbige, von Schwarz, Weiß, Rot gestreifte Fahne geweht hat.“

Erst Jahrzehnte später, im Jahre 1897, erhielt das Heer eine schwarz-weiß-rote Kokarde, die neben der Landeskokarde getragen wurde. Die schwarz-weiß-rote Flagge wurde nicht zum Symbol der deutschen Heereskontingente. Im Felde trugen die Truppen stets Fahnen in den Landesfarben.

Gemeinsam mit der schwarz-weiß-roten Handelsflagge wurde auch die Kriegsflagge des Norddeutschen Bundes unverändert für die Marine des Deutschen Reiches übernommen. Bemerkenswert dabei ist, dass die Flagge also nach wie vor den preußischen Adler zeigte. Dies blieb so bis zum Ende des Kaiserreiches, und nie wurde der preußische Adler in der Kriegsflagge des Wilhelminischen Reiches durch den Reichsadler ersetzt. Die Geschichte des Wilhelminischen Kaiserreiches hätte vielleicht etwas anders verlaufen können, wären die Farben Schwarz-Rot-Gold eingeführt worden. Die Strahlkraft der Staatssymbolik auf die Geschicke einer Nation ist groß. Schwarz-Rot-Gold hätte dem Reich einen weniger preußisch-dominierten Charakter gegeben, und es mag mit Recht spekuliert werden, ob sich die deutsche Bevölkerung nicht freier, souveräner und einheitlicher gefühlt hätte. Gleichzeitig wäre die Verbundenheit mit den Deutschen in Österreich noch deutlicher und lebendiger geblieben.

Der Reichsadler fordert die Heraldiker

Schon für die Kaiserproklamation in Versailles ließ Kronprinz Friedrich von Alfred Karl Graf Harrach (1831–1914) einen vorläufigen Reichsadler entwerfen. Er war in den Farben Gold, Schwarz und Rot gestaltet. Auf der Rückseite des Schildes vermerkte Kronprinz

Januar 1871: Improvisiertes Reichswappen nach einer Idee des Kronprinzen Friedrich, dem späteren „100-Tage-Kaiser“.

Friedrich: „Dieser von Sammt ausgeschnittene und auf Goldstoff aufgesetzte Adler nebst der ähnlich gefertigten Kaiserkrone wurde in der Eile im Hauptquartier zu Versailles angefertigt und war bei der Proklamierung Seiner Majestät des Königs von Preußen als Deutscher Kaiser, am 18. Januar 1871 in der salle des glaces des Schlosses von Versailles auf der Draperie hinter den Stufen befestigt, auf welchen Seine Majestät in jenem feierlichen Augenblick stand.“

Ein doppelköpfiger Adler wurde nicht wieder eingeführt. Dies entsprach der Ablehnung des Katholizismus durch die protestantischen Preußen. Der Doppelkopfadler hatte im Heiligen Römischen Reich die geistliche und weltliche Macht symbolisiert. Diese Macht war jeweils durch den Papst legitimiert worden. Es sollte aber 1871 auch der Eindruck vermieden werden, der eine Kopf stehe für die deutsche, der andere für die preußische Herrschaft. Vielmehr sollte der einköpfige Adler die einheitliche Führung Deutschlands symbolisieren. Fürst Hohenlohe-Waldenburg betonte, damit sei der „verderbliche Dualismus“ zwischen Österreich und Preußen ausgeschaltet. Zudem war Wilhelm I. der Meinung, dass das „alte deutsche Wappen“ der einköpfige Adler sei. Die Hohenzollern legten schon deshalb Wert darauf, zum einköpfigen Adler aus der Zeit der Hohenstaufen zurückzukehren, da der doppelköpfige Adler insbesondere das Kaiserwappen des Heiligen Römischen Reiches Deutscher Nation unter den Habsburger-Kaisern gewesen war und Österreich auch aktuell noch einen doppelköpfigen Reichsadler führte.

Wappenadler der österreichischen Kaiser mit dem doppelköpfigen Adler.

Mit Erlass vom 15. Oktober 1871 wurde dann die offizielle Form des Reichsadlers eingeführt. Folgende Beschreibung wird in der Quelle angegeben: „Der Reichsadler ist schwarz, roth bewehrt (d. h. mit rothem Schnabel und rothen Klauen) und roth gezungt. Auf der Brust desselben liegt der Königlich Preußische Wappenschild, silbern, darin ein schwarzer, goldbewehrter, rothgezungter und mit der Königskrone gekrönter Adler. (...) Auf der Brust trägt er den von Silber und Schwarz gevierten Hohenzollerischen Stammschild. Um den Königlich Preußischen Wappenschild schlingt sich die Kette des hohen Ordens vom schwarzen Adler, wenn nicht der Reichsadler, wie weiterhin beschrieben, selbst in ein Schild gesetzt wird.“

Größeres Wappen des deutschen Kaisers mit dem einköpfigen Reichsadler, flankiert von „Wilden Männern“.

Dieser Adler war aber nicht Reichswappen. Vielmehr handelte es sich um ein Kaiserwappen. Am 6. Dezember 1888 wurde er noch einmal geringfügig modifiziert, ohne dass die Beschreibung im entsprechenden Allerhöchsten Erlass von der obigen abwich.

Ein Kuriosum ist, dass der Adler stets mit einer über dem Kopf schwebenden Reichs-

krone abgebildet wurde. Diese fand aber weder in der Beschreibung von 1871 noch in der von 1888 Erwähnung. Diese Reichskrone gab es auch gar nicht. Lediglich ein Holzmodell hatte man von ihr anfertigen lassen.
Diesen wilhelminischen Reichsadler mit dem beigefügten Spruch „Old Germany" findet man heute noch auf Bierkrügen in Souvenirläden. Seine Ästhetik scheint noch in unseren Tagen eine gewisse Ausstrahlung auf japanische oder amerikanische Touristen zu haben.

Der Reichsadler des Deutschen Reiches in seiner Form von 1888.

Schwarz-Rot-Gold blieb bei der Bevölkerung präsent

Ein unbekannter Wiesbadener Schriftsteller verfasste 1871 die folgenden Zeilen: „Während die Farben des Norddeutschen Bundes seit vier Jahren auf allen Meeren die deutschen Herzen vaterländisch bewegen, ist in Deutschland ihrer selbst noch niemand froh geworden. Hier, wo der Blick nach dem Süden gebannt blieb, waren sie ein Denkmal unfertiger Schöpfungen und unerfüllter Hoffnungen ohne absehliches Ende." Diese Zeilen geben ein Bild von der Gefühlslage der Bevölkerung im Reich. Die Menschen sehnten sich nach Schwarz-Rot-Gold.

Der Schriftsteller Julius Langbehn (1851–1907) formulierte diese Hoffnungen der Menschen wenig später noch konkreter: „Deutschlands äußere politische Entwicklung ist noch nicht abgeschlossen; es könnte recht wohl sein und muß in gewisser Hinsicht sein, daß einer irgendwie eintretenden Erweiterung seiner äußeren Machtbefugnisse ein abermaliger Wechsel seiner Nationalfarben folgt. (...) Die deutschen Idealfarben sind noch nicht ganz erloschen. Es könnte sein und ist zu wünschen, dass wie der Ausgangs- so auch der Endpunkt der Entwicklung des neuen Deutschlands in diesen Farben gipfelte." Der von ihm ersehnte „Endpunkt der Entwicklung" ist heute mit der demokratischen schwarz-rot-goldenen Bundesrepublik Deutschland Wirklichkeit geworden. Langbehn aber hätte wohl niemals geahnt, dass bis dahin noch zwei unvorstellbare Katastrophen über Deutschland hereinbrechen würden.
Besonders in den Städten Süddeutschlands, aber auch in Norddeutschland und in Berlin trugen Bürger bis zum Anfang des 20. Jahrhunderts die Farben Schwarz-Rot-Gold als Zeichen ihrer demokratischen Gesinnung und ihrer Hoffnung auf eine baldige Vereinigung mit Deutsch-Österreich. In Hannover, Kurhessen und Süddeutschland wurden die Farben auch zum Zeichen der Opposition gegen die Preußenherrschaft und ihr Schwarz-Weiß-Rot.
Besonders treu standen die Turner im Reich zu Schwarz-Rot-Gold. Die Fahne der Deutschen Turnerschaft wurde nach 1880 wieder in den alten deutschen Farben gestaltet, und die Turner bekannten sich weiterhin zu dem eingängigen Vers: „Solang' ein Tropfen Blut noch in den Adern rollt, Schwärmt er für Freiheit, Recht und Schwarz-Rot-Gold!"
Zum 150. Geburtstag Johann Wolfgang von Goethes (1749–1832) blühte in Frankfurt 1899 noch einmal ein schwarz-rot-goldenes Fahnenmeer auf. Auch die Gräber der gefallenen 1848er-Revolutionäre in Berlin, Freiburg, Dresden, Rastatt und anderswo wurden weiterhin mit Schwarz-Rot-Gold geschmückt. Auf Sänger- und Schützenfesten wehten

schwarz-rot-goldene Flaggen zum Zeichen für den Einheitsgedanken mit Deutsch-Österreich.
Die österreichischen Deutschen bekannten sich in dieser Zeit selbstverständlich zu den großdeutschen Farben und lehnten naturgemäß die Farben Schwarz-Weiß-Rot ab. In einem weit verbreiteten Lied dieser Zeit dichtete ein Österreicher: „Es sprachen die Kanonen: Ihr sieben Millionen, ihr müsst aus Deutschland fort! Die sieben Millionen, die sprachen: Ihr Kanonen habt nicht das letzte Wort. Wir halten, auch verstoßen, am ganzen, freien, großen Volksdeutschland treulich fest." Im Jahr 1876 gründete sich in Wien die Deutschnationale Bewegung. Sie nahm als Zeichen eine schwarz-rot-goldene Fahne mit einer blauen Kornblume, der Lieblingsblume Wilhelms I., an.
Seit der Gründung des Norddeutschen Bundes ließen sich die gesamtdeutschen Farben nicht mehr für die eigene Politik instrumentalisieren. Daher gingen die Habsburger seit 1867 wieder auf Distanz zu Schwarz-Rot-Gold. Die großdeutschen Farben wurden als „hochverräterisch" bezeichnet und unterdrückt. Schwarz-Weiß-Rot war bei der Bevölkerung im Deutschen Reich aber zunächst wenig akzeptiert. Begeisterung wollte anfangs nicht recht aufkommen. Privatleute hissten statt der Reichsflagge lieber die jeweilige Landesflagge, da sie mit Schwarz-Weiß-Rot nicht viel anfangen konnten, jedoch auch nicht mit Schwarz-Rot-Gold provozieren wollten. Die Landesregierungen sahen dies mit Wohlwollen.
Seitens der Behörden gab es keine Verordnungen, die eine Förderung der Reichsfarben zum Ziel gehabt hätten. Selbst Bismarck verschaffte der Reichsflagge keine Rückendeckung. Als der deutsche Botschafter in Paris, Fürst Münster von Derneburg (1820–1902), für den 90. Geburtstag Wilhelms I. im Jahre 1887 um eine Flagge für die Botschaft bat, erhielt er von Bismarck eine Absage. Seine Begründung war, dass das „Hissen einer Flagge unnötiges Aufsehen erregen" würde.

Langsam etablierte sich Schwarz-Weiß-Rot

Seit den 1880er-Jahren gründeten sich aber Vereine, die Schwarz-Weiß-Rot zu ihren Farben wählten. So bildete sich 1881 der Verein Deutscher Studenten, der sich gegen Liberalismus und Demokratie wandte sowie antisemitisch eingestellt war. Im Jahr 1891 wurden der Alldeutsche Verband und der Flottenverein gegründet.
Im gleichen Jahr entstand der Verein für das Deutschtum im Ausland. Die Auslandsdeutschen und Seefahrenden, die unter den neuen Farben vom aufblühenden Seehandel des Reiches profitierten, entwickelten bald eine enge Verbundenheit mit ihrer Handelsflagge. In den Handelsniederlassungen in Südamerika, Asien und Afrika sowie auf den Atlantik-Passagierschiffen wurden die Flaggen bald zum Symbol für die zunehmende internationale Bedeutung des deutschen Handels und Schiffsverkehrs. Schwarz-Weiß-Rot war in der Welt schnell bekannt und geachtet als Flagge des aufstrebenden und erfolgreichen Deutschlands.
Deutsche Produktqualität erhielt in dieser Zeit einen so hohen Bekanntheitsgrad in der Welt, dass die britische Regierung sich zum Handeln gegen den neuen Konkurrenten gezwungen sah. Im 1887 erlassenen Handelsmarkengesetz mussten ausländische Erzeugnisse gekennzeichnet werden. Die Briten sollten so „schlechte und billige" Massenware schnell von einheimischer unterscheiden können. Der erwünschte Negativeffekt für die deutsche Ware wurde aber bald zu einem positiven: Das Siegel „Made in Germany" (hergestellt in Deutschland) stand bald für Qualität und Zuverlässigkeit deutscher Produkte. Auch der Versuch, unter der Parole „Buy British" die Kunden vom Kauf deutscher Ware abzuhalten, scheiterte weitgehend.
Der maritime Gedanke erfasste besonders unter dem neuen Kaiser Wilhelm II., dessen Regentschaft 1888 begann, die gesamte Gesellschaft. Dies steigerte dann auch die

„Flagge zeigen“: Reichspostdampfer PRINZ HEINRICH des Norddeutschen Lloyds, Bremen, in japanischen Gewässern.
Gouache von Willy Stöwer.

Popularität der Reichsfarben im Binnenland. Die technischen Fortschritte dieser Zeit ermöglichten zudem eine massenhafte Präsenz der Reichsfarben in der Öffentlichkeit. Papierfähnchen konnten jetzt in großer Zahl günstig hergestellt werden. Gern schwenkte das Volk bei Kaiserbesuchen die verteilten Fähnchen.

Die schwarz-weiß-rote Flagge wurde also schon früh zu einem Symbol, das die führenden politischen Kräfte im Reich für sich beanspruchten. Sie symbolisierte nicht mehr allein die Preußendominanz im Reich, sondern in besonderer Weise die Welt- und Kolonialpolitik, das Seemachtstreben und auch den von der Reichsregierung geführten Abwehrkampf gegen die wachsenden Forderungen des Proletariats.

Flaggenvielfalt auf See

An den Kriegen von 1864, 1866 und 1870/71 beteiligte sich die preußische bzw. die Marine des Norddeutschen Bundes nicht maßgeblich, wenn man vom Gefecht der französischen BOUVET mit dem norddeutschen Kanonenboot METEOR vor Havanna am 9. November 1870 einmal absieht. Die Marine war zu unbedeutend. Nach der Reichsgründung 1871 erhielt die Flotte den Namen „Kaiserliche Marine“ und wurde weiter ausgebaut. Besonders unter Kaiser Wilhelm II. (1859–1941) entwickelte sich eine große Flottenbegeisterung in Deutschland. „Vom Fels zum Meer“ – das war die Losung, unter der das Deutsche Reich nach internationaler Seegeltung strebte. Der deutsche Adler auf einem Felsen im Meer sollte zum Symbol

Der Titel der Zeitschrift des Deutschen Flotten-Vereins ist Programm: Deutschland „Überall“! Unter dem Schutz der Reichskriegsflagge zeigt Germania vom Fels zum Meer, und das Volk jubelt. Kaiser Wilhelm II. bemerkte dazu: „Unsere Zukunft liegt auf dem Wasser.“

für die geänderte Blickrichtung werden – weg von der rein kontinentalen hin zu einer ozeanischen Ausrichtung.

Zwei deutsche Flotten erlangten im Zuge dieser Entwicklung bald Bedeutung von Weltrang: Die Handelsflotte mit den Reedereien Norddeutscher Lloyd in Bremen und HAPAG in Hamburg als Zugpferde und die Kriegsflotte der Kaiserlichen Marine. Für beide existierte ein komplexes Flaggensystem. Im Kaiserreich gab es insgesamt weit über 80 verschiedene offizielle Flaggen, die meisten im Bereich der Seefahrt. Gerade für die Kaiserliche Marine, aber auch für die Handelsmarine existierten unzählige unterschiedlicher Flaggen, von denen einige exemplarisch vorgestellt werden.

Die Flaggenführung im Reich war von Unwissenheit und teilweise auch von Chaos geprägt. Kontrolliert wurde sie von den Marinebehörden. Diese stellten fest, dass oft die Flaggen der Länder geführt wurden – und dies nicht einmal gesetzeswidrig, da z. B. Feuerschiffe und Lotsenfahrzeuge nicht zu den Handelsschiffen zählten. Wilhelm I. befahl 1878, wohl mehr als preußischer König

Frühe Flaggentafel in den 1870er-Jahren aus dem „Brockhaus“. Sie wurde auch in der 14. Auflage ab 1892 noch veröffentlicht, obwohl sich Details der Flaggen bereits geändert hatten.

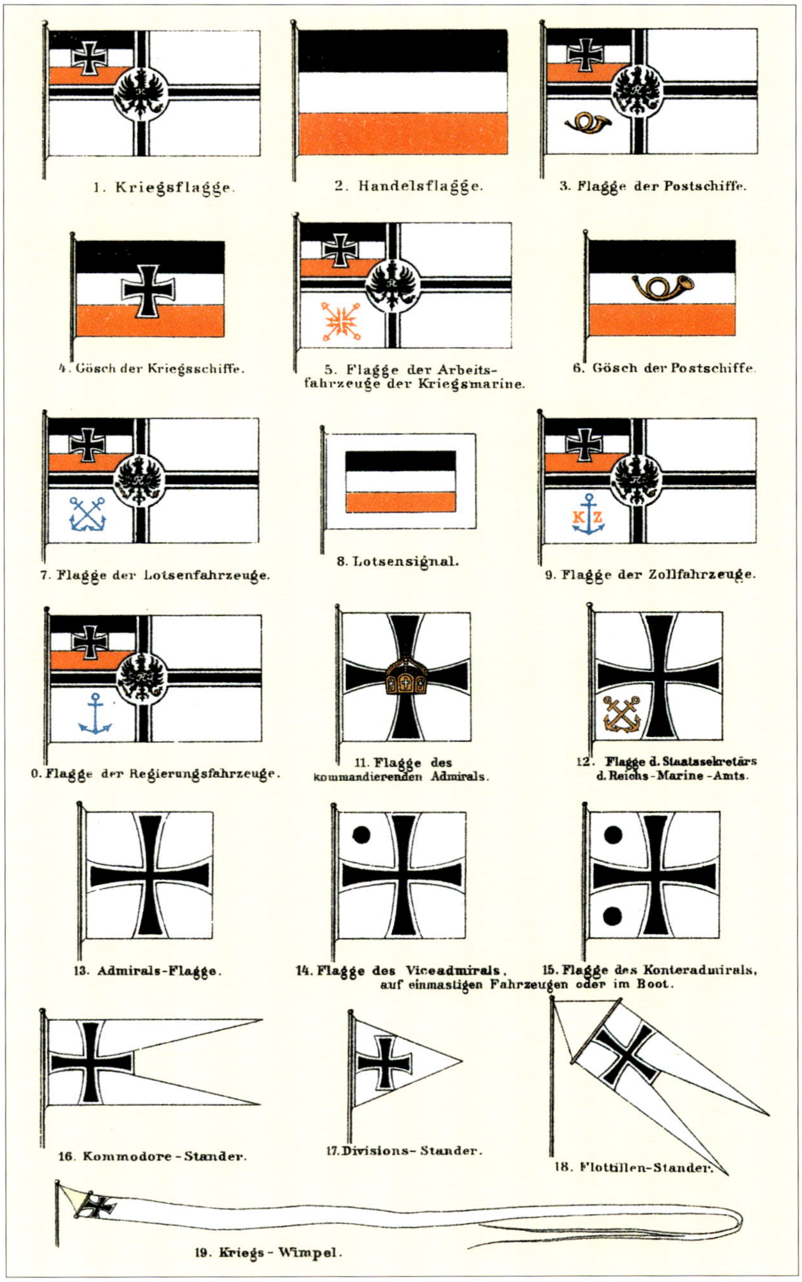

Die Reichsdienstflaggen seit 1882 mit unterschiedlichen Abzeichen beim Führen in verschiedenen Dienstbereichen. Die Abzeichen sind künstlerisch sehr frei dargestellt. Die Abbildungen stammen aus dem Jahre 1902.

Details aus dem zeitgenössischen Flaggenbuch zu den Abzeichen der verschiedenen Bereiche im Zentrum der Reichsdienstflagge ab 1882. Von oben nach unten: im Bereich der Kaiserlichen Marine, des Auswärtigen Amtes, des Reichspostamtes und im Bereich der übrigen Verwaltungszweige.

denn als deutscher Kaiser, dass auf preußischen Küstenbefestigungen nur dann die deutsche Kriegsflagge zu setzen sei, wenn fremde Kriegsschiffe in der Nähe waren. Andernfalls hatte die preußische Kriegsflagge zu wehen. So gab es jahrzehntelang ein regelrechtes Durcheinander bei der Flaggenführung. Kaiser Wilhelm II. sorgte dann aber für klare Verhältnisse: Im Jahre 1892 ließ er Grundsätze für die Flaggenordnung aufstellen. Die deutsche Kriegsflagge war fortan neben der Kaiserlichen Marine auch von den unmittelbar im Reichsdienst befindlichen Behörden der Armee zu führen. Die Reichsflagge hingegen sollten neben der Handelsmarine auch Privatpersonen führen können. Reichsbehörden, welche nicht die Kriegsflagge führten, erhielten eigene Flaggen. Fortan gab es die Reichsdienstflagge in vier verschiedenen Ausführungen. Sie zeigte im verbreiterten weißen Feld der Reichsflagge ein besonderes Abzeichen. Die bekannteste war wohl die Reichsdienstflagge im Bereich des Auswärtigen Amtes und der Behörden in den Schutzgebieten. Sie zeigte in der Mitte den Reichsadler. Daneben gab es noch die Ausführungen für das Reichspostamt, für die Marineeinheiten, die nicht die Kriegsflagge führen sollten, und für die übrigen Verwaltungszweige. Die Küstenstaaten führten ebenfalls diese Flaggen, allerdings mit einem zusätzlich im Obereck am Liek eingeführten Landeswappen.

Bereits seit 1867 gab es besondere Flaggen für die einzelnen Dienstbereiche der Marine, so z. B. für die Regierungsfahrzeuge, für die Lotsenfahrzeuge, für die Postschiffe, die Zollfahrzeuge usw. Sie zeigten jeweils die Kriegsflagge mit einem speziellen Abzeichen im unteren Feld am Liek. Die dazugehörige Gösch zeigte statt des Eisernen Kreuzes das spezielle Abzeichen.

Die Kommandozeichen der Kaiserlichen Marine gingen auf die der preußischen Marine seit 1858 zurück. Für die Offiziere gab es eigene Flaggen, so z. B. für den Chef der Admiralität, für Admirale, Vizeadmirale und Konteradmirale, später auch für die Großadmirale. Neu hinzu kam der Kommodore-Stander 1877.

Als Beispiel für die Einführung neuer Flaggen bei der Kaiserlichen Marine hier ein Zitat aus einer Allerhöchsten Order im Marine-Verordnungs-Blatt vom 15. Januar 1877: „Auf Ihren Vortrag bestimme Ich, daß im Falle eines Krieges für das Reservegeschwader oder in Frieden bei Vereinigung von 2 und mehr Panzerschiffen für den Kommandeur, wenn er Kapitän zur See ist, die Erlaubnis zur Führung des Kommodore-Standers im Großtopp bei Mir nachgesucht wird. (...)
Berlin, den 9. Januar 1877. Wilhelm."

Seeverkehr und seine Abwicklung im Flaggenbild. Landes- und Dienstflaggen der deutschen „Seeuferstaaten“ von links nach rechts und von oben nach unten:
Preußen (See- und Binnenschiffsverkehr), Mecklenburg, Oldenburg sowie der Hansestädte Lübeck, Hamburg und Bremen. In der Reichsdienstflagge von 1882 hatten die Länder im Obereck ihre Landeskennzeichnung. Die Buchstaben in den Flaggen bedeuten: FA für Fischereiaufsicht, ZV für Zollverwaltung, LV für Lotsenverwaltung.

Bis zur Einführung der Reichsdienstflaggen kamen im Dienstbereich der Marine ab 1867 mit Abzeichen ergänzte Reichskriegsflaggen im Zusammenhang mit einer besonderen Gösch zum Einsatz. Hier Flagge und Gösch der Lotsenfahrzeuge (links) und Flagge und Gösch der Postschiffe (rechts).

Mit einigen besonderen Flaggen kamen im Kaiserreich staatstragende Leistungen zur Würdigung. Offiziere des Beurlaubtenstandes oder frühere Seeoffiziere der Kaiserlichen Marine erhielten das Recht, eine besondere Flagge zu führen. Sie zeigte auf der Handelsflagge das Eiserne Kreuz zum Liek versetzt. Wilhelm verordnete sie am 1. Juli 1896 „als Zeichen Meines besonderen Kaiserlichen Wohlwollens“. Zivile Schiffe unter dem Kommando von Offizieren des Beurlaubtenstandes oder unter dem ehemaliger Seeoffiziere der Marine durften diese Flagge auch führen.

Die Kriegsschiffe SMS BRANDENBURG und SMS PREUSSEN erhielten seinerzeit

Details der Großadmiralsflagge der Kaiserlichen Marine.

Handelsflagge mit Eisernem Kreuz für Offiziere des Beurlaubtenstandes oder ehemalige Seeoffiziere der Marine.

Die Kommandozeichen der Kaiserlichen Marine waren traditionell bereits in der preußischen Marine seit 1858 verankert und sind für die Kennzeichnung von Dienstgrad oder Dienststellung der Marineoffiziere bis heute in deutschen Marinen üblich.
Die historische Flaggentafel von 1906 zeigt von oben nach unten: Wimpel der Kriegsschiffe, Flottillen-Stander, Stander eines Divisionskommandos der Armee und die Standarten des Kaisers, der Kaiserin und des Kronprinzen (von links nach rechts).
Weiter folgen nach unten jeweils von links nach rechts: Breitwimpel des Kaisers, Flagge eines Großadmirals, die deutsche Nationalflagge, Divisionsstander, Flagge eines Admirals, Vizeadmiral, Konteradmiral, Staatssekretär im Reichsmarineamt und Kommodore-Stander.

„Er starb für Kaiser und Reich. Ehre seinem Andenken." Der Entwurf des Gedenkblatts stammte von Kaiser Wilhelm II. Unter dem christlichen Kreuz hält Germania, mit Kriegsflagge und Reichswappen, den Lorbeerkranz bereit. Ausführung von Marinemaler Hans Bohrdt.

besondere Traditionsflaggen, die im Großtopp geführt wurden. Sie zeigten den roten brandenburgischen und den schwarzen preußischen Adler auf weißem Grund.

Die Nationalflagge

Seit 1871 war Deutschland mit Ausnahme Österreichs in einem deutschen Reich vereint. Der erste Kaiser, Wilhelm I., hatte Preußen aber nur höchst ungern „in Deutschland aufgehen" lassen. Aus diesem Grunde gab es zunächst auch noch keine Nationalflagge. Die schwarz-weiß-rote Flagge wurde zwar bereits im Gesetz von 1867 so bezeichnet, faktisch war sie aber nur Handelsflagge. Kaiser Wilhelm II. sah 1892 aber die Notwendigkeit, per Gesetz die Handelsflagge auch zur Nationalflagge zu erheben. Die entsprechende Verordnung trat am 1. April 1893 in Kraft. Seit diesem Tag also hatte Deutschland zum ersten Mal eine staatlich legitimierte Nationalflagge.

Karl Rudolf Bromme zur Verwendung der Flaggen auf See

Karl Rudolf Bromme, erster Befehlshaber der Reichs-Marine von 1848, beschrieb in seiner „gemeinfasslichen Darstellung des gesamten Seewesens für die Gebildeten aller Stände" mit dem Titel „Die Marine" von 1878, wichtige Details des Flaggenwesens. Bromme verdeutlicht, wie hoch die Bedeutung der Flaggen auf See für die Nationen war: „Nicht als blosser Schmuck dient die Flagge dem Schiffe, sondern sie wird als Palladium desselben betrachtet und mit eifersüchtiger Aufmerksamkeit von Denen überwacht, deren Pflicht es ist, die Ehre derselben im eigenen Lande sowie unter fremden Nationen zu behaupten. Der ihnen gebührende Pomp umgiebt an Bord die nationalen Flaggen, die sonst nur fast unbeachtet über den Wällen der Festungen während der langen Friedensjahre wehen, auf dem kreuzenden Schiffe aber eine wichtige Bedeutung erhalten."
Auch Angaben zur Flaggenführung von Marineschiffen sind in dem Buch dargelegt: „Segelt das Schiff allein auf hoher See, ohne andere Schiffe und Festungswerke in Sicht zu haben, so wird die Flagge, um sie zu schonen, niedergeholt. Zeigen sich aber andere Schiffe, so soll sie geheisst werden, und dient zur Aufforderung an die Anderen, auch ihre Flagge zu zeigen." Flaggen waren damals sehr teuer, und sie nutzten durch das Meersalz und Wettereinflüsse – bei starkem Wind oder Sturm wirken enorme Kräfte auf das Tuch ein – schnell ab. Daher wurden sie eingeholt, wenn sie ohnehin niemand sah.
Bromme gibt genaue Auskunft über die Beschaffenheit der Flaggen: „Die Flaggen

sind von leicht gewebtem, wollenem Zeuge, Flaggentuch genannt, mehr breit als hoch angefertigt; ihre schmälere Seite, an der sie geheisst werden, ist mit Segeltuch eingefasst, in welches eine dünne Leine eingenäht ist, mittels der sie am Flaggenfall befestigt werden."

Kam ein Kriegsschiff einer fremden Nation, so musste das Handelsschiff grüßen. Dies geschah auf ähnliche Weise wie beim Hut-Ziehen auf der Straße: „Kauffahrer salutieren durch dreimaliges Auf- und Niederholen der Flagge die ihnen begegnenden Kriegsschiffe."

Auch das Verhalten während der militärischen Auseinandersetzung wird von Bromme deutlich beschrieben: „Nur unter der eigenen Nationalflagge darf sich ein Schiff schlagen; ja man würde sich des Verbrechens der Piraterie und des Verrathes schuldig machen, wenn man unter falscher Flagge ein Schiff angreifen wollte. (…)

Durch das Streichen der Flagge, d. i. das gänzliche Einnehmen derselben, zeigt das Schiff an, dass es sich ergeben habe, womit das Gefecht als geendigt angesehen wird; gegen alle See-Kriegsregeln ist es, wenn noch nachher geschossen wird (...)"

Für besondere Anlässe gab es ein spezielles Verfahren, das dem Anlass gerecht war: „Bei festlichen Gelegenheiten werden die Schiffe beflaggt oder heissen die Flaggengala – das heißt, sie schmücken sich von der Spitze der Besahngaffel über die Toppen der Ober-Bramstengen nach der Spitze des Klüverbaumes oder von den Toppen der Ober-Bramstengen nach den Raanocken bis herunter auf das Deck an beiden Seiten mit den Signalflaggen."

Auch für Notfälle beschrieb Bromme klare Regeln: „Die Halbstocks geheisste, d. i. die halbaufgezogene Flagge, zeigt einen Todesfall an Bord an; die verkehrt aufgezogene oder in der Mitte zusammengebundene Flagge, in Schau, deutet an, dass man Hilfe bedürftig sei, auf welches allgemein bekannte Zeichen ein anderes Schiff schnell seinen Kurs verlässt und, Hilfe bringend, heransegelt."

Die Kriegsmarine hatte zusätzliche Bestimmungen: „Außer der Nationalflagge wird im Hafen noch eine kleinere Gösch, oder Bugflagge genannt, auf dem Flaggenstock des Bugspriets aufgezogen (...) Nur Kriegsschiffe führen die Gösch. Die Gösch wird nur vor Anker aufgesteckt; alle im Wasser liegenden Boote des Schiffes führen alsdann ebenfalls ihre Flagge. Ein jedes Kriegsschiff, welches weder eine Admiralsflagge noch einen Kommandostander führt, lässt vom Topp des Großmastes einen Wimpel fliegen, welcher das Kommandozeichen des das Schiff kommandierenden Officiers und das Unterscheidungszeichen zwischen Kriegs- und Handelsschiffen ist."

Die Reichskriegsflagge

Im Jahr 1886 ermächtigte Kaiser Wilhelm I. die regierenden Fürsten und Ersten Bürgermeister der Staaten und Hansestädte

Detailveränderungen an der Kriegsflagge. Von oben nach unten: Kriegsflagge 1867–1892, Adler mit gespreiztem Gefieder; Kriegsflagge 1892–1903, preußischer Adler mit gesenktem Gefieder; Kriegsflagge 1903–1921, verbreitertes Balkenkreuz und geschlossener Kreis.

Siegelmarken der beiden Werften der Kaiserlichen Marine in Wilhelmshaven und Kiel mit unterschiedlichem Reichsadler als Marineversion mit Anker. Links die ältere Ausführung. Auch der Reichsadler erfuhr geringfügige heraldische Änderungen.

sowie die Prinzen der deutschen Königshäuser zum Führen der Kriegsflagge. Damit sollte dem mittlerweile durchaus beliebten Marinesymbol mehr öffentliche Aufmerksamkeit geschenkt werden.

Die Kriegsflagge wurde 1892 modifiziert, um dem Geschmack der Zeit angepasst zu werden. Hatte seit 1867 der preußische Adler mit gespreiztem Gefieder geweht, so wurde der Adler nun umgestaltet. In einer Allerhöchsten Order vom 19. Dezember 1892 legte Kaiser Wilhelm persönlich fest, dass fortan ein heraldischer preußischer Adler mit gesenktem Gefieder das Zentrum der Flagge zierte. Gleichzeitig wurde verfügt, dass die alten Flaggen bis zum 1. Januar 1895 aufgebraucht oder mit einem neuen Adler versehen werden sollten.

Ein besonderes Problem wurde durch diese Änderung nicht beseitigt: Auf See kam es immer wieder zu Verwechslungen. Das weiße Tuch und das schmale Balkenkreuz sowie das gefüllte Obereck am Liek erinnerten von weitem an die britische Kriegsflagge. Diese zeigte auf weißem Tuch das rote Georgskreuz mit der britischen Nationalflagge im Obereck am Liek. Fremde Kriegsschiffe grüßten beizeiten deutsche, indem sie als vermeintliche Ehrerbietung eine kleine britische Kriegsflagge heißten. Im Herbst 1903 veranlasste Kaiser Wilhelm II. dann eine erneute Modifikation der Flagge, um diese Problematik abzustellen. Er ließ die Streifen des schwarzen Balkenkreuzes deutlich verbreitern. Auch wurde der Kreis um den Adler geschlossen.

Über die Bezeichnung der deutschen Kriegsflaggen gibt es in der Literatur und in den heutigen Medien viel Unsicherheit. So sagen die einen, nur die kaiserliche Kriegsflagge habe „Reichskriegsflagge" geheißen, andere wollen wissen, dass nur die Hakenkreuzkriegsflagge der Jahre 1935–1945 diese Bezeichnung trug. Die Quellen geben Auskunft. In der „Allerhöchsten Order betreffend die Reichskriegsflagge" vom 19. Dezember 1892 taucht dieser Begriff zum ersten Mal offiziell auf. Von der „Reichsdienstflagge" ist schon in der Verordnung vom 8. November 1892 die Rede. Dieser Name wird auch beibehalten. Die Kriegsflagge hingegen wird in den folgenden Gesetzestexten wieder, von einigen Ausnahmen abgesehen, wie zuvor als „Kriegsflagge" oder „deutsche Kriegsflagge" bezeichnet. In der Order zur nächsten heraldischen Änderung der Flagge aus dem Jahre 1903 ist erneut die Rede von der „Reichskriegsflagge", ebenso in den folgenden Verordnungen von 1903 und

Preußischer Adler auf der Reichskriegsflagge. Detail des Mittelstücks.

1904. Im Jahre 1904 taucht in ein und derselben Bestimmung sowohl die Bezeichnung „Reichskriegsflagge“ als auch „deutsche Kriegsflagge“ auf. Nach dem Ende des Wilhelminischen Kaiserreiches heißen die deutschen Kriegsflaggen der Weimarer Republik und des Dritten Reiches in den Quellen ausnahmslos „Reichskriegsflagge“.
Die kaiserliche Kriegsflagge erlebte nach dem Mauerfall 1989 eine kurze Renaissance bei Privatleuten. Auf Campingplätzen, in Fußballstadien und in Vorgärten sah man zahllose Exemplare als Zeichen eines nicht einheitlich zu kategorisierenden Patriotismus. Viele Besitzer waren nicht unbedingt chauvinistisch oder gar ausländerfeindlich, auch nicht monarchistisch oder demokratiefeindlich eingestellt – sie sehnten sich wohl einfach nach Befreiung von der schon Jahrzehnte dauernden gesellschaftlichen Blockierung des eigenen Nationalbewusstseins und gedachten, dies mit einem alten Traditionssymbol aus einer Epoche der wirtschaftlichen, politischen und militärischen Blüte Deutschlands ausdrücken zu können. Erst die fremdenfeindlichen Überfälle dieser Zeit führten dann zu einem abrupten Abbruch dieser unreflektierten Rückbesinnung auf das kaiserliche Symbol. Skinheads marschierten mit der kaiserlichen Kriegsflagge durch die Straßen und ließen sie für viele zu einem Symbol für Fremdenfeindlichkeit und Neonazismus werden. Es folgte in zahlreichen Bundesländern ein Quasi-Verbot. Das Zeigen der Flagge in der Öffentlichkeit wurde als Belästigung eingestuft. Feinde der Demokratie nutzten die kaiserliche Kriegsflagge aber nicht erst seit den 1990er-Jahren. Auch in der Weimarer Republik trugen völkische und antisemitische Gruppierungen dieses Symbol bereits zum Protest gegen die Republik.

Wenig bekannt – deutsche Kolonialflaggen

Der wirtschaftliche Aufschwung Deutschlands im Kaiserreich ging einher mit der Forderung Wilhelm II., Deutschland müsse nun auch einen „Platz an der Sonne“ haben. Bismarck war ursprünglich gegen die kolonialen Bestrebungen gewesen, aus Sorge vor Konflikten mit den europäischen Großmächten. 1884 schien ihm die außenpolitische Lage aber so sicher zu sein, dass er umschwenkte.

Die vorgesehenen Wappen der Kolonien nach Vorschlägen des Staatssekretärs im Reichskolonialamt, Dr. Wilhelm Solf. Oben links: Deutsch-Ostafrika; oben rechts: Deutsch-Südwestafrika; Mitte links: Kamerun; Mitte rechts: Togo; unten links: Samoa; unten rechts: Deutsch-Neuguinea.

Das Reich errichtete in den kommenden Jahren einige Kolonien. In Afrika zählten dazu Deutsch-Südwestafrika, Togo, Kamerun und Deutsch-Ostafrika. Im pazifischen Raum erwarb das Reich einen Teil von Neuguinea sowie mehrere Inseln und Archipele. Von China pachteten die Deutschen noch das Gebiet von Kiautschou mit der Stadt Tsingtau. Das war auch schon alles – im Vergleich zu den großen Kolonialreichen dieser Zeit waren die deutschen Kolonien von geringer Bedeutung. Ihre amtliche Bezeichnung lautete „Schutzgebiete".

Kaiser Wilhelm II. als Großadmiral seiner Marine, kurz vor dem Ersten Weltkrieg. Gemälde von Felix Ehrlich.

Die Kolonien sollten eigene Flaggen erhalten, hier der Entwurf für Togo.

Die Eingeborenen der Kolonien erhielten durch Kaiserliche Verordnung das Recht, die schwarz-weiß-rote Flagge auf ihren Booten zu führen. Besondere Flaggen für die Kolonien gab es aber zunächst nicht. Erst im Frühjahr 1914 plante die Reichsregierung, für jedes Schutzgebiet ein eigenes Wappen und eine eigene Flagge einzuführen.

Der Staatssekretär im Reichskolonialamt, Dr. Wilhelm Solf (1862–1936), war für die Flaggeninitiative verantwortlich. Auf seiner letzten Afrikareise 1912/13 war ihm aufgefallen, dass die britischen Kolonien eigene Hoheitszeichen besaßen. Solf hielt beim Kaiser einen Vortrag, in dem er die große Ausstrahlung dieser Flaggen und Wappen auf die Menschen hervorhob. Der Kaiser war beeindruckt und veranlasste Solf, entsprechende Entwürfe für die deutschen Schutzgebiete auszuarbeiten. Dies erledigte Solf gemeinsam mit Herzog Johann Albrecht von Mecklenburg (1857–1920) und dem Heroldsamt, einer für Wappenfragen zuständigen preußischen Behörde. Der Kaiser selbst ließ einige Entwürfe anschließend noch umarbeiten und genehmigte sie dann.

Die Wappenentwürfe waren nach einem einheitlichen Muster gefertigt: Sie zeigten im silbernen Schildhaupt den leicht in die Breite gezerrten Reichsadler ohne monarchische Attribute und unten das Wappenbild der jeweiligen Kolonie. Auf den Wappenschilden ruhte vermutlich die Reichskrone in Gold. Eine andere Version zeigt statt ihrer ein Schriftband mit dem Namen der Kolonie. Nur für sechs Schutzgebiete sind Entwürfe bekannt. Als Flaggen der Kolonien sollte die Reichsflagge mit dem jeweiligen Wappen in der Mitte des weißen Feldes ohne Krone oder Schriftzug eingeführt werden.
Dr. Solf und Herzog Johann Albrecht von Mecklenburg haben sich mit der Geschichte und Beschaffenheit der Länder eingehend befasst. Sie wählten heraldische Symbole, die charakteristisch für die jeweiligen Territorien waren. Bemerkenswert ist, dass etwa Neuguinea noch heute das gleiche Tier auf seiner Flagge hat wie im Entwurf des Kaiserreiches – und das, obwohl es keinen Zusammenhang zwischen den Symbolen gibt. Die heutige Nationalflagge mit dem Paradiesvogel geht zurück auf den Entwurf eines Mädchens bei einem Preisausschreiben im Jahre 1975.
Die Arbeiten der Männer blieben indes vergebliche Mühen. Der Erste Weltkrieg verhinderte eine Einführung der neuen Wappen und Flaggen in den Kolonien. Nach dem Krieg verlor das Reich seine Kolonien. Die vorgesehenen Flaggen und Wappen der Kolonien haben nie geweht.
Es gab aber deutsche Flaggen, die in den Schutzgebieten geführt wurden. Neben den allgemeinen Staatsflaggen wie etwa der Reichs-, der Kriegs- und der Dienstflagge gab es in zwei Schutzgebieten eine besondere Flagge: Die Gouverneure von Deutsch-Ostafrika und von Kiautschou erhielten 1891 bzw. 1898 das Recht, die Nationalflagge mit dem Reichsadler ohne Krone und Ordenskette zu führen. Das Feld war anders als bei der Reichsdienstflagge des Auswärtigen Amtes nicht verbreitert.
Die Handelsgesellschaften, die in den

Von oben nach unten: Die „Petersflagge" der Deutsch-Ostafrikanischen Gesellschaft, die Kontorflaggen der Deutsch-Westafrikanischen Gesellschaft, der Deutsch Neuguinea Compagnie, der Jaluit-Gesellschaft sowie die Flagge der Ralik-Inseln.

Flagge der Gouverneure von Deutsch-Ostafrika ab 1891 bis 1914 und Kiautschou ab 1898 bis 1914.

Schutzgebieten tätig waren, hatten ebenfalls eigene Flaggen. Sie waren in den Farben Schwarz, Weiß und Rot gestaltet. Die wohl berühmteste Flagge dieser Art wurde die „Petersflagge“. Sie zeigte ein schwarzes Balkenkreuz, das wohl auf das Kreuz der Kriegsflagge des Kaiserreiches zurückzuführen ist, und im Obereck am Liek auf rotem Grund das weiße Sternbild „Kreuz des Südens“. Der Kolonialpionier Carl Peters (1856–1918) führte sie als Erster mit sich. Später machte sie die Deutsch-Ostafrikanische Gesellschaft zu ihrer Flagge. Nach dem Ersten Weltkrieg wurde sie zum Symbol der deutschen Kolonialbewegung. In der Zeit des Nationalsozialismus mussten die Sterne vier- statt fünfzackig gezeichnet werden.
Auch andere Handelsgesellschaften, die im Austausch mit den Kolonien standen, führten eigene Flaggen. Die „Marschall-Flagge“ oder auch „Flagge der Ralik-Inseln“ zeigte die Farben Schwarz-Weiß-Rot-Weiß-Schwarz. Bereits 1878 wurde sie von Kapitän von Werner den Eingeborenen-Häuptlingen verliehen.

Schwarz-Weiß-Rot im Weltkrieg

Deutschland war zwar seit 1871 stärkste Militärmacht auf dem Kontinent, auf den Weltmeeren herrschte aber noch die britische Marine. In den folgenden Jahrzehnten strebte das Deutsche Reich auch nach gleichberechtigter Seegeltung, vorgeblich, um seinen für die eigene Versorgung bedeutenden Überseehandel und seine Kolonien schützen zu können. Die maritimen Bestrebungen Deutschlands verschlechterten das Verhältnis zum britischen Weltreich dramatisch. Großbritannien fürchtete um seine Position als

Die Nationalflaggen Italiens, Österreichs, der Türkei und des Deutschen Reiches im Sturm des Weltkriegs, der den Ruhmeslorbeer zerfleddert. Patriotische Postkarte von 1915.

führende Seemacht der Welt. Mithilfe eines neuen Schiffstyps, den Dreadnought-Schlachtschiffen, sollte die unbestrittene Seeherrschaft Englands und damit die Kontrolle des weltweiten Seehandels garantiert werden. Das Reich empfand diese Rüstungsmaßnahme seinerseits als Provokation und entwickelte Schlachtschiffe, die den Dreadnoughts ebenbürtig waren. Das eskalierende Flottenwettrüsten zu Beginn des 20. Jahrhunderts bedeutete eine Entwicklung, die quasi zwangsläufig in eine militärische Auseinandersetzung der beiden größten Seemächte dieser Zeit münden musste.

Gleichzeitig war das Verhältnis Deutschlands zu Frankreich und Russland vor dem Ersten Weltkrieg auf das Äußerste gespannt. Zwischen den großen Militärmächten bestand eine Art Pattsituation, die in den beteiligten Ländern als lähmend empfunden wurde. Nicht Einzelhandlungen oder Einzelpersonen, sondern die politisch-militärische Gesamtlage der Vorkriegszeit führte zur Katastrophe. Der britische Premierminister David Lloyd George (1863–1945) vertrat später die Auffassung, dass die europäischen Staaten 1914 regelrecht in den Krieg „hineingetaumelt" wären. Der Historiker Thomas Nipperdey (1927–1992) resümiert: „Alle glaubten sich in der Defensive, und alle waren kriegsbereit."

Mit der Kriegserklärung Österreich-Ungarns an Serbien am 28. Juli 1914 begann der Krieg, der in den kommenden vier Jahren fast die ganze Welt erfasste. In allen beteiligten Ländern empfanden die Menschen den Beginn des Krieges wie eine Art Befreiung aus der blockierten politisch-strategischen Weltlage. Die Parlamente bewilligten alle Finanzmittel für die notwendigen Kriegsrüstungen.

Der Krieg ließ im Deutschen Reich eine Begeisterung für Schwarz-Weiß-Rot entstehen. Die Aufbruchstimmung in den ersten Kriegswochen führte zu einer Welle des Patriotismus, der sich in einem Bekenntnis zu den Reichsfarben äußerte. Der „Burgfriede", der im Kampf gegen die äußeren Feinde alle innenpolitischen Auseinandersetzungen zunächst ruhen ließ, ermöglichte auch ein allgemeines Bekenntnis zu den Farben, unter denen die Streitkräfte für das eigene Land kämpften. Selbst die linke Arbeiterschaft und süddeutsche Partikularisten waren nun angesichts der äußeren Bedrohung bereit, für diese Farben Opfer zu bringen.

Die kaiserliche Reichskriegsflagge kündete der „Heimatfront" jetzt propagandistisch von Sieg oder Untergang der Großkampfschiffe

Die Flagge im Krieg – ein besonderes Kapitel. „Heldentod auf hoher See" – und Germania grüßt mit dem Lorbeerkranz des Siegers auf einer Postkarte von 1915.

und der U-Boote. Die Gefechte wurden aber nicht fotografiert. Künstler fertigten vielmehr zu Hause wirkungsvolle Situationsdarstellungen an. So entwickelte sich beim „Krieg auf der Leinwand“ im Atelier ein patriotisches Propagandagefecht um die öffentliche Meinung.

Berühmtestes Beispiel aus deutscher Sicht ist das verschollene Gemälde „Der letzte Mann“ von Hans Bohrdt. Trotzig streckt ein Matrose auf dem Kiel des gerade sinkenden Kleinen Kreuzers LEIPZIG den englischen Kriegsschiffen die Reichskriegsflagge entgegen. Sie hatten gerade das Schiff auf dem Weg über den Pazifik nach Hause bei den Falkland-Inseln am 8. Dezember 1914 besiegt. Dieses Bild motivierte einige Künstlerkollegen, dem großen Vorbild Hans Bohrdt nachzueifern.

Schwarz-Rot-Gold spielte im Ersten Weltkrieg kaum eine Rolle. Zwar forderte der Schriftsteller Ferdinand Avenarius (1856–1923) gleich nach Kriegsbeginn, dass Schwarz-Rot-Gold als Zeichen der Verbundenheit mit Österreich neben Schwarz-Weiß-Rot geführt werden sollte. Er fand jedoch kein Gehör. Die Soldaten wussten auch nichts mit Propagandablättern der Gegner anzufangen, auf denen – mit schwarz-rot-goldenen Farben geschmückt – die Begriffe Republik, Frieden und Freiheit standen …

Dominik Plaschke

Buntes am Topp des Großmastes: Kaiser- und Fürstenstandarten (bis 1918)

Die Mehrzahl deutscher Kleinstaaten des 18. und 19. Jahrhunderts führte zwar Landesflaggen, aber Handelsflaggen und Fürstenstandarten waren im Landesinnern nicht in Gebrauch. Den ursächlichen Zusammenhang von Flaggen mit der Handelsschifffahrt gab es bei den meisten Staaten des deutschen Sprachraumes kaum, weil sie keinen Warenhandel mit Schiffen als Transportmittel betrieben. Mit Ausnahme der so genannten „Seeuferstaaten“ Preußen, Hannover, Oldenburg und Mecklenburg sowie einiger Küstenstädte wie Bremen, Hamburg, Lübeck, Rostock, Stralsund und anderen rollte der

LIBURNICA, königlich-preußische Lustyacht, auf der Spree im Jahre 1704. 200 Jahre später nachempfunden von Marinemaler Willy Stöwer.

Waren- und Personentransport mit pferdebespannten Wagen auf Rädern durch deutsche Lande. Kauffahrteischiffe von der deutschen Küste blieben ohne militärischen Schutz, wenn sich für sie auf See und an fremden Küsten kritische Situationen ergaben. Es existierten keine Kriegsmarinen, die die deutsche Handelsschifffahrt hätten schützen können. Also benötigte man auch keine Fürstenflagge, mit der die Anwesenheit des Souveräns an Bord seines Schiffes signalisiert werden sollte.

Wenn es an der Küste um Flaggenfragen ging, gaben die bedeutendsten Seefahrtsnationen ihrer Zeit – unter anderem die Niederlande und dann natürlich die Engländer – Orientierungshilfen. Bei der ersten nachweislichen Königsflagge als Anwesenheitssignal an Bord eines Schiffes für den preußischen König Friedrich I. galten Niederländer als Ideengeber. Sie flatterte am Heck Seiner Majestät Lustyacht LIBURNICA, übergroß und geziert vom „preußischen Königswappen mit den wilden Männern". Mit dem Verkauf des königlichen Vergnügungsschiffes im Jahre 1716 – der „Soldatenkönig" Friedrich Wilhelm I. verscherbelte die LIBURNICA seines Vaters für ein halbes Dutzend „Langer Kerls" an den russischen Zaren – geriet die preußische Königsflagge zunächst in Vergessenheit.

Zunehmender Seehandel im 19. Jahrhundert und die gedankliche Auseinandersetzung mit der Notwendigkeit einer Marine ließen die Flaggenfrage wieder zum Gesprächsthema für die entsprechenden Kreise in Preußen werden. Das Diskutieren beendete König Friedrich Wilhelm IV. im Jahre 1843 mit der „Allerhöchsteigenhändigen" Bleistiftskizze seiner Anwesenheitsflagge. Am 16. März 1844 präsentierte eine Allerhöchste Order das Aussehen der neuen preußischen Königsflagge. Zeitgemäß kam für eine hochherrschaftliche Fahne nur eine wertvolle Fertigung in Frage. Ein aufwändig bemaltes, besticktes und eingefasstes Seidentuch von vier Ellen (2,65 m) im Quadrat musste es schon sein, das an den Flaggenstock genagelt werden sollte: „Für seemännischen Gebrauch in der festgenagelten Form ungeeignet", konstatierten die Marinespezialisten, und so nähten geschickte Frauenhände eine etwa ein Drittel Zoll (8 mm) starke Leine mit Ösen an den Enden an die Stockseite der Fahne. Die so geliekte Fahne konnte nun geheißt werden und als seidene Flagge im Wind flattern. Ihr erster Einsatz, anlässlich eines Königsbesuches in Putbus auf Rügen im Sommer 1845, zeigte, wie ungeeignet das Material war. Mit auffrischendem Wind litten das wertvolle Tuch aus vernähter farbiger Seide, die mit Gold und Silber bemalten Verzierungen sowie die aufgesetzten Schnüre so stark, dass es in Fetzen zerriss. Ein kleines Vermögen, nämlich 336 Reichstaler, 27 Silbergroschen und 6 Pfennige, die Kosten der kunsthandwerklichen Meisterleistung, hing nun als unansehnlicher Rest an der Flaggenleine.

Zukünftig bestanden die Königsflaggen aus bestem Flaggentuch, die Silbereinfassung des Eisernen Kreuzes und der Mittelschild aus weißer Seide sowie die Verzierungen (Adler, Krone usw.) aus sauberer Malerei. Als die Marine nach Gründung des Norddeutschen Bundes größer und bedeutender wurde, gehörten bedruckte Tuchstandarten in den passenden Größen zum Flaggensatz jedes Schiffes. Zur königlichen Standarte wurde die preußische Königsflagge erstmals im „Allgemeinen Flaggen- und Salutreglement" vom 6. Juli 1863.

Nach diesem Reglement hatte sich die Königin der Standarte des königlichen Hauses zu bedienen, bevor Ihre Majestät 1868 ihre eigene Königinnenstandarte bekam. Sie unterschied sich von der Königsstandarte durch das verkleinerte Eiserne Kreuz, das in das Obereck wanderte, bevor es Kaiser Wilhelm II. 30 Jahre später ganz streichen ließ. Die Flagge des königlichen Hauses, vom preußischen Prinzregenten, dem späteren König und Kaiser, Wilhelm am 3. Januar 1858 gestiftet, unterschied sich auffällig durch die weiße Grundfarbe des Flaggentuches von den Standarten der Majestäten, die königliches Purpur zeigten.

Standarte des preußischen Königs in der letzten Form bis 1918. Sie unterschied sich vom königlichen Handentwurf von 1843 lediglich in den Ausführungsdetails. Der Wahlspruch „Gott mit uns" zierte die Standarte erst ab 1871.

Während der Anwesenheit königlicher Hoheiten an Bord übernahm bei den Engländern ein extra hinzugezogener Flaggenkapitän das Schiffskommando. Er organisierte das Flaggenprozedere nach dem Reglement. Die preußischen Könige ließen dagegen ihren Kapitänen das Kommando und begnügten sich für das Einhalten des Flaggenreglements mit dem Dienst eines Adjutanten. Er verwahrte die Königsflagge und ließ sie nach folgender Order heißen: „... wird von den Kriegsschiffen, Königlichen Dampfschiffen und Booten, an deren Bord wir uns befinden, aufgezogen, wenn und sobald Wir uns in Unserer Königlichen Würde zu erkennen geben wollen (...) sie wird mit der dreifachen Anzahl der gewöhnlichen sieben Salutschüsse eines Kriegsschiffes, also mit 21 Schüssen salutiert ..." Dieser harmlose Anfang einer Regelung des Flaggen- und Salut-Prozederes auf preußischen Kriegsschiffen sollte sich weiterentwickeln zur „Flaggen-Salut- und Besuchsordnung für die Kaiserliche Marine" von 1904 – das offizielle Regelwerk für alle Flaggenfragen mit 83 Seiten plus Stichwortverzeichnis zum Zurechtfinden.

Welche Farbe gebührt dem neuen Kaiser?

Bei der Farbenwahl zukünftiger Hoheitssymbolik ging Kronprinz Friedrich auf Kollisionskurs zu seinem Vater. Der „liberalisierende", spätere „100-Tage-Kaiser" Friedrich III. veranlasste in der Nacht vor der Kaiserproklamation im Schloss von Versailles am 18. Januar 1871 die eilige „Bastelei" des ersten Reichswappens. Nach seiner Anregung zeichnete Graf Harrach das Wappen und Kaufmann Magnus, Repräsentant einer Berliner Uniformen- und Militäreffektenfabrik, der die Truppe während des Feldzuges begleitete, klebte die Wappenkomposition zusammen: ein schwarzer Adler, aus Samt geschnitten mit rotem Schnabel und Fängen auf goldenem Brokatstoff. Als Unterlage diente ein Pappschild, über dem die in Stoff nachgebildete Kaiserkrone des römisch-deutschen Reiches schwebte.
Mit dem Entwurf einer neuen Krone für das errichtete zweite deutsche Kaiserreich beschäftigte sich seinerzeit niemand. So wohlwollend einige der führenden Repräsentanten die Farbgebung des Wappens auch aufnahmen – der neue deutsche Kaiser selbst behandelte die Sache und das Anliegen des Kronprinzen ignorant.
Kaiser Wilhelms Erlass über seine Wappen und Standarten vom 3. August 1871 präsentierte dem deutschen Volk die leicht „verkaiserlichte" preußische Königsflagge vom 16. März 1844 als Hoheitssymbol. „... dass die Kaiserliche Standarte in Purpurgrund, das eiserne Kreuz, belegt mit dem Kaiserlichen, von der Kette des Schwarzen Adler-Ordens umgebenen Wappen in weißem Felde, und in den vier Eckfeldern des Fahnentuchs abwechselnd den Preußischen Adler und die kaiserliche Krone enthalten soll ..."
Es meldete sich Graf Stillfried zu Wort, Vorstand des königlich preußischen Heroldsamtes. Mehrmals zu diesem Komplex befragt, legte er bereits im Januar 1871 einen Standartenentwurf vor, der anfangs wenig Anerkennung fand.
Um den süddeutschen Ländern entgegenzu-

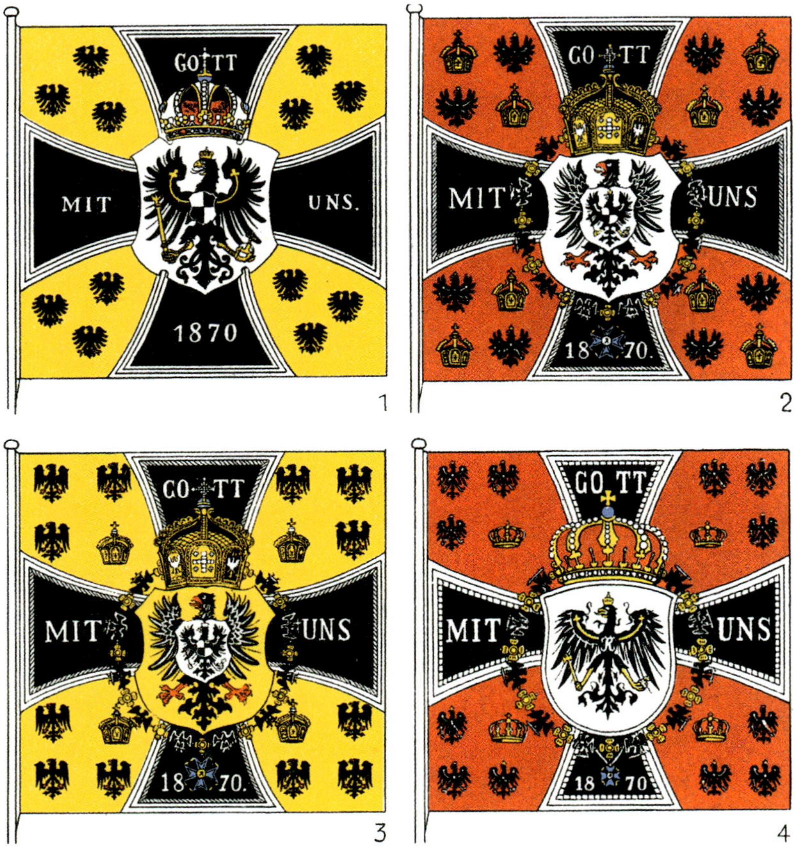

Entwürfe der Kaiserstandarte. 1. Nicht akzeptierter Standartenentwurf des Grafen von Stillfried-Alcántara vom Frühjahr 1871. Auf dem Schild der preußische Adler mit dem Wappen der Hohenzollern auf der Brust und darüber eine süddeutsche Krone. 2. Kaiserliche Standarte in Purpur vom August 1871, wie sie sich Kaiser Wilhelm I. vorstellte. 3. Endgültiger Entwurf vom 15. Oktober 1871: „... Die Kaiserliche Standarte ist gelb, d. h. von goldgelb gefärbtem Segeltuch ...“ 4. Grundlage aller Entwurfsvorschläge: die preußische Königsstandarte von 1844 bis 1918.

kommen und den „Preußendruck“ zu mindern, bediente er sich einer List. Losgelöst von der leidigen Nationalfarbenfrage argumentierte er beim Kaiser für Gold als Grundfarbe der Standarte. Gold sei die höchste und wertvollste Farbe, so seine Begründung. Damit hatte er Kaiser Wilhelm I. auf seiner Seite, und der verfügte am 15. Oktober 1871:

„... Die Kaiserliche Standarte ist gelb (d. h. von goldgelb gefärbtem Segeltuch) und abwechselnd mit dem schwarzen, rothbewehrten Reichsadler (ohne Brustschild) und der goldenen Kaiserkrone bestreut. Darauf liegt das Eiserne Kreuz, dessen Arme die Ränder der Standarte berühren. Es trägt den Wahlspruch GOTT MIT UNS und die Jahreszahl 1870. Auf der Mitte des Kreuzes ruht, von der Kette des Schwarzen Adler-Ordens umschlungen, das mit der Reichskrone bedeckte kleinere Kaiserliche Wappen ...“ Mit gleichem Datum erfolgte die Einführung der Standarten der Kaiserin und des Kronprinzen.

Symbolik von Macht und Oberbefehl bei kaiserlicher Anwesenheit

Was geschah, wenn die Kaiserstandarte an der Spitze des Toppmastes eines Schiffes flatterte? Sie signalisierte die Anwesenheit Seiner Majestät, und nach der Flaggen-, Salut- und Besuchsordnung (Fla. S. B. O.) der Kaiserlichen Marine erzeugte ihre Wahrnehmung mit dem Fernglas reichlich Hektik an Bord von Kriegsschiffen. Man nehme einmal an, die Kaiseryacht S. M. Y. HOHENZOLLERN liefe im Jahre 1912 in die Kieler Förde ein: In Erwartung des „Allerhöchsten Besuchs“ ist schon seit Stunden der „Große Empfang“ befohlen. Alle vor Anker liegenden Kriegsschiffe sind ausgeflaggt, d. h. dass außer Heck- und Toppflaggen die Signalflaggen in bestimmter Anordnung vom Bug über alle Toppen (Mastspitzen) nach dem Heck geheißt werden. Die Schiffe paradieren, sobald die Kaiserstandarte am Topp der Kaiseryacht erkannt ist.
Beim Paradieren nahmen die Mannschaften nach den Festlegungen der Paradierrolle, anfangs auf den Rahen der Segelschiffe, dann an der Reling und auf den Aufbauten der Kriegsschiffe in der erwarteten Richtung Seiner Majestät Aufstellung. Vom Schiff des ältesten Befehlshabers krachte der vorgeschriebene Kaisersalut von 33 Schuss, in den nach dem zweiten Schuss alle Schiffe einfie-

len. Aber nur solange der Kaiser bis auf rund 200 Meter an die salutierenden Schiffe herangekommen war. Beim mächtigen Geknalle des Saluts wusste Seine Majestät schon, warum: Dichter dran war der Krach schwer erträglich, und zudem musste ein Sicherheitsabstand vor den Rohren der Salutkanonen eingehalten werden. Auf Kommando des 1. Offiziers erschallten dann aus den Kehlen der paradierenden Mannschaften drei kräftige „Hurras" beim Vorbeifahren. Gleichzeitig mit den Hurrarufen schwenkten die Matrosen ihre Mützen nach rechts oben. Auf den Segelschiffsrahen wäre das Mützeschwenken ein halsbrecherischer Akt gewesen. Es wurde erst eingeführt, nachdem sich die Kaiserliche Marine von ihren Segelschiffen trennte. Die angetretenen Sicherheitswachen jedes Schiffes erwiesen nach dem dritten „Hurra" die vorgeschriebenen Ehrenbezeugungen durch Präsentieren der Gewehre. Im Takt der geschlagenen Trommel spielte die Musik die Kaiserhymne „Heil Dir im Siegeskranz" so lange, bis die Kaiseryacht wieder rund 200 Meter entfernt war.

Die große Hektik für Offiziere und Mannschaften ergab sich aus dem ausgetüftelten Ablauf des Prozederes unter Zeitdruck. Unachtsamkeiten oder mangelndes Tempo handelten Schiff und Besatzung schnell Negativpunkte bei den Vorgesetzten ein. Im wahren Sinne des Wortes auf die Spitze trieben die Bestimmungen der Fla. S. B. O. die Mannschaften und das Prozedere, wenn der Kaiser an Bord kam. Jede Eventualität des Handlungsablaufes beim Sichten der Kaiserstandarte war dort geschriebenes Gesetz. Unübersehbare 4 x 4 Meter maß sie zum Beispiel im Topp Seiner Majestät Yacht HOHENZOLLERN. Zum Flaggensatz jedes größeren Kriegsschiffes gehörten daher die Standarten des Kaiserlichen Hauses und eines Großadmirals, um für den Besuchsfall gerüstet zu sein. Dabei richtete sich die Abmessung der quadratischen Standarten nach Schiffs- oder Bootsgröße.

Für den Fall, dass Paradieren mit Aufentern in die Rahen, Salutschießen und großer Flaggenschmuck unterbleiben sollten, erfolgte ab 1895 die Einführung jeweils unterschiedlicher Breitwimpel für den Kaiser und die Kaiserin. Sie ersetzten für die „stille Ankunft" ohne Salutfeuer die jeweiligen Standarten. Breitwimpel hießen sie, weil sie sich im Gegensatz zum üblichen Kriegsschiffwimpel jedes kommandierten Schiffes – schmal und sehr lang im Verhältnis 1 : 20 – in Breite zur Länge wie 1 : 5 verhielten. Der kaiserliche Breitwimpel galt als höchstes

Seit 1869 im Dienst. Einer der Veteranen der preußischen Marine: Panzerfregatte KÖNIG WILHELM. Hier als Schulschiff ab 1907, Flaggengala mit den Flaggen des deutschen Signalbuchs.

Seine Majestät der Kaiser nimmt an Bord der Kaiseryacht HOHENZOLLERN die Parade der „Dickschiffe" im Kieler Hafen ab. Gouache von Willy Stöwer aus dem Jahre 1912.

Paradieren auf den Rahen der Kreuzerfregatte MOLTKE in der Kieler Förde vorletzte Jahrhundertwende.

Kommandozeichen der Kaiserlichen Marine. Er entsprach der Kaiserstandarte, bei deren Heißen alle anderen Kommando- und Unterscheidungszeichen gestrichen (niedergeholt) werden mussten.

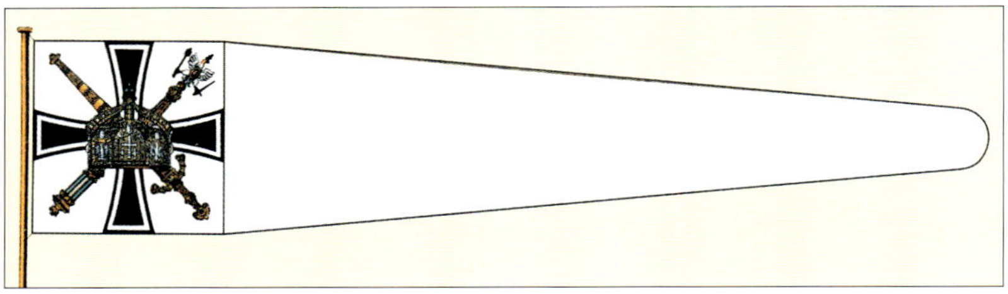

Breitwimpel des Kaisers, mit Eisernem Kreuz am Liek sowie Zepter und Schwert in der Scheide sowie Kaiserkrone. Den Breitwimpel der Kaiserin zierte an der Stelle allein ihre Kaiserinkrone. Erstmals dokumentiert im Nachtrag von 1909 zum Flaggenbuch von 1905.

Wehte die Standarte und die Großadmiralsflagge an den Toppen eines Kaiserschiffes, dann gab es noch zwei weitere Flaggensignale, die anreisenden Besuchern schon aus der Ferne besondere Empfangsaussichten signalisierten. Eine blaue Wappenflagge mit einem Zepter in der Mitte, abgeleitet vom Mittelschild der kurbrandenburgischen Flagge, auf halber Höhe des Großmastes gesetzt, bedeutete: „Seine Majestät empfangen nicht". Wehte an gleicher Stelle die gelbe

Signale vom Kaiserschiff für Anreisende: „Seine Majestät empfangen nicht" (links) oder „Seine Majestät sind nicht an Bord" wurde dann am Großmast auf halber Höhe gezeigt.

Wappenflagge, ein schwarzer Löwe im gelben Feld, umgeben von einem rot-weiß gestückten Rand – abgeleitet vom Wappen der Burggrafen von Nürnberg – hieß das: „Seine Majestät sind nicht an Bord".

Kleine, aber feine Unterschiede: kaiserliche Standarten bis 1918

Die offizielle Zeichnung des deutschen Reichswappens, die die Reichsbehörden als Vorlage für die neuen Kaiserstandarten von 1871 herausgaben, war leider „... was ihren künstlerischen Wert anbelangte, nicht besonders hoch stehend". Die Krone mit ihren nach außen überhängenden Platten, der Adler mit seinen wulstigen Fängen und der viel zu groß geratene Herzschild sahen recht schwerfällig aus. Das Wappen gewann erst seine heraldisch korrekte Form, als im Jahre 1889 eine Neuzeichnung von Emil Döpler d. J. (1855–1922) zur Umsetzung kam. Im Allerhöchsten Auftrag des jungen Kaisers Wilhelm II. durchgeführt, standen die Kronenplatten jetzt senkrecht, und der Herzschild reduzierte sich auf die Größe des Zeitgeschmacks. Die miniaturisierte Darstellung der preußisch-hohenzollernschen Wappenfigur in dem kleinen Brustschild zeigte sich als wunder Punkt des Entwurfs. Ohne die Möglichkeiten der reprografischen Verkleinerung späterer Jahrzehnte brachte sie so manchen Zeichner zur Verzweiflung. Mit der Neugestaltung des kaiserlichen Wappens und damit auch der Standarten hatten die kaiserlichen Symbole ihre bleibende Optik bis zum Ende des Ersten Weltkriegs erreicht.

Nach der künstlerischen Überarbeitung durch Professor Emil Döpler d. J.: Kaiserstandarte seit 1889 bis zum Ende des Ersten Weltkriegs 1918.

Das Kaiserpaar im Standartenboot kurz vor dem Anlegen am Fallreep eines Kriegsschiffes.

Bei der Standarte der deutschen Kaiserin und preußischen Königin Augusta (1811–1890), der Frau von Kaiser Wilhelm I., rückte das alle preußischen Fürstenstandarten ausfüllende Eiserne Kreuz, auf ein Neuntel der Flaggenhöhe verkleinert, in die obere Liekecke. Auf ihm lag das rote, gleicharmige, gerade Kreuz der internationalen Krankenpflege. Die Mitte des mit 26 kleinen Reichsadlern bestreuten goldfarbigen Standartentuchs zierte das kleine kaiserliche Wappenschild, gekrönt von der neu entworfenen Krone der Kaiserin und umschlungen von der Kolane des Schwarzen Adler-Ordens, dem Hausorden der preußischen Könige. Diese Ausführung der Standarte der Kaiserin

Unter dem Salut der ankernden Kriegsschiffe: Kaiser Wilhelm II. in der Gig der Kaiseryacht HOHENZOLLERN auf dem Weg zum Besuchsschiff. Nach einem Gemälde von Willy Stöwer.

Standarte Seiner Majestät des Deutschen Kaisers seit 1889

Standarte Seiner Kaiserl. Und Königl. Hoheit des deutschen Kronprinzen ab 1889

Standarte Ihrer Majestät der Deutschen Kaiserin seit 1889

Standarte Ihrer Majestät der Kaiserin Friedrich seit 1888

Änderungen an den Kaiserstandarten im Jahre 1889 sind hier dargestellt. Die Standarte der Kaiserin Friedrich (unten rechts) wurde nicht geändert. Sie hatte das ursprüngliche Bild der Kaiserinstandarte seit der Einführung im Oktober 1871.

nach „Kaiserlichem Erlasse vom 15. Oktober 1871 über die kaiserlichen Embleme nebst genauer Beschreibung" wehte bis zum Tode der Kaiserin Friedrich (1840–1901) über Schloss Friedrichshof in Kronberg im Taunus. Dorthin zog sich Victoria Adelaide Marie Luise, königliche Prinzessin von Großbritannien und Irland, Tochter von Königin Victoria, Witwe Kaiser Friedrich III. und Mutter Kaiser Wilhelm II. zurück. Weit weg aus Berlin, weg aus dem Spannungsverhältnis zu ihrem Sohn, dem Deutschen Kaiser. Sie starb am 5. August 1901.

Sehr schnell nach seiner Inthronisierung im Juni 1888 ließ Kaiser Wilhelm II. Details der Kaiserstandarten künstlerisch überarbeiten. Besonders die Standarte seiner Frau bekam eine neue Optik. Ihre Majestät Kaiserin Auguste Viktoria (1851–1921) ließ ihre Anwesenheit mit einer neuen Standarte ab 1889 signalisieren. Zukünftig zierten das Standartentuch nur noch 18 schwarze, rot bewehrte Reichsadler und eine schlankere Form des Eisernen Kreuzes – ohne das aufgelegte Rote Kreuz – mit negativ ausgeführter preußischer Krone, der Chiffre W und der Jahreszahl 1870. Neugestaltung erfuhr das kleine Reichswappen im Zentrum und die neue Krone der Kaiserin, wie sie ab 1888 Verwendung fand.

Auch der Kronprinzenstandarte lag das preußische Muster zugrunde. Sie entsprach der Kaiserstandarte mit einigen Abweichungen. Die so genannte Kronprinzenkrone, erkennbar an den großen silbernen Adlern und dem roten Futter, ersetzte die Kaiserkrone. Den Schild mit dem Reichsadler verzierte ein roter Rand, und in den Eckfeldern fehlte die Kaiserkrone, sodass anfangs nur drei Adler dort gruppiert waren. Zu einem späteren

Abbildung rechte Seite
1. Königsstandarte des bayerischen Prinzregenten, 2. Mitglieder des Königlichen Hauses von Bayern, 3. Großherzog von Hessen und bei Rhein, 4. Mitglieder des Großherzoglichen Hauses, 5. Großherzoglich-Hessische Staatsflagge, 6. König von Preußen, 7. Königin von Preußen, 8. Prinzen und Prinzessinnen von Preußen, 9. König von Sachsen, 10. König von Württemberg, 11. Großherzog von Baden, 12. Großherzogin Luise von Baden, Prinzessin von Preußen, 13. Erbgroßherzog und Erbgroßherzogin von Baden, 14. Prinzen und Prinzessinnen des Großherzoglichen Hauses von Baden.

Unterschiede schon von weitem. Standarte des Kronprinzen des Deutschen Reiches ohne Kaiserkronen, mit rotem Wappenrand als markantester Unterschied zur Kaiserstandarte (links). Standarte der Prinzen von Preußen auf weißem Grund mit der preußischen Königskrone über dem Wappen.

1
2
3
4
5
GOTT
MIT
UNS
18
70
6
7
GOTT
MIT
UNS
18
70
8
9
10
11
12
13
14

15. Großherzog von Mecklenburg-Schwerin, 16. Großherzog von Mecklenburg-Strelitz und Mitglieder seines Hauses, 17. Herzog von Sachsen-Altenburg, 18. Herzog von Sachsen-Coburg und Gotha, 19. Fürst von Schwarzburg-Rudolstadt, 20. Großherzog von Sachsen-Weimar-Eisenach, 21. Großherzogin Sophie von Sachsen-Weimar-Eisenach, Prinzessin der Niederlande, 22. Fürst von Schwarzburg-Sondershausen, 23. Herzog von Sachsen-Meiningen und Hildburghausen, 24. Großherzog von Oldenburg, 25. Erbgroßherzog von Oldenburg, 26. Herzöge von Oldenburg, 27. Herzog von Anhalt, 28. Fürst Reuss, ältere Linie, 29. Große Standarte des Fürsten zu Schaumburg-Lippe, 30. Kleine Standarte des Fürsten zu Schaumburg-Lippe, 31. Fürst zu Lippe.

Zeitpunkt kam zur ästhetischen Ausgewogenheit pro Feld noch ein Adler hinzu.
Die kaiserlichen Standarten gehörten zum Flaggensatz jedes größeren Kriegsschiffes der Kaiserlichen Marine. Von 1871 bis 1918 flatterten sie im Großtopp oder als Heckflagge auf Kriegs- und Passagierschiffen, als Residenzflagge auf Schlossdächern und später auch als Autostander. In jenen Jahren ist eine Vielzahl dieser Hoheitszeichen gefertigt worden. Die meisten Standarten versahen ihren „Signaldienst" als bunter Farbendruck auf robustem Flaggentuch, und viele gingen kein einziges Mal am Mast in die Höhe. Es gab zu viele Kriegsschiffe, und Wilhelm II. hatte zu wenig Zeit, sie zu besuchen.
Der letzte Gebrauch der Kaiserstandarte am Ende des Ersten Weltkrieges ist überliefert. Am frühen Morgen des 10. November 1918 bekam der Chauffeur des Kaisers Order, mit dem Reiseauto für 5 Uhr abfahrbereit zu sein. Am Tag vorher hatte Reichskanzler Max von Baden (1867–1929) gegen 12 Uhr in Berlin den Thronverzicht seines Dienstherrn bekannt gegeben, ohne dass dieser in seinem Quartier bei der Obersten Heeresleitung im belgischen Spa dem zugestimmt hätte. Vor angeblich „anreisenden", revolutionären Truppenteilen blieb Kaiser Wilhelm II. nur die Flucht in die 50 Kilometer entfernten neutralen Niederlande. Eine kleine Kolonne aus zehn Fahrzeugen machte sich auf den Weg und erreichte bei Eijsden die Grenze. Zur Ablenkung fuhr der Hofzug zur gleichen Zeit in dieselbe Richtung. Dort ließ Wilhelm II. als Privatmann um Gastaufenthalt bitten, der ihm nach sechsstündigem Warten von der niederländischen Königin Wilhelmina (1880–1962) gnädig gewährt wurde.
An diesem denkwürdigen Sonntagmorgen hatte Leutnant Baron von Heyden von den Limburger Jägern Grenzdienst in Eijsden. Als Erinnerungsgeschenk brachte er die Autostandarte des letzten deutschen Kaisers aus dem Krieg mit nach Hause. 79 Jahre später landete das gute Stück von 40 cm Kantenlänge mit geflochtenen Lederschlaufen zur Befestigung am Flaggenstock unter dem Auktionshammer. Für rd. 13 000 Euro fand es einen neuen Besitzer.

Preußen als Beispiel – Königs- und Fürstenstandarten der deutschen Länder seit 1871

Für die Hofhaltung der deutschen Fürsten hatten die Hohenzollern und das Königreich Preußen durchaus beispielgebende Qualität. Weniger die Süddeutschen, besonders aber die direkten Nachbarn Preußens eiferten ihnen nach. Vom Schnitt der Uniformen ihrer Soldaten bis hin zur gewählten Farbe derselben, „preußischblau", und natürlich der Pickelhaube als Kopfbedeckung, gab es eine Vielzahl von Äußerlichkeiten im höfischen Erscheinungsbild der „Ausländer", die ihren preußischen Ursprung nicht verleugnen wollten. Dazu gehörten auch die fürstlichen Hausfahnen auf dem Dach der Residenzen, die dem gemeinen Volke die Anwesenheit der Hoheiten signalisierte.
Nur wenige Häuser führten schon vor den preußischen Königen Fürstenflaggen, die dann nach der Gründung des Deutschen Reiches ab 1871 obligatorisch wurden. Von ganz schlicht bis zu heraldischen Kunstwerken zeigten die Fürstenstandarten in den Jahren bis zum Ende der Monarchie, wo sich eine Hoheit gerade befand: zu Hause, auf einem Schiff der Kaiserlichen Marine oder auf dem Feldherrnhügel im Manöver. Alle Fürstenflaggen hatten ihre speziellen Entstehungsgeschichten, denen hier im Detail nicht nachgegangen werden kann, sodass wir uns mit einem bunten Überblick begnügen müssen. Den lieferte Hugo Gerhard Ströhl (1851–1919) mit seiner „Deutschen Wappenrolle" von 1897, die hier in Teilen wiedergegeben ist (s. Seite 99, 100).

Jörg-M. Hormann

Die letzte Standarte vom Reiseauto des Deutschen Kaisers, die bei der Flucht von Spa ins niederländische Eijsden am 10. November 1918 an der Grenze zurückblieb.

Anwesenheitsflagge Seiner Königlichen Hoheit des Großherzogs von Hessen und bei Rhein von 1909 in der Größe von 4,20 x 3,10 Metern.

Die Weimarer Republik (1919–1933)

Gegen Ende des Ersten Weltkriegs trat bei der deutschen Bevölkerung eine große Kriegsmüdigkeit ein. Besonders die jahrelange britische Seeblockade hatte Wirkung gezeigt. Im Winter 1916/17 starben hunderttausende Zivilisten in Deutschland den Hungertod. Mit dem Kriegseintritt der USA am 6. April 1917 konnte Deutschland den Weltkrieg nicht mehr gewinnen. Alle europäischen Staaten waren durch ihre bisherigen Kriegsanstrengungen wirtschaftlich und militärisch so erschöpft, dass die frischen amerikanischen Truppen die Entscheidung zugunsten der Entente bedeuteten.

Im Herbst 1918 plante die Admiralität der Kaiserlichen Marine einen „letzten Einsatz" der Hochseeflotte. Seit der Skagerrakschlacht am 31. Mai 1916 hatte die prestigeträchtige Hochseeflotte untätig in den Häfen gelegen. Allein die U-Boot-Waffe kämpfte bis dahin mit einem gewissen Erfolg. Die künftige Daseinsberechtigung einer Schlachtflotte schien nach Meinung der Marineführung in Frage gestellt, wenn sie nicht entscheidend in den Krieg eingreifen könnte. So strebte die Admiralität danach, auch ihre Schlachtschiffe zum Einsatz zu bringen. Die Mannschaften der Schiffe empfanden dieses Ansinnen als aussichtslos und ahnten, dass sie für die Ehre der Marine geopfert werden sollten. Ihre Stimmung war ohnehin auf dem Siedepunkt. Seit vielen Monaten schon mussten sie tagtäglich eintönigen Dienst an Bord verrichten: Wache gehen, Reinschiff machen, Waffen reinigen usw. Zudem war die Verpflegung für die einfachen Soldaten sehr schlecht, während die Offiziere es sich in den Offiziersmessen gut gehen ließen. Ab Oktober 1918 verweigerten auf zahlreichen Großkampfschiffen die Mannschaften den Gehorsam. Am 3. November wurde eine Demonstration im Stützpunkt Kiel durch eine Militärpatrouille gewaltsam aufgelöst. Es gab Tote und Verwundete. Die Matrosen bewaffneten sich daraufhin, bildeten Soldatenräte und übernahmen auf zahlreichen Schiffen das Kommando. Werftarbeiter solidarisierten sich mit ihnen. Ihre Forderungen lauteten: Abdankung der Monarchie, Aufhebung der Pressezensur, Gewährung von Rede- und Versammlungsfreiheit, „sachgemäße Behandlung der Mannschaften durch Vorgesetzte" usw. Die Aufständischen hatten Kiel und auch Wilhelmshaven bald unter ihrer Kontrolle. Von den Marinestädten breiteten sich die Aufstände über das ganze Reich aus. Überall bildeten sich Arbeiter- und Soldatenräte.

Aufstände unter roten Flaggen

Die revoltierenden Soldaten und Werftarbeiter wählten die rote Fahne zum Zeichen ihrer Proteste. Matrosen holten die Reichskriegsflaggen auf den Schiffen und Gebäuden der Marine nieder und hissten rote Flaggen. Der persönliche Einsatz einiger kaisertreuer Offi-

Werbezettel für das Abonnement der „Roten Fahne"; der Grafiker Alfred Stiller schuf das Signet der „Roten Fahne".

ziere, die die monarchischen Flaggen mit gezogener Waffe verteidigen wollten, verhinderte dies nicht. Auch auf öffentlichen und Regierungsgebäuden wehten bald rote Flaggen. Manche Revolutionäre überlegten zu dieser Zeit sogar, Rot zur neuen Reichsflagge zu machen. Rot war aber die Farbe der Arbeiterbewegung und die Parteifahne der SPD. Der Sozialdemokrat Eduard David (1863–1930) erklärte, dass man zu der Einsicht kam, dass „eine Parteifahne überhaupt nicht geeignet sei, ein überparteiliches Symbol der nationalen Einheit und nationalen Zusammengehörigkeit zu sein, und (…) rot zugleich auch unsere internationale Fahne sei (…)."

Ausrufung der Republik

Prinz Max von Baden (1867–1929) übergab am 9. November sein Amt als Reichskanzler dem Führer der Mehrheitssozialisten, dem späteren ersten Reichspräsidenten Friedrich Ebert (1871–1925). Am selben Tag rief Philipp Scheidemann (1865–1939) die Republik aus und Kaiser Wilhelm II. dankte ab. Der Oberbefehlshaber des Feldheeres, Paul von Hindenburg (1847–1934), und sein neuer Stabschef, Wilhelm Groener (1867–1939), stellten sich der Regierung des „Rates der Volksbeauftragten" zur Verfügung und übernahmen die Aufgabe, das Heer geordnet in die Heimat zurückzuführen. Ebert sicherte Groener als Gegenleistung die Unterstützung des Rates der Volksbeauftragten für die Reichswehrführung zu.

Ungeachtet der zuletzt immer größer gewordenen Ablehnung der Kriegspolitik des Kaisers bedeutete das Wegbrechen der monarchischen Autorität im November 1918 für die deutsche Gesellschaft einen totalen Verlust der gewohnten politischen Ordnung. Seit über tausend Jahren waren es in Deutschland die Monarchen gewesen, die als legitime Herrscher angesehen wurden. Nun war das Reich ohne Kaiser. Es fehlte die Herrscherfigur und vielen Menschen angesichts dieser

Kaiserkrone und Reichsapfel liegen im Staub. Von einem Felsen aus droht der Reichsadler mit ausgebreiteten Schwingen der fernen englischen Flotte, und die Kriegsflagge soll weiter wehen: Symbolträchtige Zerrissenheit in der Frage nach dem politischen Weg des Reiches. Bleistiftzeichnung von Claus Bergen.

Epochenwende die Orientierung. Verschiedenste radikale politische Zukunftsvorstellungen erhielten ihren Nährboden. Das politische Spektrum reichte von der Ultralinken bis zur Ultrarechten. Die Radikalität ihres Auftretens und der politischen Forderungen war ein Sprengsatz, der die Republik schon im Keim schwer belastete.

Der Rat der Volksbeauftragten erließ keine Flaggenanordnungen. Am 24. November 1918 teilte er aber dem Berliner Stadtkommandanten Otto Wels (1873–1939) und dem Vollzugsrat mit: „Wir empfehlen als Sinnbild des Neugewordenen die Flaggen mit rotem Wimpel zu versehen. Bei öffentlichen Gebäuden wird erwartet, dass dieser Empfehlung Folge geleistet wird."

Schwarz-Rot-Gold und Schwarz-Weiß-Rot

Schwarz-Weiß-Rot war in der Zeit der Matrosenaufstände die Farbe der ungeliebten preußisch-monarchischen Obrigkeit und der Niederlage. Als die Republik ausgerufen wurde, stimmten daher gemäßigte Politiker überein, Schwarz-Rot-Gold zu den neuen Reichsfarben zu machen. Im Sommer 1919 entwickelte sich im Parlament und in der Presse ein erbitterter Streit um die Reichsfarben der Republik. Besonders ehemalige Soldaten und Anhänger der Monarchie betonten, dass der Wechsel der Reichsfarben einer Selbstdemütigung gegenüber den Feindstaaten gleichkäme. Schon die Achtung vor den gefallenen Soldaten verbiete dies. Demokratische Politiker hingegen plädierten für Schwarz-Rot-Gold. Dafür gab es verschiedene Gründe.

Handelsflagge der Weimarer Republik. Ein Kompromiss, der den Streit vorprogrammierte.

Zunächst einmal drohte 1918/19 eine kommunistische Revolution nach russischem Vorbild. Die radikale rote Fahne wehte schon seit den Matrosenaufständen vielerorts im Reich. Ein hoher Offizier konstatierte, dass „von zahlreichen durchaus national gesinnten Persönlichkeiten" die Einführung von Schwarz-Rot-Gold erwogen wurde, um die rote Fahne zu verhindern.

Schwarz-Rot-Gold zeichnete sich aber vor allem durch seine besondere Tradition und seinen Symbolgehalt aus. In einer Rede erläuterte Eduard David die entscheidenden Beweggründe zur Einführung der Farben im Reich: „Es sind die ältesten Wahrzeichen des deutschen Einheitsgedankens, darum wurden sie aufgenommen zugleich mit der Forderung nach dem neuzeitlichen Verfassungsstaat, mit dem Verlangen nach Demokratie (...) Einmal musste der großdeutsche Gedanke aufs neue sein Zeichen haben." Durch die Einführung von Schwarz-Rot-Gold wollten die Politiker also unmittelbar an die 1848er-Revolution anknüpfen.

Die neuen Reichsfarben sollten die veränderte politische Situation im Deutschen Reich widerspiegeln: Nicht mehr der preußische König und Kaiser regierte das Land; das Deutsche Reich war zu einer demokratischen Republik geworden. Somit sollten auch die preußisch dominierten Farben des vergangenen Kaiserreiches durch die demokratischen Farben abgelöst werden. Gleichzeitig verwies David auf den Vereinigungswillen zwischen Deutsch-Österreich. Schwarz-Rot-Gold waren immer gesamtdeutsche Farben gewesen. Seit 1871 waren sie sogar in Österreich verbreiteter als im Wilhelminischen Reich. Nach der Auflösung des österreichischen Vielvölkerstaates wollten viele Deutsche endlich einen einheitlichen Nationalstaat unter der „großdeutschen" Flagge. Die

Agitations-Plakat von César Klein in den Farben Schwarz-Rot-Gold zur Wahl der Nationalversammlung am 19.01.1919.

österreichische Nationalversammlung in Wien beschloss 1918 einstimmig: „Deutsch-Österreich ist ein Bestandteil der Deutschen Republik." Der österreichische Staatskanzler Karl Renner (1870–1950) begründete den Beschluss mit den Worten: „Wir sind ein Stamm und eine Schicksalsgemeinschaft." Österreich war damals selbstverständlicher Bestandteil der deutschen Nation – nicht weniger als Preußen, Sachsen oder Bayern. Im Gegensatz zu Berlin war Wien jahrhundertelang die Stadt der deutschen Kaiser. Nur während der napoleonischen Besatzungszeit und während der preußischen Vormachtstellung in Deutschland seit 1866 konnte Österreich nicht in einer staatlichen oder bundesvertraglichen Gemeinschaft mit dem Rest Deutschlands zusammengehen.
Ernst Schulze, Privatdozent an der Universität in Leipzig, vermerkte 1918: „Erfolgt der Anschluss Deutschösterreichs an das Deutsche Reich, so entspricht es dem Sinne der geschichtlichen Entwicklung und der Dankbarkeit gegen unsere Vorväter, daß wir die alten Farben, die 1813 die Herzen der Freiheitskämpfer höher schlagen ließen und die in der Deutschen Nationalversammlung in der Paulskirche als selbstverständliche Verkörperung der deutschen Einheit betrachtet wurden, wiederum an den Ehrenplatz stellen – zugleich um uns zu erinnern, welche Leiden die Vorkämpfer der deutschen Einheit und Freiheit für ein Ziel zu erdulden hatten, das ganz nun hoffentlich in unseren Tagen erreicht wird."
Im Berliner Reichstag sprachen sich vor allem die Sozialdemokraten und das Zentrum für Schwarz-Rot-Gold aus. Gegner waren die Deutschnationale Volkspartei und ein Teil der Demokratischen Partei. Die Abgeordneten entschieden am 3. Juli 1919 mit 211 : 90 Stimmen für die Einführung von Schwarz-Rot-Gold.
In der Verfassung des Deutschen Reichs, der „Weimarer Reichsverfassung" vom 11. August 1919, hieß es dann in der Präambel: „Das Deutsche Volk, einig in seinen Stämmen und von dem Willen beseelt, sein Reich in Freiheit

und Gerechtigkeit zu erneuen und zu festigen, dem inneren und dem äußeren Frieden zu dienen und den gesellschaftlichen Fortschritt zu fördern, hat sich diese Verfassung gegeben. Artikel 1: Das Deutsche Reich ist eine Republik. Die Staatsgewalt geht vom Volke aus. Artikel 2: Das Reichsgebiet besteht aus den Gebieten der deutschen Länder. Andere Gebiete können durch Reichsgesetz in das Reich aufgenommen werden, wenn es ihre Bevölkerung kraft des Selbstbestimmungsrechts begehrt. Artikel 3: Die Reichsfarben sind schwarz-rot-gold. Die Handelsflagge ist schwarz-weiß-rot mit den Reichsfarben in der oberen inneren Ecke. Artikel 4: Die allgemein anerkannten Regeln des Völkerrechts gelten als bindende Bestandteile des deutschen Reichsrechts. (...) Artikel 61: Deutschösterreich erhält nach seinem Anschluss an das Deutsche Reich das Recht der Teilnahme am Reichsrat mit der seiner Bevölkerung entsprechenden Stimmenzahl ..."

So geschah etwas Außergewöhnliches. Deutschland hatte plötzlich unterschiedliche Farbkombinationen als staatliche Erkennungszeichen. Zwar wurde Schwarz-Rot-Gold zu den Reichsfarben, die Schiffe fuhren fortan aber mit Flaggen, die ein schwarz-weiß-rotes Grundtuch mit einer kleinen schwarz-rot-goldenen Oberecke hatten. Hintergrund ist, dass Schwarz-Weiß-Rot seit über 50 Jahren als Erkennungszeichen deutscher Schiffe auf den Weltmeeren bekannt und akzeptiert war. Deutschlands Weltgeltung im Überseehandel entstand unter diesen Farben. Daher sollten sie auch weiterhin das Hoheitszeichen der deutschen Schiffe bleiben. Die Demokraten hatten vorgeschlagen, Schwarz-Weiß-Rot als Schifffahrts-, Marine- und Kolonialflagge beizubehalten. Dieser Vorschlag wurde abgelehnt. Stattdessen setzte sich der Vorschlag von SPD und Zentrum durch, der alten Handelsflagge die neuen Reichsfarben beizufügen.

Reichsaußenminister Gustav Stresemann (1878–1929) idealisierte später einmal diese Farbkombination: „Es muß eine Verschmelzung zwischen dem Alten und dem Neuen gefunden werden". In der Handelsflagge sah er diese Verschmelzung des Wilhelminischen Reiches mit dem neuen demokratischen Deutschen Reich symbolisiert. Keiner hätte es damals für möglich gehalten, dass der Farbenkompromiss eine ungeheure Sprengkraft in sich barg. Die flaggenkundlich ungewöhnliche Abtrennung der Reichsfarben vom schwarzen Feld durch einen weißen Rand versinnbildlichte schon ungewollt, dass zwischen den Farbkombinationen keine Harmonie herrschte. Zwischen den Anhängern der neuen und denen der alten Reichsfarben begann damit eine permanente und erbittert geführte Auseinandersetzung während der Jahre der Weimarer Republik.

Der Reichsadler in neuer Gestalt

Dass der Adler traditionelles Wappentier Deutschlands war, stand 1918/19 außer Frage. Fest stand allerdings auch, dass der Reichsadler des Wilhelminischen Reiches nicht für die neue Republik übernommen werden sollte. Die monarchischen Attribute und die preußisch dominierte Symbolik entsprachen nicht dem Gedanken von Demokratie und Großdeutschland. So gab es Überlegungen, den doppelköpfigen Reichsadler der Paulskirchenversammlung wieder einzuführen.

Andere Vorschläge sahen einen Doppeladler mit dem Spruchband „Freiheit, Gerechtigkeit, Frieden" oder mit einem Eichenzweig, Roggenähren und einem Bergwerkszeichen vor. Das Reichskabinett entschied sich im September 1919 aber für einen einköpfigen Adler. Er war schwarz auf goldenem Grund und trug keinerlei Schmuck. Schnabel, Zunge und Fänge waren rot.

Der Entwurf stammte vom ehemaligen Hofheraldiker Emil Döpler d. J. In der Bevölkerung stieß das neue Wappen auf wenig Begeisterung. Im Vergleich zum prächtig geschmückten und gekrönten alten Reichsadler erschien der neue nüchtern und nackt. So wurde er bald vielfach geschmäht. Zudem erinnerte der Adler an das Pfandsiegel der

Auf der Suche nach der Form des Reichsadlers der Weimarer Republik. Oben: Varianten mit dem Reichsadler von Emil Döpler d. J. von 1919. Mitte: Modifizierung des Adlers für die Verwendung auf Flaggen. Unten: Reichsadler von Siegmund v. Weech von 1921 (links), Reichswappen von Tobias Schwab ab 1927 (rechts).

preußischen Gerichtsvollzieher, weshalb er auch als „Pleitegeier" beschimpft wurde.
Um dem Wappen mehr Akzeptanz zu verschaffen, wurde es in den kommenden Jahren mehrfach modifiziert. Siegmund v. Weech kreierte 1921 einen stilisierten Adler mit erhobenen offenen Schwingen in Sechseckform. Diese einprägsame Adlerform fand im Reichssiegel und in den Dienststempeln Verwendung. Der döplersche Adler konnte sich als Reichswappen nicht durchsetzen. Dies gelang vielmehr mit dem Entwurf des Berliner Grafikers Tobias Schwab. Ursprünglich entwarf Schwab seinen Wappenadler als Erkennungszeichen der deutschen Olympiamannschaft für die Spiele 1924 in Paris. Er fand sich dann kurzfristig auf den Amtsschildern der Reichswehr wieder, bis er 1927 zum Reichswappen wurde. Die Adler von Siegmund v. Weech und Tobias Schwab übernahm 1950 die Bundesrepublik Deutschland als staatliche Symbole.

Eine schwarz-rot-goldene Reichskriegsflagge?

Am 27. September 1919 erließ Reichspräsident Friedrich Ebert ein Flaggengesetz, das auch eine neue Kriegsflagge für die Marine festlegte. Das Gesetz bestimmte „die Reichskriegsflagge nach dem bisherigen Muster mit folgenden Abweichungen: in der Mitte der neue Reichsadler, in der inneren oberen Ecke die Reichsfarben mit dem Eisernen Kreuz". Die Gösch sollte nach bisherigem Muster bleiben, jedoch zusätzlich die Reichsfarben in der inneren oberen Ecke zeigen.
Ebert wollte die alte Kriegsflagge des Kaiserreiches nicht beibehalten, weil in ihr nicht der Reichsadler, sondern der preußische Adler abgebildet war und dieser Adler zudem monarchische Attribute aufwies. Außerdem wollte er die neuen Reichsfarben in die Flagge einfügen. Die Reichswehrführung stand den Flaggenplänen Eberts ablehnend gegenüber. Sie vertrat die Auffassung, die Reichskriegsflagge müsse schwarz-weiß-rot sein, weil sie der Handelsflagge heraldisch zu entsprechen habe. Die Admiralität der Marine war an der Entscheidung zur Einführung dieser neuen Flagge nicht beteiligt.
Im Erlass Eberts fehlte indes eine Angabe über den Zeitpunkt der Einführung der neuen Reichskriegsflagge. Daher ließ der Chef der Admiralität, Adolf von Trotha (1868–1940), im Marineverordnungsblatt anordnen: „Die Bestimmungen über den Zeitpunkt der Einführung der neuen Reichskriegsflagge

Die ersten schwarz-rot-goldenen Flaggen nach dem Flaggengesetz vom September 1919: 1. Reichsfarben, 2. Flagge des Reichspräsidenten, 3. Flagge des Reichswehrministers, 4. Reichskriegsflagge, 5. Gösch der Kriegsschiffe, 6. Reichspostflagge.

nebst Gösch bleibt vorbehalten. Bis dahin sind die bisherigen Kriegsflagge und Gösch weiterzuführen." Das taten die Marineoffiziere dann auch nur zu gerne. Noch bis 1921 wehten die alten kaiserlichen Marineflaggen als offizielle Hoheitszeichen auf den Marineschiffen.

Eberts Flaggenentwurf erlangte niemals offiziellen Status. Warum Ebert den Zeitpunkt der Einführung nicht verbindlich festlegte, ist nicht bekannt. Es kann nur spekuliert werden: Möglicherweise hat man geahnt, dass die Akzeptanz der Farben Schwarz-Rot-Gold an der Küste und besonders bei der traditionalistischen Marine äußerst gering war.

Pariser Friedensverträge – Verbot der Vereinigung mit Deutsch-Österreich

Bereits am 28. Juni 1919, noch vor der Gesetzesinitiative Eberts zur Einführung einer schwarz-rot-goldenen Kriegsflagge, musste die deutsche Regierung den Versailler Vertrag unterschreiben, um den Einmarsch alliierter Truppen und ein Auseinanderbrechen des Reiches zu verhindern.

Nach den Niederlagen von 1814/15 und 1871 hatte Frankreich Friedensverträge erhalten, die von Zurückhaltung seitens der Siegermächte geprägt waren. So sollten nicht von vornherein zukünftige Konflikte programmiert werden. Mit dem Deutschen Reich und Österreich wurde in den Friedensverträgen von 1919 anders verfahren. Das Deutsche Reich verlor 13 Prozent seines Landes und hatte astronomische Reparationszahlungen, den Verlust sämtlicher Schutzgebiete sowie eine weitgehende Entwaffnung hinzunehmen. Besonders traumatisch wirkte sich auf die Bevölkerung der Kriegsschuldparagraph aus. Die deutschen Politiker mussten unterschreiben, dass Deutschland die alleinige Schuld am Ausbrechen des Krieges hatte. Kaiser Wilhelm wurde zum Kriegsverbrecher erklärt. Für große Teile der Bevölkerung wirkten die weitreichenden finanziellen, territorialen und militärischen Forderungen der Siegermächte als eine tiefe Schmach.

Auch Artikel 61 Absatz 2 der Verfassung des Deutschen Reiches musste auf Grund des Versailler Vertrages von den deutschen Politikern als ungültig erklärt werden. Er sah eine Vereinigung des Deutschen Reiches mit Deutsch-Österreich vor. Reichskanzler Gustav Bauer (1870–1944) von der SPD erklärte am 23. Juni 1919 vor der Nationalversammlung: „Jetzt kann und muss die Welt sehen: Hier wird ein besiegtes Volk an Leib und Seele vergewaltigt wie kein Volk zuvor (…) Unterschreiben wir! (…) Wir sind wehrlos."

Der Friedensvertrag von St. Germain vom 10. September 1919 zwischen den Siegermächten und Österreich löste den Vielvölkerstaat Österreich-Ungarn auf. Wie das

Das Deutsche Reich und Österreich nach dem Ersten Weltkrieg in den Grenzen der Verträge von Versailles und Saint-Germain-en-Laye.

Deutsche Reich verlor auch Österreich zahlreiche Territorien, darunter Südtirol. Zudem verboten Frankreich und Großbritannien eine Vereinigung zwischen Österreich und dem Deutschen Reich – entgegen dem Willen der Bevölkerung. Bei Volksabstimmungen in Kärnten, Tirol, Salzburg und der Steiermark stimmten 1920/21 nahezu 99 Prozent der österreichischen Bevölkerung für die Wiedervereinigung mit dem Rest Deutschlands. Österreichs Staatskanzler Renner erklärte noch 1928: „Lasst Österreichs Bürger frei abstimmen und sie werden mit 99 von Hundert Stimmen die Wiedervereinigung mit Deutschland beschließen."

Die Alliierten drohten mit einer Hungerblockade, sollten die Deutschen den Versuch einer Vereinigung Österreichs mit dem Deutschen Reich unternehmen. Auch der Name „Deutsch-Österreich", den die Wiener Nationalversammlung als Bezeichnung für ihren Staat bestimmt hatte, wurde verboten. Jeder Anschein einer nationalen oder staatlichen Zusammengehörigkeit sollte massiv unterdrückt werden. Das von den alliierten Siegermächten propagierte Prinzip des freiheitlichen und demokratischen Selbstbestimmungsrechts der Völker sollte für Deutsche und Österreicher nicht gelten.

Doch auch in den folgenden Jahren hielten Politiker in beiden Ländern an den Einheitsbestrebungen fest. Reichskanzler Heinrich

Brüning (1885–1970) und sein Außenminister Julius Curtius (1877–1948) verfolgten gemeinsam mit der österreichischen Regierung den Plan einer Zollunion. Der französische Außenminister Aristide Briand (1862–1932) war verärgert über dieses Ansinnen und kritisierte es als Herausforderung der französischen öffentlichen Meinung. 1931 scheiterte das Projekt endgültig, als es der Internationale Gerichtshof mit einer knappen Mehrheit als unvereinbar mit bestehenden Verträgen erklärte.

Durch das Verbot der Vereinigung Deutsch-Österreichs mit dem Deutschen Reich wurde eine zentrale Begründung für die Einführung der schwarz-rot-goldenen Farben hinfällig. Die gesamtdeutschen Farben wären für viele Gegner von Schwarz-Rot-Gold damals leichter akzeptierbar gewesen, wenn es auch wirklich zu einem einheitlichen Deutschland gekommen wäre. Selbst der preußisch-konservative Deutschnationale Reinhold Wulle (1882–1950) hatte am 16. November 1918 geschrieben: „Wenn heute das ganze deutsche Volk zusammengefasst werden soll, unseretwegen auch im Zeichen der Demokratie, dann besinne man sich wieder auf die Farben Schwarz-Rot-Gold." Nun aber sahen die Gegner der neuen Reichsfarben keinen Grund, sich mit diesen in irgendeiner Weise zu identifizieren.

Dabei hätten sie ja dennoch als Ausdruck eines noch zu verwirklichenden Vereinigungswillens des Deutschen Reiches mit seinem kleineren Bruderstaat gedeutet werden können.

Diese Sinngebung ging jedoch in der zunehmend radikaler werdenden Auseinandersetzung der kommenden Jahre unter.

Das Kruckenkreuz der Vaterländischen Front hatte in der Ersten Republik Österreich eine ähnliche Bedeutung wie das Hakenkreuz der NSDAP in Deutschland.

Die Flaggenfrage in Österreich

Deutsch-Österreich erklärte sich 1918 zu einem Teil des Deutschen Reiches. Daher ist es plausibel, dass der „deutsche Kleinstaat" Österreich nicht Schwarz-Rot-Gold zu seinen Landesfarben wählte, sondern die alten Landesfarben Rot-Weiß-Rot – eben so, wie z. B. Bayern die Landesfarben Weiß-Blau hatte. Die Feststellung des bedeutenden österreichischen Flaggenkundlers Peter Diem, es grenze an ein Wunder, dass Österreich nicht die Farben Schwarz-Rot-Gold gewählt habe, verkennt also die Tatsache, dass Österreich sich nicht als eigenständiges oder zweites Deutschland empfand. Vielmehr sah es sich als deutscher Kleinstaat innerhalb der einen deutschen Nation.

Es gab allerdings auch Stimmen, die Schwarz-Rot-Gold forderten. Der österreichische Sozialdemokrat Karl Renner wollte die alten deutschen Farben als Zeichen der Demokratie und der Zugehörigkeit zur deutschen Republik. Wäre Schwarz-Rot-Gold tatsächlich als österreichische Staatsflagge eingeführt worden, hätte es eventuell eine ähnliche Situation wie nach 1949 gegeben: wegen des Vereinigungsverbotes durch die Siegermächte hätte es zwei deutsche Staaten mit einer schwarz-rot-goldenen Nationalflagge gegeben.

Am 31. Oktober 1918 wurde die neue provisorische Regierung Österreichs vereidigt. Der Christsoziale Dr. Wilhelm Miklas (1872–1956) stellte den Antrag, dass die alten Babenberger Farben Rot-Weiß-Rot zu den Farben der Republik gewählt werden sollten. So geschah es. Die folgende Entwicklung verlief in der österreichischen Republik zu dieser Zeit ähnlich wie in der Weimarer Republik. Auch in Wien und anderen österreichischen Städten gab es im Herbst 1918 Arbeiter- und Soldatenaufstände. Auch dort wehten rote Flaggen als Zeichen des Protestes. Die so genannten „Rotgardisten" schnitten einfach die rot-weiß-roten Flaggen entzwei, entfernten die weißen Streifen und knoteten die roten zusammen. Zudem sah man überall schwarz-rot-goldene Flaggen als Zeichen des Einheitswillens der Bevölkerung mit dem übrigen Deutschland.

Auch in den kommenden Jahren der Zwischenkriegszeit gab es Parallelen zur Weimarer Republik. Radikale marschierten auch in Österreich unter ihren eigenen Symbolen. Die Kommunisten schwenkten hier wie dort rote

Fahnen. Die rechte Vaterländische Front marschierte in Österreich unter dem Kruckenkreuz statt unter dem Hakenkreuz.
Anders als im Deutschen Reich blieb der österreichischen Republik ein Kampf um die Staatsflagge aber erspart. Die rot-weiß-rote Flagge wurde nicht in dem Maße verachtet und geschmäht wie Schwarz-Rot-Gold im Deutschen Reich. Dies hing damit zusammen, dass sie nicht als Farben einer politischen Richtung angesehen wurden, sondern einfach als Landesfarben Österreichs.

Abspaltungsbestrebungen im Deutschen Reich

Unmittelbar nach Kriegsende entwickelten sich in einigen Gebieten des Deutschen Reiches Abspaltungs- und Autonomiebestrebungen. Nach dem Wegbruch der Monarchie schien plötzlich auch die Einheit des Reiches in Frage gestellt. Die neue demokratische Regierung erschien vielen Bürgern, gerade auch in Anbetracht der chaotischen Flaggenverhältnisse, schwach und ungeeignet. Die Bestimmungen des Versailler Vertrages unterstützten die nach Unabhängigkeit strebenden Bewegungen.
So stellte etwa die Entmilitarisierung des Rheinlandes eine mögliche Voraussetzung für dessen Loslösung vom Reich dar. Andere Gebiete wurden bereits laut Vertrag – meist ohne Volksbefragung – vom Reich getrennt, so z. B. Elsass-Lothringen, Eupen-Malmedy und Westpreußen.
Elsass-Lothringen fiel wieder an Frankreich. Rund 50 Jahre lang hatte es zum Deutschen Reich gehört, nun wurde es zu einem Teil Frankreichs. Als solcher führte es die französische Trikolore, die im zentralistischen Frankreich, von einigen Ausnahmen abgesehen, die einzige zugelassene Flagge war. Verbotener Weise zeigten einzelne Bürger auch die rot-weißen Farben. Diese hatten sich während der Kaiserzeit als Symbol für Elsass-Lothringen entwickelt. Seit der Zugehörigkeit zu Frankreich standen sie für ein von Frankreich unabhängiges Elsass-Lothringen.

Landesfarben der Separatisten. Von oben nach unten: Elsass-Lothringen 1912; Flagge des vom Völkerbund verwalteten Saargebietes seit 1920; Farben der „Rheinischen Republik“; Farben der „Autonomen Pfalz“; Flagge der sorbisch-lausatischen Republik.

Bei Demonstrationen in Straßburg wurden diese Flaggen zwar gezeigt, jedoch von der Staatsmacht konfisziert.
Das Saargebiet wurde durch den Versailler Vertrag für 15 Jahre der Verwaltung des Völkerbundes unterstellt. Nach dieser Zeit sollte eine Volksabstimmung über die Zugehörigkeit entscheiden. Das Land erhielt vom Völkerbund eine Flagge, die violett-weiß-schwarz war. 1935 entschied sich aber die Saar-Bevölkerung entgegen den Erwartungen Frankreichs mit 90,8 Prozent für die Zugehörigkeit zum Deutschen Reich.
Frankreich strebte in napoleonischer Tradition auch danach, dass sich im Rheinland ein neuer, vom Deutschen Reich unabhängiger und nach Frankreich orientierter, Staat gründen sollte. Auch unter den Deutschen im Rheinland gab es Separatisten, die für diese Idee eintraten und sich gegen die Herrschaft des als preußisch empfundenen Berlin stellten. Sie nannten sich selbst „Sonderbündler" und kämpften mit Unterstützung aus Paris für die Errichtung einer „Rheinischen Republik". Diesen Tendenzen war auch die Besetzung des linken Rheinlandes durch französische Truppen förderlich. Im Jahre 1919 kam es zum Putschversuch in Wiesbaden und Koblenz unter dem führenden Separatisten Dr. Adam Dorten. Die Reichsregierung trat den Autonomiebestrebungen aber entschlossen gegenüber, und so scheiterte dieser Putsch.
Frankreich besetzte in der Folge auch rechtsrheinische Städte: 1920 Wiesbaden und Darmstadt, 1921 Düsseldorf, Duisburg und Ruhrort, 1923 schließlich das gesamte Ruhrgebiet. Die Reichsregierung konnte dem kaum etwas entgegensetzen. Diese Schwäche Berlins gab den Separatisten Rückenwind. Am 23. Oktober 1923 besetzten sie unter der Parole „Lieber französisch sterben als deutsch verderben!" das Koblenzer Schloss und verkündeten die „Rheinische Republik". Frankreich und Belgien erkannten diese unmittelbar an. Als Flagge wurde eine grün-weiß-rote Trikolore eingeführt. Beim ersten Hissen blieb sie allerdings auf Halbmast hängen – ein schlechtes Vorzeichen. Bürger und Bauern bildeten daraufhin Wehren, um sich und ihren Besitz gegen die Separatisten zu verteidigen. So scheiterte die „Republik" nach kurzer Zeit.
Die rheinischen Farben gingen zurück auf die Uniformfarben der Nordfränkischen Legion, und seit dem Zweiten Weltkrieg ist die Flagge Nordrhein-Westfalens grün-weiß-rot. Diese Farben werden aber offiziell vom Landeswappen abgeleitet.
Auch die am 5. November 1923 ausgerufene „Autonome Pfalz" führte die grün-weiß-roten Farben. Der grüne und rote Streifen war bei ihrer Flagge jedoch sehr viel schmaler als der weiße. Von Bayern finanzierte Widerstandsgruppen führten am 9. Januar 1924 ein Attentat auf die Pfalz-Regierung aus, bei dem ihr Präsident Franz Josef Heinz-Orbis (1884–1924) und andere Regierungsmitglieder starben. Nach schweren Kämpfen im Februar 1924 scheiterte die „Autonome Pfalz".
Auch die sorbische Minderheit in der Lausitz strebte nach Eigenständigkeit. Am 1. Januar 1919 verkündeten ihre Vertreter die Gründung einer sorbisch-lausatischen Republik. Als Farben wählten sie eine blau-rot-weiße Trikolore. Blau, Rot und Weiß sind die Farben der panslawistischen Bewegung. Russland und viele andere slawische Staaten haben Flaggen in diesen Farben. Die sorbische Republik scheiterte jedoch ebenfalls, die Flagge wurde verboten und blieb es bis 1945. In der DDR hingegen war sie anerkannt.

Spagat zwischen Schwarz-Rot-Gold und Schwarz-Weiß-Rot 1921

Die Unklarheit der Gesetzgebung machte eine neue Flaggenverordnung für die Reichsflaggen notwendig. Schon die Tatsache, dass die Marine noch immer Flaggen eines untergegangenen Reiches führte, war ein zwingender Grund für neue und präzise Regelungen. In den ersten Jahren der Republik hatte niemand gewusst, wie sich die politische Lage entwickeln würde. Im Jahre 1921 gab es diesbezüglich mehr Klarheit: Der Kaiser würde nicht zurückkehren, und die Republik war eine Tatsache.

So erließ Reichspräsident Ebert ein neues Gesetz, das eindeutige Regelungen schaffen sollte. In der Flaggenverordnung vom 11. April 1921 wurden zehn teilweise neu geschaffene Flaggen erlassen. Die Punkte 1. und 2. bestimmten die National- und die Handelsflagge in gleicher Form wie im Verfassungstext von 1919. Auffallend ist der Unterschied in der Formulierung: Im Verfassungstext war noch die Rede von den „Reichsfarben". Nun wurde Schwarz-Rot-Gold als „Nationalflagge" bezeichnet. Die Kuriosität einer gleichzeitigen Nutzung zweier offizieller Farbkombinationen als Hoheitszeichen wurde also im Vergleich zu 1919 sogar noch verstärkt.

Flaggenexperten wie Karl Schulz kritisierten, dass so etwas international unüblich sei. Vielmehr sei die Heckflagge der Handelsschiffe in aller Regel die Nationalflagge. Die Formulierung im Gesetzestext sollte aber keinen Zweifel aufkommen lassen, dass einzig Schwarz-Rot-Gold die Nationalflagge war. Des Weiteren wurden bestimmt: Die Handelsflagge mit dem Eisernen Kreuz, die Reichskriegsflagge, die Gösch, die Standarte des Reichspräsidenten, die Flagge des Reichswehrministers, die Reichspostflagge, die Dienstflagge der übrigen Reichsbehörden zu Lande und die Dienstflagge der übrigen Reichsbehörden zur See. Die fünf für die Verwendung an Land gedachten Flaggen ent-

Flaggen der Weimarer Republik nach der Flaggenverordnung von 1921 und den Änderungen von 1926:
1. Nationalflagge, 2. Standarte des Reichspräsidenten, 3. Dienstflagge der Reichsbehörden zu Lande, 4. Dienstflagge der Reichsbehörden zur See bis 1926, 5. Handelsflagge, 6. Reichskriegsflagge, 7. Flagge des Reichswehrministers, 8. Reichspostflagge.

Handelsflagge mit dem Eisernen Kreuz.

hielten nur die Farben Schwarz-Rot-Gold. Die fünf Seeflaggen hatten hingegen ein schwarz-weiß-rotes Grundtuch. Mit Ausnahme der Seedienstflagge zeigten Letztere zusätzlich die Nationalfarben im Obereck. Verantwortlich für die Flaggenentwürfe war das 1920 geschaffene, unter der Leitung von Dr. Edwin Redslob (1884–1973) arbeitende Amt des Reichskunstwarts.
So dominierten bei der Hälfte der Staatsflaggen dieser Zeit die alten wilhelminischen Farben. Dafür waren insbesondere zahlreiche Vorschläge und Wünsche von Reichswehrangehörigen verantwortlich. Die Verordnung trat am 31. Juli 1921 in Kraft. Die alten Flaggen durften aber noch bis zum Jahresende aufgebraucht werden, sodass die neuen Flaggen ab dem 1. Januar 1922 überall wehen mussten.

Reaktionen der Bevölkerung

Winston Churchill (1874–1965) erklärte 1951, „dass eine Nation, und besonders eine geschlagene Nation, nach einem Symbol verlangt". Dies galt in besonderer Weise auch für die Deutschen der Weimarer Republik, die während des Kaiserreiches mit einer Vielfalt an nationalen Symbolen aufgewachsen waren: Zur Kaiserzeit waren es neben den Flaggen auch Denkmäler, Festtage und die Institution der Monarchie gewesen, die der Sehnsucht nach nationalen Gefühlen Rechnung trugen. Diese Symbole waren nun weitgehend verschwunden. Der neue Staat verzichtete zudem auf Orden und Ehrenzeichen und vermochte es nicht, den 1. Mai oder den Verfassungstag zum staatlichen Feiertag zu erheben. Immerhin wurde am 11. August 1922, dem Verfassungstag, das Hoffmannsche Lied der Deutschen mit der Melodie Haydns von Friedrich Ebert zur Nationalhymne erklärt. Dieses Lied hatte auch im Weltkrieg Berühmtheit erlangt und wurde von Bürgern aus fast allen politischen Lagern als Nationalsymbol akzeptiert.
Anders verhielt es sich mit den neuen Flaggen. Die Mehrheit der Bevölkerung entwickelte kein dauerhaftes Verhältnis zu den neuen Reichsfarben. Dass diese Farben eigentlich nicht neu waren, sondern älter und traditionsreicher als Schwarz-Weiß-Rot, verstanden viele durchaus demokratisch denkende Bürger nicht. Karl Schulz klagte 1927: „Die große Unkenntnis und Verständnislosigkeit, die in allen Schichten des deutschen Volkes in der Flaggenfrage zu finden ist (…), ist von jedem Deutschen, der unter nationaler erzogenen Völkern gelebt hat, schon immer als ein beschämender Zustand empfunden worden."
Damals wie heute also ähnliche Verhältnisse: Viele Menschen hatten nur vage Vorstellungen über die Entstehung der eigenen Nationalsymbole, kannten die historischen Zusammenhänge nicht und konnten sich auch nicht mit den Staatssymbolen identifizieren. Für die ersten Jahre der Weimarer Republik war allerdings auch nichts anderes zu erwarten. Über 50 Jahre lang hatte ausschließlich Schwarz-Weiß-Rot das eigene

Schwarz-weiß-roter Reichsadler im Angriff auf den „Pleitegeier". Wahlplakat der Deutschnationalen Volkspartei.

Land repräsentiert. Nun wurden diese vertrauten Farben abgeschafft und durch „neue" ersetzt.
Ein verhängnisvoller Fehler des Weimarer Staates war, dass er den Flaggenwechsel nur halb vollzog. Der Flaggenkompromiss zwischen Schwarz-Rot-Gold und Schwarz-Weiß-Rot signalisierte von vornherein die Unentschlossenheit der neuen Staatsführung. Einerseits versuchte man, das alte politische System auch symbolisch abzulösen, andererseits fühlte man sich nicht stark genug, reinen Tisch zu machen. So verkehrte sich der Wert der Nationalflaggen für den Weimarer Staat ins Gegenteil: Sie wirkten nicht einheitsbildend, sondern entzweiten die Bevölkerung in zwei Lager – das schwarz-rot-goldene und das schwarz-weiß-rote.
Kaum ein Deutscher blieb von dieser Spaltung unberührt und schloss sich einem der beiden Lager an. Die jeweiligen Anhänger waren felsenfest davon überzeugt, als die „wahren" Patrioten die einzig richtigen deutschen Farben zu vertreten. Die Spaltung der Gesellschaft ging so weit, dass selbst im Ausland von „zwei Nationen" gesprochen wurde. Der faule Kompromiss war für alle hochgradig unbefriedigend. Die deutsche Presse ereiferte sich ebenfalls. Die meisten Zeitungen nahmen für die eine oder andere Seite Stellung. Auch die Stadtverwaltungen hatten Einfluss auf den Streit: Sie flaggten oft unverblümt mit den alten schwarz-weiß-roten Farben oder brachten etwa Notgeld mit schwarz-weiß-roten Abbildungen heraus. Der Streit hatte alle Schichten der Gesellschaft erfasst. Es fehlte nicht an Stimmen, die zu schlichten versuchten, doch vermochten sie in der überhitzten Atmosphäre des mit Emotionen und Feindseligkeiten geladenen Flaggenstreits keine Brücke zwischen den streitenden Lagern zu schlagen.

Reaktionen der Parteien

Besonders die gegen Schwarz-Rot-Gold eingestellten politischen Parteien sorgten für eine extreme Radikalisierung des Flaggenstreits. Rechte Parteien wie die DNVP, die DVP und die NSDAP zogen mit kaiserlichen Flaggen durch die Straßen der Städte. Die Nationalsozialisten machten zudem das Hakenkreuz zu ihrem wichtigsten Symbol. Adolf Hitler vermisste in der Nationalflagge des Weimarer Staates eine „weltanschauliche

Unter roten Flaggen mit russischem Hammer- und Sichel-Symbol marschierten und kämpften die Kommunisten auf der Straße gegen die Republik. Wahlplakat der Kommunistischen Partei Deutschlands (KPD).

Mit der Hakenkreuzflagge voraus durch die kommunistischen Arbeiterviertel. „So war SA" ist der Titel des Gemäldes von Elk Eber. Exponat der Großen Deutschen Kunstausstellung in München 1938.

Mission“. KPD und USPD marschierten mit roten Fahnen auf und führten Hammer- und Sichel als ihr „Kampfsymbol“. Das Parteiorgan der KPD hieß „Rote Fahne“.
Die Kommunisten interpretierten den Flaggenstreit auf ihre Weise. So meinte der KPD-Abgeordnete Walter Stöcker (1891–1939) Mitte der 1920er-Jahre: „Der Kampf zwischen Schwarz-Weiß-Rot und Schwarz-Rot-Gold ist ja im Grunde nichts anderes als der Kampf zweier Flügel der deutschen Bourgeoisie.“ Daher müsse Rot als Zeichen des Proletariats eingeführt werden.
Trafen Rechte und Linke aufeinander, kam es oft zu schweren Gewaltausbrüchen. Die Extremisten von rechts und links hatten aber auch Gemeinsamkeiten. Alle verlagerten die politische Auseinandersetzung zunehmend auf die Straße. Außerdem waren sie gemeinsam davon überzeugt, dass der bestehende Staat und mit ihm seine Farben abgeschafft gehörte. Die DNVP wollte die Monarchie zurück, die Nationalsozialsten kämpften für einen völkischen Führerstaat, und die Kommunisten strebten nach einer Diktatur der Arbeiterklasse in enger Verbundenheit mit der Sowjetunion.

Verunglimpfungen der Reichssymbole

Für die Extremisten unterschiedlicher Couleur war es völlig natürlich, die Staatssymbole zu verunglimpfen. Das Herunterreißen schwarz-rot-goldener Flaggen gehörte zum üblichen Ritual. Gängige Beleidigungen waren „Schwarz-Rot-Senf“ oder „Schwarz-Rot-Mostrich“. Die Reichsregierung sah sich am 21. Juli 1922 genötigt, ein „Gesetz zum Schutz der Republik“ zu erlassen. Darin wurde festgelegt: „Wer öffentlich oder in einer Versammlung die Reichs- oder Landesfarben beschimpft, macht sich strafbar.“ Genutzt hat es nichts.
Eine Gegenbewegung gegen die antirepublikanische Agitation formierte sich am 22. Februar 1924. Ehemalige Frontkämpfer und junge Männer der demokratischen Parteien, besonders Sozialdemokraten und Zentrumsangehörige, bildeten das „Reichsbanner Schwarz-Rot-Gold, Bund der republikanischen Kriegsteilnehmer“. Zu einem ihrer Grundsätze erklärten sie das Ziel, die schwarz-rot-goldenen Farben „in Stadt und Dörfern zu hissen und einen Wald von Fahnen in allen deutschen Gauen sichtbar werden zu lassen“. In Österreich entstand der „Republikanische Schutzbund“, der ebenfalls unter den Farben Schwarz-Rot-Gold für den Schutz der Demokratie und die Vereinigung mit dem Rest Deutschlands eintrat. Beide Vereinigungen nahmen den Kampf der Radikalen an und agitierten ebenso auf der Straße. Bei ihren Aufmärschen wehten schwarz-rot-goldene Flaggen.
Unterstützung durch den Staat erhielten die Kämpfer für die neue Demokratie jedoch nicht. So wies das Reichsministerium des Innern 1924 und 1925 die Ersuchen des Reichsbanners ab, für die Verfassungsfeier in Berlin republikanisches Dekorationsmaterial wie Fahnen und Reichsadler leihweise zu erhalten. Statt die Verteidigung der Republik und ihrer Symbole entschlossen zu unterstützen, befürchteten verunsicherte Bedenkenträger der Reichsregierung „ein zu weites Entgegenkommen einer politischen Organisation“. Das Reichsbanner Schwarz-Rot-Gold blieb die einzige Organisation in der Weimarer Republik, die sich zu den staatlichen Nationalfarben öffentlichkeitswirksam bekannte und sie im Reich verbreitete.

Auffliegender Adler der Republik in die Sonne der Zukunft. Das Reichsbanner Schwarz-Rot-Gold wehrte sich in der „Eisernen Front“ gegen die Zerstörung der Weimarer Republik durch Nazis und Kommunisten.

Haltung der Auslandsdeutschen zur Flaggenfrage

Eine Interessengemeinschaft aus Handeltreibenden, Schifffahrttreibenden und anderen Deutschen im Ausland demonstrierte kurz vor dem Flaggenerlass am 2. Juli 1921 an der Hamburger Börse für Schwarz-Weiß-Rot. Verzweifelt versuchten sie, die neuen Farben zu verhindern. Sie richteten einen Antrag an den deutschen Reichstag zur Beibehaltung der schwarz-weiß-roten Handelsflagge und argumentierten mit einem Ansehensverlust Deutschlands im Ausland bei einem Flaggenwechsel. In dem Antrag wurde der Jahresbericht der deutschen Handelskammer in Valparaiso zitiert: „Die unsichere Stellung Deutschlands versinnbildlicht sich aufs deutlichste in dem unnötigen und für das deutsche Ansehen höchst gefährlichen Flaggenwechsel, dem fast alle Auslandsdeutschen verständnislos gegenüberstehen. (…) Der allen Nichtdeutschen und den meisten unserer Landsleute unbegreifliche Wechsel der Reichsfarben hat uns, außer geschäftlichen Schädigungen, den Spott und die Missachtung aller der Fremden eingetragen, die das Hochhalten der nationalen Farben und die Ehrfurcht und Achtung vor ihnen als eine der vornehmsten Aufgaben sehen."

Dass diese Kreise mit dem Flaggenerlass vom 21. Juli unzufrieden waren, ist offensichtlich, auch wenn das schwarz-weiß-rote Grundtuch blieb. Die neue schwarz-rot-goldene Oberecke in der Handelsflagge empfanden sie als störend. In ihren Auslandsniederlassungen hissten sie auch weiterhin die alte schwarz-weiß-rote Flagge. Ihnen ging es letztlich aber weniger um die nationalen Symbole als um das Geschäft. Die „Marke" Schwarz-Weiß-Rot war während der vergangenen Jahrzehnte zu einem Aushängeschild für deutsche Qualität geworden, ebenso wie die Herstellerangabe „Made in Germany" auf den Produkten. Jede Veränderung konnte zu einer Beeinträchtigung der sensiblen Handelsbeziehungen führen.

Die Reichswehr und die neuen Reichsfarben

Seit dem Versailler Vertrag durften die deutschen Streitkräfte nicht mehr als 100 000 Mann umfassen. Im Gegensatz zu dem Millionenheer des Krieges war die Reichswehr also jetzt keine Volksarmee mehr, sondern eine kleine Truppe ausgesuchter Soldaten. Diese Männer standen der Abschaffung von Schwarz-Weiß-Rot durchweg negativ gegenüber. Man bezeichnete den Flaggenwechsel als „unglücklichen, dem Volksempfinden zu wenig Rechnung tragenden Beschluss, der einen Mangel an nationalem Taktgefühl, um nicht zu sagen an Nationalgefühl überhaupt bekundet". Die Soldaten hatten im Weltkrieg unter der schwarz-weiß-roten Nationalflagge gekämpft und konnten bzw. wollten sich nicht mit Schwarz-Rot-Gold identifizieren. Nicht nur die Offiziere empfanden so, sondern auch die Mannschaften: Eine Umfrage von 1919 zeigte, dass nahezu alle Angehörigen der

Wahlplakat der Liste 5: der Stahlhelmbund und andere in der Kampffront der „alten" Reichsfarben. Eindringliches Plakat von Ludwig Hohlwein aus dem Jahre 1932.

Truppen für die Beibehaltung von Schwarz-Weiß-Rot waren. Generalmajor Arnold Ritter von Möhl (1867–1944) bezeichnete den Widerwillen der Soldaten gegen die neuen Farben als verständlich und sogar wünschenswert, forderte allerdings dennoch dessen Überwindung.
Die von der Reichsregierung angeordnete Beflaggung in den Reichsfarben auf öffentlichen Gebäuden am Verfassungstag wurde in den ersten Jahren vom Kriegsministerium mit dem Hinweis auf fehlende neue Flaggen abgelehnt. Bei zahllosen Anlässen wie etwa Militärtransporten und Manövern zeigte die Reichswehr schwarz-weiß-rote Flaggen. Offiziere stellten die Forderung, niemals die schwarz-rot-goldene Flagge hissen zu müssen, die schwarz-weiß-rote Kokarde weiter tragen zu können und den Eid nicht auf die schwarz-rot-goldene Fahne leisten zu müssen. Auch die Reichswehrsoldaten verunglimpften die Nationalfarben etwa als „Schwarz-Rot-Senfgelb".
Beim Kapp-Putsch im März 1920 marschierten die Soldaten der Marinebrigade Erhard, einem Freikorpsverband, der nicht zur Reichswehr gehörte, mit kaiserlichen Reichskriegsflaggen in Berlin ein. Sie wollten sich den Versailler Vertragsbedingungen widersetzen, die eine Auflösung aller Freikorpsverbände bestimmten. Zwar solidarisierte sich die reguläre Truppe nicht direkt mit den Putschisten, General Hans von Seeckt (1866–1936), der Chef der Heeresleitung, ließ aber der gewählten Reichsregierung keine Unterstützung gegen die Putschisten zukommen. Sein Befehl lautete: „Truppe schießt nicht auf Truppe". Der Putsch scheiterte am passiven Widerstand der Bürokratie.
Nach dem Putschversuch wurden die Stimmen lauter, die das Zeigen der kaiserlichen Flaggen in der Reichswehr kritisch sahen. Spätestens jetzt waren die kaiserlichen Flaggen zum Symbol der Gegenrevolution geworden. Generalleutnant August von Schöler (1862–1935) verbot am 25. März 1920 in einem Befehl das Mitführen schwarz-weiß-roter Flaggen in der Reichswehr. Er verwies auf den Verfassungseid der Soldaten und bezeichnete Verstöße als „unmilitärisch". General von Seeckt sah in den Folgen des Putsches einen „unermesslichen Schaden für das Heer". Um diesen auszugleichen, forderte er von den Soldaten das „Weitabrücken von jeder politischen Betätigung". Als solche bezeichnete er an erster Stelle das Zeigen von schwarz-weiß-roten Flaggen, ferner Hakenkreuze auf den Helmen und das Singen der alten Kaiserhymne „Heil dir im Siegerkranz".

Die Reichsmarine und die Reichssymbole

„Von vornherein sei klar festgestellt: Das Haupt der gegen Deutschland im Kriege zusammengeschlossenen Weltkoalition – England – hat durch den Versailler Vertrag der deutschen ‚Seegeltung' ein für alle mal

Bis 1929 fuhr der Kreuzer BERLIN als Ausbildungskreuzer der Reichsmarine rund um die Welt. Die schwarz-rot-goldene Oberecke der Gösch wurde auf Gemälden aus „künstlerischer Freiheit" auch gerne weggelassen.

Wenig geliebte Reichskriegsflagge. Deutsche Linienschiffe während eines Flottenbesuchs in Venedig am 14. Mai 1930. Gouache als Vorlage für ein Ölgemälde von Claus Bergen.

ein Ende gemacht.“ Diese vom Pazifisten Konrad Wiederhold aufgestellte These entsprach ganz und gar nicht dem Selbstverständnis der deutschen Marineleitung. Zwar hatte der Versailler Vertrag Deutschland eine Marine zugestanden, die so klein und unbedeutend zu sein schien, dass ihre Existenzberechtigung von weiten Teilen der Öffentlichkeit bestritten wurde. Die Admirale und übrigen Offiziere der Marine, die seit der Gründung der Republik „Reichsmarine“ hieß, hatten aber alle auch schon in der Kaiserlichen Marine gedient. Sie sahen es als selbstverständlich an, dass Deutschland in der Zukunft wieder seinen Platz unter den großen Seemächten finden würde. So wurde nach dem Weltkrieg in der Aula der Marineschule Mürwik ein Gedenkspruch zu Ehren der gefallenen Seeoffiziere angebracht: „Nicht klagen, wieder wagen, Seefahrt tut not.“

Die neue republikanische Staatsform hielten die Offiziere zur Erreichung dieser Ziele für völlig ungeeignet. Und die Symbole dieses Staates waren ihnen verhasst. Die kaiserliche Marineflagge war während des Krieges zu einem heroisierten Symbol des gesamten deutschen Militärs geworden, und die Verbundenheit der Marinesoldaten mit dieser Flagge besonders stark. Zudem identifizierten sich die Offiziere auch nicht mit der Bedeutung der demokratischen Symbole. Sie fühlten sich nach wie vor der preußisch-deutschen Hohenzollernmonarchie verbunden.

Nach dem Krieg verwendete die Marine die alte Reichskriegsflagge zunächst weiter. Der Entwurf Eberts für eine neue Reichskriegsflagge nach altem Muster mit den schwarz-rot-goldenen Farben und dem Reichsadler drohte das Ende der kaiserlichen Traditionsflagge herbeizuführen. Die Marine war äußerst erleichtert, dass Eberts Flagge schließlich nicht eingeführt wurde.

Als am 11. April 1921 dann aber doch eine neue Reichskriegsflagge bestimmt wurde, bedeutete dies das endgültige Aus für die alte

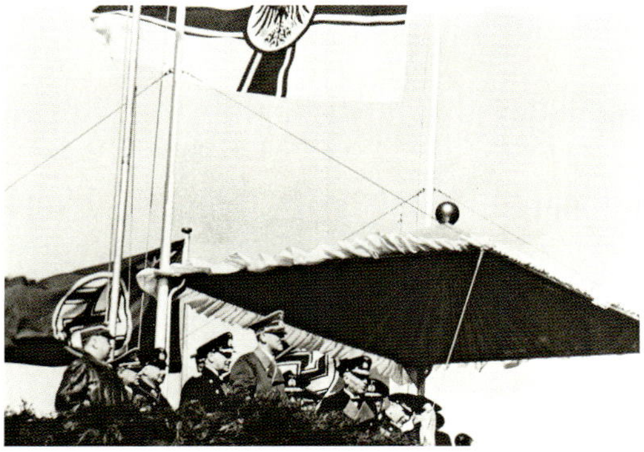

An einem Tag im Jahr geduldet, auch von Adolf Hitler. Immer am 31. Mai erinnerte die Kaiserliche Reichskriegsflagge an die Skagerrakschlacht, hier im Jahre 1938.

Flagge. Ab dem 1. Januar 1922 musste die neue Flagge auf den Schiffen der Reichsmarine wehen. Im Tagesbefehl für diesen Tag verabschiedete der Chef der Marineleitung, Admiral Paul Behncke (1866–1937), die alte Flagge: „… wir nehmen Abschied von unserer alten ruhmreichen Flagge! Über unvergessliche Taten in Krieg und Frieden auf allen Meeren und an allen Küsten hat sie geweht. Tausende von braven Seeleuten und Soldaten sind unter ihr den Heldentod gestorben. Keiner unter uns, der nicht voll Stolz zu ihr aufblickte als zu dem Wahrzeichen einstiger deutscher Macht und Seegeltung. Was wir empfinden, wenn diese Flagge sinkt, verschließen wir in unseren Herzen."
Nur einmal im Jahr durfte die von der Marine bevorzugte alte Flagge zukünftig noch mit staatlicher Duldung auf den Schiffen wehen: Von 1924 bis 1944 wurde sie jeweils am 31. Mai in Erinnerung an die Skagerrakschlacht auf den Kriegsschiffen der Marine gehisst.

Seedienstflaggen der deutschen Küstenländer während der Weimarer Republik. Obere Reihe: Preußen, Mecklenburg-Schwerin, Oldenburg. Untere Reihe: Hamburg, Bremen, Lübeck.

Die neuen Flaggen wehten künftig auf den Schiffen der Reichsmarine. Im Herzen der Marinesoldaten indes fanden sie keinen Platz. So gab es zahlreiche zeitgenössische Gemälde, bei denen die neuen Flaggen einfach falsch wiedergegeben wurden – es fehlte dann etwa das schwarz-rot-goldene Obereck.

Der Flaggenstreit eskaliert mit dem Flaggenerlass von 1926

Am 28. Januar 1925 verstarb Reichspräsident Ebert. Nachfolger wurde Paul von Hindenburg. Der Feldherr des vergangenen Weltkrieges versuchte in den ersten Jahren seiner Präsidentschaft, das Amt trotz seiner monarchischen Gesinnung auf der Grundlage der Verfassung zu führen. Wegen seiner militärischen Erfolge im Krieg war er bei der Reichswehr, aber auch im Volk hoch angesehenen.
Hindenburg war verantwortlich für eine neue Flaggenverordnung, die am 5. Mai 1926 erlassen wurde. Anlass für das neue Gesetz war, dass die Deutschen im Ausland nach wie vor

Generalfeldmarschall Paul von Hindenburg wird 1925 Reichspräsident und ist maßgeblich zuständig für die Flaggenfragen.

unverblümt die alte kaiserliche Handelsflagge hissten und nicht die neue offizielle Staatsflagge. Außenminister Gustav Stresemann (1878–1929) bedauerte, dass auf den Privathäusern der Deutschen im Ausland eine andere Flagge wehte als an den Konsulaten, welche die schwarz-rot-goldene Dienstflagge führten. Ausländische Behörden und Zeitungen kritisierten zudem, dass deutsche Schiffe mit der Handelsflagge ebenfalls eine andere Flagge führten als die Reichsvertretungen. Stresemann wollte daher eine Lösung der Flaggenprobleme im Ausland herbeiführen, um den Flaggenstreit wenigstens von dort fernzuhalten. Er schlug eine eigene Flagge für die Botschaften und Konsulatsgebäude vor. Reichspräsident Hindenburg hatte Verständnis für die Absichten Stresemanns, verwies aber auf die eindeutige Regelung in der Verfassung. In Absprache mit dem parteilosen Reichskanzler Hans Luther (1879–1962) fand Hindenburg schließlich eine Lösung: Im Flaggenerlass wurde festgelegt, dass die Behörden im Ausland neben der Reichsdienstflagge auch die Handelsflagge hissen sollten. Hindenburg verstand die Verordnung als Kompromiss. Einerseits sollte die Regierung die Handelsflagge für die neue Verwendung akzeptieren, andererseits sollten die Auslandsdeutschen zugunsten dieser verfassungsmäßigen Flagge auf die rein schwarz-weiß-rote Flagge verzichten.
In dem Flaggenerlass wurde außerdem bestimmt, dass die Flagge der übrigen Reichsbehörden zur See künftig ebenfalls ein schwarz-rot-goldenes Obereck bekam. Diese Flagge war zuvor die einzige hoheitliche Seeflagge des Deutschen Reiches gewesen, die kein schwarz-rot-goldenes Obereck hatte.

Unerwartete Reaktionen auf gut gemeinte Flaggenänderungen

Die Reaktionen auf den Flaggenerlass waren für die Verantwortlichen völlig unerwartet. Sie hatten sich mit dem Erlass um Vermittlung und Ausgleich bemüht. Das politische Klima war zu dieser Zeit jedoch schon dermaßen aufgeladen, dass die letztlich marginalen Bestimmungen im Erlass zu einer regelrechten Eruption aggressiver Agitation führten. Eine Flut von hitzigen Protesten prasselte auf die Reichsregierung nieder. Die SPD und selbst die an der Regierung beteiligten Parteien Zentrum und DDP sowie das Reichsbanner Schwarz-Rot-Gold sahen in der Anordnung, dass Konsulate künftig neben der schwarz-rot-goldenen Dienstflagge auch die Handelsflagge führen sollten, eine „Beeinträchtigung der verfassungsmäßigen Farben". Die SPD stellte am 6. Mai 1926 einen Misstrauensantrag gegen Luther und brachte eine Interpellation im Reichstag ein, da sie den Erlass für verfassungswidrig hielt. Stresemann betonte, dass der Flaggenerlass keinerlei „Verbeugung vor Tendenzen (...), die mit der Verfassung nicht in Einklang stehen" bedeuten sollte. Dennoch rief das Reichsbanner Schwarz-Rot-Gold zu Kundgebungen gegen die Regierung auf.

Farbenspiel der Handels- und Dienstflaggen von 1918 bis 1933. Obere Reihe: links Handelsflagge bis 1921, rechts Handelsflagge 1922–1933; mittlere Reihe: links Dienstflagge der Reichsbehörden zu Lande 1922–1933, rechts Dienstflagge der Reichsbehörden zur See 1922–1926; untere Reihe: links Dienstflagge der Reichsbehörden zur See 1926–1933, rechts Dienstflagge der Reichsbehörden zur See ab 1933.

Zehntausende folgten diesem Ruf auf die Straße. Rechte Parteien fanden es anstößig, dass durch die Hinzufügung der Reichsfarben bei der See-Dienstflagge „den Farben Schwarz-Rot-Gold eine vermehrte Bedeutung praktisch beigelegt“ wurde.
Reichspräsident Hindenburg war kein Anhänger von Schwarz-Rot-Gold. Er bezeichnete die Nationalfarben häufig abwertend als „Schwarz-Rot-Gelb“. In seiner frühen Militärzeit, im Jahre 1866, hatte er für Preußen gegen Österreich und damit gegen die Farben Schwarz-Rot-Gold gekämpft. Nun aber war er Präsident eines Staates, der eben diese Farben führte. Er hatte einen Eid auf die Verfassung abgelegt und sah sich damals diesem Eid und damit auch der Republik und deren Farben verpflichtet, auch wenn er beides nicht liebte. In einem Brief vom 9. Mai 1926 schrieb er an Reichskanzler Luther: „Nichts liegt mir ferner (…) als die durch die Verfassung bestimmten Nationalfarben zu beseitigen.“ Die Flaggenfrage wollte er nur auf Grundlage der Verfassung lösen und zwar dahingehend, dass eine endgültige Entscheidung „dem Werdegang in der Geschichte des Reiches gerecht wird“. Das Reich entstand wohlgemerkt 1871 unter den Farben Schwarz-Weiß-Rot!
Der Widerstand insbesondere der demokratischen Fraktion führte dazu, dass die Verordnung bis zum 1. August 1926 ausgesetzt wurde. Mit der Annahme eines Misstrauensantrages der DDP vom 12. Mai wegen der Flaggenverordnung musste das Kabinett Luther noch vor der Umsetzung der Verordnung zurücktreten.

Der Adler, ungeliebte Ausnahme für die Reichswehr. Kokarden spielten als Kennzeichen an den Mützen der Soldaten und Beamten der jeweiligen Behörden und auch als politisches Symbol eine wichtige Rolle.
Obere Reihe von links: kaiserlich- und königlich-österreichische Kokarde und als Landesbeispiele königlich-württembergische Kokarde von 1817 sowie königlich-württembergische Kokarde von 1809.
Mittlere Reihe von links: deutsche Nationalkokarde von 1848, Kokarde der Reichswehr ab 1919 bis 1933 und Kokarde der Reichsbeamten seit 1919 – mit Ausnahme von Zoll und Reichspost, die eine Adlerkokarde trugen.
Untere Reihe von links: Kokarde der Basler Revolution 1798 und Kokarde des Norddeutschen Bundes sowie des Kaiserreichs von 1867 bis 1919.

Flaggenerlass des Reichswehrministers Geßler von 1927

Die Reichswehrangehörigen vermochten es auch gegen Ende der 1920er-Jahre nicht, sich mit den neuen Reichsfarben abzufinden. Nach wie vor kam es zu Schmähungen und zu Verstößen gegen offizielle Anordnungen. Soldaten bekannten sich weiterhin offen zu Schwarz-Weiß-Rot. Sie schmückten etwa ihre Privatwohnungen oder Kränze mit den wilhelminischen Farben.
Reichswehrminister Dr. Otto Geßler (1875–1955) von der DDP sah sich daher veranlasst, einzugreifen. Geßler war der Truppe gegenüber wohlwollend gesonnen, stimmte meistens mit der Reichswehrführung überein und propagierte die Notwendigkeit einer starken Armee für Deutschland. Im Reichstag stellte er sich meist schützend vor die Reichswehr, etwa wenn es um den Heeresetat ging.
Die schwarz-weiß-rote Gesinnung vieler Soldaten aber missfiel ihm, da er bedingungslos hinter der Verfassung stand. So erließ er am 17. August 1927 ein Gesetz zur Flaggenführung in der Reichswehr. In dem Gesetzestext appellierte er an die Vernunft der Soldaten: Die Missachtung der verfassungsmäßigen Symbole erschwere den Kampf für die Akzeptanz der Reichswehr im Land und spiele den Gegnern des Militärs in die Hände.
Geßler zeigte sich zwar verständnisvoll und gestand den Soldaten zu, dass „ein hohes Maß an Selbstüberwindung und Zivilcourage“ für die gebotene Zurückhaltung nötig sei. Letztlich forderte er aber schlicht Gehorsam und wünschte sich, dass die Soldaten im Flaggenstreit mit gutem Beispiel vorangingen. So ordnete er an, Schwarz-Weiß-Rot künftig nur noch neben Schwarz-Rot-Gold zu zeigen. Gebäude des Reichswehrministeri-

ums durften nur noch mit offiziellen Staatsflaggen beflaggt werden, Verstöße sollten mit Kündigung des Dienstvertrages geahndet werden. Doch auch dieser Erlass führte keinen Bewusstseinswandel bei den Soldaten herbei. Ihre Herzen ließen sich auch durch strenge Vorschriften und Maßregeln nicht für Schwarz-Rot-Gold gewinnen.

Der unbewehrte preußische Adler als Wappentier der preußischen Landesflagge nach dem Ersten Weltkrieg. Die Landesflagge war beliebter als die Reichsflagge.

Der Flaggenstreit in der Endphase der Republik

Auch zivile Einrichtungen zeigten weiterhin ihre Abneigung gegen Schwarz-Rot-Gold. Bedeutende Hotels in Berlin flaggten am Verfassungstag 1927 trotz Aufforderung nicht in den Reichsfarben. Das Hotel Adlon am symbolträchtigen Brandenburger Tor in der Mitte der deutschen Hauptstadt hisste sogar am Verfassungstag der Vereinigten Staaten die US-Flagge, widersetzte sich aber bewusst der behördlichen Anordnung, am deutschen Verfassungstag die deutsche Nationalflagge zu setzen. Der preußische Ministerpräsident Otto Braun (1872–1955) sah darin eine „Stellungnahme gegen den heutigen Staat und eine Missachtung der bestehenden Staatsform".

Selbst Gemeinden und Körperschaften des öffentlichen Rechts weigerten sich immer wieder, die Reichsflagge zu hissen. So sah sich das Land Preußen 1929 veranlasst, eindeutige Anordnungen für die Beflaggung öffentlicher Gebäude zu erlassen. Im gleichen Jahr forderten Reichskanzler Hermann Müller (1876–1931) und Innenminister Carl Severing (1875–1952), beide SPD, Behördenvertreter dazu auf, nur dann an Veranstaltungen teilzunehmen, wenn verfassungsmäßig geschmückt sei.

Auch die Jugend war in die Auseinandersetzung einbezogen. Als 1929 in Goslar der Verfassungstag gefeiert wurde, rissen Schüler, die bei verschiedenen Wettkämpfen der Festveranstaltung gewonnen hatten, die schwarz-rot-goldenen Schleifen von den Siegerkränzen und traten sie mit Füßen. Der preußische Unterrichtsminister Dr. Becker wies anschließend im Landtag auf die Missstände hin: „Wenn Oberprimaner Schwarz-Rot-Gold nur als Reichsbannerfarben kennen, dann hat die Schule nicht ihre Schuldigkeit getan."

Die Wirtschaftskrise in der Spätphase der Weimarer Republik bedingte einen großen Zulauf bei den radikalen Parteien. Sie agitierten immer aggressiver und gewannen bei den Reichstagswahlen hohe Stimmenzuwächse. Nationalsozialisten und Kommunisten rissen während der Wahlkämpfe Reichsfahnen herab und traten sie mit den Füßen. Die Nazis hatten ihre eigene, zynische Deutung der Farben: Für sie war die Zukunft schwarz, die Gegenwart rot und die Vergangenheit golden.

Noch mit dem Adler der Weimarer Republik: Von Claus Bergen künstlerisch umgesetzt, wurde diese Treuediensturkunde von der Reichsmarine bis in die Hakenkreuzzeit 1935 verliehen.

Als verzweifelter Versuch, den Reichsfarben mehr Popularität bei festlicher Ausschmückung zu verschaffen, erfolgte ab August 1927 die Einführung eines „Reichsbanners", nach einem Entwurf von Tobias Schwab.

Die Reichswehr wurde in dieser Zeit verstärkt zur Zielscheibe der Staatsfeinde. Reichswehrminister Wilhelm Groener (1867–1939) warnte im so genannten „Hirtenbrief" von 1930 vor den Gefahren für die Armee durch die Nationalsozialisten. Auch versprach er den Soldaten eine Belohnung für die „Abwehr radikaler Zersetzungsangriffe". Reichspräsident Hindenburg drohte noch am 19. Dezember 1932 in einer Verordnung zur Erhaltung des inneren Friedens mit Gefängnisstrafen für die Beschimpfung der Verfassung, des Reiches oder der Staatssymbole.

Einen letzten Vermittlungsversuch unternahm Hans Domizlaff (1892–1971), Werbeberater und Schöpfer bekannter Marken und Markenartikel. 1932 wies er darauf hin, dass weder Schwarz-Rot-Gold noch Schwarz-Weiß-Rot integrierende Wirkung für die Nation hätten. Er betonte aber, ein Staat könne nicht auf „ein alleingültiges psychologisch wirksames Hoheitssymbol verzichten!". Daher schlug er als Kompromiss eine neue Reichsflagge vor, die den schwarzen Reichsadler auf goldenem Grund zeigen sollte. Der Adler war schließlich als deutsches Nationalsymbol unumstritten. Domizlaff konnte sich aber mit seinem Vorschlag nicht durchsetzen, da die Republik ohnehin vor dem Scheitern stand.

Alle Versuche der Politiker der Weimarer Republik, Schwarz-Rot-Gold Akzeptanz zu verschaffen, blieben letztlich hilflos und bewirkten eher zusätzliche Aggressionen gegen die staatlichen Symbole. Die kaiserlichen Farben erlangten in den Jahren der Weimarer Republik den Charakter rechter, d.h. monarchistischer bzw. völkischer Parteisymbole. Sie verloren damit ihre ursprüngliche staatlich-neutrale Bedeutung. Schwarz-Rot-Gold hingegen wurde von den Feinden der Republik verachtet und bekämpft. Sie hielten die offiziellen Reichsfarben für bloße Parteifahnen der demokratischen Parteien in der von ihnen gehassten Republik und ignorierten die gesamtdeutsche Tradition des Symbols.

Dominik Plaschke

Nationalsozialistische Herrschaft (1933–1945)

Am 30. Januar 1933 ernannte Reichspräsident Paul von Hindenburg Adolf Hitler zum Reichskanzler und löste zwei Tage später den Reichstag auf. Als einzige nationalsozialistische Minister holte Hitler aus der Riege seine „Steigbügelhalter“ Wilhelm Frick (1877–1946) als Reichsminister des Innern und Hermann Göring (1893–1946) als Reichskommissar für die Luftfahrt in sein Kabinett. Beide werden in den nächsten Jahren die deutsche Flaggengeschichte bestimmend beeinflussen, der eine Kraft seines Amtes und der andere als kommender Reichsluftfahrtminister und Oberbefehlshaber der Luftwaffe.

Ein aufrührerisches Jahr 1932 im gesellschaftlichen Leben des Deutschen Reiches mit demagogischen Wahlkämpfen bis hin zum politischen Mord und Totschlag hatte die Nationalsozialisten ihr erklärtes Ziel, die legale Machtübernahme, erreichen lassen. Noch stand das Volk mit seinen Wählerkreuzen zwar nicht mehrheitlich hinter der NSDAP, aber die gesamtgesellschaftlichen Konstellationen mit ihren Repräsentanten aus Politik, Wirtschaft, Verwaltung und Wissenschaft konnten oder wollten dem machtgierigen Hitler keinen Widerstand mehr leisten. Den Brand des Reichstagsgebäudes am 27. Februar 1933, mit bis heute ungeklärter Täterschaft, benutzten die Nazis, um Deutschland mit einer Terrorwelle zu überziehen. Die am folgenden Tag erlassene „Verordnung des Reichspräsidenten zum Schutz von Volk und Staat“, auch „Reichstagsbrandverordnung“ genannt, kann als Anfang der kommenden Machtergreifung per Gesetz und der Gleichschaltung aller gesellschaftlichen Bereiche auf Nazilinie angesehen werden: „... Auf Grund des Artikels 48 Abs. 2 der Reichsverfassung wird zur Abwehr kommunistischer staatsgefährdender Gewaltakte folgendes verordnet: (...) Die Artikel 114, 115, 117, 118, 123, 124 und 153 der Verfassung des Deut-

Reichspräsident Paul von Hindenburg begrüßt den neuen Reichskanzler Adolf Hitler am „Tag von Potsdam“ (21.3.1933) vor dem Staatsakt in der Garnisonskirche zur Eröffnung des neuen Reichtstags. Der Gefreite und der Generalfeldmarschall aus dem Ersten Weltkrieg beginnen ihre unheilige Allianz.

Tilgung von Schwarz-Rot-Gold. Offizielle Flaggenänderungen ab dem 12. März bis 16. Juli des Jahres 1933.

Schwarz-weiß-rote Flagge

Hakenkreuzflagge

Reichskriegsflagge

Standarte des Reichswehrministers

Reichsdienstflagge

Flagge des ehemaligen Marineoffiziers als Führer von Handelsschiffen

schen Reichs werden bis auf weiteres außer Kraft gesetzt. Es sind daher Beschränkungen der persönlichen Freiheit, des Rechts der freien Meinungsäußerung, einschließlich der Pressefreiheit, des Vereins- und Versammlungsrechts, Eingriffe in das Brief-, Post-, Telegraphen- und Fernsprechgeheimnis, Anordnungen von Haussuchungen und von Beschlagnahmen sowie Beschränkungen des Eigentums auch außerhalb der sonst hierfür bestimmten gesetzlichen Grenzen zulässig ..." Es begannen die zwölf Jahre deutscher Geschichte, in der politische Gegner inhaftiert, gefoltert oder liquidiert wurden, sechs Millionen Juden in Vernichtungslagern ermordet wurden und zig Millionen Menschen einen zweiten, aufgezwungenen Weltkrieg erleiden und ertragen mussten.

In der deutschen Flaggengeschichte begann dieser Zeitabschnitt mit der sofortigen Abschaffung der Reichsfarben Schwarz-Rot-Gold und dem Kuriosum zweier Reichsflaggen. Am 12. März 1933 bestimmte der Erlass

des Reichspräsidenten über die vorläufige Regelung der Flaggenhissung: „Am heutigen Tage (Anmerkung: damaliger Heldengedenktag, heute Volkstrauertag), an dem in ganz Deutschland die alten schwarz-weiß-roten Fahnen zu Ehren unserer Gefallenen auf Halbmast wehen, bestimme ich, dass vom morgigen Tage bis zur endgültigen Regelung der Reichsfarben die schwarz-weiß-rote Fahne und die Hakenkreuzflagge gemeinsam zu hissen sind. Diese Flaggen verbinden die ruhmreiche Vergangenheit des Deutschen Reichs und die kraftvolle Wiedergeburt der Deutschen Nation. Vereint sollen sie die Macht des Staates und die innere Verbundenheit aller nationalen Kreise des deutschen Volkes verkörpern! Die militärischen Gebäude hissen nur die Reichskriegsflagge ..."
Eine Übergangsregelung, deren Umsetzung freudige oder verhaltene Einschätzung zu den kommenden politischen Entwicklungen dokumentieren konnte. Für die Masse der Beflaggungssituationen dieser Monate kann die folgende Begebenheit durchaus als Beispiel gelten. Das legendäre 12-motorige Flugschiff Dornier DO-X absolvierte während der heißen politischen Phase vor der Machtergreifung der Nationalsozialisten, im Sommer und Herbst 1932, seinen berühmten Deutschlandflug. Im Frühjahr 1933 sollte ein Europaflug unter der Regie der Luft Hansa AG folgen, und Flugzeugführer Horst Merz (1891–1979) übernahm den ersten „Jumbo" der Luftfahrtgeschichte als Kommandant der Besatzung und als Pilot der DO-X. Er erinnerte sich an ein ganz spezielles Erlebnis in den ersten Tagen seiner Schiffsführung: „... Wie geplant flogen wir am 29. April vom Bodensee zum Starnberger See, wo für den Nachmittag Rundflüge angesetzt waren. Eine kurze Pause nach dem Anlegemanöver am Undosabad benutzte ich zum Setzen der neuen Flaggen – achtern das reine Schwarz-Weiß-Rot, vorn als Gösch die Hakenkreuzflagge –, wobei die Besatzung vor dem Schiff angetreten war und ich kurz auf die Bedeutung dieses Augenblicks hinwies. Noch während ich sprach, bemerkte ich an Land eine große Erregung. Heilrufe und erhobene Grußhände. Der Führer Adolf Hitler kam! Nach kurzer persönlicher Meldung und Begrüßung sowie Vorstellung meiner Besatzung brachten wir unseren alten DO-X-Schlachtruf, ein dreifaches Hipp-Hipp-Hurra!, auf den Führer aus. Dann betrat er als erster Fluggast dieses Jahres das Schiff und trug sich in unser Gästebuch ein. Nach dem Start ließ ich bei ihm anfragen, ob er in den

Reichsadler von 1933 in der Version für die Reichsdienstflagge bis 1935. Er wird heute auf der Standarte des Bundespräsidenten wieder verwendet.

Führerraum kommen wolle, wo ich den Sitz des zweiten Flugzeugführers für ihn freigemacht hatte. Er kam und saß 40 Minuten rechts von mir am Doppelsteuer. Hier hatte ich so recht Gelegenheit, ihn selbst und sein großes Wohlwollen und Verständnis für die Fliegerei zu sehen: Alle Instrumente wurden aufmerksam beobachtet, die Spanten abgefühlt, wie groß die von den Motoren hervorgerufenen Erschütterungen seien, ja sogar einmal für Minuten das Steuer selbst geführt. Eine Ehrenrunde über München und der Feldherrnhalle nahm seine ganze Aufmerksamkeit in Anspruch. Und als schließlich auf westlichem Kurse nach Überfliegen des Ammersees die Gegend auftauchte, wo im Dunst verborgen die Festung Landsberg liegen musste, da wurde sein Gesicht ernst und seine Gedanken gingen wohl zurück in schwere Vergangenheit. – Nach einer richtigen ‚Hitlerlandung' auf dem Starnberger See, deren Weichheit ihn sehr in Erstaunen setzte, hatte ich noch Gelegenheit, ihm die Einzelheiten unseres Schiffes zu zeigen ..."

Ein Blick zurück: Symbolbedienung, wo es passte

Im November 1923 versuchten die Nationalsozialisten um Adolf Hitler und Erich Ludendorf (1865–1937) den Staatsstreich nach dem Muster der italienischen Faschisten. Ihren „Marsch auf Rom" vom Oktober 1922 mit der folgenden Machtübernahme der Faschisten wollte Hitler auf Deutschland übertragen. Sein Marsch auf Berlin, mit ihm an der Spitze, endete allerdings schon auf der ersten Etappe im Gewehrfeuer der Bayerischen Landespolizei vor der Münchener Feldherrnhalle am Morgen des 9. November 1923. Vier Polizisten, ein Passant und fünfzehn Putschisten wurden erschossen. Den geflohenen und wenige Tage später festgenommenen Hitler verurteilte das Bayerische Volksgericht wegen Hochverrats zu fünf Jahren Festungshaft, die er in der Festung Landsberg absitzen sollte. Daraus wurden dann nur 264 Tage in durchaus moderater Umgebung zusammen mit seinen Gesinnungsgenossen Rudolf Heß (1894–1987), Julius Streicher (1885–1946) und Gregor Strasser (1892–1934).

Die moderaten Haftbedingungen erlaubten eine spezielle „Hofhaltung" mit Hunderten von Besuchern und boten die Möglichkeit, die im ganzen Reich verbotene NSDAP weiter aus dem Gefängnis zu organisieren. Dort diktierte Hitler dem späteren „Stellvertreter des Führers" Rudolf Heß große Teile seines Buches „Mein Kampf" in die Feder. Unter anderem die folgende Passage ab Seite 551, die sich um die künftige Flagge der Nationalsozialisten drehte: „... Ich selbst trat immer für die Beibehaltung der alten Farben ein, nicht nur weil sie mir als Soldat das Heiligste sind, das ich kenne, sondern weil sie auch in ihrer ästhetischen Wirkung meinem Gefühl weitaus am meisten entsprechen. Dennoch musste ich die zahllosen Entwürfe, die damals aus den Kreisen der jungen Bewegung einliefen, und die meistens das Hakenkreuz in die alte Fahne hineingezeichnet hatten, ausnahmslos ablehnen. Ich selbst – als Führer – wollte nicht sofort mit meinem eigenen Entwurf an die Öffentlichkeit treten, da es ja möglich war, dass ein anderer einen ebenso guten oder vielleicht auch besseren bringen würde. Tatsächlich hat ein Zahnarzt aus Starnberg auch einen gar nicht schlechten Entwurf geliefert, der übrigens dem meinen ziemlich nahe kam, nur den einen Fehler hatte, dass das Hakenkreuz mit gebogenen Haken in eine weiße Scheibe hineinkomponiert war. Ich selbst hatte unterdes nach unzähligen Versuchen eine endgültige Form niedergelegt: eine Fahne aus rotem Grundtuch mit einer weißen Scheibe und in deren Mitte ein schwarzes Hakenkreuz. Nach langen Versuchen fand ich auch ein bestimmtes Verhältnis zwischen der Größe der Fahne und der Größe der weißen Scheibe sowie der Form und Stärke des Hakenkreuzes. Und dabei ist es dann geblieben. (...) Als nationale Sozialisten sehen wir in unserer Flagge unser Programm. Im Rot sehen wir den sozialen Gedanken der Bewegung, im Weiß den nationalistischen, im Hakenkreuz die Mission des Kampfes für den Sieg des arischen Menschen und zugleich mit ihm auch den Sieg des Gedankens der schaffenden Arbeit, die selbst ewig antisemitisch ist und antisemitisch sein wird." Spätere Nachforschungen ergaben einige Zweifel an Hitlers Urheberschaft der Hakenkreuzflagge. Der von Hitler

Adolf Hitler kurz vor seiner Festungshaft von 1924, noch ohne „Braunhemd", das erst später zur Parteiuniform wurde.

selbst erwähnte Starnberger Zahnarzt Friedrich Krohn kam dafür wohl eher in Frage. Georg Franz-Willing, rechts orientierter Publizist, schilderte die Entstehungsgeschichte der Hakenkreuzflagge wie folgt: „Krohn kannte das Hakenkreuzzeichen bereits aus seinem Familienwappen. Auf seinen ausgedehnten Auslandsreisen hatte er es unter anderem in einer Kirche in Mexiko entdeckt. Am 2. Mai 1919 verfasste er eine Denkschrift unter dem Titel: ‚Ist das Hakenkreuz als Symbol nationalsozialistischer Parteien geeignet?' In seinen Entwürfen trat Krohn für das links gerichtete Hakenkreuz ein. Nach einer buddhistischen Vorstellung, so erzählte er dem Verfasser, bedeutet das links gerichtete Hakenkreuz Glück und Heil, das rechts gerichtete Untergang (...) Hitler aber entschied sich für das rechts gerichtete und setzte seinen Willen durch. Dementsprechend änderte Krohn seinen Entwurf. Als Krohn die Ortsgruppe Starnberg gründete, schmückte er das Rednerpult mit der von ihm entworfenen und gefertigten Hakenkreuzflagge. So erschien sie zum ersten Mal in der Öffentlichkeit. Anton Drexler (1884–1942; Mitbegründer der NSDAP und vor Hitler ihr Erster Vorsitzender) nahm an der Gründungsversammlung der Starnberger Ortsgruppe am 20. Mai 1920 teil. Als er den Saal betrat und das mit der Hakenkreuzflagge geschmückte Rednerpult sah, rief er freudig: ‚Da haben wir ja unsere Parteiflagge!' Am anderen Tag wurde vom Münchner Parteiausschuss mit Zustimmung des Werbeobmannes Hitler die Flagge übernommen und nach ihrem Vorbild auch das Parteiabzeichen angefertigt."

Auf frühen Fotografien der Nazifahne ist zu erkennen, dass das Hakenkreuz noch keine 45-Grad-Drehung hatte und waagerecht in der weißen Scheibe auf rotem Grund stand. Erst ab 1923 bekam das Symbol der Nationalsozialisten seine Rechtsdrehung, und es wird unklar bleiben, wer für diesen wirkungsvollen Trick der Dynamisierung des eigentlich statischen Symbols verantwortlich war. Die vorherrschende Farbe Rot, archaisches Warnzeichen vor Blut und Feuer, gilt bekanntermaßen als ideale Signalfarbe, und im Zusammenwirken mit dem dynamisierten Zeichen des schwarzen Hakenkreuzes auf der weißen Scheibe entstand der maximale Signalwert der Hakenkreuzflagge. Diese Konfiguration verlieh den späteren Umsetzungen der Nazifahne ihre Dynamik und ihre massenwirksamen, psycho-physiologischen Eigenschaften und Effekte.

Waagerecht blieb das Hakenkreuz auf den Standarten als Feldzeichen der Sturmabteilungen (SA) der NSDAP, deren Entwurfsidee Hitler zugeschrieben wird. Auch hier stand der italienische Faschismus Pate, der seine altrömische Symboltradition für eigene Zwecke bemühte. Hitlers Vorstellungen zur Symbolik der SA-Standarten bezogen sich allerdings nicht auf den römischen Ursprung vor knapp zweitausend Jahren, sondern auf den für ihn beispielhaften italienischen Faschismus bei dessen Symbolverwendung. Hierzu bemerkte Hitler in seinen Ausführungen zu den Symbolen der Partei in „Mein Kampf": „... um dieser Weltorganisation der jungen Weltanschauung noch ein besonderes Symbol des Sieges zu geben: die Standarte. Auch sie habe ich selbst entworfen und dann einem alten treuen Parteigenossen, dem Goldschmiedemeister Gahr, zur Ausführung gegeben."

Auch hier wurde später eine etwas abweichende Version der Entstehung kolportiert. So berichtete der Goldschmied Josef Fueß aus München, dass er auf Wunsch Hitlers die Entwürfe der Standartenteile wie auch den Adler auf der Spitze gemacht habe. Da Fueß selbst so große Metallarbeiten nicht herstellte, empfahl er Hitler, die Ausführung dem Goldschmied Otto Gahr zu übertragen, der sie dann nach den Entwürfen von Fueß anfertigte. Karolina Gahr, die Witwe des 1932 verstorbenen Goldschmieds, berichtete, dass Hitler auf der Suche nach einem Briefstempel den Adler der Standarte für diesen Stempel verwenden wollte. Er studierte deshalb eine Reihe von Kunstzeitschriften, besuchte mehrfach die Staatsbibliothek zu Studienzwecken und machte mit Gahr zusammen

Hakenkreuz im Eichenlaubkranz. Symbolischer Aufruf zum letzten Gefecht für Partei und Reich: Ehrenblattspange des Heeres vom Herbst 1944. Höchste Tapferkeitsauszeichnung im Befugnisbereich des Heeres im Zweiten Weltkrieg.

Das Hakenkreuz steht, es dreht sich nicht: Standarte der Sturmabteilung SA der NSDAP als Ausführung des hitlerschen Entwurfs vom Herbst 1922.

Entwürfe. Auf dem Reichsparteitag, Ende Januar 1923, wurde die neue SA-Standarte erstmals in der Öffentlichkeit gezeigt. Nach der Machtergreifung Hitlers im Jahr 1933 werden die Varianten des Hakenkreuzes, drehend oder stehend, und die Weiterentwicklung des hitlerschen Parteiadlers zum Hoheitszeichen des Deutschen Reiches Grafiker und Künstler noch reichlich beschäftigen.

Gezielter Bruch mit den Traditionen

In zwei Etappen erfolgte die Umstellung der deutschen Flaggen und Hoheitssymbole während des „Dritten Reiches". In den Jahren von 1933 bis 1935 gab es eine Art Duldungsphase der Farben Schwarz-Weiß-Rot. Wichtigster Grund war hier Reichspräsident von Hindenburg, der sich gegen die schlagartige Umstellung auf die Hakenkreuzflagge als alleinige Reichs- und Nationalflagge aussprach. Dann folgte der zweite Schritt. Bereits einen Tag vor dem Tod des Reichspräsidenten veröffentlichte die Reichsregierung ihr „Gesetz über das Staatsoberhaupt des Deutschen Reichs" vom 1. August 1934: „Das Amt des Reichspräsidenten wird mit dem des Reichskanzlers vereinigt. Infolgedessen gehen die bisherigen Befugnisse des Reichspräsidenten auf den Führer und Reichskanzler Adolf Hitler über. Er bestimmt seinen Stellvertreter. (...) Dieses Gesetz tritt mit Wirkung von dem Zeitpunkt des Ablebens des Reichspräsidenten von Hindenburg in Kraft." Am 2. August starb Paul von Hindenburg auf Gut Neudeck, und Hitler hatte sogleich einen Wunsch an die Adresse seiner Minister: „Ich bitte, Vorsorge treffen zu wollen, dass ich im amtlichen und außeramtlichen Verkehr wie bisher nur als Führer und Reichskanzler angesprochen werde. Diese Regelung soll für alle Zukunft gelten." Die Weichen waren gestellt.
Nicht nur der Staat selbst, sondern auch seine heraldische Symbolik erfuhr 1935 die totale Politisierung. Die Parteiflagge der Nationalsozialistischen Deutschen Arbeiterpartei (NSDAP), die Hakenkreuzflagge, wurde nach wenigen Monaten der Gestaltungsdurchdringung und der propagandawirksamen Platzierung in der Öffentlichkeit die alleinige deutsche National-, Reichs- und Handelsflagge.

Schwarz-Rot-Gold wird als Erstes getilgt

Dass sofort das Schwarz-Rot-Gold der „Systemzeit", so die herabwürdigende Bezeichnung der Nazis für die Weimarer Republik, aus dem allgemeinen Flaggenbild zu verschwinden hatte, war im März 1933 politischer Wille und wurde durch die Gesetzgebung entsprechend umgesetzt. Zwei Tage nach Hindenburgs vorläufiger Regelung der Reichsfarben wurden die neue Reichskriegsflagge, die Gösch der Kriegsschiffe und die Flagge des Reichswehrministers im Reichsgesetzblatt vom 14. März 1933 bekannt gegeben. Für die Reichsmarine, die auf verfügte Flaggenänderungen von heute auf morgen reagieren musste, stellte sich die Umsetzung als weniger kompliziert heraus. Sie konnte die Gösch der Kaiserlichen Marine wieder hervorholen, und das schwarz-rot-goldene Obereck der bis dahin wehenden Reichskriegsflagge erfuhr eine provisorische schwarze Einfärbung, um mit „reinem" Schwarz-Weiß-Rot aufwarten zu können.

Reichspostflagge in ihrer letzten Form von 1933. Am 19. September 1936 wurde sie abgeschafft.

Schwieriger gestalteten sich in der praktischen Handhabung die mit gleichem Datum verkündete Dienstflagge für die Reichsbehörden zur See und die Reichspostflagge, im Prinzip neue Flaggen: einmal mit einem besonderen Reichsadler im weißen Streifen, anfangs noch ohne Ausbuchtungen nach oben und unten oder mit dem goldgelben Posthorn mit schwarz-weiß-roter Schnur und Quaste, das Mundstück zur Stange gewendet. Bei der Reichspostflagge vom 31. März 1933 erweiterte sich erstmals das weiße, leicht zur Stange verschobene Zentrum mit dem Posthorn in den schwarzen und roten Streifen hinein. Dadurch konnten die Symbole größer gestaltet werden und waren auf Entfernung besser erkennbar.

Bemerkenswert ist die Tatsache, dass erst nachdem die Heeresleitung mit Datum von 19. April 1933 sich ihre Kommandoflaggen für die Befehlshaber verordnet hatte, der Reichspräsident an der Reihe war. Seine Standarte, die des Staatsoberhauptes, publizierte man in der zweiten Verordnung über die vorläufige Regelung der Flaggenführung vom 22. April 1933. Die Standarte des Reichspräsidenten flatterte in seiner Anwesenheit als gleichseitiges, schwarz-weiß-rot geändertes, goldgelbes Rechteck, in dem der Reichsadler, schwebend, heraldisch nach rechts, also zur Stange, blickte. Die Blickrichtung des Adlers sollte in den nächsten Jahren noch eine gewichtige Rolle spielen. „... Die schwarz-weiß-roten Streifen des Randes sind gleich breit, der schwarze Streifen liegt außen. Die Breite des Randes verhält sich zur Gesamthöhe der Standarte 1 zu 10 ...", hieß es weiter bei der Beschreibung der hindenburgschen Standarte.

Mit gleicher Verordnung gab es auch eine neue Reichsdienstflagge, bestehend aus drei gleich breiten Querstreifen in den vorläufigen Reichsfarben, wobei im weißen Streifen, etwas nach der Stange hin verschoben, sich der Reichsadler in der besonderen grafischen Gestaltung in einem weißen bogenförmigen Feld befand. Mit Ausnahme des Reichspräsidenten, des Reichswehrministers und der zur Führung der Reichskriegsflagge oder Reichspostflagge Berechtigten führten alle Stellen, Behörden und Beamten des Reichs die Reichsdienstflagge.

Weiter hieß es in der Verordnung vom 22. April 1933: „Reichsdienstgebäude können mit der schwarz-weiß-roten Flagge und der Hakenkreuzflagge oder mit der Reichsdienstflagge und der Hakenkreuzflagge beflaggt

Geziert mit einem schwarz-weiß-roten Rand: Standarte des Reichspräsidenten Paul von Hindenburg von 1933 bis zu seinem Tod am 2. August 1934.

werden. (...) Die Dienstfahrzeuge des Reichs auf Binnengewässern und zur See führen die Reichsdienstflagge. Soweit dafür eine Möglichkeit besteht, setzen sie außerdem die Hakenkreuzflagge." In welcher Reihenfolge bei Gebäuden, an welcher Stelle beim Schiff die augenblicklichen Nationalflaggen flattern sollten, darüber ließ sich die Verordnung nicht aus.

Die deutsche Verordnungsmanie machte auch in der dunkelsten Zeit deutscher Geschichte keine Pause, sondern trieb vieles auf die Spitze. Was nicht geschrieben stand, konnte es auch nicht geben, und dies bedeutete im Umkehrschluss, dass alles dokumentiert werden musste. Eine gesetzgebende Prozedur mit zeitlichen Faktoren der Legislative, wie heute bei uns im Rechtsstaat üblich, gab es in der Diktatur des Dritten Reiches nicht. Gesetze wurden in der Ministerialbürokratie in enger Zusammenarbeit mit der NSDAP

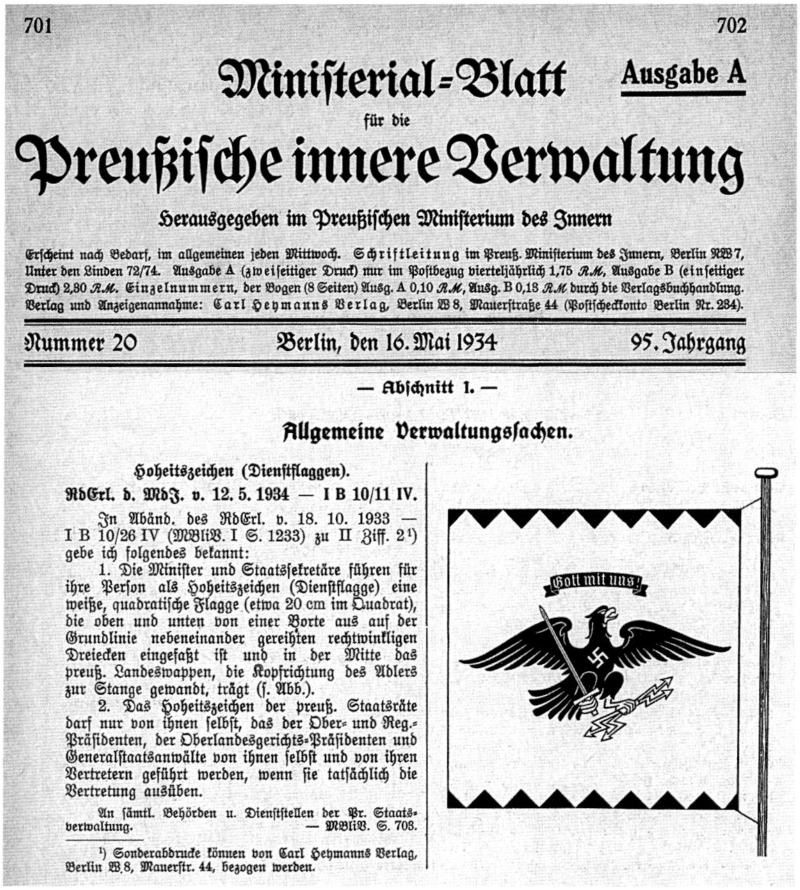

701 702

Ministerial-Blatt **Ausgabe A**

für die

Preußische innere Verwaltung

Herausgegeben im Preußischen Ministerium des Innern

Erscheint nach Bedarf, im allgemeinen jeden Mittwoch. Schriftleitung im Preuß. Ministerium des Innern, Berlin NW 7, Unter den Linden 72/74. Ausgabe A (zweiseitiger Druck) nur im Postbezug vierteljährlich 1,75 RM, Ausgabe B (einseitiger Druck) 2,30 RM. Einzelnummern, der Bogen (8 Seiten) Ausg. A 0,10 RM, Ausg. B 0,13 RM durch die Verlagsbuchhandlung. Verlag und Anzeigenannahme: Carl Heymanns Verlag, Berlin W 8, Mauerstraße 44 (Postscheckkonto Berlin Nr. 284).

Nummer 20 — Berlin, den 16. Mai 1934 — 95. Jahrgang

— Abschnitt 1. —

Allgemeine Verwaltungssachen.

Hoheitszeichen (Dienstflaggen).

RdErl. d. MdJ. v. 12. 5. 1934 — I B 10/11 IV.

In Abänd. des RdErl. v. 18. 10. 1933 — I B 10/26 IV (MBliV. I S. 1233) zu II Ziff. 2[1]) gebe ich folgendes bekannt:

1. Die Minister und Staatssekretäre führen für ihre Person als Hoheitszeichen (Dienstflagge) eine weiße, quadratische Flagge (etwa 20 cm im Quadrat), die oben und unten von einer Borte aus auf der Grundlinie nebeneinander gereihten rechtwinkligen Dreiecken eingefaßt ist und in der Mitte das preuß. Landeswappen, die Kopfrichtung des Adlers zur Stange gewandt, trägt (s. Abb.).

2. Das Hoheitszeichen der preuß. Staatsräte darf nur von ihnen selbst, das der Ober- und Reg.-Präsidenten, der Oberlandesgerichts-Präsidenten und Generalstaatsanwälte von ihnen selbst und von ihren Vertretern geführt werden, wenn sie tatsächlich die Vertretung ausüben.

An sämtl. Behörden u. Dienststellen der Pr. Staatsverwaltung. — MBliV. S. 703.

[1]) Sonderabdrucke können von Carl Heymanns Verlag, Berlin W 8, Mauerstr. 44, bezogen werden.

Beispiel einer Flaggenverordnung von 1934. Der traditionell auffliegende preußische Adler mit Donnerpfeilen und Schwert machte hakenkreuzgeschmückt seinen letzten Start in der deutschen Flaggensymbolik.

erarbeitet und mit der Veröffentlichung im Reichsgesetzblatt verordnet. Auf der nächsten, der Ausführungsebene, tobte sich die Bürokratie im Kleinteiligen aus. Bei Flaggenfragen waren anfangs die Reichswehr mit ihren späteren Wehrmachtsteilen und das Reichs- und preußische Innenministerium verantwortlich. Die Reichspost, die flaggenhistorisch schon in den 1930er-Jahren untergehen wird, spielte hier nur eine marginale Rolle.

In den Verordnungsblättern des Heeres, der Marine und der Luftwaffe und besonders im „Ministerial-Blatt für die Preußische innere Verwaltung (MBliV)", vom Reichsinnenministerium herausgegeben, waren Handhabung und Gebrauch, Erlaubtes und Verbotenes hinsichtlich der Flaggen bis ins Einzelne geregelt.

Wer flaggt was und wie? Gebrauch nach Anordnung

Wie sollten zwei vorläufige Reichsflaggen an üblicherweise einem vorhandenen Flaggenmast geheißt werden? Wer darf flaggen und wer nicht? Fragen, die im Wettbewerb der beiden Flaggen in der neuen Situation unter anderem auftauchten. Antwort darauf gab das MBliV. Eifrigen Schulleitern und ihren Hausmeistern wurde der überreiche Flaggenschmuck ihrer Schulen im August 1934 eingeschränkt, anderen die erwünschte Beflaggung vorgeschrieben: „Die Beflaggung der öffentlichen Gebäude, zu denen auch die Schulgebäude gehören, wird demnächst allgemein geregelt werden. Bis dahin ist es erwünscht, dass auf diesen Gebäuden nur die Reichs- und Landesfahnen gesetzt werden ..." Die allgemeine Regelung kam dann mit Runderlass des Reichsinnenministeriums am 17. April 1935. Dort hieß es: „(1) Für die Beflaggung von Gebäuden und Gebäudeteilen, die von staatlichen und kommunalen Verwaltungen, Anstalten und Betrieben, von sonstigen Körperschaften, Anstalten und Stiftungen des öffentlichen Rechts, sowie von öffentlichen Schulen benutzt werden, gelten bis zur endgültigen Regelung der Reichsfarben folgende Bestimmungen: (2) Auf den Gebäuden sind wie bisher die Hakenkreuzflagge und die schwarz-weiß-rote Flagge (auf Reichsdienstgebäuden die Reichsdienstflagge oder die schwarz-weiß-rote Flagge) gemeinsam zu hissen. Der Hakenkreuzflagge gebührt die erste Stelle. Bei Vorhandensein nur eines Flaggenmastes ist an ihm die Hakenkreuzflagge zu setzten, während die schwarz-weiß-rote Flagge an der Hauptfront des Gebäudes auszuhängen ist. Sind zwei Masten vorhanden, so wird die Hakenkreuzflagge rechts, die schwarz-weiß-rote Flagge links gesetzt, vom Innern des Gebäudes aus mit dem Blick zur Straße gesehen. Bei Vorhandensein von drei Masten ist rechts und links die Hakenkreuzflagge, in der Mitte die schwarz-weiß-rote Flagge zu setzen. Körperschaften, Anstalten und Stiftungen des öffentlichen Rechts, die bisher eine eigene Flagge führen, können diese an Stelle der zweiten Hakenkreuzflagge zeigen. (3) Die Gebäude der Wehrmacht setzen wie bisher nur die Reichskriegsflagge. (4) Die Beflaggung beginnt um 7 Uhr morgens und endet bei Eintritt der Dunkelheit." Einen ungewöhnlichen Weg – auf der Höhe der technischen Entwicklung – beschritten die Behörden bei der Anordnung von Beflaggungen. Rundfunk und Presse gaben Beflaggungstage ab 1933 bekannt. Sieben regelmäßige Tage mit befohlener Beflaggung ließ der Reichsminister des Innern, Wilhelm Frick, im Juni 1935 veröffentlichen. Geflaggt wurde am Neujahrstag, am 18. Januar, dem „Reichsgründungstag", und am 30. Januar, dem „Tag der Nationalen Erhebung". Halbmast wehten die Flaggen am „Heldengedenktag" (5. Sonntag vor Ostern). Weitere Beflaggungstage waren der „Führergeburtstag" am 20. April, der „Nationale Feiertag des deutschen Volkes" am 1. Mai und der Erntedanktag. Am 28. August 1937 erfolgte die Abschaffung des Neujahrstages als Beflaggungstag, und der 9. November als „Gedenktag für die Gefallenen der Bewegung" kam neu hinzu.

Der Tod des Reichspräsidenten – eine politische Zäsur

Ein Beispiel für den Gebrauch von Flaggen zu einem ganz besonderen Anlass sei hier beschrieben. Über den Rundfunksender verkündeten der Reichsminister des Innern und der Reichsminister für Volksaufklärung und Propaganda Staats- und Volkstrauer. Aus Anlass des Ablebens des Reichspräsidenten von Hindenburg am 2. August 1934 bestimmten die Minister Frick und Goebbels das Setzen der Flaggen auf Halbmast für sämtliche Dienstgebäude des Reiches, der Länder, der Gemeinden sowie der Gebäude der Körperschaften des öffentlichen Rechts und der öffentlichen Schulen an allen Tagen bis zum Beisetzungstag einschließlich. Das deutsche Volk wurde aufgefordert, sich der Trauerbeflaggung anzuschließen. Am 2. August und am Tag der Beisetzung fielen sämtliche öffentlichen Veranstaltungen aus. Die Kirchenbehörden beider Konfessionen ordneten bis zum Beisetzungstag einschließlich ein tägliches, einstündiges Trauergeläut in der Zeit von 20 bis 21 Uhr an. Die Minister bestimmten, dass während der Volkstrauer von 14 Tagen die Beamten des Reiches, der Länder und Gemeinden am linken Arm Trauerflor zu tragen hatten. Weiterhin sollte am Beisetzungstag der Straßenverkehr eine Minute stillstehen und in den Betrieben gleichzeitig die Arbeit ruhen. Eine solche Volkstrauer um einen Staatsmann hat es seitdem in Deutschland nie wieder gegeben.

Der Tod Paul von Hindenburgs kann als politische Zäsur des Dritten Reiches gesehen werde. Ab 1935/36 begann die totale Verflechtung von Partei und Staat und die forcierte Gleichschaltung aller gesellschaftlichen Bereiche. Noch am Todestag des Reichspräsidenten hallte es aus den Mündern der angetretenen Soldaten der Reichswehr bei erhobener Schwurhand: „Ich schwöre bei Gott diesen Eid, dass ich dem Führer des Deutschen Reiches und Volkes, Adolf Hitler, dem Oberbefehlshaber der Wehrmacht, unbedingten Gehorsam leisten und als tapferer Soldat bereit sein will, jederzeit für diesen Eid mein Leben einzusetzen."

Mit der Verordnung seiner Standarte vom 11. April 1935 ließ Hitler die des Reichspräsi-

Standarte des Führers und Reichskanzlers, kurz „Führerstandarte" genannt, in der Größe von 50 x 50 cm für Schiffe und Boote der Kriegsmarine unter 500 Tonnen.

denten aus der Flaggenlandschaft tilgen. Sie verschwand als letzte Flagge, die durch Gestaltung des Adlers und die Farbgebung an Schwarz-Rot-Gold und die Weimarer Republik erinnern konnte.
Im Gesetzestext der „Führerstandarte", wie die Kurzbenennung der nächsten zehn Jahre lautete, hieß es: „Die Standarte des Führers und Reichskanzlers ist ein gleichseitiges, schwarz-weiß-schwarz gerändertes, rotes Rechteck, das inmitten einer runden weißen Scheibe ein von einem goldenen Eichenkranz umrahmtes, schwarz-weiß gerändertes, schwarzes Hakenkreuz trägt. In den vier Ecken der Standarte befinden sich abwechselnd der Adler auf dem Hakenkreuz im Eichenkranz und der Adler der Wehrmacht, beide in Gold ..."
Im Prinzip leitete sich die Symbolik der Führerstandarte von den quadratischen Parteistandarten der NSDAP ab, besonders das gerade gestellte, geränderte Hakenkreuz – es

Matrosen der Kriegsmarine beim Hissen der so genannten Führerstandarte bei der Eröffnungsfeier der Olympischen Spiele in Berlin 1936.

Er wollte Macht, die Hitler ihm nicht geben wollte: SA-Stabschef Ernst Röhm im Kreis seiner Mörder in SS-Uniform.

wird auch auf der zukünftigen Reichsdienstflagge verwendet – und der Eichenlaubkranz. Bemerkenswert ist die Verwendung des neu gestalteten Wehrmachtsadlers mit gesenkten Flügeln mit Parteiblickrichtung nach links in zwei Ecken der Führerstandarte.
Auf dem Weg zur Macht und zum Machterhalt gebrauchten die Nazis militärische Gewalt. Während der „Kampfzeit", besonders zu Beginn der 1930er-Jahre, sollten die „Prügelstürme und -standarten" der NSDAP, die paramilitärische Sturmabteilung (SA), Keimzellen einer neuen Volkswehrmacht werden. Ihr Stabschef Ernst Röhm (1887–1934) forcierte diese Entwicklung, der Hitler zunehmend skeptisch gegenüberstand. Dieser buhlte um die politisch Abstand haltende Reichswehr, die er als militärische Macht im Staat auf seine Seite ziehen wollte. Beim so genannten Röhm-Putsch vom 30. Juni 1934, besorgte die „Schutzstaffel" (SS) der NSDAP auf Befehl Hitlers das blutige Geschäft und liquidierte die SA-Spitze. Danach stutzte Hitler seine Sturmabteilung bis zur Bedeutungslosigkeit zurück. Der Reichswehr versprach er die alleinige militärische Macht im Deutschen Reich und goldene Zeiten als erstarkende Wehrmacht, wie sich Heer, Kriegsmarine und Luftwaffe nach dem „Gesetz über den Aufbau der Wehrmacht" vom 16. März 1935 zusammenfassend nannten. Ihr gemeinsamer Adler auf der Führer-

standarte zusammen mit dem dazu auch neu gestalteten Parteiadler sollte Zusammengehörigkeit signalisieren.

Veränderte Blickrichtung und Gleichschaltung der Symbole

Der nationalen Symbolik verordneten die Machthaber ab 1935 die Gleichschaltung. Der Adler, Deutschlands Wappenvogel, erfuhr dabei eine besondere Aufmerksamkeit. Die Nazis holten seine römische Variante hervor und machten ihn zum Zeichen und Symbol der Partei. Nach einigen optisch wenig glücklichen Versuchen in den 1920er-Jahren, der „Kampfzeit" der NSDAP, hockte der auffliegende Parteiadler mit ausgestreckten Flügeln, den Kopf nach links gewendet (heraldisch), auf einem Eichenlaubkranz mit dem Hakenkreuz im Zentrum. Das sah vermeintlich römisch aus, war es aber nur im Ansatz. Der goldene Römische Adler, symbolisches Ehrenzeichen der Legionen, ließ sich nicht auf dem Lorbeerkranz seines Ruhms nieder wie auf einer Hühnerstange. Sein silberner Ruhmeskranz umschlang vielmehr die hoch aufgereckten Flügel und gab dem Adler die Glorie eines Heiligenscheins. Bei vielen staatlichen Behörden und nichtstaatlichen Körperschaften machte der Parteiadler zu Anfang der 1930er-Jahre Furore. Allerdings nicht die genaue Kopie des Adlers – den hatte sich die Parteiführung schützen lassen, und die Reichszeugmeisterei der NSDAP ging gegen Nachmacher rigoros vor. Den Gebrauchsgrafikern, eine seinerzeit darniederliegende Zunft, reichten die Elemente Adler mit ausgebreiteten Schwingen, Hakenkreuz und Lorbeer- oder Eichenlaubkranz, um kreativ zu werden. Sie konnten sich bald über Aufträge nicht mehr beschweren. So hieß es dann am 21. März 1934 für die preußische Polizei: „Mit sofortiger Wirkung wird die preußische Landeskokarde durch das Hoheitsabzeichen in silberner Ausführung ersetzt ..." Damit machte der Wechsel der Zeiten auch nicht vor der Respekt heischenden Polizeimütze Halt. Jetzt prangte ein modifizierter Parteiadler auf dem Hakenkreuz hockend vor einem gebundenen Lorbeerkranz.

Erste Form des Parteiadlers der NSDAP, hier als Mützenabzeichen: Er sitzt auf einen Eichenlaubkranz und blickt heraldisch nach links.

Von links nach rechts: Hoheitsadler der Polizei von 1934 mit Blickrichtung nach links. Ärmelabzeichen der preußischen Polizei mit auffliegendem Preußenadler ab 1933 und Hoheitsadler der Polizei mit Blickrichtung nach rechts ab 1936.

In einer weiteren Verfügung im April folgte die genaue Beschreibung des neuen Hoheitsadlers für die Schutzpolizei, Gendarmerie und Gemeindepolizei. Zur Ausführung gelangte die Arbeit des Grafikers Paul Casberg, der später mit den Entwürfen von Kriegsabzeichen der Wehrmacht einige Berühmtheit erlangte. Seine Adlerkreation zierte als Hoheitszeichen weiterhin Mützen, Fahrzeuge und Dokumente der Feuerschutzpolizei (heute Berufsfeuerwehr) und der freiwilligen Feuerwehren.

Symbole sind auch immer Gesinnungssignale, und dass die Polizei sich in ihrem Hoheitsempfinden nach außen per Adler der NSDAP verbunden zeigte, lässt vermuten, dass hier, nicht nur symbolisch, freudig in neue Zeiten marschiert wurde. Das ging nicht nur den Ordnungshütern so. Wer konnte, das waren anfangs wenige, und wer durfte – das sollten bald alle sein –, ließ sich eine passende Uniform schneidern und hübsch ausschmücken, um in einer der Organisationen mitmarschieren zu können. Die regulierenden Stellen im Behördenapparat sahen ausufernde Entwicklungen und neigten zum Bremsen – bis sich Wirtschaftszweige zu Wort meldeten,

die in den 1920er-Jahren dahinvegetierten: Die Tuchindustrie, Blankwaffen- und Effektenhersteller forderten Aufträge zur Wiederbelebung ihrer Geschäftszweige. Da sie geschickt direkt bei Hitler und seinem Umfeld ihre Wünsche anbrachten, hatten sie einen phänomenalen Erfolg: Deutschland wurde durchuniformiert.
Nach der ungeordneten Vielfalt der ersten Jahre kam 1936 die erste Symbolgleichschaltung. Die Blickrichtung des Adlers musste angepasst werden, und alle Adler in der Gesamtsymbolik der staatlichen Hoheit schauten nun nach rechts. Mit einer Ausnahme. Die Adler des erstrangigen Staatskörpers Wehrmacht durften aus Verbundenheit zur NSDAP weiter nach links blicken. Alte und neue Adler in Verbindung mit dem Hakenkreuz mussten ein Genehmigungsverfahren durchlaufen, und einigen Organisationen ging er verloren. Weiterhin erfolgte die Reglementierung der Uniformfarben: Braun für die Partei, Schwarz für die SS, Feldgrau, Graublau und Marineblau für die Wehrmachtteile Heer, Luftwaffe und Kriegsmarine. Damit zu verwechselnde Tuchfarben durften nicht verwendet werden.

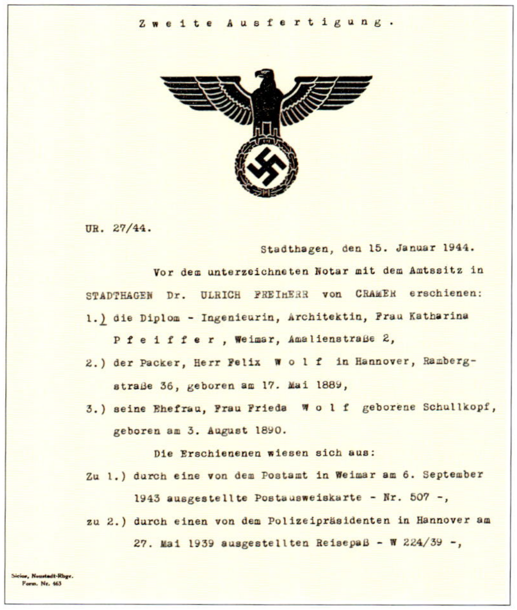
Zweite Ausfertigung.

UR. 27/44.

Stadthagen, den 15. Januar 1944.

Vor dem unterzeichneten Notar mit dem Amtssitz in STADTHAGEN Dr. ULRICH FREIHERR von CRAMER erschienen:

1.) die Diplom - Ingenieurin, Architektin, Frau Katharina P f e i f f e r , Weimar, Amalienstraße 2,

2.) der Packer, Herr Felix W o l f in Hannover, Ramberg-straße 36, geboren am 17. Mai 1889,

3.) seine Ehefrau, Frau Frieda W o l f geborene Schullkopf, geboren am 3. August 1890.

Die Erschienenen wiesen sich aus:

Zu 1.) durch eine von dem Postamt in Weimar am 6. September 1943 ausgestellte Postausweiskarte - Nr. 507 -,

zu 2.) durch einen von dem Polizeipräsidenten in Hannover am 27. Mai 1939 ausgestellten Reisepaß - W 224/39 -,

Der Hoheitsadler des Reiches auf einer Notarurkunde von 1944 blickt heraldisch nach rechts.

Für das Beispiel der Ordnungspolizei bedeutete das: Ab 1. März 1936 schmückte ein neuer Hoheitsadler mit angepasster Blickrichtung die Mützen und Tschakos, weiterhin erhielt die Polizei eine neue Uniformfarbe.

Großes Reichssiegel als Prägestempel auf der Urkunde für das Feuerwehr-Ehrenzeichen nach dem vorgeschriebenen Muster vom 7. März 1936.

Im Namen des Deutschen Volkes verleihe ich

in Anerkennung seiner Verdienste um das deutsche Feuerlöschwesen das Feuerwehr-Ehrenzeichen erster Stufe.

Berlin, den

Der Führer und Reichskanzler

Der Hoheitsadler der Wehrmacht auf der Urkunde für eine hohe Kriegsauszeichnung von 1944 blickt heraldisch nach links.

Zur Freude der einschlägigen Industrie bekamen alle Polizeiformationen statt traditionell preußisch-dunkelblauer nun „grüngrau melierte“ Uniformen, mit Ausnahme der Wasserschutzpolizei und der freiwilligen Feuerwehren.
Das letzte Wort über den Staatsadler als Bestandteil des Hoheitszeichens des Reiches

erfolgte am 7. März 1936: „Das Hoheitszeichen des Reichs zeigt das Hakenkreuz, von einem Eichenkranz umgeben, auf dem Eichenkranz ein Adler mit geöffneten Flügeln. Der Kopf des Adlers ist nach rechts gewendet.“ Der kopfgewendete Parteiadler der NSDAP hatte sich endgültig über dem deutschen Staatsgefüge niedergelassen.

Die Hakenkreuzflagge wird National- und Handelsflagge

Auf dem 7. Reichsparteitag der NSDAP, dem „Reichsparteitag der Freiheit“, am 15. September 1935 beendete ein Flaggengesetz den „vorläufigen“ Zustand der Reichsfarben und der Nationalflagge seit März 1933. Die Verkündung des „Reichsflaggengesetzes“ erfolgte zusammen mit den berüchtigten „Nürnberger Rassengesetzen“: dem „Gesetz zum Schutze des deutschen Blutes und der deutschen Ehre“ und dem „Reichsbürgergesetz“. Durch das Reichsbürgergesetz erklärte man Bürger jüdischen Glaubens zu minderen Staatsbürgern, das „Blutschutzgesetz“ verbot die Eheschließung zwischen jüdischen und nicht jüdischen Deutschen und führte den Straftatbestand der „Rassenschande“ ein. Mit den hastig formulierten und vom Reichstag einstimmig beschlossenen Gesetzen stellten die Nationalsozialisten ihre antisemitische Ideologie auf eine juristische Grundlage, gemeinsam mit der Festlegung von Reichsfarben und Nationalflagge.
Reichstagspräsident Hermann Göring bemühte bei seinen einführenden Worten vor dem Reichstag Kampf und Visionen der Nazis für Deutschland: „Die alte Flagge ist in Ehren eingerollt, sie gehört einem vergangenen Deutschland der Ehre an. Aber unter den alten Farben mit einem neuen Symbol begann der Kampf um die Freiheit (...) Zwei Flaggen waren es, die letzten Endes in Deutschland um die Freiheit rangen: ein blutrotes Tuch, in dem einen der Sowjetstern, in dem anderen aber leuchtend das Sonnenzeichen des Hakenkreuzes. Hätte jene rote Flagge mit dem Sowjetstern gesiegt, dann wäre Deutschland untergegangen im Blutrausch des Bolschewismus. Danken wir Gott und der Vorsehung, dass unser Feldzeichen siegte, denn damit ging für Deutschland das Wunder auf der Volkswerdung und damit seiner Rettung für alle Zeiten ...“ Naziideologie und deren Feindbilder sollten deutsche, nationale Identität werden und die Symbole – so die Hoffnung – würden die Verschmelzung von Partei, Staat und Gesellschaft in die Lebensräume der Menschen transportieren.

Die erste Seite des Reichsgesetzblattes mit den berüchtigten Blutrassegesetzen von Nürnberg begann mit dem Reichsflaggengesetz.

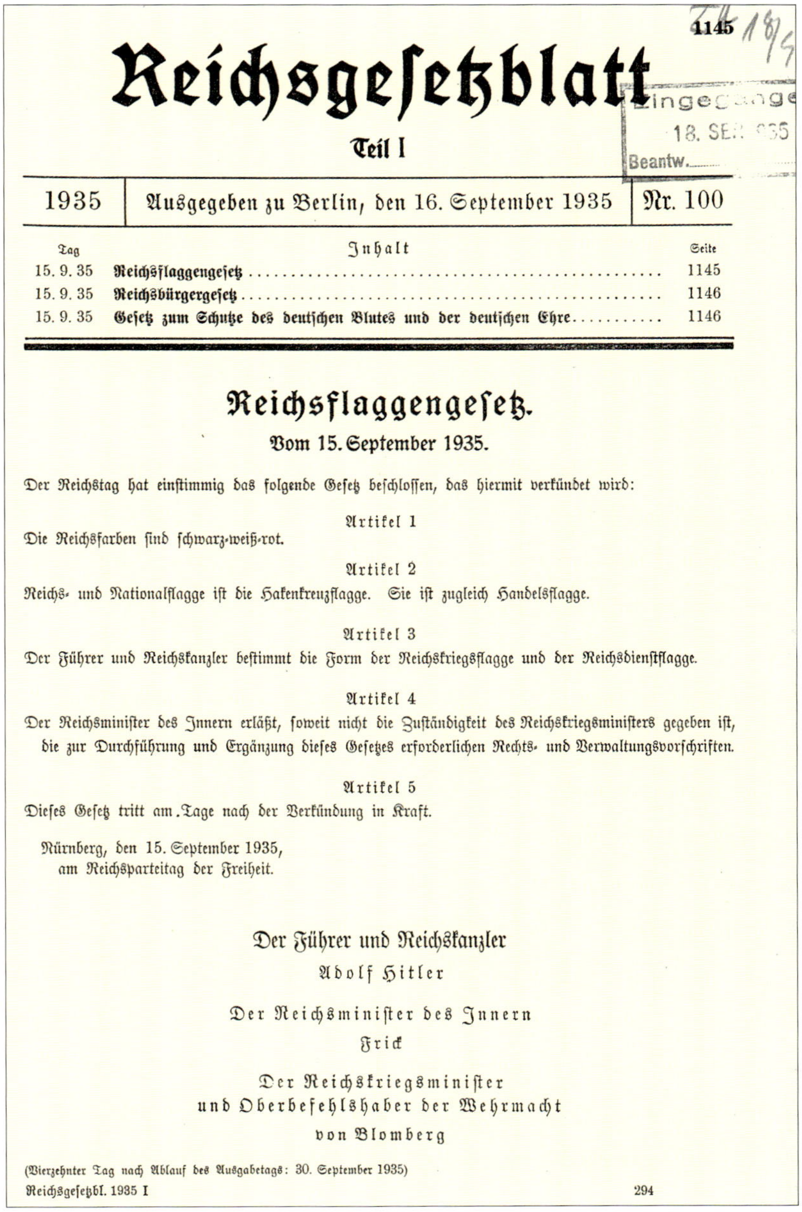
1145

Reichsgesetzblatt

Teil I

1935	Ausgegeben zu Berlin, den 16. September 1935	Nr. 100

Tag	Inhalt	Seite
15. 9. 35	**Reichsflaggengesetz**	1145
15. 9. 35	**Reichsbürgergesetz**	1146
15. 9. 35	**Gesetz zum Schutze des deutschen Blutes und der deutschen Ehre**	1146

Reichsflaggengesetz.

Vom 15. September 1935.

Der Reichstag hat einstimmig das folgende Gesetz beschlossen, das hiermit verkündet wird:

Artikel 1

Die Reichsfarben sind schwarz-weiß-rot.

Artikel 2

Reichs- und Nationalflagge ist die Hakenkreuzflagge. Sie ist zugleich Handelsflagge.

Artikel 3

Der Führer und Reichskanzler bestimmt die Form der Reichskriegsflagge und der Reichsdienstflagge.

Artikel 4

Der Reichsminister des Innern erläßt, soweit nicht die Zuständigkeit des Reichskriegsministers gegeben ist, die zur Durchführung und Ergänzung dieses Gesetzes erforderlichen Rechts- und Verwaltungsvorschriften.

Artikel 5

Dieses Gesetz tritt am.Tage nach der Verkündung in Kraft.

Nürnberg, den 15. September 1935,
am Reichsparteitag der Freiheit.

Der Führer und Reichskanzler
Adolf Hitler

Der Reichsminister des Innern
Frick

Der Reichskriegsminister
und Oberbefehlshaber der Wehrmacht
von Blomberg

(Vierzehnter Tag nach Ablauf des Ausgabetags: 30. September 1935)

Reichsgesetzbl. 1935 I 294

Lapidar hieß es im Flaggengesetz: „Artikel 1 Die Reichsfarben sind Schwarz-Weiß-Rot. Artikel 2 Reichs- und Nationalflagge ist die Hakenkreuzflagge. Sie ist zugleich Handelsflagge. Artikel 3 Der Führer und Reichskanzler bestimmt die Form der Reichskriegsflagge und der Reichsdienstflagge. Artikel 4 Der Reichsminister des Innern erlässt, soweit nicht die Zuständigkeit des Reichskriegsministers gegeben ist, die zur Durchführung und Ergänzung dieses Gesetzes erforderlichen Rechts- und Verwaltungsvorschriften. Artikel 5 Dieses Gesetz tritt am Tage nach der Verkündung in Kraft ...“ Durchführung und Ergänzung des Flaggengesetzes erfolgte in den nächsten vier Friedens- und fünf Kriegsjahren mit deutschtypischer Verwaltungsgründlichkeit, wie in Artikel 4 des Gesetzes angekündigt.

Für knapp zehn Jahre „Tausendjähriges Reich“ kam nur noch eine Flagge als National- und Handelsflagge zur Verwendung. Sie wehte nicht nur auf den Seeschiffen und als Gösch bei den Kriegsschiffen, sondern verwandelte Straßenzüge, ganze Städte und Veranstaltungsorte in ein blutrotes Hakenkreuzmeer. In späteren Ausführungsbestimmungen wurde sie genau beschrieben: „Die Reichs-, National- und Handelsflagge ist ein rotes Rechteck, auf dessen Mittelachse, etwas nach der Stange verschoben, sich eine runde weiße Scheibe mit einem schwarzen, auf der Spitze stehenden Hakenkreuz befindet, dessen unterer Schenkel nach der Stange zu geöffnet ist. Der Durchmesser der weißen Scheibe ist gleich drei Vierteln der Höhe des Flaggentuchs. Die Länge der Hauptbalken des Hakenkreuzes ist gleich der Hälfte der Höhe des Flaggentuchs. Die Breite der Arme und der Winkelschenkel des Hakenkreuzes und der Abstand untereinander sind gleich einem Zehntel der Höhe des Flaggentuchs. Die Länge der Winkelschenkel ist außen gleich drei Zehnteln, innen gleich zwei Zehnteln der Höhe des Flaggentuchs. Die Höhe der Flagge verhält sich zu ihrer Länge wie 3 : 5.“

Die Verbindung von Rassegesetzen mit dem Flaggengesetz bekam naziideologische Schlüssigkeit mit den dann folgenden umfangreichen Durchführungsverordnungen. Einer der Paragraphen brachte es auf den Punkt: Kauffahrteischiffen, auf deren Eigentümer der Paragraph 4 des „Gesetzes zum Schutze des deutschen Blutes und der deutschen Ehre“ vom 15. September 1935 Anwendung fand, konnte der Reichsverkehrsminister im Einvernehmen mit dem Reichsminister des Innern und dem Stellvertreter des Führers das Recht zum Führen der Handelsflagge entziehen – eine vorbereitende Maßnahme hinsichtlich Reederenteignung und Berufsverboten für Kapitäne. Der Paragraph 4 verbot weiterhin Bürgern jüdischen Glaubens die Verwendung der Reichsfarben und das Setzen der Nationalflagge unter Androhung hoher Gefängnis- und Geldstrafen. Sarkastisch erlaubten ihnen die Behörden das jederzeitige Zeigen jüdischer Farben ohne Einholung einer besonderen Erlaubnis und stellten diese Befugnis unter staatlichen Schutz.

Gegen den Trend im Ausland, wo auf Grund der politischen Entwicklung im Deutschen Reich die Hakenkreuzflagge auf zunehmende Ressentiments stieß, konnten die Kontorflaggen der bekannten, ja berühmten deutschen Übersee-Reedereien mit ihrem guten Ruf nicht per Flagge gegen anwehen.

Bereits in der „Verordnung über die vorläufige Regelung der Flaggenführung auf Kauffahrteischiffen“ vom 20. Dezember 1933 hieß es: „Die deutschen Kauffahrteischiffe führen die schwarz-weiß-rote Flagge und die Hakenkreuzflagge gemeinsam (...) Die schwarz-weiß-rote Flagge wird am Heck am Flaggenstock oder am hinteren Mast, und zwar in der Regel an der Gaffel dieses Mastes, in Ermangelung einer solchen am Topp oder im Want gesetzt. (...) Die Hakenkreuzflagge wird am Bug am Göschstock gesetzt. Ist dies nicht möglich, so wird sie an einer anderen geeigneten, der Würde dieses Hoheitszeichens entsprechenden Stelle gesetzt. Die Signalrahe und das Signalstag bleiben den Signalflaggen vorbehalten. (...) Die deutschen Kauffahrteischiffe sind verpflichtet, die schwarz-weiß-

rote Flagge und die Hakenkreuzflagge zu zeigen ..."
Eine kleine Hakenkreuzflagge zierte die deutschen Schiffe also bereits seit 1934. Als jedoch das komplette Nazisymbol zur Nationalflagge erhoben und mit der Rassenideologie von Nürnberg verwoben wurde, gab es Proteste und Handgreiflichkeiten um die Flagge, zum Beispiel in New York. Am 25. Juli 1935, vor dem Auslaufen des Schnelldampfers BREMEN, protestierten über tausend Demonstranten gegen Nazideutschland auf der Pier. Einige der Demonstranten gelangten an Bord und rissen die Hakenkreuzgösch am Bug von der Stange und warfen sie in den Hudson. Nach der folgenden Prügelei mit Männern der Besatzung kamen sechs Demonstranten in Polizeigewahrsam. Der deutsche Botschafter protestierte bei den amerikanischen Behörden, doch zu Hause gingen die Wogen richtig hoch. Besonders die gleichgeschaltete Presse empörte sich parteikonform über alle Maßen. Sehr schnell bemerkten die Drahtzieher des Protestes im Propagandaministerium, welch großen Schaden das Herausstellen solcher Geschehnisse für Deutschland zeitigte: Die ausländische Öffentlichkeit wollte auf einmal über Deutschland Dinge wissen, die man nicht gern preisgeben wollte. Also überging man zukünftig Demonstrationen jeder Art im Ausland, die sich an der Hakenkreuzflagge austobten.

Auf den Schnelldampfern des Norddeutschen Lloyds kam es im Ausland zu diversen Zwischenfällen mit der Hakenkreuzflagge.
In diesem zeitgenössischen Prospekt der Reederei findet sie sich nur ganz klein auf der Rückseite.

Reichsdienstflagge von 1935 mit staatlichem Adler und rechts drehendem Hakenkreuz auf der Vorderseite. Das Hakenkreuz auf der durchgedruckten Rückseite drehte links herum.

Am 31. Oktober 1935 erfolgte die Einführung einer neuen Reichsdienstflagge, die das gerade stehende Hakenkreuz der NSDAP-Standarten und der Führerstandarte übernahm und mit dem nach rechts blickenden staatlichen Adler vermengte: „... Die Reichsdienstflagge ist ein rotes Rechteck, das in der Mitte eine schwarz-weiß geränderte weiße Scheibe mit einem schwarz-weiß geränderten schwarzen Hakenkreuz trägt, dessen unterer Schenkel nach der Stange zu geöffnet ist. In der inneren oberen Ecke der Flagge befindet

Hausflagge, Präsidialstander und Wimpel der Deutschen Luft Hansa AG, wie sie die Flaggenordnung von 1936 festlegte. Bei der Luft Hansa gab es zumindest auf den Flaggen keine Hakenkreuze.

sich das schwarz-weiße Hoheitszeichen des Reichs. Der Kopf des Adlers ist zur Stange gewendet. Die Höhe der Flagge verhält sich zu ihrer Länge wie 3 : 5 ...", lautete der Beschreibungstext im Reichsgesetzblatt. Alle staatlichen Verwaltungen, die Deutsche Reichsbahn einschließlich des Zweigunternehmens Reichsautobahnen und die Reichsbank führten zukünftig die Reichsdienstflagge und setzen sie an ihren Dienstgebäuden, wenn Beflaggung angeordnet war, an ihren Dienstfahrzeugen auf Binnengewässern und zur See sowie an ihren Dienstkraftwagen an Stelle der bisherigen Dienstflagge, soweit sie zur Führung einer solchen an Kraftwagen berechtigt waren. Neben der Reichsdienstflagge durfte die Reichs- und Nationalflagge nicht gleichzeitig gesetzt werden.

Die letzte Regelung staatlicher Flaggen vor Ausbruch des Zweiten Weltkriegs galt der Reichsdienstflagge. Mit dem Erlass über die Flaggenführung an Dienstkraftwagen (Personenwagen) der staatlichen Verwaltung vom 21. Januar 1937 bekamen Minister, Staatssekretäre, Oberpräsidenten usw. eine Kraftfahrzeugflagge auf den rechten Kotflügel verpasst, die der Reichsdienstflagge in quadratischer, rechteckiger und in Wimpelform entsprachen. Das hier ausgearbeitete System der Flaggenformen für Personenwagen der staatlichen Verwaltung wird in der Bundesrepublik mit neuer Symbolik wieder zu Ehren kommen.

Die Reichspostflagge steht zur Disposition

Ein besonderes Beispiel für den Bruch mit bewährter Tradition bis hin zum Streichen einer Flagge ist die Behandlung der Reichspostflagge durch die NS-Machthaber. Nach der sofortigen Tilgung der schwarz-rot-goldenen Farben aus dem gesamten Flaggenbild ab dem 12. März 1933 gab es noch zwei

Reichsdienstflagge als quadratische Kraftfahrzeugflagge für Reichsminister mit 25 cm Seitenlänge. In Fahrtrichtung auf dem rechten Kotflügel zu führen, drehten die Hakenkreuze auf der Sichtseite linksherum, wenn durchgedruckte, flatternde Flaggen verwendet wurden.

Jahre eine Reichspostflagge, bis sie mit dem Reichsflaggengesetz vom 15. September 1935 ganz verschwand. Dass sie viele Jahrzehnte einen ganz praktischen Zweck im Postverkehr mit dem Ausland hatte, ignorierte man und bekam die Wirkungen zu spüren.
Mit den Auswanderungswellen aus den deutschen Ländern in der Mitte des 19. Jahrhunderts und auch noch in den Jahren nach der Reichsgründung von 1871 stieg der Postverkehr zwischen den Menschen in der Neuen Welt und alten Heimat dermaßen an, dass der „Postdampfer" zwangsläufig wurde. Mit ihm verbanden dann Generationen von Menschen die Hoffnungen auf gute Nachrichten. Nur Dampfer, denen das Reichspostamt ab 1886 Postsendungen anvertraute, durften die Reichspostflagge am Vormast zeigen. Sie hatte in ausländischen und eigenen Häfen eine ähnliche Wirkung wie das Posthornsignal zu Lande. Neben der Ankündigung „Ich habe Post an Bord" bedeutete das vor allem bevorzugte Abfertigung in den Häfen, und die Flagge forderte hoheitlichen Respekt. Schiffe mit der Postflagge gehörten immer zur jeweils technischen Spitze der Schiffbaukunst im Deutschen Reich. Als Erstes, noch bevor Passagiere oder Fracht von Bord gingen, landeten die Postsäcke auf den Ladeflächen bereitgestellter Postfahrzeuge. Die Briefe, Karten und Pakete so schnell wie möglich dem Postkreislauf des Gastlandes zuzuführen, blieb viele Jahrzehnte der Ehrgeiz der Verantwortlichen. Immer kürzere Postlaufzeiten gehörten zur Imagepflege der Reedereien und der Reichspost und die Postflagge mit dem stilisierten Posthorn half dabei.
Die erste Postflagge des Deutschen Kaiserreichs basierte noch auf dem Muster der Kriegsflagge des Norddeutschen Bundes, ergänzt um ein gelbes Posthorn im unteren Eck des Balkenkreuzes an der Stangenseite. Die Kombination aus Kriegsflagge und Postsymbol, immerhin bis 1892 die Postflagge des Kaiserreichs, ist bemerkenswert: Stellte die Symbolik und das Verständnis der Zeit das beherrschende und dienende Element der Staatsgewalt doch auf eine Stufe. Im Ausland erzeugte diese Kombination damals keinerlei Ressentiments. Dass zivile Dampfer mit der posthornergänzten Reichskriegsflagge am Mast die herbeigesehnte Post dabeihatten, war hinlänglich bekannt. Um den martialischen Flaggenauftritt ziviler Postdampfer etwas zu entschärfen, führten die Postschiffe zusätzlich die Postgösch: Eine schwarz-weiß-rote Nationalflagge mit gelbem Posthorn im weißen Streifen, die vorn am Bug beim Einlaufen und im Hafen gezeigt wurde. In der Kombination mit der offiziellen Postflagge war dies einmalig in der deutschen Flaggengeschichte. Von 1893 bis 1935 führten die Postdampfer die jeweilige Reichspostflagge und die Postgösch als Erkennungszeichen, um in den bevorzugten Abfertigungsgenuss in fremden Häfen zu kommen.
Die ausschließliche Hakenkreuzbeflaggung ab 1935 hatte dann den entgegengesetzten Effekt. Deutsche Postschiffe wurden behandelt wie alle anderen Schiffe, sie hatten kein Erkennungszeichen mehr. Das Abfertigungstempo ließ den guten oder schlechten Willen der Behörden im Hafen erkennen. Von der Seite der Reichspost als bittere Erkenntnis wahrgenommen, verordnete der parteilose Reichspostminister Paul Freiherr Eltz von Rübenach (1875–1943) am 14. Mai 1936 die Einführung einer besonderen Schiffspostflagge. Ohne hoheitliche Symbolik hatte sie lediglich die Qualität einer Signalflagge und fiel entsprechend schlicht aus: ein weißer, rot gerandeter Stander mit der schwarzen Inschrift DEUTSCHE POST in Antiqua-Blockbuchstaben. Ob die Schiffspostflagge die negative Wirkung der Hakenkreuzflagge im Ausland zum Wohl schnellerer Postbeförderung aufheben konnte, sei dahingestellt.

Alle wollen eine Flagge führen und zeigen

In der Zeit, als die Reichspost ihrer Flagge verlustig ging, bemühten sich die Gliederungen der NSDAP und staatliche Körperschaften in Deutschland um ihre eigenen Flaggen. Die Geschichte der Flaggen und Fahnen der

Parteigliederungen ist ein besonderes Kapitel und soll hier nicht weiter ausgeführt werden. Parteigruppierungen führten Fahnen und Standarten, die Hitler ihnen als jeweilige Unikate persönlich verlieh. Bei Hitlers Fahnenweihe neuer Parteifahnen sowie SA- und SS-Standarten durch Berühren mit der „Blutfahne" ab 1926 bemühten die Nazis mittelalterliche Traditionen. Angeblich bespritzt vom Blut des erschossenen Fahnenträgers der Hakenkreuzflagge beim Marsch auf die Feldherrnhalle in München am 9. November 1923, gehörte die Blutfahne zu den Reliquien der NSDAP. Fahnen und Standarten der Partei sind aber per Definition keine Flaggen.

Anders sah es mit den Flaggen einiger Organisationen im Zuständigkeitsbereich der Reichsministerien aus. Sie gaben sich allein mit der Reichsdienstflagge, wie zum Beispiel bei der Polizei, nicht zufrieden. Das galt für den Reichsarbeitsdienst im Hoheitsbereich des Innenministeriums oder für den Reichsluftschutzbund, der zum Reichsluftfahrtministerium gehörte. Beide Organisationen führten eigene Flaggen, die ihr Erscheinungsbild mindestens einmal änderten. Auch stellen die Jahre 1935 und 1936 eine Zäsur in der optischen Darstellung dar. Farben und Symbole änderten sich in Richtung des alles überragenden schwarzen Hakenkreuzes und der Farbe Rot. Weiße Gestaltungselemente dienten der martialischen Grafik als Abgrenzung des Hakenkreuzes von seiner roten Umgebungsfarbe. Hieraus leiteten spätere Interpreten gern eine Tradition zum preußisch-wilhelminischen Schwarz-Weiß-Rot ab. Diese Tradition gab es für die Nazis allerdings nicht. Die gewählte Farbkombination der Reichsfarben sah vielmehr optisch am gefälligsten aus, wie Hitler selbst bemerkte. Ihre Verwendung hatte für ihn den einzigen traditionellen Bezug im Ersten Weltkrieg.

Was eine Privatperson an ihrem Flaggenmast hochziehen durfte, regelten die Behörden mit wenigen Sätzen. An allgemeinen Beflaggungstagen und bei aufgeforderter Beflaggung setzten Privatpersonen nur die Reichs- und Nationalflagge. Das galt auch für Öster-

Mit Hitlergruß und Volksbegeisterung: Fahnenträger Jacob Grimminger (1892–1969) und Fahnenbegleiter von der schwarzen SS mit der „Blutfahne" der NSDAP beim Vorbeimarsch.

Standartenweihe mit der „Blutfahne" der NSDAP durch Hitler auf einem Reichsparteitag.

reich und den Sudetengau seit Übertragung der flaggenrechtlichen Vorschriften auf die „Reichserweiterungen“. Länger stellte sich die Auflistung des Verbotenen dar. Das Hissen der Reichskriegs- oder Reichsdienstflagge der gegenwärtigen oder früheren Form gehörten genauso dazu wie das Setzen einer früheren Reichs- oder Landesflagge. Das galt im Übrigen auch für das Zeigen vergangener Reichs- und Landesfarben. Außerdem durften Privatpersonen keine Kirchenflaggen hissen. In erster Linie für den privaten Bereich erfolgte am 31. Mai 1935 mit der vorläufigen Regelung für die Flaggenführung an Wassersportfahrzeugen die Einführung einer „Yachtflagge“. Nur im Schiffsverzeichnis eines anerkannten deutschen Wassersportverbandes eingetragene Schiffe und Boote, deren Eigentümer deutsche Staatsangehörige sein mussten, durften auf See und auf den mit der See in Zusammenhang stehenden, von Seeschiffen befahrenen Gewässern die Hakenkreuzflagge und die Wassersportflagge gemeinsam führen. In der schwarz-weiß-roten Wassersportflagge befand sich im schwarzen oberen Streifen, mit dem Ring zum Flaggenstock, ein weißer, 45 Grad schräg liegender Anker.

In der Zeitschrift „Die Yacht“ vom 15. Juni 1935 folgte ein Artikel über die neue Yachtflagge: „... Die deutschen Segler und Motorbootfahrer, die dem Reichsbund für Leibesübungen angehören, werden sich stets bewusst sein, welch hohe Auszeichnung darin liegt, dass ihnen der Führer und Reichskanzler eine besondere Flagge verliehen hat. Unsere Boote und Yachten, die neben der Hakenkreuzflagge am Want die neue Wassersportflagge am Heck führen dürfen, übernehmen damit die Verpflichtung, sich im In- und Ausland der ihnen zuteil gewordenen Auszeichnung würdig zu erweisen. Die neue

Flaggen mit neuer Optik von 1936. Von oben nach unten: Haus- und Lagerflaggen des Reichsarbeitsdienstes für „männliche Jugend“ und für „weibliche Jugend“ sowie die neue Wassersportflagge.

Das Hakenkreuz als Sonnenrad. Flagge der NS-Gemeinschaft „Kraft durch Freude“ auf einer Begrüßungskarte von 1938.

Kleines Sortiment verschiedener Flaggen aus der Anfangszeit des Dritten Reiches bis etwa 1936. Danach erfolgte eine Neuordnung der Symbolik.

Wassersportflagge seit dem 31. Mai 1935, die gemeinsam mit der Hakenkreuzflagge von Sportbooten zu führen war.

Flagge, die sich durch den Anker, das uralte Symbol der Seefahrt, von den übrigen Flaggen unterscheidet, wird dem deutschen Segel- und Motorbootsport steter Ansporn sein, sich seiner Pflichten und Aufgaben dem Vaterland und seinem Führer gegenüber bewusst zu sein."

Für die Yachtflagge von 1935 gab es nur ein kurzes Leben. Auch hier griff die Symbolgleichschaltung, und ab dem 6. April 1936 hieß es: „... Die im ausschließlichen Eigentum des Deutschen Reichsbundes für Leibesübungen oder seiner Mitglieder deutscher Staatsangehörigkeit stehenden und in das Schiffsverzeichnis des Reichsbundes eingetragenen Wassersportfahrzeuge sind berechtigt, in der Handelsflagge als zusätzliches Zeichen einen schwarzen, weiß umrandeten Anker nach anliegendem Muster zu führen."

Dazu eine kurze Passage aus der Nummer 16 der Zeitschrift „Die Yacht" von 1936: „... Sie wurde einige Monate später durch das neue Flaggengesetz, die die alte Kampfflagge der Bewegung, die Hakenkreuzflagge, als Reichs- und Handelsflagge bestimmte, überholt. Die neue und nunmehr endgültige Wassersportflagge ist schneller gekommen, als wir hoffen konnten. Als schönstes Ostergeschenk für uns Segler und Motorbootfahrer wird die Einführung der neuen Flagge von uns allen auf das Freudigste begrüßt werden. (...) Wie schon aus früheren Mitteilungen des Reichssportführers hervorgeht, ist beabsichtigt, allen dem Deutschen Segler- und Motoryachtverband angeschlossenen Fahrzeugen erhebliche Vorrechte vor den so genannten ‚wilden' Fahrzeugen einzuräumen. Die Wassersportflagge und der vom Reichssportführer voraussichtlich herausgegebene Flaggenschein werden gemeinsam unsere Sportfahrzeuge als für diese Vergünstigungen in Frage kommend bezeichnen. (...) Durch die Flagge werden sich unsere Fahrzeuge auch von denjenigen leider oft recht unerfreulichen yachtähnlichen Fahrzeugen offiziell unterscheiden, die Ansichtskarten kaufenden Weltenbummlern gehören und nicht immer dazu beitragen, das Ansehen unseres Vaterlandes im Ausland zu stärken ..."

Reichskriegsflagge auch als Kommandozeichen

Kurz nach der Ankündigung im Reichsflaggengesetz bestimmte Hitler das Aussehen der neuen Reichskriegsflagge als Hoheitszeichen der Wehrmacht und ließ sie mit Datum vom 5. Oktober 1935 im Reichsgesetzblatt veröffentlichen und ab dem 7. November einführen. Zu den neuen Flaggen für die Wehrmacht gehörte neben der Reichskriegsflagge die Gösch der Kriegsschiffe, die der Reichs- und Nationalflagge im Aussehen entsprach, die Handelsflagge mit dem Eisernen Kreuz und die Flagge des Reichskriegsministers und des Oberbefehlshabers der Wehrmacht. Die gesetzliche Beschreibung lautete: „Die Reichskriegsflagge ist ein rotes Rechteck, auf dessen Mittelachse, etwas nach der Stange verschoben, sich eine zweimal schwarz-weiß geränderte weiße Scheibe mit einem ebenfalls schwarz-weiß geränderten Hakenkreuz befindet, dessen unterer Schenkel nach der Stange zu geöffnet ist. Unter der weißen Scheibe liegt ein viermal weiß und dreimal schwarz gestreiftes Kreuz, dessen Balken die Verlängerung des senkrechten und waagerechten Durchmessers der weißen Scheibe bilden. Im inneren, oberen roten Felde steht ein weiß gerändertes Eisernes Kreuz. Die Höhe der Flagge verhält sich zu ihrer Länge wie 3 : 5."

Die Ableitung einiger Stilelemente und Symbole von der kaiserlichen Reichskriegsflagge sind vermeintlich offensichtlich und interpretierbar. Hitler selbst hat die Gestaltung der neuen Reichskriegsflagge maßgeblich beeinflusst. Bis auf die Übernahme des preußischen Eisernen Kreuzes als historisches Element an traditioneller Stelle im Obereck der Flagge – der Gefreite Hitler selbst war im Ersten Weltkrieg mit beiden Klassen ausgezeichnet worden – ist die Nazisymbolik und blutrote Farbgebung absolut dominant. Wer da das deutsche Kreuz – nach Prinz Adalberts Lesart als Ableitung vom Symbol der Deutschen Ritter – erkennen will, übersieht das dominate Signal der roten Grundfarbe, die jede Traditionslinie bricht. Bei der Kriegsmarine ging die Reichskriegsflagge am 7. November 1935 erstmals am Flaggenmast hoch. Zu einem nicht veröffentlichten Zeitpunkt, etwa im Dezember 1937, erfolgte eine bemerkenswerte Detailänderung des Flaggenmusters. Die aufgelegte Scheibe mit dem Hakenkreuz rückte etwas weiter Richtung

Am 7. November 1935 wird erstmals die neue Reichskriegsflagge gehisst.

Liek und bekam eine grafische Einbindung in das darunterliegende Balkenkreuz. Dieses erhielt breitere Mittelstreifen und das ganze liegende Kreuz wurde mit einem stärkeren Weißrand von der Grundfarbe abgesetzt. Das erinnert etwas an die Änderung der kaiserlichen Reichskriegsflagge im Jahre 1903 und diente wie damals auch 1937 der besseren Erkennbarkeit der Reichskriegsflagge auf

Foto einer Reichskriegsflagge in der Größe 6 für U-Boote: 1,0 x 1,7 Meter.

Entfernung und auf See. Dort war die Flagge auf den Schiffen der Kriegsmarine vor dem Zweiten Weltkrieg in erster Linie im Gebrauch.

Bei der Flaggenverwendung in Wind und Wetter konnten erfahrungsgemäß nur gedruckte Flaggen mit einer längeren Lebensdauer rechnen. Durchgefärbte Flaggen mit Symbolen haben stets eine seitenverkehrte Rückseite, und dort drehte das Hakenkreuz falsch herum, nämlich nach links. Strammen Nazis fehlte die Gelassenheit, diese funktionale Notwendigkeit zu akzeptieren. Während des Krieges sind dann vereinzelt rechts drehende Hakenkreuzscheiben auf die Rückseiten genäht worden. Dafür musste eine zweite Flagge gleicher Größe zerschnitten werden, und das ging den Materialwächtern der letzten Kriegsjahre zu weit – es wurde verboten.

Ab 5. Oktober 1935 setzten die Schiffe der Kriegsmarine als Gösch die Hakenkreuzflagge, die der Reichs- und Nationalflagge entsprach. Für Marineoffiziere und Offiziere der Luftwaffe des Beurlaubtenstandes sowie von ehrenvoll ausgeschiedenen aktiven Marineoffizieren und Offizieren der Luftwaffe

Beilage aus dem Reichsgesetzblatt mit zwei Flaggenmustern. Oben: Handelsflagge mit dem Eisernen Kreuz, unten: Flagge des Reichskriegsministers. Die Wehrmachtsadler blicken zur Stange und damit nach rechts in „staatliche Richtung“.

auf Handelsschiffen bzw. Handelsluftfahrzeugen ließ man eine Tradition weiterleben und führte mit gleichem Datum die „Handelsflagge mit dem Eisernen Kreuz“ im Obereck derselben ein. Sie ersetzte die Handelsflagge, und nur die Oberbefehlshaber der Kriegsmarine bzw. der Luftwaffe durften sie zuteilen. Dies erfolgte auf Antrag des Schiffsoffiziers bei den jeweiligen Oberbefehlshabern, und mit der Ausstellung eines Flaggenscheins erfolgte die Verleihung. Bereits Kaiser Wilhelm II. ließ seinen verdienten, beurlaubten oder ehemaligen Seeoffizieren die Ehre zuteil werden: „... als Zeichen meines besonderen Kaiserlichen Wohlwollens die Berechtigung verleihe, das Eiserne Kreuz auf der deutschen Handelsflagge nach dem mir vorgelegten Muster zu führen ...“
Diese besondere Handelsflagge durchlief mit mehreren Gestaltungsvarianten die Zeiten deutscher Geschichte, bis sie nach 1945 nicht mehr in der Flaggenlandschaft auftauchte. Der Antragsteller des Flaggenscheins musste für eine Verleihung nicht mit dem Eisernen Kreuz für Tapferkeit vor dem Feind ausgezeichnet sein. Das Eiserne Kreuz an der Stelle im Obereck leitete sich vielmehr von der preußischen Kriegsflagge ab.
Auch der Reichskriegsminister und Oberbefehlshabers der Wehrmacht bekam jetzt sein Kommandozeichen und Rangabzeichen in der quadratischen Form der neuen Reichskriegsflagge. Die Anwesenheitsflagge konnte auf Kriegsschiffen, Luftfahrzeugen, Gebäuden, Kraftfahrzeugen und Wasserfahrzeugen gesetzt werden. In der Verordnung stand als Beschreibung: „... Die Flagge des

Am Heck des Passagierschiffes CAP ARCONA der Hamburg-Süd weht im Hamburger Hafen die Handelsflagge mit dem Eisernen Kreuz.

Dienstzeiterinnerungsblatt der Kriegsmarine von 1936. Die Reichskriegsflagge des Marinemalers Walter Zeeden hatte schon lange vor der Umgestaltung ein breiteres Balkenkreuz als das offizielle Muster.

Reichskriegsministers und Oberbefehlshabers der Wehrmacht ist die Reichskriegsflagge mit folgenden Abweichungen: Das Rechteck ist gleichseitig. Um die ganze Flagge herum läuft eine weiß-schwarze Umrandung. Im unteren äußeren Felde steht ebenfalls ein weiß geränderte Eisernes Kreuz; im unteren inneren und im äußeren oberen Feld steht je ein weiß geränderter Adler der Wehrmacht ..."

Flaggenentwurf und -fertigung als Wirtschaftsfaktor

Weil sich Kaiser Wilhelm II. darüber ärgerte, dass ein russisches Kriegsschiff die Reichskriegsflagge am Heck eines Kreuzers der Kaiserlichen Marine mit dem „White Ensign", der Kriegsflagge der Engländer, verwechselte, ließ er die deutsche Kriegsflagge ändern. Die Balken des Kreuzes wurden ab 1903 wesentlich verbreitert. Schon damals fragten sich mögliche Hersteller der Flagge und an dem Thema Interessierte, wie breit die Balken denn nun sein sollten. Die Kaiserliche Marine stellte sich ihre Flaggen selbst her oder ließ sie von ganz wenigen autorisieren Flaggenfabriken drucken.

Eine interne und somit geheime Herstellungsvorschrift regelte Flaggengrößen sowie die Proportionen der einzelnen Flaggenelemente. Weiterhin gab die Marine ein Flaggenbuch heraus, das alle deutschen National-, Kommandoflaggen und Standarten der fürstlichen Häuser in farbigen Abbildungen zeigte.

Seit 1880 sind nur sechs verschiedene Ausgaben dieser aufwändig gedruckten Bücher von den deutschen Kriegsmarinen herausgegeben worden. Das letzte deutsche Flaggenbuch erschien 1939 mit Nachträgen von 1941. Die deutsche Marine von heute bedient sich für den Tagesgebrauch eines englischen Flaggenbuchs.

Was dem russischem Kriegsschiff passierte, konnte den mit Flaggenbüchern als Hilfsmittel ausgerüsteten deutschen Kriegsschiffen kaum widerfahren. In den Flaggenbüchern kamen alle Flaggen der seefahrenden Staaten nach dem aktuellen Stand der Buchherausgabe zur Abbildung.

Eine Neuerung gab es beim letzten deutschen Flaggenbuch von 1939. Als maßgeblicher Gestalter der Marine-Dienstvorschrift (M. Dv.) Nr. 377, „Flaggenbuch" (Flg. B.), schlüsselte der Heraldiker Ottfried Neubecker (1908–1992) die Proportionen der Flaggen in Zahlenwerte auf und vermaßte so seine Entwürfe. Abmessungen einzelner Flaggendetails bei variierenden Flaggengrößen setzte er ins Verhältnis zur Höhe der Flaggen entsprechend der vorgesehenen Schiffs- oder Bootsgröße.

Seine Intentionen für die Vermaßung war aus der Notwendigkeit geboren, den Flaggenfabriken Werkstattzeichnungen mit Abmessungen zu bieten, da bei der Flut neuer Flaggen keine Einzelvorschriften mehr geliefert wer-

Dr. Ottfried Neubecker (1908–1992), Heraldiker und Spezialist für Staatswappen und -flaggen in den 30er-Jahren des 20. Jahrhunderts.

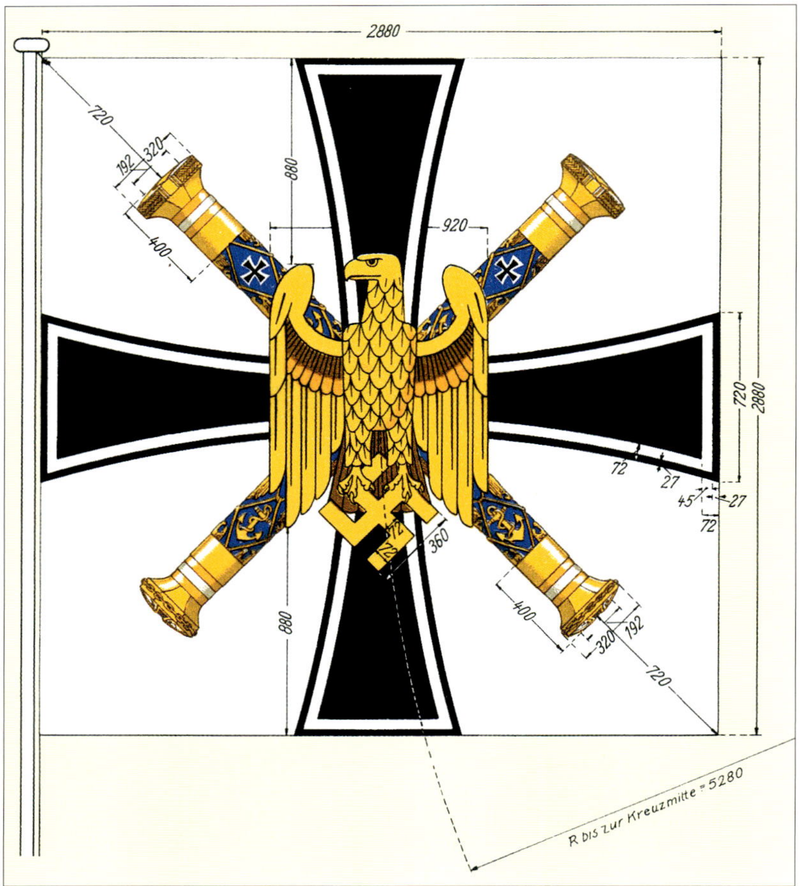

Neues Rangabzeichen und die Kommandoflagge für Großadmiral Erich Raeder (1876–1960) aus dem Jahre 1939. Entwurf und Vermaßung von Dr. Ottfried Neubecker.

Offizielle Darstellung zweier Luftwaffenstandarten als Rangabzeichen aus dem Luftwaffenverordnungsblatt und dem Nachtrag zum Flaggenbuch von 1939. Sie wurden in erster Linie als Autoflaggen geführt.

den konnten. Die Herstellungsvorschrift bezog sich jetzt nur noch auf Stoff- und Farbqualitäten, den Druck und die Konfektion von Flaggen und verwies bei den Abmessungen auf das aktuelle Flaggenbuch mit seinen klaren Detailzeichnungen.

Meisterliche Goldfaden-Handstickerei: Flaggenkunst und -fertigung in Vollendung auf der persönlichen Standarte des Reichsmarschalls Hermann Göring aus dem Jahre 1941.

Bereits seit 1927 gehörte Neubecker zum ständigen Mitarbeiterstab für das Flaggenbuch der Reichs- und späteren Kriegsmarine. In den nächsten Jahren entwarf der „Papst der Heraldik", wie ihn die internationale Fachwelt nannte, eine Vielzahl verschiedener Nationalflaggen und die dazugehörenden Staatswappen mit ihren Varianten. Viele Regierungen der neuen europäischen Staatenlandschaft nach dem Ersten Weltkrieg suchten seinen Rat, und die Heraldik der baltischen Staaten oder der Balkanländer wurde in Berlin recherchiert und in Skizzen und Reinzeichnungen umgesetzt.

Die Herstellung von Flaggen in Flaggenfabriken erlebte in den späteren 1930er-Jahren eine wahre Hochblüte. Spielte sie zur Zeit der Weimarer Republik eine völlig unbedeutende Rolle, so brachten die Aufträge

aus der öffentlichen Hand den darniederliegenden Wirtschaftszweig seit 1933 wieder in Schwung. Davon profitierte besonders die Tuchindustrie als Rohwarenhersteller. Seit Jahrhunderten bestanden Flaggen aus fein gewebten, vernähten und bedruckten Wollstoffen. Mit der nötigen Festigkeit, um Wind und Wetter standzuhalten, wehten Wollstoffe gefällig aus und trockneten relativ schnell. Blieben die Flaggen dann auch noch farbecht nach dem ersten Waschen, zeigten sich Auftraggeber und Verwender zufrieden.
Schon während der Kaiserzeit erreichte die Herstellung von Flaggentuchen und die Fertigung von Flaggen einen produkttechnischen und handwerklichen Standard, der auch heute kaum zu übertreffen ist. Es folgte seit der Jahrhundertwende eine Phase, in der man vermehrt Flaggen aus Baumwolle herstellte. Diese Flaggen wehten wegen ihres höheren Gewichtes nicht so schön aus wie Wollflaggen, und sie trockneten sehr schlecht. Dann kam mit dem Dritten Reich die Zeit, in der Baumwolle als Rohstoff knapp wurde und dann schließlich ausfiel. Es begann das Probieren mit Ersatzstoffen und Mischgeweben. In einer Ausgabe der Fachzeitschrift „Uniformen-Markt“ von 1936 hieß es dazu: „... Die fragliche Firma hatte im Jahr 1933 sehr beträchtliche Umsätze von Fahnenstoffen aller Art und zwar aus Baumwollnessel in 14/14er und 16/16er Einstellung. Als nun dieses Rohgewebe infolge der Rohwarenknappheit immer schwerer zu beschaffen war, sah sich die Firma gezwungen, zeitweilig die Fabrikation dieser Fahnenartikel einzustellen. Inzwischen wurden Versuche mit Geweben unternommen, die aus einem Gemisch von Baumwolle und Stapelfaser bestanden. Die besten Ergebnisse sind bei einem Gewebe mit 16/16er Fadenstellung, und zwar mit rein baumwollener Kette und einem Schuss, der aus einem Mischgespinst von Baumwolle und Stapelfaser besteht, erzielt worden. Aus diesem Flaggenstoff, der die Bezeichnung ‚Fahnenkretonne Extra M‘ trägt, wurden Fahnen angefertigt. Alle Fahnen blieben wochenlang in der Fabrik auf einem hohen Mast bei Wind und Wetter hängen. Die Ergebnisse waren in jeder Weise als gelungen zu bezeichnen. Alsdann wurden Artikel wie Kretonne mit Hakenkreuzen in einem Kreis, einfarbige Kretonne für Fahnentuch schwarz, dito weiß und dito rot angefertigt. Die bereits seit einem dreiviertel Jahr aufgenommene Lieferung soll zur vollsten Zufriedenheit der Kundschaft erfolgen ...“
Ob kritische Kunden mit ihren eingekauften Flaggen wirklich zufrieden waren, bestimmte zum Beispiel bei der Kriegsmarine eine „Waschvorschrift“. Wenn gelieferte Flaggen bei der Prüfung der Waschechtheit durchfie-

Benennung und Abmessungen der Flaggen usw.

Lfd. Nr.	Benennung	Abmessungen: Größe Nr.	Höhe cm	Länge cm	Breite am Ende cm	Länge des Einschnitts cm	Verwendung auf Schiffen mit einer Wasserverdrängung von
	A. Reichsflaggen und fremde Flaggen – Die Größennummern entsprechen denen des Normblattes DIN Tex. 1000						
		3	50	85			weniger als 500 t
		5	80	135			
		6	100	170			weniger als 1500 t
1	Reichskriegsflagge	7	150	250			500 t und mehr, aber weniger als 1500 t
2	Frühere Reichskriegsflaggen (nur Größen 5—8 und 10)	8	200	335			1500 t und mehr
		10	300	500			
		11	400	670			10000 t und mehr
		12	450	750			(bis auf weiteres nicht zu beschaffen)
3	Reichsdienstflagge	2	40	65			weniger als 500 t
		3	50	85			
		5	80	135			
		6	100	170			500 t und mehr, aber weniger als 1500 t
		8	200	335			1500 t und mehr
		10	300	500			
4	Gösch der Kriegsschiffe	2	40	65			weniger als 500 t
		3	50	85			
		5	80	135			500 t und mehr, aber weniger als 1500 t
		6	100	170			1500 t und mehr, aber weniger als 10000 t
		7	150	250			10000 t und mehr
5	Fremde Landesflaggen und nicht quadratische Standarten	3	50	nach den Größenverhältnissen			nach Bedarf
		5	80				
		6	100				
		7	150				
		8	200				
	B. Standarten, Rangzeichen, Kommandozeichen, Unterscheidungszeichen						
1	Standarte des Führers						
2	Flagge des Oberbefehlshabers der Kriegsmarine, der nicht Großadmiral ist						
3	Großadmiralflagge	I	50	50			weniger als 500 t
4	Generaladmiralflagge	II	100	100			500 t und mehr, aber weniger als 1500 t
5	Admiralflagge	III	150	150			500 t und mehr
6	Vizeadmiralflagge	IV	240	240			1500 t und mehr
7	Konteradmiralflagge						
8	Fremde Standarten, die quadratisch sind						
9	Kommodore- und Dienstalterstander	I	50	125		75	weniger als 1500 t
10	Führerstander	II	100	250		150	500 t und mehr
		III	150	375		225	1500 t und mehr
11	Flottillen- und Gruppenstander	I	50	70	1		weniger als 1500 t
		II	100	140	2		500 t und mehr
		III	150	210	3		1500 t und mehr
12	Kommandowimpel	I	4	150	1	40	weniger als 500 t
		II	8	350	1,5	90	weniger als 1500 t
		III	12	650	2	160	500 t und mehr
		IV	15	1000	2,5	250	1500 t und mehr
		V	20	1600	3	400	1500 t und mehr (bis auf weiteres nicht zu beschaffen)

Deckblatt 1, neue Seite V.

Benennung und Abmessungen der Flaggen, die im Bereich der Kriegsmarine zur Verwendung kamen. Auszug aus dem Flaggenbuch von 1939.

Näherinnen in einer Flaggenfabrik beim Zusammennähen von Flaggenteilen in den 1930er-Jahren.

Nach der Prüfung der Waschechtheit zum Trocknen aufgehängte Reichsdienstflaggen.

Herstellername (Plotzar & Brüll K.G., Bielitz O/S) und Flaggenbenennung sowie Abnahmestempel der Kriegsmarine auf dem Liek einer Reichskriegsflagge.

len, landete der Hersteller schnell auf dem Index der Wehrmacht und bekam von dort keine Aufträge mehr. Es empfahl sich also, vor Lieferung den Waschtest nach Vorschrift durchzuführen: „Zur Feststellung der Waschechtheit werden die Stoffe in destilliertem Wasser von 35 Grad Celsius, dem auf 1 Liter 10 Gramm Marinekernseife und 3 Gramm kristallisierte Soda (keine kalzinierte Soda) zugesetzt werden, erprobt. Die Flottenmenge soll das Fünfzigfache der Stoffmenge betragen. Die Stoffe verbleiben 30 Minuten in der Lauge, werden darin durchgewaschen und dann in reinem Wasser gespült. Farbveränderungen dürfen nach dem Waschversuch nicht wahrgenommen werden. Das Verhältnis von Wassermenge zu Stoffmenge ist so aufzufassen, dass, wenn zum Beispiel ein Stück Stoff im Gewicht von 100 Gramm gewaschen werden soll, die Waschflotte mindestens 50 x 100 = 5000 Gramm oder 5 Liter betragen soll. Das Flaggentuch darf nach dem Waschen nicht krumpfen."

Aus den angelieferten Flaggenstoffen erfolgte in der Fabrik das Zusammennähen der farbigen Stoffbahnen oder das komplette Einfärben oder Bedrucken der Rohware. Da bis zum Zweiten Weltkrieg die Festtagsausschmückung von Straßen, Plätzen und ganzen Städten mit Flaggen zu den staatstragenden Elementen der Naziideologie gehörte, konnte sich die Flaggenindustrie über Arbeitsmangel nicht beklagen. Die „weihevolle" Feier und die Festausschmückung mit riesigen Flaggen, die dann raumbildende Funktionen hatten, pflegten die Kunstideologen und Kundgebungsorganisatoren des Dritten Reiches bis zum Exzess. Massenveranstaltungen und Aufmärsche mit hunderttausenden Teilnehmern und Besuchern sollten bei den Menschen Leistungs- und Rassestolz erzeugen und von den Tagesproblemen der „Gemeinschaft" und des Systems ablenken. Als herausragende Macher der gestalterischen Orgien aus Hakenkreuzflaggen und Reichsadlern aus Beton oder Gips präsentierten sich die Architekten Albert Speer (1905–1981) und Benno von Arent (1898–1956).

Speers erste Festplatzentwürfe aus zusammengezimmerten Tribünen und raumbildenden Flaggenwänden mutierten zu riesigen Betonarenen mit vorgebauten Natursteinfassaden, zum Beispiel auf dem Parteitagsgelände in Nürnberg, deren Ruinenqualität Hitler akribisch überprüfte. So ließ er ein Ruinenmodell des geplanten „Deutschen Stadions" für 405 000 Zuschauer anfertigen, um sich an der Optik der verfallenen Bauten nach

tausend Jahren zu delektieren. Zu Ruinen wurden die Aufmarschfelder von Nürnberg aber schon nach zehn Jahren durch die Sprengungen der Amerikaner.
Mit welchen Flaggengrößen die Gestalter auf dem Reichsparteitagsgelände agierten, zeigte ein Beispiel für die fertig gestellte „Luitpoldarena". In einem zeitgenössischem Text für Besucher des Geländes: „... hinter der Ehrentribüne ragen 4 je 34 m hohe Stahlmasten auf, welche drei 24 m lange und 6 m breite Hakenkreuzfahnen zu tragen haben ..."
Reichsbühnenbildner Benno von Arent, im Volksmund auch „Reibübi" genannt, verpasste der Reichshauptstadt Berlin während der Olympischen Spiele 1936 und zum Besuch Benito Mussolinis (1883–1945) im Jahre 1937 eine adäquate, aber kostspielige Ausschmückung im Flaggenmeer. Diese wurde zum Berliner „Dauerfestschmuck" erklärt und eingelagert, um bei künftigen Gelegenheiten die Berliner zu erfreuen. Seit Beginn des Zweiten Weltkriegs gab es im Reich jedoch keine weiteren Großveranstaltungen unter freien Himmel, abgesehen von der Siegesparade nach dem Frankreichfeldzug am 6. Juli 1940. Kundgebungen im Festschmuck mit Hakenkreuzflaggen fanden nur noch in überdachten Sälen und Hallen statt.

Flaggen und Hoheitszeichen im Krieg

Mit Beginn des Zweiten Weltkriegs entsprach die Reichskriegsflagge dann auch ihrem Namen. Sie wehte nicht mehr nur als Heckflagge der Kriegsschiffe, wie in den Jahren seit ihrer Einführung, sondern bekam ihre Rolle im allgemeinen Kriegsgeschehen. Im Nationalsozialismus galt der Soldat als Idealbild des deutschen Mannes – er war der Idealtyp schlechthin. Die Gesellschaft auf die Grundwerte des Soldatentums auszurichten, gehörte zu den Zielen der Machthaber. Heldentum, Opfer- und Kampfbereitschaft, Härte, Verzicht, Gehorsam, Pflicht und Wachsamkeit zählten zu den Soldatentugenden, die die Nazi-Propaganda transportierte. Besonders in der bildlichen Darstellung spielte die Reichskriegsflagge hier eine überragende Rolle. Sie signalisierte, meist über dem Motiv wehend, das Abfordern der soldatischen Tugenden. Sie flatterte am Himmel über der Kampfdarstellung und über den siegreichen „Helden" – natürlich nur auf Gemälden, Plakaten und Propagandapostkarten. Im Gegensatz zu vergleichbaren bildlichen Darstellungen des Ersten Weltkriegs, wo auch über Gefallenen die Kriegsflagge wehte, gab es bei den Nazis in der Propaganda nur vorwärts stürmende Sieger unter der Reichskriegsflagge. In der Realität des mörderischen Krieges verhüllte sie in seltenen Fällen auch die Särge der Gefallenen – ein ehrenvoller Abschied, der die Regel sein sollte, aber bei Millionen von Toten nur verhältnismäßig Wenigen zuteil wurde.
Für die Propaganda mit Soldaten und Reichskriegsflagge gab es unzählige Beispiele, und eines sei hier besonders erwähnt, weil es die Alliierten, in diesem Fall die Amerikaner, mit einem bis heute gültigen Bann ächteten. Für sie gilt das Gemälde „Soldaten" als die Inkarnation deutscher Kämpferpropaganda.

Mit Siegeswimpeln von der Feindfahrt zurück: Die Freiwilligen der U-Bootwaffe zahlten den höchsten Blutzoll aller Waffengattungen der Wehrmacht. Von 41 300 U-Bootmännern überlebten 12 572 den Krieg.

„Soldaten": Mittelteil aus dem Triptychon „Arbeiter, Bauern, Soldaten" von Hans Schmitz-Wiedenbrück. Exponat der Großen Deutschen Kunstausstellung in München 1941. Nach dem Krieg 1945 von amerikanischen Soldaten konfisziert und bis heute als Inkarnation deutscher Kriegspropaganda unter Verschluss gehalten.

Plakat mit der National- und Reichskriegsflagge und der Parole „Der Sieg wird unser sein!". 1942 glaubte das auch noch die Mehrheit der Bevölkerung.

Das Mittelstück des Triptychons „Arbeiter, Bauern, Soldaten" von Hans Schmitz-Wiedenbrück (1907–1944) bekamen die Besucher der Großen Deutschen Kunstausstellung in München von 1941 erstmals zu sehen. Schmitz-Wiedenbrück, 1940 als Kriegsmaler eingezogen, im Dezember 1944 selbst Opfer des Krieges, gehörte zu den herausragenden Nazi-Künstlern, die einen pathetischen Realismus als künstlerische Stilform wählten. Schmitz-Wiedenbrücks Verherrlichung des Soldatentums wurde von den Amerikanern konfisziert und ist bis auf den heutigen Tag in einem US-Depot verschlossen.
Nach dem Potsdamer Abkommen beschlagnahmten die Amerikaner 8722 Werke deutscher Kriegs- und Nazikunst und brachten sie 1947 nach Washington. Einige Exponate der „German War Art Collection" schmückten in den nächsten Jahren Bürowände des Pentagons und Offiziersmessen in US-Navy-Stützpunkten. 1985 gaben die Amerikaner die Masse der Gemälde an Deutschland zurück, die seitdem im Bayerischen Armee-Museum in Ingolstadt unter Verschluss gehalten werden. Von den „Soldaten" und rund 450 weiteren, ideologisch verfänglichen Beutekunststücken wollte man sich jedoch nicht trennen. Heute im Depot des U.S. Army Center of Military History in Fort Lesley J. McNair, Washington, magaziniert, werden sie ab 2009 in einem neuen Armeemuseum der Öffentlichkeit präsentiert.

Reichskriegsflaggen wehen für die Propaganda

Auch Claus Bergen (1885–1964), renommierter Marinemaler, erlebte eine ganz spezielle Auseinandersetzung zwischen Kunst und Reichskriegsflagge. Im März 1944 meldete er wie gewohnt zwei Gemälde für die Große Deutsche Kunstausstellung in München an. Einmal das Ölgemälde „Schwerer Kreuzer PRINZ EUGEN im Gefecht in der Dänemarkstraße“ in der Größe von 1,5 x 3,0 Metern für 30 000 Reichsmark und als zweites „Fahrt der Gebirgsjäger auf Zerstörern nach Narvik“ für 20 000 Reichsmark. Der Aufforderung des Auswahlgremiums, mit Hitlers Leibfotografen Heinrich Hoffmann (1885–1957) als „Drahtzieher“, die Kriegsflaggen der Narvik-Zerstörer unproportional zu vergrößern – „man könne sie auch für Engländer halten“ –, wollte er nicht nachkommen. Er empfand wohl die Art und die Aufforderung als solche als Eingriff in seine künstlerische Freiheit und zog das Gemälde für die Ausstellung zurück. Später übermalte er die Zerstörer mit Wikingerbooten. Die Möglichkeit der Verwechslung der Reichskriegsflaggen bei optischer Wahrnehmung auf Entfernung mit dem „White Ensign“, der britischen Kriegsflagge um 1900 und dem „Red Ensign“, der englischen Handelsflagge von 1935, führten zu Änderungen des jeweiligen grafischen Flaggenbildes der deutschen Kriegsflaggen.

„Unter Deutscher Kriegsflagge“ fuhren bereits die U-Bootmänner im Ersten Weltkrieg. Patriotische Postkarte nach einem Motiv von Claus Bergen aus dem Jahre 1915.

Massive Bombenangriffe auf München machten die Verschiebung der Ausstellungseröffnung auf den 28. Juli 1944 nötig. Bereits am 10. Juli 1944 besuchte Hitler die Ausstellung lange vor der Eröffnung und wählte 63 Werke für die Reichskanzlei und für sich persönlich aus. Sein Adjutant, SS-Obergruppenführer Julius Schaub (1898–1967), wickelte das Geschäftliche mit dem Haus der Deutschen Kunst ab. 929 300 Reichsmark waren Hitler die Gemälde wert, und Claus Bergen profitierte davon mit 22 494 Reichsmark. Sein von Hitler gekauftes Ölbild „Schwerer Kreuzer PRINZ EUGEN im Gefecht in der Dänemarkstraße“ gehört heute zum Bestand des Deutschen Historischen Museums in Berlin.

Die Nationalflagge als Fliegertuch

Aus der Luft waren Frontverlauf oder motorisierte Spitzen, besonders in den Bewegungsgefechten des Zweiten Weltkriegs, sehr schwer zu erkennen und Freund oder Feind schlecht auszumachen. Um den eigenen Fliegern die Freund-Feind-Kennung zu erleichtern, verwendeten die kämpfenden Landtruppen Fliegertücher in der Form von Hakenkreuzflaggen. Im militärischen Sprachgebrauch hieß das Fliegertuch trotz seiner optischen Gleichheit und Größe nie Hakenkreuzflagge.
Als Stellungsmarkierung an vorderster Front durfte das „Banner der Bewegung“, die Flagge der NSDAP und deutsche Nationalflagge von 1935 bis 1945, nicht herhalten. Sie durfte nicht auf dem Panzerheck festgebunden werden, sie sollte nicht verdrecken und verölen, zerfetzt und zerschossen werden. Ihre farbliche Signalwirkung, besonders aus dem Kampfflugzeug von Flugzeugführeraugen

Durchhalteplakat des Grafikers Hans Schweitzer zum 30. Januar 1943. Als „Tag der nationalen Erhebung“ allgemeiner Beflaggungstag im Deutschen Reich.

Aus der Luft gut sichtbar: Hakenkreuzflaggen markierten die vorderste Linie und schützten vor Angriffen der eigenen Luftwaffe.

gesucht, machte die Hakenkreuzflagge als Fliegertuch zum nützlichen Ausrüstungsutensil, solange es „vorwärts" ging.

Eine Situation gab es allerdings, bei der Fliegertücher als Nationalflaggen zu Ehren kamen. Nach der Änderung des Personenstandsgesetzes vom 4. November 1939 bestand die Möglichkeit der Ferntrauung von Soldaten an der Front mit ihrer Braut in der Heimat ohne physische Anwesenheit des jeweiligen Ehepartners. Der Bräutigam gab seine Willenserklärung vor seinem Bataillonskommandeur ab. Diese gelangte dann mit der eidesstattlichen Erklärung der „arischen Abstammung" und der Heiratsgenehmigung des Oberkommandos der Wehrmacht zum Standesamt seiner Braut. Dort erfolgte mit zwei Trauzeugen die Ferntrauung durch Unterschrift der Braut, auch „Stahlhelmtrauung" genannt, weil ein Stahlhelm auf dem freien Stuhl liegend den abwesenden Bräutigam symbolisierte. Bei der Erklärung des zukünftigen Ehemanns vor seinem Bataillonskommandeur an der Front versuchte man einen würdigen Rahmen oder auch eine Art Hochzeitsfeier unter Soldaten zu gestalten. Die Unterschrift unter Zeugen auf der Heiratserklärung erfolgte auf der Hakenkreuzflagge als Unterlage in ihrer Funktion als Staats- und Nationalflagge. Die abgegebene Erklärung musste innerhalb von sechs Monaten von der Braut auf einem Standesamt bestätigt werden. Wenn der Bräutigam während dieser Zeit fiel, erfolgte die Trauung trotzdem.

Der Stuhl der Braut blieb leer. Ferntrauung eines Besatzungsmitgliedes eines Panzerzuges in Russland 1941. Fliegertücher dienten als Flaggenschmuck.

Kessel von Cholm am 5. Mai 1942. Nationalflaggen, als Fliegertücher in Pfeilform ausgelegt, zeigten der Luftwaffe den Angriffspunkt.

Für die Verwendung der Reichskriegsflagge an der Front, im Hinterland oder an der „Heimatfront" musste ein besonderer Anlass gegeben sein. Bei Durchhaltereden vor versammelter Truppe schmückte die Reichskriegsflagge gelegentlich das Rednerpult oder wenn Ordensverleihungen anstanden – nicht unbedingt bei den Kampf- oder Kriegsabzeichen und bei den Nahkampf- oder Frontflugspangen. Die heftete der Kommandeur seinen Soldaten vor angetretenen Kameraden irgendwo an der Front direkt an die

Letzter Staatsakt unter der Reichskriegsflagge. Begräbnis eines abgeschossenen Jagdfliegers.

Brust oder drückte sie in die Hand. Getragener und würdevoller wurde es, wenn es für Tapferkeit vor dem Feind „Eiserne Kreuze“ zu verleihen gab.

Eiserne Kreuze, Deutsche Kreuze – Symbole in finaler Verwendung

Das preußische Eiserne Kreuz „erneuerte“ Hitler als erste Kriegsauszeichnung des beginnenden Zweiten Weltkrieges bereits am 1. September 1939. Es war die dritte Erneuerung oder das „Wiederauflebenlassen“, wie es die preußischen Könige nannten, in der 126-jährigen Geschichte des Ordenszeichens. Nach dem preußischen König Wilhelm I., der das Eiserne Kreuz 1870 zum ersten Mal „wieder aufleben ließ“, folgte ihm sein Enkel König Wilhelm II. 1914 mit gleicher Sprachregelung. Das Eiserne Kreuz war bis zur hitlerschen Vereinnahmung eine preußische Tapferkeitsauszeichnung. Der klassischen Abstufung des EK von II. und I. Klasse sowie Großkreuz ließ Hitler, der sich einmal mehr bei nationalen Symbolen deutscher Geschichte bediente, das „Ritterkreuz zum Eisernen Kreuz“ unter dem Großkreuz hinzufügen.

Während der Kriegsjahre gehörten Ritterkreuzträger zu den absoluten Volkshelden und Publikumslieblingen. Die Nazis schoben sie ins Rampenlicht der Öffentlichkeit, und die „Goldfasane“, wie das Volk die Parteibonzen nannte, sonnten sich im Ruhm der so Ausgezeichneten. Bei solchen Feierlichkeiten spielten die Reichskriegsflagge, der Wehrmachtsadler und das Eiserne Kreuz als Gestaltungselemente eine entsprechende Rolle.

Deutsches Kreuz in Gold im aufgeklappten Etui am Tage der Verleihung.

War das Eiserne Kreuz von 1939 noch dezent mit dem Hakenkreuz verziert, so wurde Hitler bei der Stiftung des „Kriegsordens des Deutschen Kreuzes“ im Oktober 1941 deutlicher. Auf dem „Spiegelei“, wie es die Landser respektlos betitelten, prangte ein übergroßes Hakenkreuz, das Symbol der Nazis für ihr Deutsches Kreuz. Die dafür zu erbringende „Tapferkeitsleistung“: mindestens viermal Tapferkeit in vorderster Linie, jeweils in der „Qualität“, die zur Verleihung des Eisernen Kreuzes I. Klasse geführt hätte, war nötig, um mit dem „Deutschen Kreuz in Gold“ ausgezeichnet zu werden. Von rd. 18,2 Millionen Soldaten der Wehrmacht, die im Laufe des Krieges eingezogen wurden, erhielten es 25 000.

Wenn es dann so weit war, diente die Reichskriegsflagge mit dem „kleinen“ Eisernen Kreuz im Obereck und dem „großen“ Hakenkreuz im Zentrum zur Ausschmückung der Ordensverleihung. Die Symbole der Flagge wiederholten sich am Hals als Ritterkreuz, auf der linken Brusttasche der Uniform als Eisernes Kreuz I. Klasse und auf der rechten Brusttasche als Deutsches Kreuz in Gold – bis die Orden – auf einem Samtkissen drapiert und von einem Kameraden getragen – vorwegmarschierten. Die Reichskriegsflagge über dem nachfolgenden Sarg des Gefallenen kam dann zur letztmaligen Verwendung ...

Jörg-M. Hormann

Symbole der Reichskriegsflagge auf der Brust eines Korvetten-Kapitäns: das Eiserne Kreuz als Ritterkreuz im Topp, Hakenkreuz als Deutsches Kreuz rechts und links die erste Klasse des Eisernen Kreuzes.

Nach dem Zweiten Weltkrieg (1945–1949)

Um eine weiße Fahne geschart. alte Männer und Frauen im zerstörten Nürnberg am 20. April 1945.

Bereits Wochen vor der militärischen Kapitulation Deutschlands am 7. Mai 1945 kämpften sich alliierte Truppen durch das Deutsche Reich Richtung Berlin. Nicht überall wehten ihnen zweckentfremdete Bettlaken als weiße Fahnen zum Zeichen des Ergebens entgegen. Hatten doch fanatische Nazis bis zu ihrer letzten Stunde dafür Tod und Verderben versprochen. In der „Fränkischen Zeitung" vom 14. April 1945 drohte Franz Holz (1895–1945), NSDAP-Gauleiter von Franken, sechs Tage vor seinem eigenen unrühmlichen Ende: „... Jeder Verräter und jede Verräterin, die weiße Fahnen hissen, verfallen unweigerlich dem Tode und werden aufgehängt! Jedes Haus, an dem weiße Fahnen hängen, wird gesprengt oder niedergebrannt. Dörfer, die gemeinsam weiße Fahnen hissen, werden niedergebrannt ...." Am 18. April besetzte die 3. US-Infanterie-Division Nürnberg. In der „Stadt der Reichsparteitage" verschanzte sich Gauleiter Holz mit einer kleinen Gruppe im „Palmenhofbunker" in der Nähe des Polizeipräsidiums. Zwei Tage später fand man dort seine Leiche, ob im Gefecht oder durch eigene Hand erschossen blieb unklar.

Im Zusammenhang mit weißen Fahnen ergab sich für Österreicher eine bemerkenswerte Situation. Nach ihrer Einverleibung in das Großdeutsche Reich im März 1938 galten in Österreich alle Flaggengesetze und Verordnungen wie im „Altreich". Mit Hakenkreuzflaggen gut ausgestattet und in Erwartung russischer oder amerikanischer Besatzer, schnitten flinke Hände die Hakenkreuzscheibe heraus, trennten die rote Flagge in der Mitte und nähten das jetzt überlebenswichtige Bettlaken dazwischen. Rot-weiß-rote

Wiener Heldenplatz am 15. März 1938. Gleich wird Adolf Hitler „die größte Vollzugsmeldung" seines Lebens abgeben. Hinter ihm die Vollstrecker und Schergen des Regimes: Martin Bormann, Heinrich Himmler (durch Wilhelm Keitel verdeckt), Ernst Kaltenbrunner, Reinhard Heydrich und Hans Heinrich Lammers.

österreichische Nationalfarben nahmen die Besatzer noch ein Stück wohlwollender auf als nur einen weißen Lappen. Die notdürftig eingefärbten rosaroten Halbkreise in den roten Streifen erzeugten wohl nur bei den Österreichern selbst klamme Gefühle in Erinnerung an einen 15. März 1938, an dem Hunderttausende auf dem Wiener Heldenplatz „Heil" schrieen als Adolf Hitler ihnen die „größte Vollzugsmeldung seines Lebens" erstattete.

Nach dem Kampflärm vorrückender Truppen auf deutschem Boden und der nachfolgenden Besetzung machte sich lähmende Unsicherheit in der Bevölkerung breit. In der lethargischen Situation nützte die überall angeschlagene „Proklamation Nr. 1" der Militärregierung Deutschland wenig, um in den zerbombten Städten und auf dem Land Stimmung für die Besatzer zu machen. Diese fühlten sich als Befreier der Deutschen vom Nazijoch und wunderten sich über Zurückhaltung statt Entgegenkommen. Das schlechte Gewissen vieler Deutscher, kolportiert mit dem sarkastischen Satz aus den letzten Monaten des Dritten Reiches: „Genießt den Krieg, denn der Friede wird furchtbar sein!", zeigte seine Wirkung. So prangte die Proklamation Nr. 1 „Einsetzung der Militärregierung" ab März 1945 von Hauswänden und Baumstämmen in den besetzten westlichen Reichsgebieten. Von den „United Nations" bereits am 18. September 1944 formuliert, regelte sie sowie die gleichzeitig herausgegebenen Verordnungen und Gesetze die juristischen Handlungsgrundlagen im Gebiet des zu besetzenden Deutschland. „An das Deutsche Volk: Ich, General Dwight D. Eisenhower, Oberster Befehlshaber der Alliierten Streitkräfte gebe hiermit Folgendes bekannt:

I. Die Alliierten Streitkräfte, die unter meinem Oberbefehl stehen, haben jetzt deutschen Boden betreten. Wir kommen als ein siegreiches Heer: jedoch nicht als Unterdrücker. In dem deutschen Gebiet, das von Streitkräften unter meinem Oberbefehl besetzt ist, werden wir den Nationalsozialismus und den deutschen Militarismus vernichten, die Herrschaft der Nationalsozialistischen Deutschen Arbeiter-Partei beseitigen, die NSDAP auflösen sowie die grausamen, harten und ungerechten Rechtsätze (Anmerkung: korrekt übersetzt meint dies Gesetze) und Einrichtungen, die von der NSDAP geschaffen worden sind, aufheben. Den deutschen Militarismus, der so oft den Frieden der Welt gestört hat, werden wir endgültig beseitigen. Führer der Wehrmacht und der NSDAP, Mitglieder der Geheimen Staats-Polizei und andere Personen, die verdächtigt sind, Verbrechen und Grausamkeiten begangen zu haben, werden gerichtlich angeklagt und, falls für schuldig befunden, ihrer gerechten Bestrafung zugeführt.

II. Die höchste gesetzgebende, rechtsprechende und vollziehende Machtbefugnis und Gewalt in dem besetzen Gebiet ist in meiner Person als Oberster Befehlshaber der Alliierten Streitkräfte und als Militärgouverneur vereinigt. Die Militärregierung ist eingesetzt, um diese Gewalten unter meinem Befehl auszuüben. Alle Personen in dem besetzten Gebiet haben unverzüglich und widerspruchslos alle Befehle und Veröffentlichungen der Militärregierung zu befolgen. Gerichte der Militärregierung werden eingesetzt, um Rechtsbrecher zu verurteilen. Widerstand gegen die Alliierten Streitkräfte wird unnachsichtlich gebrochen. Andere schwere strafbare Handlungen werden schärfstens geahndet.

III. Alle deutschen Gerichte, Unterrichts- und Erziehungsanstalten innerhalb des besetzten Gebietes werden bis auf Weiteres geschlossen. Dem Volksgerichtshof, den Sondergerichten, den SS Polizei-Gerichten und anderen außerordentlichen Gerichten wird überall im besetzten Gebiet die Gerichtsbarkeit entzogen ...“

Flaggenbesitz als Verbrechen

General Dwight D. Eisenhower (1890–1969), Oberster Befehlshaber der Alliierten Streitkräfte, und seine Stäbe hatten nicht nur die Proklamation Nr. 1 im Sturmgepäck, sondern auch die Verordnung Nr. 1, die in 43 Punkten Verbrechen und andere strafbare Handlungen definierte. Ganz vorn unter Punkt 6 der Verbrechen, auf die die Todesstrafe stand, rangierte Folgendes: „... Dies gilt auch für die Veröffentlichung und Verbreitung von Schriften und Drucksachen zugunsten der NSDAP oder einer sonstigen von den Alliierten Streitkräften aufgelösten oder verbotenen Organisation, für den Besitz solchen Materials zum Zwecke der Veröffentlichung und Verbreitung sowie für herausforderndes Schauen von Fahnen, Uniformen oder Abzeichen derartiger Organisationen ...“ Erst unter Punkt 7 kam die Tötung eines Angehörigen der alliierten Streitkräfte oder der Angriff auf einen solchen. Heute wird man zwar für den Besitz und das Zeigen von Nazirelikten nicht mehr mit dem Tode bestraft, aber das Interesse des Staatsanwalts ist einem immer noch sicher. Damals gehörte schon eine spezielle Art Mut oder Trotz dazu, seinen Offizierssäbel, in eine Reichskriegsflagge gewickelt und mit alten Tapeten zusammengerollt, oben, zwischen den Sparren eines Scheunendaches zu verstecken. „Zweimal haben die Engländer die Scheune durchsucht, aber keiner von denen hat mal nach oben gesehen“, versicherte ein Zeitzeuge, ehemaliger Major der Panzeraufklärer, beim Erzählen seiner Geschichte.

Zur Proklamation (Proclamation) Nr. 1 und Verordnung (Ordiance) Nr. 1 kam das Gesetz (Law) Nr. 1 der Militärregierung im „Supreme Commander’s Aera of Control“, Kontrollgebiet des Obersten Befehlshabers, vom 18. September 1944 hinzu: „Aufhebung nationalsozialistischer Gesetze. Um die Grundsätze und Lehren der NSDAP aus dem deutschen Recht und der Verwaltung innerhalb der besetzten Gebiete auszurotten, um für das deutsche Volk Recht und Gerechtigkeit wiederherzustellen und den Grundsatz der Gleichheit vor dem Gesetz wieder einzuführen, wird folgendes verordnet (...) Die folgenden nationalsozialistischen Grundgesetze, die seit dem 30. Januar 1933 eingeführt wurden, sowie sämtliche Ergänzungs- und Ausführungsgesetze, Vorschriften und Bestimmungen, verlieren hiermit ihre Wirksamkeit innerhalb des besetzten Gebietes: (a) Gesetz zum Schutze der nationalen Symbo-

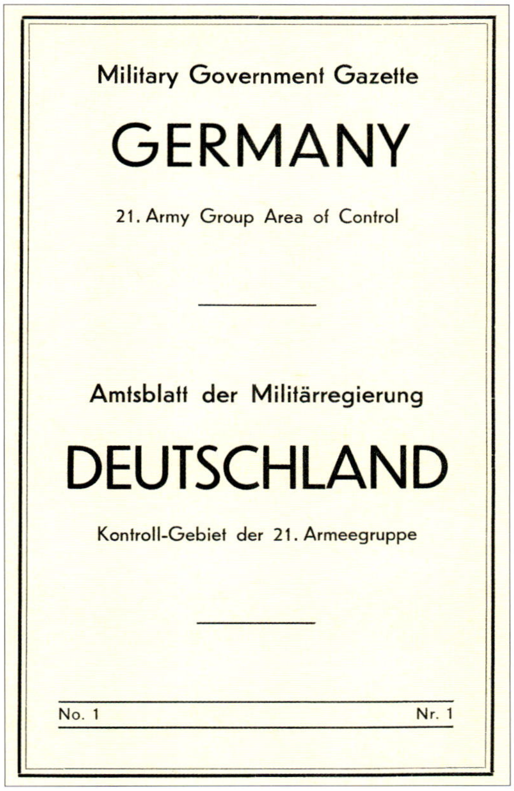
Military Government Gazette

GERMANY

21. Army Group Area of Control

Amtsblatt der Militärregierung

DEUTSCHLAND

Kontroll-Gebiet der 21. Armeegruppe

No. 1 Nr. 1

Deutschland fängt wieder von vorn an. Englisch-deutsches Amtsblatt Nr. 1 der Militärregierung mit zunächst 36 Seiten.

le vom 19. Mai 1933, (b) Gesetz gegen die Neubildung von Parteien vom 14. Juli 1933, (c) Gesetz zur Sicherung der Einheit von Partei und Staat vom 1. Dezember 1933, (d) Gesetz gegen heimtückische Angriffe auf Staat und Partei und zum Schutz der Parteiuniform vom 20. Dezember (e) Reichsflaggengesetz vom 15. September 1935 ....“ Die Reihenfolge der verbotenen Gesetze ist bemerkenswert, weil sie in erster Linie auf die „Ausrottung“ der Nazisymbolik in der Form von Abzeichen, Uniformen und Flaggen abzielte, und erst später folgten in der Aufzählung die menschenverachtenden „Nürnberger Gesetze“. In dem Kontrollratsgesetz, wiederum mit der Nr. 1 – betreffend die Aufhebung von NS-Recht vom 20. September 1945 – erfolgte dann eine erhebliche Erweiterung der aufgehobenen Nazigesetze. Offenbar benötigten die Alliierten Monate, um das urdeutsche und in diesem Fall auch noch verbrecherische Gesetzgestrüpp zu durchforsten.

Nach Hitlers Selbstmord am 30. April wollte Großadmiral Karl Dönitz (1891–1980) als Hitlers beerbter Nachfolger zuerst mit den Westalliierten über einen Waffenstillstand verhandeln. In Sachen Flagge hatte Dönitz in einem Geheimerlass noch am 11. April erklärt: „Die Ehre unserer Flagge an Bord ist uns heilig. Niemand denkt daran, sein Schiff zu übergeben. Lieber in Ehren untergehen. Das ist uns allen selbstverständlich ...“ Ob die Alliierten von der dönitzschen Scharfmacherei wussten, ist nicht bekannt. Auf keinen Fall wollten sie seine neue Regierungsgewalt als Reichskanzler akzeptieren. Einzig vollziehende Gewalt für die Alliierten war allein die Wehrmacht. So kam es mit einer Abordnung derselben zur Unterzeichnung der bedingungslosen Kapitulation im Hauptquartier General Eisenhowers, einer Berufsschule an der Rue Jolicœur im nordfranzösischen Reims am 7. Mai 1945.

An diesem Montagmorgen gegen 2.40 Uhr setzte Generaloberst Alfred Jodl (1890–1946), Chef des Wehrmachtführungsstabes, seine Unterschrift auf die Urkunde der bedingungslosen Kapitulation der deutschen Wehrmacht. Beobachtet vom neuen Oberbefehlshaber der Kriegsmarine, Generaladmiral Hans-Georg von Friedeburg (1895–1945) und Jodls Adjutanten, Generalmajor Wilhelm Oxenius. Als Termin für die Waffenruhe legte Eisenhowers Stabschef, Generalleutnant

Generaloberst Alfred Jodl (Mitte) setzt seine Unterschrift auf die Urkunde der bedingungslosen Kapitulation der deutschen Wehrmacht in Reims am 7. Mai 1945. Beobachtet von Generaladmiral Hans-Georg von Friedeburg (rechts) und Jodls Adjutanten, Generalmajor Wilhelm Oxenius.

Vor den Flaggen der Sieger und der SHAEF-Fahne. Reims, 7. Mai 1945, gegen 3.00 Uhr. General Eisenhower gibt die bedingungslose Kapitulation der deutschen Wehrmacht bekannt. Neben ihm der britische Luftmarschall Tedder.

Walter Bedell Smith (1895–1961), den 9. Mai 1945 ab null Uhr fest. Smith und der sowjetische Vertreter im Supreme Headquarters Allied Expeditionary Force (SHAEF), General Ivan Susloparow, formulierten die Kapitulationsbedingungen mit den von Dönitz autorisierten Unterhändlern Jodl und Friedeburg. Eisenhower weigerte sich, mit den Deutschen zu verhandeln, und blieb auch der Unterzeichnung der Urkunde fern. Von alliierter Seite unterschrieben die beiden alliierten Verhandlungsführer und als Zeuge der französische Generalmajor François Sevez (1891–1948). Danach gab Eisenhower eine kurze Erklärung ab, die über die Rundfunksender lief.

Mit der Unterzeichnung der Kapitulation bei den Westalliierten waren die Russen überhaupt nicht einverstanden.

Josef Stalin (1879–1953) erklärte verärgert in Moskau, dass eine Kapitulation nur in Anwesenheit des sowjetischen Oberkommandierenden Gültigkeit habe. Also wurde in Reims bedingungslos kapituliert und im Hauptquartier der 5. sowjetischen Stoßarmee in Berlin-Karlshorst am 8. Mai 1945 die Urkunde ratifiziert. Dazu flog die westalliierte Delegation unter Leitung des englischen Luftmarschalls Tedder (1890–1967), dem Stellvertreter Eisenhowers, von Reims nach Berlin und aus Flensburg holte eine amerikanische Maschine die deutschen Wehrmachtsvertreter, Generalfeldmarschall Wilhelm Keitel (1882–1946), Luftwaffen-Generaloberst Hans-Jürgen Stumpff (1889–1968) und Generaladmiral von Friedeburg ab. Kurz nach Mitternacht des 9. Mai kam es dann im Speise- und Festsaal des Offizierskasinos der Pionierkaserne in Karlshorst zur Ratifizierung des Dokuments. Für die Alliierten unterzeichneten Luftmarschall Arthur William Tedder, für den Obersten Befehlshaber der Alliierten Expeditionsstreitkräfte Marschall Georgij K. Schukow (1896–1974) als Oberkommandierender der Roten Armee und als Zeugen General Carl Spaatz (1891–1974), kommandierender General der Strategischen Luftstreitkräfte der Vereinigten Staaten, für die Amerikaner und General Jean de Lattre de Tassigny (1889–1952) als Oberkommandierender der Ersten Französischen Armee für die französische Seite.

Damit war der Zweite Weltkrieg in Europa beendet, und die Militärregierung der Alliierten begann. Als nächster Schritt folgte die Verhaftung der Mitglieder der letzten deutschen Reichsregierung um Karl Dönitz in Flensburg am 23. Mai 1945 und die Erklärung der politischen Kapitulation des Deutschen Reiches durch die Siegermächte am 5. Juni. An die Stelle der deutschen Reichsregierung trat der Alliierte Kontrollrat, bestehend aus den Oberkommandierenden der Besatzungsmächte mit Sitz in Berlin. Die Proklamation

Nr. 1 des Alliierten Kontrollrates betreffend seiner Einrichtung vom 30. August 1945 richtete sich: „An das Deutsche Volk (...) 1. Wie am 5. Juni 1945 erklärt, ist die Oberste Regierungsgewalt in Bezug auf Deutschland durch die Regierungen der Vereinigten Staaten von Amerika, der Union der Sozialistischen Sowjetrepubliken, des Vereinigten Königreiches und der Provisorischen Regierung der Französischen Republik übernommen worden. 2. Kraft der obersten Regierungsgewalt und Befugnisse, die die vier Regierungen auf diese Weise übernommen haben, wird der Kontrollrat errichtet, der als oberste Regierungsgewalt alle Deutschland betreffenden Angelegenheiten beraten soll ..."
Während der Kontrollrat sich für die Belange Deutschlands als Ganzem zuständig erklärte, konnten die Sieger in ihren jeweiligen Besatzungszonen nach eigenem Gutdünken schalten und walten. Die ehemalige Reichshauptstadt Berlin erklärten die Alliierten zum Sondergebiet und teilten sie in vier Besatzungssektoren. Gleiches geschah mit Österreich und seiner Hauptstadt Wien.

Internationale Signalflagge „C" als Doppelstander. Erkennungsflagge der Alliierten Kontrollbehörde (oben). CCG-Flagge der „Control Commission Germany", geführt von den „Revenue Cutter Commanders" im Zollgebiet der britischen Besatzungszone.

Signalflagge „C" für „Capitulate surrender"

Mit dem Kontrollratsgesetz Nr. 39 vom 12. November 1946 beendeten die Alliierten den flaggenlosen Zustand deutscher See- und Binnenschiffe seit der Kapitulation. Einmal davon abgesehen, dass die deutsche Handelsflotte durch Kriegseinflüsse und Reparationen auf einen minimalen Schiffsbestand zusammenschmolz, sattelten die Sieger mit einer demütigenden Flaggenregelung nochmals oben drauf. „... Sämtliche deutschen oder ehemals deutschen Schiffe, die der Alliierten Kontrollbehörde unterstehen, haben jederzeit die Erkennungsflagge der Alliierten Kontrollbehörde zu führen. Diese besteht aus der internationalen Signalflagge „C", aus der ein Dreieck herausgeschnitten ist. (...) Diese Flagge ist am Masttopp zu führen, oder bei Schiffen ohne Mast an der durch Brauch oder Gewohnheit bestimmten Stelle; sie ist ständig Tag und Nacht zu führen und als Erkennungsflagge anzusehen. (...) Dieser Flagge sind keine Ehrenbezeigungen zu erweisen, und sie ist nicht zum Gruß von Kriegs- oder Handelsschiffen irgendeiner Nation zu dippen. (...) Keine andere Erkennungsflagge darf von einem unter diesen Artikel fallenden Schiff geführt werden ..."
Die Strafandrohung für Kapitäne, die sich nicht an die verordnete Beflaggung hielten, ging von 300 Reichsmark bis zu fünf Jahren Gefängnis. Bei Binnenschiffen durfte das Erkennungszeichen auf die Schiffsseiten gemalt werden, und die Zonenbefehlshaber konnten anordnen, dass Binnenschiffe, die ausschließlich in ihrer Zone fuhren, gar keine „C"-Kennzeichen führten.
Das Kontrollratsgesetz Nr. 39 trat am 17. Januar 1947 in Kraft. Die Regelung galt nicht für beschlagnahmte Schiffe, die unter dem Befehl oder unter der unmittelbaren Kontrolle

Stars and Stripes mit deutschfarbigem Wappenschild „Good Conduct Badge“ für deutsche Angehörige der amerikanischen „Labour Service Unit-B“ von 1956.

Mützen- und Ärmelabzeichen der „German Minesweeping Administration“ (GM/SA) oder „Deutsche Minenräumdienstleitung“.

HEADQUARTERS US ARMY EUROPE
LABOR SERVICES DIVISION
OFFICE OF THE GERMAN LIAISON DIRECTOR

AM HEUTIGEN TAGE VOLLENDET

NEUNER, Karl-Heinz, ENC, LSU, LSSN 097

SEIN FÜNFTES JAHR IM DIENSTE DES LABOR SERVICE (GERMAN) BEI DER US NAVY.
AUS DIESEM ANLASS WIRD IHM HIERMIT
DER DANK UND DIE ANERKENNUNG
FÜR EINE ALLEZEIT TREUE UND PFLICHTBEWUSSTE DIENSTLEISTUNG AUSGESPROCHEN.

Heidelberg, den [illegible] Juli 1956

GERMAN LIAISON DIRECTOR

No. [illegible]

Seit 1951 im Minenräumdienst vor deutschen Küsten. Urkunde des „Good Conduct Badge“.

einer der Besatzungsmächte fuhren. Bemerkenswert war die Form der Flagge. Die Signalflagge „C“ des internationalen Signalalphabets hat eine rechteckige Form, die in der Streifenfolge der Nationalflagge von Costa Rica ähnelte. Aus der Hauptstadt San José kam Protest gegen diese Regelung, und die rechteckige Signalflagge wurde zum Doppelstander. Eine Flaggenform mit dreieckigem Einschnitt am fliegenden Ende, die besonders im militärischen Flaggengebrauch vorkommt. Ein militärischer Hintergrund spielte bei der Entscheidung für die Flaggenform eine größere Rolle als der Protest aus Costa Rica – zumal es kaum deutsch bereederte Handelsschiffe gab, die im internationalen Überseeverkehr hätten fahren können. Nach der bedingungslosen Kapitulation der deutschen Wehrmacht blieben einige Einheiten der Kriegsmarine zwar entwaffnet, aber weiterhin im Dienst. Bereits nach dem Ersten Weltkrieg mussten, gemäß den Waffenstillstandsvereinbarungen, deutsche Minensuchboote mit deutschem Personal Seeminen räumen. 1919 genehmigte die Entente cordiale der Reichsmarine ein zusätzliches Kontingent von 10 000 Mann – über den Personalbestand nach dem Versailler Friedensvertrag hinaus – zum Minenräumen. Nach dem Zweiten Weltkrieg waren die Bedingungen jedoch ganz anders. Deutschland verlor seine Nationalstaatlichkeit, und die Besatzungen deutscher Schiffe mussten unter Kontrolle der Alliierten den Doppelstander „C“ ertragen. Unter dieser Flagge räumten Besatzungen der ehemalige Kriegsmarine mit ihren Minensuchbooten etwa 600 000 Seeminen. Diese verseuchten rund 40 000 Quadratseemeilen der europäischen Küstengewässer. Mehr als 40 000 Minen wurden bis 1951 unschädlich gemacht, denen bei der gefährlichen Arbeit noch etwa 20 Minensuchboote und 400 ehemalige Marinemänner zum Opfer fielen.

In den unterschiedlichen Unterstellungsverhältnissen des deutschen Minenräumdienstes mit Angehörigen der ehemaligen Kriegsmarine spiegelten sich bereits die sich ändernden politischen Verhältnisse. Es entwickelte sich der „Kalte Krieg“ zwischen West und Ost. Engländer und Amerikaner organisierten 1945 die „German Minesweeping Administration“ (GM/SA) oder auch „Deutsche Minenräumdienstleitung“ (D.M.R.L.), und bis zum Herbst 1947 konnten alle Ankertausperren – als eine Teilaufgabe – geräumt werden.

Die Russen warfen nunmehr den westlichen Alliierten eine getarnte deutsche Wiederaufrüstung vor und verlangten die Auflösung der GM/SA. Die Engländer gaben nach und stellten am 1. Januar 1948 den „Minenräumverband Cuxhaven" auf. Er hatte zivilen Status und rekrutierte sich aus dem ehemaligen GM/SA-Personal. Die Amerikaner protestierten bei der Auflösung der GM/SA. Sie ließen in ihrem Bereich weiter unter „Stars and Stripes" mit deutschem Personal und ehemaligen Minensuchbooten der Kriegsmarine Minen räumen; in Bremerhaven entstand am 1. Januar 1951 die „Labour Service Unit-B" (LSU „B"). Sie bildete zusammen mit dem Seegrenzschutz des Bundesgrenzschutzes 1956 eine der personellen Grundlagen für die neu aufzustellende Bundesmarine.

Faktisch blieb der Doppelstander „C" Deutschland relativ lange erhalten. Er bekam seine weitere Existenzbestätigung durch ein Genehmigungsschreiben vom 12. Mai 1949, das die drei Militärgouverneure zum Grundgesetz für die Bundesrepublik Deutschland vom 23. Mai 1949 verfassten, denn dort besagte Artikel 123 Absatz 1: „Recht aus der Zeit vor dem Zusammentritt des Bundestages gilt fort, soweit es dem Grundgesetze nicht widerspricht."

Mit dem 3. Gesetz zur Aufhebung des Besatzungsrechts vom 23. Juli 1958 hörte der Doppelstander „C" formal auf zu existieren. In der DDR passierte dies schon einige Jahre früher mit dem Beschluss des Ministerrats der UdSSR über die Auflösung der Hohen Kommission der Sowjetunion in Deutschland vom 20. September 1955.

Neben den Booten der deutschen Minenräumer führten vor allen die deutschen Zollfahrzeuge an der Küste und den Flussmündungen der Unterelbe und Weser und später auf der zum Grenzfluss gewordenen Elbe den Doppelstander „C". Das Gesetz Nr. 161 der Militärregierung regelte die Grenzkontrollen seit der beginnenden Besetzung. Dies galt für die deutschen Grenzen mit Stand vom 31. Dezember 1937, und jeglicher Verkehr von Personen, Waren und Vermögen irgendwelcher Art nach Deutschland und aus Deutschland hinaus war verboten. Im Ermessen der Militärregierung lag die Bestrafung bei Grenzvergehen inklusive der Todesstrafe. In Zeiten von Schmuggel und Schwarzhandel zeigte sich der notwendige Handlungsbedarf für Zoll- und Grenzkontrollen sowie einen Grenzschutz sehr schnell.

Ab April 1946 kam der Dienstbetrieb deutscher Zöllner an der Küste wieder in Gang, und am 25. Mai fasste die englische Militärregierung die gesamte Grenzaufsicht in ihrer Zone zum „Zollgrenzschutz für die britische Zone" zusammen. Die Aufsicht lag bei der Militärregierung und entsprach militärischen Hierarchien. Der Controler General des Frontier Control Service hatte sein Hauptquartier in Oldenburg und später in Cuxhaven. Dann folgten auf der Zuständigkeitsskala Provincial Assistent Controler (P.A.C.), Deputy-Assistent Controler (D.A.C.) und auf den größeren Zollschiffen die Revenue Cutter Commander. Letztere gaben ihre Befehle direkt an die deutschen Zollkapitäne. Die R.C.C.s führten die blaue Flagge der Control Commission Germany (C.C.G.) bis 1950. Erstmals am 8. Februar 1950 flatterte dann die neue Bundesflagge am Heck der Zollboote, die am 18. April 1950 die Bundesdienstflagge ablöste.

Unter 48 Stars and Stripes mit deutschem Personal und Booten der Kriegsmarine im Minenräumdienst ab Bremerhaven. Flagge der „Labour Service Unit-B".

In den Besatzungszonen entstehen neue Länder

Bereits Anfang 1944 beschlossen die Alliierten, nach ihrem Sieg über Nazideutschland das Deutsche Reich in Besatzungszonen einzuteilen. Im 1. Zonenabkommen vom 12. September 1944 wurde die Grenze zwischen der Sowjetischen Besatzungszone und den Besatzungszonen der Westmächte festgelegt. Im 2. Zonenabkommen vom 14. November 1944 erfolgte die Grenzziehung zwischen der Britischen und der Amerikanischen Besatzungszone. Frankreich spielte bei den Besprechungen noch keine Rolle. Die Provisorische Regierung der Französischen Republik und ihre Streitkräfte unter dem Kommando von General Charles de Gaulle (1890–1970) erhielten erst später bei den Alliierten einen entsprechenden Besatzerstatus. Die Russen wollten sie nicht im Boot haben und waren erst einverstanden, nachdem die Franzosen mit Gebieten der vorgesehenen westalliierten Zonen zu bedienen waren. Erst als die französischen Truppen mit ihrer Rheinüberschreitung bei Philippsburg am 1. April 1945 und ihrem forcierten Einmarsch nach Württemberg hinein bis Stuttgart und in Richtung Österreich vollendete Tatsachen schufen, bekamen sie ihre eigene Besatzungszone. Dafür ergänzten die Alliierten ihr Zonenabkommen am 26. Juli 1945.

Im verbleibenden Deutschland ließen die Alliierten in ihren Besatzungszonen jetzt die Gründungen von Ländern in meist historischen Grenzen zu. Sie wollten ihrem proklamierten Willen der Zerschlagung zentralistischer Strukturen in Deutschland entsprechen und einen demokratischen Föderalismus entstehen lassen. Die Amerikaner agierten hier besonders schnell. In der Proklamation Nr. 2 der Militärregierung Deutschland für die Amerikanische Zone hieß es am 19. September 1945: „An das Deutsche Volk in der Amerikanischen Zone: Ich, General Dwight D. Eisenhower, Oberster Befehlshaber der Amerikanischen Streitkräfte in Europa, erlasse hiermit folgende Proklamation: Artikel I. Innerhalb der Amerikanischen Besatzungszone werden hiermit Verwaltungsgebiete gebildet, die von jetzt ab als Staaten bezeichnet werden; jeder Staat wird eine Staatsregierung haben. Die folgenden Staaten werden gebildet: GROSS HESSEN: umfasst Kurhessen und Nassau (ausschließlich der zugehörigen Exklaven und der Kreise Oberwesterwald, Unterwesterwald, Unterlahn und Sankt Goarshausen) und Hessen-Starkenburg, Oberhessen und den östlich des Rheines gelegenen Teil von Rheinhessen; WÜRTTEMBERG-BADEN: umfasst die Kreise Aalen, Backnang, Böblingen, Crailsheim, Eßlingen, Gmünd, Göppingen, Hall, Heidenheim, Heilbronn, Künzelsau, Leonberg, Ludwigsburg, Mergentheim, Nürtingen nördlich der Autobahn, Öhringen, Stuttgart, Ulm, Vaihingen, Waiblingen, den Landeskommissärbezirk Mannheim und die Kreise Bruchsal, Karlsruhe Stadt und Land und Pforzheim Stadt und Land; BAYERN: umfasst ganz Bayern, wie es 1933 bestand, ausschließlich des Kreises Lindau (...) Artikel III. 1. Jeder der hierdurch gebildeten Staaten hat unter Vorbehalt der übergeordneten Machtbefugnis der Militärregierung volle gesetzgebende, richterliche und vollziehende Gewalt, soweit deren Ausübung nicht mit früher und zukünftig getroffenen Maßnahmen des Kontrollrates für Deutschland oder einer von diesem errichteten zentralen deutschen Behörde im Widerspruch steht. 2. Bis zu diesem Zeitpunkt, an dem die Schaffung demokratischer Einrichtungen möglich sein wird, genügt es für die Gültigkeit staatlicher Gesetzgebung, daß sie von dem Ministerpräsidenten genehmigt und verkündet wird. Artikel IV. Die Befugnis zur Gesetzgebung und zur Ausübung anderer Regierungsgewalten durch Regierungspräsidenten, Landräte, Bürgermeister und andere Beamte örtlicher Verwaltungen wird in dem folgenden Umfange anerkannt: Diese Befugnisse stehen den vorgenannten Beamten nach Maßgabe des deutschen Rechts zu, wie es zur Zeit der Besetzung in Kraft war und wie es zur gegebenen Zeit durch den Kontrollrat für Deutschland oder durch die Militärregierung oder mit deren Genehmigung abgeändert worden ist oder abgeändert wird. Außerdem haben sie die Befugnisse, die notwendig oder angemessen sind, um die Aufgaben, deren Erledi-

gung ihnen von der Militärregierung übertragen wird, zu erfüllen.
Dwight D. Eisenhower, General of the Army, U.S.A., Oberster Befehlshaber der Amerikanischen Streitkräfte in Europa".

Die Amerikaner gingen die Umgestaltung Deutschlands mit schnellem Tempo an. Nach zwei Jahren wollten sie sich als Besatzer aus Deutschland bereits wieder zurückziehen. Kurz nach der Proklamation zur Bildung eigenständiger Länder ernannte Eisenhower die ersten Ministerpräsidenten, die bis zur Bildung einer verfassungsgemäßen Regierung des jeweiligen Landes im Amt blieben und natürlich auch wiedergewählt werden konnten. Als Erstes gaben sich die Länder ihre Verfassungen, und dort legten sie in der Regel auch ihre Landesfarben fest. Häufig folgte das Landeswappen erst später.

In Bayern zu Beispiel ernannten die Amerikaner Dr. Fritz Schäffer (1888–1967) zum Ministerpräsidenten eines ersten Bayerischen

Aufgeteilt in Besatzungszonen: Deutschland und Österreich nach dem Zweiten Weltkrieg.

Landeswappen und Landesfarben der ersten Stunde. Zwei Jahre nach dem Zweiten Weltkrieg: Links Hessen und daneben Bayern. Zwei Länder der amerikanischen Besatzungszone.

Kabinetts vom 28. Mai bis 28. September 1945. Ihm folgte als ernannter Ministerpräsident Dr. Wilhelm Hoegner (1887–1980) von der SPD, bis zur Bildung einer verfassungsmäßigen Regierung am 21. Dezember 1946, die dann Dr. Hans Ehard (1887–1980) von der CSU, der erste gewählte Ministerpräsident, führte. Bereits die verfassunggebende Versammlung legte die Landesfarben und die Landesflaggen des Freistaates Bayern am 2. Dezember 1946 fest. Übrigens beinhaltet die bis heute verwendete und oft bekrittelte Bezeichnung „Freistaat" keine bayerischen Sonderrechte, sondern ist lediglich die Übersetzung des Wortes „Republik" ins Deutsche.

Ähnlich schnell wie in Bayern liefen die verfassunggebenden Prozesse in den weiteren Ländern des amerikanischen Sektors ab. Württemberg-Baden erhielt am 25. November 1946 seine verfassungsmäßige Regierung, Groß-Hessen folgte am 1. Dezember 1946 mit der Annahme seiner Verfassung und hieß fortan nur noch Hessen. Dort legte das Gesetz über die Hoheitszeichen des Landes Hessen vom 4. August 1948 Landeswappen und Landesflagge fest.

Die Amerikaner benötigten für ihre Versorgung einen leistungsfähigen Seehafen, und da bot sich Bremen mit Bremerhaven in der Britischen Zone an. Mit gleichem Ansinnen bekamen die Engländer Hamburg. Weiterhin forderten die Briten eine territoriale Länderzusammenfassung als Neugründung. Gegen einige Widerstände wurde aus Hannover, Oldenburg, Braunschweig und Schaumburg-Lippe das Land Niedersachen. Schleswig-Holstein blieb in seinen Grenzen unverändert, und Nordrhein-Westfalen komplettierte die britische Besatzungszone.

In der französischen Zone entstanden die Länder Rheinland-Pfalz, Baden und Württemberg-Hohenzollern. Was die Briten mit der Länderzusammenlegung in Niedersachsen sofort erledigten, sollte in den württembergischen Landen erst 1952 vonstatten gehen. Gern hätte Frankreich das Saarland für sich beansprucht. Es blieb jedoch bis zur Abstimmung von 1957 autonom, allerdings in wirtschaftlicher Abhängigkeit zu Frankreich.

In der sowjetisch besetzten Zone (SBZ) entstanden die Länder Brandenburg, Mecklenburg, Sachsen, Sachsen-Anhalt und Thüringen.

Zunehmenden Dissonanzen der Westalliierten mit ihrem russischen Partner führten kontinuierlich zu sich verhärtenden Fronten bei den unterschiedlichen Vorstellungen der Zukunftslösungen für Deutschland und Europa und letztendlich zum „Kalten Krieg". Während die westlichen Zonen zusammenrückten, schotteten die Sowjets ihre SBZ wei-

Fast symbolisch für die politische Situation des Kontrollrates mit dem Austritt der Sowjets 1948: Drei finden zusammen und einer steht abseits. Tassen eines Galaservice für den Kontrollrat mit aufgebrannten Flaggen der Alliierten. Eine Fertigung aus der Porzellanmanufaktur Fürstenberg von 1946.

Dienstflagge der Republik Österreich mit dem Bundeswappen. Österreichische Flaggen haben ein 2 : 3-Verhältnis von der Höhe zur Breite.

ter ab. Aus der amerikanischen und britischen Zone bildete sich im September 1947 die Bizone, der im März 1948 die französische Besatzungszone zur Trizone beitrat – Grundlage der werdenden Bundesrepublik Deutschland des Jahres 1949. Im gleichen Jahr wird aus der sowjetisch besetzten Zone die Deutsche Demokratische Republik (DDR). 40 Jahre werden sich die freiheitliche föderative Demokratie und der real existierende Sozialismus, soziale Marktwirtschaft und Planwirtschaft, Kapitalismus und Kommunismus unnachgiebig gegenüberstehen.

Wie Deutschland war auch Österreich nach dem Zweiten Weltkrieg durch die Alliierten besetzt und in vier Besatzungszonen geteilt worden. Wie Berlin hatte auch Wien vier Besatzungssektoren. Österreich von Deutschland abzutrennen und nach zehn Jahren in die Souveränität zu entlassen, war von den Alliierten bereits in der Moskauer Deklaration vom 30. Oktober 1943 beschlossen worden. Österreich zählte bei den Alliierten zu den deutschen Besatzungsopfern der Gewaltherrschaft. So dauerte die Besatzungszeit nur bis zum Jahr 1955. Mit dem österreichischen „Staatsvertrag betreffend die Wiederherstellung eines unabhängigen und demokratischen Österreich, gegeben zu Wien am 15. Mai 1955“ erfolgte der Schlussstrich unter die Gemeinsamkeiten einer viele hundert Jahre dauernden deutsch-österreichischen Geschichte. Im Wiener Schloss Belvedere unterzeichneten die alliierten Besatzungsmächte und die österreichische Regierung den Staatsvertrag, der am 27. Juli 1955 offiziell in Kraft trat und der das Land mit voller Souveränität ausstattete, auf die Deutschland noch Jahrzehnte warten musste.

Jörg-M. Hormann

Aktuelles Bundeswappen der Republik Österreich mit gesprengter Eisenkette an den Fängen des Adlers als Symbol der wieder errungenen Unabhängigkeit seit 1945.

Die Deutsche Demokratische Republik (1949–1989)

Stierkopf ohne Krone. Mecklenburger Banner mit verfassungsgemäßen Farben und inoffiziellem Wappen von 1950.

Nach der Übernahme der Regierungsgewalt in Deutschland durch die alliierte Militärregierung am 5. Juni 1945 und der Bildung des Alliierten Kontrollrates setzten die Sowjets für den Bereich ihrer Besatzungszone die Sowjetische Militäradministration in Deutschland (SMAD) ein. Sie begann in der Karlshorster Pionierkaserne in Berlin ab 9. Juni 1945 zu agieren. Genau einen Monat später verfügte die SMAD die Gründung der Länder Mecklenburg, Sachsen und Sachsen-Anhalt sowie der Provinzen Brandenburg und Thüringen innerhalb der sowjetisch besetzten Zone.
Eine aus Moskau verfügte Enteignungswelle, die Landbesitz mit Gebäuden und Inventar auf Flächen von mehr als 100 Hektar inklusive entschädigungslos ins Volksvermögen – zur Umverteilung an „Neubauern" – überführte, ließ bereits ahnen, welche politische Richtung sich in Ostdeutschland anbahnte. Diese Bodenreform zur „Liquidierung des feudalen und junkerlichen Grundbesitzes" erfolgte durch fünfköpfige Kommissionen auf den verschiedenen Verwaltungsebenen der bereits arbeitenden Provinz- und Landesverwaltungen der Länder in der SBZ.
Die Länder erhielten im Herbst 1945 von der SMAD dann die Vollmacht, eigenständig Gesetze und Verordnungen zu erlassen. Ab dem 22. Oktober 1945 begann man dort, sich auch über Landesfarben und -wappen sowie Flaggenführung Gedanken zu machen.

Land Mecklenburg: amputierte Landesbezeichnung

Zum Zeitpunkt der militärischen Kapitulation Nazideutschlands am 8. Mai 1945 trafen sich russische, englische und amerikanische Streitkräfte auf der Linie Wismar–Schwerin–Ludwigslust–Grabow–Elde–Elbe–Dömitz in Mecklenburg. Wenige Wochen später zogen sich die westalliierten Truppen hinter die Westgrenze Mecklenburgs zurück. Nach dem Befehl Nr. 5 der SMAD vom 9. Juli 1945 war „eine Landesverwaltung für das Verwaltungsgebiet Mecklenburg zu bilden, in dessen Grenzen der Westteil von Pommern – Stadt Stettin ausgenommen – eingeschlossen werden sollte". Nach der Potsdamer Konferenz verblieb Vorpommern im Bereich der SBZ. Die von der sowjetischen Administration ernannte Landesregierung bezeichnete sich dann als „Landesregierung von Mecklenburg-Vorpommern", was die SMAD eigentlich verhindern wollte und Anfang 1947 die Streichung Vorpommerns aus der Landesbezeichnung befahl. Als preußische Provinz, in Erblast mit preußischem Militarismus, war „Pommern" nach dem Willen der Sowjets aus dem Bewusstsein der Bevölkerung zu tilgen.
1946 erfolgten die ersten Landtags-, Kreis- und Gemeindewahlen in Mecklenburg-Vorpommern – mit knapper Mehrheit für die SED – und die Bildung der ersten Nach-

kriegsregierung. Das Land Mecklenburg übernahm die alten Farben Blau-Gelb-Rot und machte sie durch die Verfassung des Landes Mecklenburg vom 16. Januar 1947 rechtlich verbindlich. Zu einer gesetzlichen Regelung der Landeswappen und Landesflagge kam es in Mecklenburg bis zur Auflösung des Landes 1952 allerdings nicht. Es gab zwar eine Reihe von Gesetzesentwürfen für die zukünftigen Wappen und Flaggen des Landes, und es wurde auch geflaggt, doch dies alles hatte keine gesetzliche Regelung. Nach Aufhebung der Länderstruktur und Neugliederung der DDR im Jahre 1952 verteilte sich das Land Mecklenburg auf die drei DDR-Nordbezirke Rostock, Schwerin und Neubrandenburg. Vorpommern ging in den Bezirken Rostock, Neubrandenburg und Frankfurt/Oder unter.

Land Sachsen: Hort der Beständigkeit in Flaggenfragen

Während der Novemberrevolution von 1918 trat der seit 1904 regierende sächsische König Friedrich August III. zurück und gab den Revolutionären einen markigen Satz mit auf den Weg. „Machd doch eiern Drägg aleene!“ avancierte zum gern gebrauchten Sprichwort in Trotzsituationen. In der Verfassung des Freistaates Sachsen vom 1. November 1920 wurden in Artikel 1 die Landesfarben mit Weiß-Grün festgelegt. Dann vereinfachte der Freistaat Sachsen das kleine Staatswappen – immerhin seit 1806 in Gebrauch – durch Beseitigung der monarchischen Abzeichen wie Krone, Löwen, Ordensband und Devise zum Landeswappen. Es blieb der neunmal von Schwarz und Gold geteilte Sachsenschild mit dem schräg darüber gelegten grünen Rautenkranz – bis heute. Denn während der Zeit der Weimarer Republik, von 1945 bis 1952 als Land Sachsen der sowjetisch besetzten Zone und späteren DDR und ab 27. Mai 1992 (Verfassung des Freistaates Sachsen) änderte sich bei Landesfarben und Wappen nichts.
Nach der Einsetzung der „Landesverwaltung Sachsen“ durch die SMAD am 6. Juli 1945 erfolgte die erste Landtagswahl im Oktober 1946, die eine von der SED dominierte Landesregierung ergab, wie auch die nächsten Wahlen bis 1952. Nach der Gründung der Deutschen Demokratischen Republik im Oktober 1949 war Sachsen ein Land in der DDR. Mit seiner Auflösung ab Juli 1952 wurde das Territorium in die neuen DDR-Bezirke Chemnitz (seit 1953 Karl-Marx-Stadt), Dresden und Leipzig geteilt. Das 1945 Sachsen zugeordnete niederschlesische Gebiet kam zum Bezirk Dresden. Mit dem Land Sachsen verschwanden auch Landesfarben und Landeswappen als staatliche Hoheitszeichen, die von Emblemen der DDR ablöst wurden.

Seit 1919 bis heute Sachsens Landeswappen. Nur unterbrochen durch die Zeiten des Nazi- und DDR-Regimes.

Land Sachsen-Anhalt: kein Platz im Wappen für Anhalt

Die preußische Provinz Sachsen teilten die Nazis im Juli 1944 in die Provinzen Magdeburg und Halle-Merseburg auf. Nach Ende des Zweiten Weltkrieges befahlen die russischen Besatzer am 23. Juli 1945 ihre Wiederzusammenlegung und Vereinigung mit dem Freistaat Anhalt zur neuen „Provinz Sachsen“. Per Landtagsbeschluss vom 3. Dezember 1945 erfolgte die Änderung der Landesbezeichnung in „Provinz Sachsen-Anhalt“. Nach der Auflösung des Staates Preußen durch den Alliierten Kontrollrat im Februar 1947 wurde die Provinz Sachsen-Anhalt mit Billigung der SMAD am 21. Juli 1947 als Land Sachsen-Anhalt konstituiert, das bis 1952 bestand und dann in den DDR-Bezirken Halle und Magdeburg aufging.
Nach der Landesverfassung vom 10. Januar 1947 blieben die Landesfarben traditionell Schwarz-Gelb, und am 14. Dezember 1947 erfolgte die Verabschiedung eines Wappengesetzes. Das neue Landeswappen ließ den Landesteil Anhalt unberücksichtigt und lehnte sich an das Wappen der ehemaligen preußischen Provinz Sachsen an.
Sein Halbrundschild, neunmal geteilt – jedoch in Abänderung der preußischen Farb-

Landeswappen von Sachsen-Anhalt in den Jahren von 1947 bis 1952. Sächsischer Schild mit Hammer, Schlegel und Ähren.

Banner des Freistaates Sachsen (links) – unverändert auch im Land Sachsen der SBZ und DDR bis 1952 gültig. Beim Banner der Provinz Sachsen, heute Land Sachsen-Anhalt, wurde lediglich der Schildkopf mit preußischem Adler durch Getreideähren sowie Hammer und Schlegel ersetzt.

reihenfolge Schwarz-Gold – belegte der sächsische, grüne Rautenkranz. Statt des weggefallenen Schildhauptes mit dem preußischen Adler krönten den Schild nun im Halbrund drei goldene Ähren, die mittlere stehend, die seitlichen nach rechts und links liegend. Zwischen den Ähren ragten rechts ein schwarzer Schlegel und links ein schwarzer Hammer heraus, die Stiele von zwei grünen Lorbeerblättern begleitet.
Nach einer Durchführungsverordnung zum Wappengesetz ergingen am 5. August 1949 Bestimmungen über die Siegel und zur Flaggenführung an Dienstkraftwagen. Danach führten der Präsident des Landtages, der Ministerpräsident und die Fachminister eine rechteckige Standarte (32,5 x 22 cm) in den Landesfarben Schwarz und Gelb mit dem Landeswappen in der Mitte und dem Schriftzug „Sachsen-Anhalt" im gelben Feld.

Provinz Brandenburg: bloß keine historischen Bezüge

Bei der Neuordnung Preußens nach den Befreiungskriegen behielt die Provinz Brandenburg ihr traditionsreiches Wappen. Nach der „Verordnung wegen des königlichen Titels und Wappens" vom 9. Januar 1817 stellte es „... im silbernen Feld einen rothen Adler mit goldenen Kleestengeln auf den Flügeln, goldenem Schnabel und goldenen Krallen" dar. Durch Anordnung des Ministers des königlichen Hauses vom 2. April 1824 wurden die ehemals nur der kurfürstlichen Standarte beigegebenen Insignien Kurhut, Zepter und Schwert, die seit der Bildung des Deutschen Bundes politisch bedeutungslos geworden waren, auch dem Provinzialwappen hinzugefügt. Es folgte noch die Zufügung des Erzkämmererstabes im Jahre 1864. In dieser Form blieb das Wappen bis 1945 gültig.

Das traditionelle Brandenburger Wappen der Hohenzollern bis 1945.

Nach dem Zweiten Weltkrieg sollte nichts mehr an alte Zeiten erinnern, und mit dem Beschluss des Präsidiums der Provinzialverwaltung vom 24. Oktober 1945 musste sich die Bevölkerung mit einer völlig ungewohnten Optik des neuen Wappens abfinden. Die zeitgenössische Symbolerläuterung las sich wie folgt: „... Es ist ein von einem Bande mit der Aufschrift ‚Mark Brandenburg' umschlossener roter Schild mit weißem Querbalken. Als Urbild der Kraft und Verkörperung des Aufbauwillens steht eine stilisierte Eiche im Mittelpunkt des Schildes. Sie wird vom Licht der aufgehenden Sonne als dem Sinnbild hoffnungsfroher Zukunft umstrahlt. Die Vergangenheit der Provinz ist in den Farben der Stadt Brandenburg Blau-Weiß-Grün in einem oberhalb angeordneten Schild angedeutet, während die unterhalb des Balkens angebrachte Jahreszahl ‚1945' die Zeitenwende der Gegenwart zum Ausdruck bringt."

Ungeliebte Neukreation eines Brandenburger Wappens von 1945 bis 1952: Landeswappen des DDR-Landes Brandenburg.

Auch die traditionellen, seit 22. Oktober 1882 geführten rot-weißen Landesfarben waren den neuen Machthabern nicht genehm. An ihre Stelle traten rot-weiß-rote Farben vergleichbar den österreichischen Farben. Mit der Auflösung des Landes Brandenburg 1952 verschwanden Flagge und Wappen, und beim Wiederaufleben als neues Bundesland hatte das wenig populäre Wappen überhaupt keine

Brandenburger Landesflagge – ein wenig österreichisch – von 1945 bis 1952.

Dienstflagge des DDR-Landes Brandenburg von 1945 bis 1952.

Chance, auch nur in Erwägung gezogen zu werden. Brandenburg führte 1992 die Tradition des roten Adlers weiter.

Provinz Thüringen: Goldener oder silberner Löwe? – Ist doch egal!

In der Frage eines Wappens für den Freistaat Thüringen kam es bereits 1921 im Landtag zu heftigen Kontroversen. Zunächst hatte die Regierung bereits acht Wochen nach ihrer Bestätigung am 18. Januar 1921 dem Landtag den „Entwurf eines Gesetzes über das Wappen und die Landesfarben Thüringens" zur Beschlussfassung zugeleitet. Danach sollte das Wappen als Symbol des Zusammenschlusses der thüringischen Einzelstaaten aus sieben silbernen Sternen auf rotem Grund gebildet werden. Ein zur Hälfte aufsteigender altthüringer, weiß und rot gestreifter Löwe bildete den Wappenkopf – die Ähnlichkeit zum US-amerikanischen Sternenbanner zwang sich auf und war auch gewollt. Schließlich galten die USA damals als Symbol der Demokratie.
Der Streit unter den Parlamentariern im thüringischen Landtag war heftig. Man lehnte die Aufnahme des Löwen, der als „Sinnbild der Raum- und Machtgier" betrachtet wurde, ab – feudale Symbole jedweder Art waren unerwünscht. Vielmehr sollten sich „Symbole der modernen gesellschaftlichen Arbeit"

Thüringische Landesflagge mit silbernen Sternen und goldenem Löwen von 1945 bis 1952.

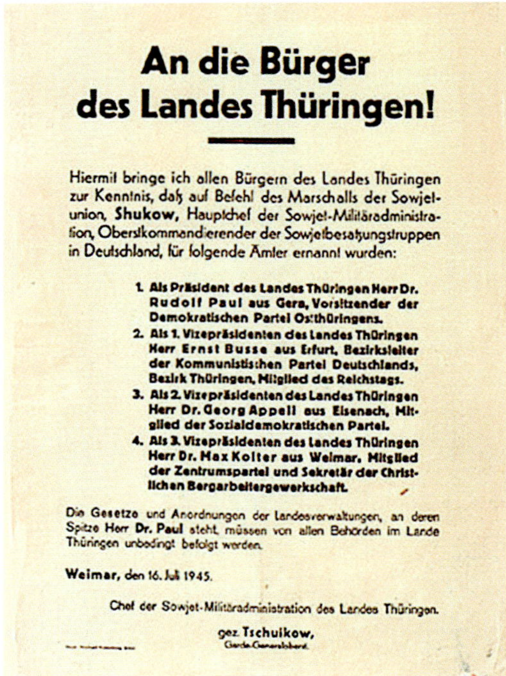

An die Bürger des Landes Thüringen!

Hiermit bringe ich allen Bürgern des Landes Thüringen zur Kenntnis, daß auf Befehl des Marschalls der Sowjetunion, **Shukow,** Hauptchef der Sowjet-Militäradministration, Oberstkommandierender der Sowjetbesatzungstruppen in Deutschland, für folgende Ämter ernannt wurden:

1. **Als Präsident des Landes Thüringen Herr Dr. Rudolf Paul aus Gera, Vorsitzender der Demokratischen Partei Ostthüringens.**
2. **Als 1. Vizepräsidenten des Landes Thüringen Herr Ernst Busse aus Erfurt, Bezirksleiter der Kommunistischen Partei Deutschlands, Bezirk Thüringen, Mitglied des Reichstags.**
3. **Als 2. Vizepräsidenten des Landes Thüringen Herr Dr. Georg Appell aus Eisenach, Mitglied der Sozialdemokratischen Partei.**
4. **Als 3. Vizepräsidenten des Landes Thüringen Herr Dr. Max Kolter aus Weimar, Mitglied der Zentrumspartei und Sekretär der Christlichen Bergarbeitergewerkschaft.**

Die Gesetze und Anordnungen der Landesverwaltungen, an deren Spitze Herr **Dr. Paul** steht, müssen von allen Behörden im Lande Thüringen unbedingt befolgt werden.

Weimar, den 16. Juli 1945.

Chef der Sowjet-Militäradministration des Landes Thüringen.

gez. **Tschuikow,**
Garde-Generaloberst.

Bekanntgabe der Ernennung von Rudolf Paul zum Präsidenten des Landes Thüringen durch den Chef der sowjetischen Militäradministration.

Wappen der Stadt Gera, Heimatstadt des Thüringischen Ministerpräsidenten. Der Löwe im Wappen soll Rudolf Paul zur Übernahme des Wappentiers in das thüringische Landeswappen motiviert haben.

im Wappen wiederfinden. All das gipfelte in einer Diskussion, die dann rund 25 Jahre später an gleicher Stelle nochmals stattfand. Am Ende hieß es im Gesetz vom 7. April 1921 lapidar: „Das Landeswappen bilden sieben silberne Sterne auf rotem Grund. Die Landesfarben sind weiß-rot."

Am 28. Juni 1945 schlug der von der amerikanischen Militärverwaltung eingesetzte erste Nachkriegs-Regierungspräsident Hermann Brill (1895–1959) im Regierungskollegium vor, das Wappen von 1921 wieder einzuführen und durch einen achten Stern für die dem neuen Land Thüringen eingegliederten preußischen Gebietsteile zu ergänzen. Dabei blieb es auch. Nachdem die sowjetische Militäradministration von Thüringen Besitz ergriff und sich die Amerikaner vertragsgemäß zurückzogen, wurde Hermann Brill seines Amtes enthoben. Am 16. Juli 1945 folgte ihm der Geraer Rechtsanwalt Rudolf Paul (1893–1978) als von der russischen Verwaltung eingesetzter Präsident des Landes Thüringen. Ihm wird die Rückkehr des Löwen auf den thüringischen Wappenschild zugeschrieben, weil ein solcher auf seinem Geraer Heimat- und Stadtwappen so dekorativ daherkam. Am 13. August 1945 erschien das Gesetz zum neuen Wappen Thüringens: ein in der „Urzeichnung goldener Löwe" auf rotem Grund, umgeben von acht silbernen Sternen. Der achte Stern stand für das preußische Erfurt, ab 1950 die Hauptstadt Thüringens.

Das Gesetz machte gegen alle heraldischen Beschreibungsregeln keine Angabe zur Farbgebung des Löwen, sodass es nicht verwunderte, wenn die wichtigste heraldische Figur später auch in Silber auftauchte – allerdings nur bis zum Jahre 1952, in dem das Land Thüringen von der DDR-Landkarte verschwand.

Eine Verfassung für ganz Deutschland als Vorgabe

Im März 1948 wähnte sich der Zweite Deutsche Volkskongress, dem auch Delegierte der westdeutschen Länder angehörten, noch in der Lage, für ganz Deutschland vorausdenken zu können. Auf seiner Tagung im Ostsektor von Berlin berief er einen Volksrat, der eine Verfassung für ganz Deutschland, für eine „Deutsche Demokratische Republik", erarbeiten sollte. Wilhelm Pieck (1876–1960) übernahm den Vorsitz des Volksrates, und Otto Grotewohl (1894–1964) leitete den federführenden Verfassungsausschuss. Grotewohl, angesehener SPD-Politiker der Weimarer Republik und Braunschweiger Landesminister, gehörte zu den Verfolgten des NS-Regimes. Nach seiner Einbestellung zu den Russen nach Berlin-Karlshorst verlor er seinen gesellschaftlichen SPD-Kontext und schwenkte auf die politische Linie der Kommunisten stalinistischer Prägung ein. Der Händedruck von Wilhelm Pieck (KPD) und Otto Grotewohl (SPD) auf dem Vereinigungsparteitag von KPD und SPD zur SED (Sozialistische Einheitspartei Deutschlands) im Berliner Admiralspalast – dem späteren Metropol-Theater – am 21. April 1946 geriet zum Symbol der zukünftigen Einheitspartei der DDR auf Flaggen, Abzeichen, Briefmarken usw.

Im Oktober 1948 lieferte Grotewohl sein Arbeitsergebnis ab, das auf einem Verfassungsentwurf von 1946 fußte, den Funktionäre der SED kreiert hatten. Zu diesem Zeitpunkt hatten sich die Ereignisse bereits überschlagen. Als Reaktion auf die einseitig in den Westzonen und den Berliner Westsektoren durchgeführte Währungsreform der alliierten „Freunde" reagierten die Sowjets mit der Berliner Blockade ab dem 26. Juni 1948. Sie hatte noch kein voraussehbares Ende, als der Volksrat den ausgearbeiteten Verfassungsentwurf am 19. März 1949 akzeptierte. Sicher war jetzt allerdings, dass dieser Entwurf nicht für ganz Deutschland in Frage kam – der Eiserne Vorhang des Kalten Krieges begann sich zu schließen.

Erst recht war der gesamtdeutsche Zug abgefahren, als der Parlamentarische Rat in Westdeutschland am 23. Mai 1949 das Grundgesetz verkündete und damit die Bundesrepublik Deutschland konstituierte. Artikel 22 des Grundgesetzes lautet bis heute: „Die Bundesflagge ist schwarz-rot-gold". Nach den Wahlen zum 1. Deutschen Bundestag am 14. August wollte der 2. Deutsche Volksrat mitziehen. Er erklärte sich zur Provisorischen Volkskammer und setzte die Verfassung der Deutschen Demokratischen Republik in Kraft. Gleichzeitig rief der Ost-Berliner Magistrat Berlin zur Hauptstadt der DDR aus. Am 11. Oktober 1949 ernannte die Provisorische Volkskammer Wilhelm Pieck zum

Der Vereinigungshändedruck zwischen KPD und SPD zur SED, der Sozialistischen Einheitspartei Deutschlands, auf dem Parteiabzeichen.

Wie sich die Plakate im Stil gleichen: 20 Jahre zuvor sahen sie ähnlich aus. SED-Wahlplakat von 1948 aus der Provinz Sachsen.

Freies Deutschland im Bild

ORGAN DES NATIONALKOMITEES »FREIES DEUTSCHLAND«

Nr. 9 August 1944

Generalfeldmarschall Paulus – Oberbefehlshaber der Stalingrader Armee – erhebt seine Stimme für die Rettung Deutschlands, gegen Hitler

Deutschland muss sich von Adolf Hitler lossagen, und sich eine neue Staatsfuehrung geben, die den Krieg beendet und Verhältnisse herbeifuehrt, die es unserem Volke ermöglichen, weiter zu leben und mit unseren jetzigen Gegnern in friedliche, ja freundschaftliche Beziehungen zu treten.

Moskau, 8. August 1944

Paulus
Generalfeldmarschall

An das deutsche Volk und an seine kriegsgefangenen Kameraden in der Sowjetunion wandte sich Generalfeldmarschall Paulus mit folgendem Aufruf:

Bei Stalingrad hat die 6. Armee unter meiner Führung, dem Befehl Adolf Hitlers folgend, bis zum äußersten gekämpft in der Hoffnung, durch ihr Opfer der Obersten Führung die Möglichkeit zu schaffen, den Krieg zu einem für Deutschland nicht allzu ungünstigen Ende zu führen. Diese Hoffnung hat sich nicht erfüllt.

Die Ereignisse der letzten Zeit haben die Fortsetzung des Krieges für Deutschland zu einem sinnlosen Opfer gemacht. Die Rote Armee geht auf breiter Front vor und hat die Reichsgrenze in Ostpreußen erreicht. Im Westen haben Amerikaner und Engländer die deutsche Abwehr am Westflügel durchbrochen und gehen in den offenen französischen Raum vor. Weder im Osten noch im Westen verfügt Deutschland über Reserven, die die Lage wieder herstellen könnten. Die feindliche Überlegenheit in der Luft und zur See ist so erdrückend, daß die Lage dadurch noch aussichtsloser wird. Der Krieg ist für Deutschland verloren.

In diese Lage ist Deutschland trotz des Heldentums seiner Wehrmacht und des ganzen Volkes durch die Staats- und Kriegführung Adolf Hitlers geraten.

Dazu kommt, daß die Art, wie ein Teil seiner Beauftragten im besetzten Gebiet gegen die Bevölkerung vorgegangen ist, jeden wirklichen Soldaten und jeden wirklichen Deutschen mit Abscheu erfüllt und uns in der ganzen Welt schwerste Vorwürfe zuziehen muß.

Wenn sich das deutsche Volk nicht selbst von diesen Handlungen lossagt, wird es die volle Verantwortung für sie tragen müssen.

Unter diesen Umständen halte ich es für meine Pflicht, vor meinen kriegsgefangenen Kameraden und vor dem ganzen deutschen Volk zu erklären:

Deutschland muß sich von Adolf Hitler lossagen und sich eine neue Staatsführung geben, die den Krieg beendet und Verhältnisse herbeiführt, die es unserem Volke ermöglichen, weiter zu leben und mit unseren jetzigen Gegnern in friedliche, ja freundschaftliche Beziehungen zu treten.

Moskau, 8. August 1944

Paulus
Generalfeldmarschall

U. B.: Der Präsident des Bundes Deutscher Offiziere und Vizepräsident des Nationalkomitees „Freies Deutschland", General der Artillerie von Seydlitz, begrüßt Generalfeldmarschall Paulus als neues Mitglied des BDO und Mitkämpfer in der Bewegung „Freies Deutschland".

Zeitschriftentitel des „Nationalkomitees Freies Deutschland" mit schwarz-weiß-rotem Rand von 1944.

Otto Grotewohl (links) und Wilhelm Pieck am Rande der Feierlichkeiten anlässlich der Gründung der DDR im Oktober 1949.

ersten und einzigen Präsidenten der DDR. Ein Tag später wurde Otto Grotewohl zum Ministerpräsidenten bestimmt und die Verfassung der DDR von der Volkskammer bestätigt.

Was da in den ersten Sätzen der Urverfassung der DDR vom 7. Oktober 1949 – sie wurde in dem Bereich später mehrfach geändert – zu lesen stand, hatte moderate Züge in Sachen Demokratie und Menschenrechte: „Von dem Willen erfüllt, die Freiheit und die Rechte des Menschen zu verbürgen, das Gemeinschafts- und Wirtschaftsleben in sozialer Gerechtigkeit zu gestalten, dem gesellschaftlichen Fortschritt zu dienen, die Freundschaft mit anderen Völkern zu fördern und den Frieden zu sichern, hat sich das deutsche Volk diese Verfassung gegeben. (...) Artikel 1 (1) Deutschland ist eine unteilbare demokratische Republik; sie baut sich auf den deutschen Ländern auf. (2) Die Republik entscheidet alle Angelegenheiten, die für den Bestand und die Entwicklung des deutschen Volkes in seiner Gesamtheit wesentlich sind; alle übrigen Angelegenheiten werden von den Ländern selbständig entschieden. (3) Die Entscheidungen der Republik werden grundsätzlich von den Ländern ausgeführt. (4) Es gibt nur eine deutsche Staatsangehörigkeit. Artikel 2 (1) Die Farben der Deutschen Demokratischen Republik sind Schwarz-Rot-Gold. (2) Die Hauptstadt der Republik ist Berlin. Artikel 3 (1) Alle Staatsgewalt geht vom Volke aus ..."

Ganz vorn in der DDR-Verfassung rangierte also die Festlegung der Farben des Staates. Zu diesem Thema diskutierte der Verfassungsausschuss nicht allzu lange. Der Vorschlag von Walter Ulbricht, die Farben Schwarz-Weiß-Rot im Sinne des „Nationalkomitees Freies Deutschland" zu verwenden, kam wegen der historischen Last der Farben aus Kaiserzeiten sowie Flaggenstreit und Nazidiktatur nicht in Frage. Also wählte der Ausschuss um Grotewohl die Farben

Schwarz-Rot-Gold mit Bezug auf die Weimarer Republik und die Revolution von 1848 – Intentionen, die auch der Parlamentarische Rat für sich in Anspruch nahm. Die Väter des Grundgesetzes schrieben sie allerdings erst als Artikel 22 auf – in jenem Kapitel, das die Verhältnisse zwischen Bund und Bundesländern definierte. Die proklamierte Selbstständigkeit der fünf DDR-Länder dagegen, auch ganz vorn in der DDR-Verfassung zu finden, war das Papier nicht wert, auf dem sie verkündet wurde.

Nach der Auflösung der Länder mit ihren historischen Grenzen. Die DDR mit 14 Bezirken plus Ostberlin als Hauptstadt sowie insgesamt 217 Kreisen.

Die Länder müssen weg – sie stören Planwirtschaft und Staatskontrolle

In der weiteren Entwicklung zum kommunistischen Staatswesen störten die föderalen Strukturen. Allein der Begründungstext des DDR-Gesetzes, das zur Auflösung der ostdeutschen Länder führte, reicht in seiner Vordergründigkeit, um den zukünftigen „real existierenden Sozialismus“ des DDR-Staates zu erahnen. Dort hieß es im „Gesetz über die weitere Demokratisierung des Aufbaus und der Arbeitsweise der staatlichen Organe in den Ländern der Deutschen Demokratischen Republik“ vom 23. Juli 1952: „... Das noch aus dem kaiserlichen Deutschland stammende System der administrativen Gliederung in Länder mit eigenen Landesregierungen sowie in große Kreise gewährleistet nicht die Lösung der neuen Aufgaben unseres Staates. Der Staat des alten Deutschlands hatte nicht mit der Leitung der Wirtschaft zu tun, da die Fabriken, Werke und Gruben sowie die Banken einzelnen Großkapitalisten gehörten, die Profite aus der Ausbeutung der Werktätigen zogen. Der neue, wahrhaft demokratische Staat in der Deutschen Demokratischen Republik, der mit den großkapitalistischen Ausbeutern ein Ende gemacht hat, leitet im Auftrage des Volkes auch die Wirtschaft, die in Volkseigentum überging und den Interessen des Volkes dient. (...) Deshalb ist die alte administrative Gliederung, selbst mit den nach 1945 vorgenommenen Änderungen, jetzt zu einer Fessel der neuen Entwicklung geworden. Die örtlichen Organe der Staatsgewalt müssen deshalb so reorganisiert werden, dass der Staatsapparat die Möglichkeit erhält, den Willen der Werktätigen, der in den Gesetzen der Deutschen Demokratischen Republik zum Ausdruck gebracht ist, unverbrüchlich zu erfüllen und, gestützt auf die Initiative der Massen, eine Politik des werktätigen Volkes durchzuführen ...“
Das bedeutete nichts anderes als die staatliche Durchplanung der Wirtschaft und die Dauerkontrolle des Staates für alle Lebensbereiche seiner Bürger. Die Länder mussten sich mit der Neugliederung ihrer Gebiete in

Kreise, deren Abgrenzung wirtschaftlichen Erfordernissen zu entsprechen hatte und die die wirksame Anleitung und Kontrolle der staatlichen Organe in den Gemeinden gewährleistete, selbst auflösen. Um größere Verwaltungseinheiten zu erhalten, erfolgte die Zusammenlegung passender Kreise zu insgesamt 14 Bezirken mit Ostberlin als Hauptstadt; daneben gab es 217 Kreise, die mit historischen Landesgrenzen nichts mehr zu tun hatten. Zu guter Letzt hieß es im Gesetz: „... Die durch das Gesetz vom 19. Juli 1952 über den Staatshaushaltsplan 1952 für die Haushalte der Länder und Kreise für das Jahr 1952 bestätigten Einnahmen und Ausgaben sind vom Ministerrat auf die Bezirke und die neuen Kreise umzulegen ..." Damit war den Ländern der DDR auch die materielle Grundlage entzogen und ihre Existenz für viele Jahre ausgelöscht.

Hammer und Getreideähren – ein Staatswappen entsteht

Bei der Gründung der DDR ging es, was die Symbolik betraf, von Anfang an um Aspekte wie Alleinstellung, Abgrenzung, Erstanspruch usw. In den frühen Jahren der politischen, ideologischen und gesellschaftlichen Findung und Festigung der beiden deutschen Staaten ab 1949 bekam diese Auseinandersetzung um Symbole nationaler Identifikation die Qualität des bekannten Wettrennens zwischen Hase und Igel. Der eine war trickreich immer zuerst da, und der andere versuchte, mit aller Kraft aufzuholen. Bei der Ernsthaftigkeit der Symbolfindung verbieten sich natürlich solch trivialen Vergleiche, doch viele Bestrebungen im deutschen Staatsgründungsjahr 1949 zwingen, einen schmunzelnden Blick in diese Richtung zu lenken.

Oktober 1949. Entwurf für ein Staatswappen der DDR von Fritz Behrendt. Ähnlichkeiten mit dem späteren offiziellen Staatswappen sind bereits vorhanden.

Die Farbenwahl der Bundesflagge mit Schwarz-Rot-Gold gab der Parlamentarische Rat in Westdeutschland vor, zu der die ostdeutschen Politiker keine Alternative andenken wollten. Trotzig reklamierten sie für sich den politisch-gesellschaftlichen Alleinanspruch, diese historischen deutschen Farben der 1848er Revolution verwenden zu dürfen – weil dies bereits seit Mai 1948 in der SBZ Usus war. Bei der parallelen Festlegung eines Staatswappens war das nicht so einfach. Der bundesdeutsche „Igel" berief sich auf die Tradition der Weimarer Verfassung und war mit seinem Bundeswappen und Bundesadler bereits am 20. Januar 1950, mit dem Tag der Verkündung des Wappens, am Ziel. Jetzt begann der DDR-„Hase" erst richtig zu laufen. Einen Adler gab es im kommunistischen Gedankengebäude nicht. Dazu Herbert Gute (1905–1975), Schöpfer des späteren DDR-Wappens: „... ob es das Kaiserreich, die Weimarer Republik oder das Nazireich war – sie alle benutzten als Symbol einen Raubvogel! In dieser Richtung konnten sich unsere Gedanken nicht bewegen, denn wir hatten diese Staatsformen am eigenen Leibe erlebt." So Herbert Gute in seinem Manuskript „Die Entstehung des Emblems unserer Republik". Redevorlage anlässlich einer Feierstunde zum 25. Jahrestag der DDR, gehalten vor Offizieren der Militärakademie am 1. Oktober 1974.

Ein erster Entwurf des DDR-Wappens stammte von Fritz Behrendt. 1925 in Berlin geboren, emigrierte er 1937 mit seinen Eltern

Staatswappen von Jugoslawien. Es war für Fritz Behrendts Entwurf eines Wappens beispielgebend.

in die Niederlande. Noch 1945 von der SS inhaftiert, war er nach dem Krieg Mitbegründer des linksorientierten niederländischen Jugendverbandes. 1947 unterstützte er als Kommandant einer internationalen Jugendbrigade den Aufbau Jugoslawiens, wobei er Land und Menschen lieben lernte und „zum halben Jugoslawen“ wurde, wie Fritz Behrendt noch heute sagt. Auf Drängen der FDJ-Führung um Erich Honecker (1912–1994) kam er 1949 nach Ost-Berlin und arbeitete dort im Zentralrat der Jugendorganisation als Referent für Sichtwerbung. Anfang Oktober 1949 sprach ihn Honecker zwischen Tür und Angel auf dem Flur an, wo ihre Büros nebeneinander lagen: „Du Fritz, wir brauchen ein Wappen für uns, mach Dir doch mal ein paar Gedanken über ein Staatswappen!“
„Sehr viel länger als zehn Minuten hab ich für diese erste Arbeit, bei der ich auch das jugoslawische Wappen im Hinterkopf hatte, nicht gebraucht“, meint Fritz Behrendt heute (laut persönlichem Gespräch mit Fritz Behrendt). „Erich wollte dann den Entwurf zum ZK der Partei auf den Weg bringen, doch daraus wurde nichts.“ Von linientreuen Stalinisten misstrauisch beobachtet, unterstellten diese ihm politische Zellenbildung jugoslawischer Prägung innerhalb der FDJ. Fritz Behrendts Verhaftung durch die Staatssicherheit erfolgte im Dezember 1949, und er war einer der ersten politischen Gefangenen der jungen DDR. „Die Vorwürfe waren natürlich Quatsch, aber mir hat das ein halbes Jahr Einzelhaft eingebracht, wo die lieben Stasi-Genossen versuchten, mich als Titoisten zu entlarven. Erst als die Holländer drohten, sie würden diplomatische Konsequenzen ziehen, wenn ‚der Holländer‘ Behrendt nicht frei kommt, haben sie mich nach Amsterdam gehen lassen“, berichtet einer der renommiertesten Karikaturisten im Europa der letzten 50 Jahre. Auch heute zeichnet Fritz Behrendt noch täglich Karikaturen für die Weltpresse.
Hätte man Fritz Behrendt nicht ins Gefängnis gesteckt und seinen Entwurf weiter ausarbeiten lassen, wäre die folgende, mehr peinliche Phase in der Genese des DDR-Staatswappens wohl verhindert worden. Walter Ulbricht (1893–1973) veranlasste im August 1950 eine gedankliche Auseinandersetzung in der Kunsthochschule Berlin-Weißensee, die sich um ein Symbol für den „Fünfjahresplan“ zu bemühen hatte. Gerade vom Politbüro verabschiedet, sollte mit dieser propagierten Zielsetzung der Aufbau des „planmäßigen Sozialismus“, als Annäherung an das stalinistische System der UdSSR gestartet werden. Eine Woche hatten die jungen Studenten des Entwurfskollektivs um den stellvertretenden Direktor der Hochschule, Herbert Gute, Zeit. Bei der Vorlage ihrer grafischen Arbeit – eine große Ziffer Fünf vor Hammer und zwei Ähren – nickten die zuständigen Genossen des Zentralkomitees der SED. Beim Hinausgehen bemerkte Wilhelm Pieck zu Gute: „Ein neues Staatsemblem brauchen wir auch. Das Fünfjahresplan-Zeichen könnte die Grundlage sein.“ (Zitat aus obiger Quelle)
Dieser Meinung waren auch andere. „Auf einmal war ein Symbol da. Von irgendjemanden auf dem Umschlag einer Broschüre platziert, avancierte die Darstellung des Fünfjahreplanzeichens, jetzt ohne die Ziffer 5, zum vermeintlichen DDR-Wappen“, so ein Zeitzeuge der Vorgänge. Die erste mehr oder weniger offizielle Verwendung des Hammers mit zwei flankierenden Getreideähren als Symbol der Deutschen Demokratischen Republik konnte in ihrer puristischen Darstellung kaum überboten werden. Das war des ersten Arbeiter- und Bauernstaates auf deutschem Boden nicht würdig. Einige Monate nach Wilhelm Piecks Bemerkung ließ Ministerpräsident Otto Grotewohl Herbert Gute zu sich kommen. „Wir brauchen ein gültiges Emblem unseres Staates. Die bisherigen Lösungen erfassen nicht das Wesen unserer Deutschen Demokratischen Republik.“ Grotewohl, der nie die Abkürzung

Blanker Purismus. DDR-Staatswappen seit der Staatsgründung 1949 bis in die fünfziger Jahre hinein.

DDR benutzte, verwies einmal mehr auf das Abzeichen des Fünfjahresplanes und erteilte Gute den Auftrag zur Gestaltung eines Staatswappens. Zusammen mit seinem Freund und Grafiker Martin Hänisch machte sich dieser an die Arbeit.

Die Zeit drängte, zumal durch die Auflösung der Länder die Aufgaben überhandnahmen, die die Verwendung angemessener Hoheitssymbole erforderten. Die „Siegelordnung für die örtlichen Organe der Staatsgewalt“ vom 21. August 1952 gehörte auch dazu. Alle Ländersiegel der nun ehemaligen Länder der DDR kamen mit ihr in Fortfall. Dafür erhielten die Vorsitzenden der Räte der neuen Bezirke und Kreise, deren Stellvertreter und Sekretäre sowie ermächtigte Abteilungsleiter neue, runde Dienstsiegel. Sie trugen am Rand der oberen Hälfte die Aufschrift „Deutsche Demokratische Republik“ und am Rand der unteren Hälfte zum Beispiel die Aufschrift „Rat des Bezirkes“, dazu die Nummer des Siegels. In der Mitte befand sich das Emblem der DDR: Ährenkranz und aufrecht stehender Hammer.

Tagesausflug in den „real existierenden Sozialismus“. DDR-Siegel aus den 1970er-Jahren auf einer Quittung für die Aufenthaltsgenehmigung.

Herbert Gute, Professor an der Kunsthochschule Weißensee, Kunstsoziologe, Generalsekretär des Verbandes Bildender Künstler der DDR seit 1952, Mitglied der Staatlichen Kommission für Kunstangelegenheiten der DDR, also ein Kunstfunktionär der ersten Stunde im Arbeiter- und Bauernstaat, und von 1958 bis 1961 nebenbei auch Bürgermeister von Dresden, nahm für sich in Anspruch, geistiger Schöpfer des neuen DDR-Staatswappens zu sein. Seinen ideologischen Deutungsrahmen für die Symbolik des Wappens setzte der Grafiker Martin Hänisch in entsprechende Zeichnungen um. Die endgültige Reinzeichnung des Staatswappens stammte vom Gebrauchsgrafiker Professor Klaus Wittkugel (1910–1985).

Der ausgearbeitete Entwurf des Staatswappens der DDR vom Oktober 1952 zeigte den Hammer der Arbeiterklasse und Werktätigen: „Symbol der Arbeit, vor allem aber der Kraft und, wenn man so will, die Funktion: Nicht Amboss, sondern Hammer sein!“ Davor der Zirkel der Geistesarbeiter der Intelligenz. Ursprünglich hatten Gute und Hänisch ein Buch als Symbol vorgesehen. Doch Bücherlesen war schon lange nicht mehr das Privileg der Intelligenz.

Die Diskussion um das Ersatzsymbol im DDR-Wappen dauerte Monate. Etwas einfacher, aber schwierig genug gestaltete sich die Festlegung des Ährenkranzes, anfangs als Erntekranz in alter Bauerntradition geplant. Als Zeichen erfüllter Arbeit, der Fruchtbarkeit und des Wohlstandes, mit detaillierten Früchten grafisch gestaltet, gab es große Probleme bei der Umsetzung als signifikantes, rahmendes Element des Wappens. Es blieb schließlich beim stilisierten Ährenkranz, umschlungen von dem schwarz-rot-goldenen Band, dem Sinnbild der deutschen Ideale bürgerlicher Freiheit von 1848. Letzteres stand natürlich nicht im Deutungstext von Herbert Gute und schon gar nicht im Gesetzestext „... über das Staatswappen und die Staatsflagge der Deutschen Demokratischen Republik vom 26. September 1955“.

In der Bundesrepublik waren die Flaggen- und Wappenfragen bereits bis 1952 endgültig geklärt worden – jetzt zog die DDR nach: „... Das Staatswappen der Deutschen Demokratischen Republik besteht aus Hammer und Zirkel, umgeben von einem Ährenkranz, der im unteren Teil von einem schwarzrot-

Ährenkranz mit Hammer und Zirkel. Das Staatswappen der DDR versinnbildlichte zwischen dem 29.09.1955 und dem 31.05.1990, also knapp 45 Jahre lang, den „ersten Arbeiter- und Bauernstaat auf deutschem Boden".

goldenen Band umschlungen ist. (...) Die Staatsflagge der Deutschen Demokratischen Republik besteht aus den Farben Schwarz-Rot-Gold. Die Farben Schwarz-Rot-Gold sind in der Staatsflagge in drei gleich breiten Streifen angeordnet. Die Staatsflagge wird in der Weise geführt, dass der schwarze Farbstreifen oben, der rote Farbstreifen in der Mitte und der goldene Farbstreifen unten erscheint. Die Breite der Staatsflagge verhält sich zu ihrer Länge wie 3 : 5."
Hinsichtlich der Farben war das fast wörtlich der Text der „Anordnung über die deutsche Flaggen" vom 7. Juni 1950 aus Bonn. Parallel zur Standarte des Bundespräsidenten aus der obigen Anordnung legte sich die DDR ihre erste quadratische Präsidentenstandarte 1955 wie folgt zu: „... Der Präsident der Deutschen Demokratischen Republik führt eine Standarte. Die Standarte ist quadratisch, trägt in der Mitte auf rotem Grund das Staatswappen der Deutschen Demokratischen Republik, wird von den Farben der Deutschen Demokratischen Republik eingefasst und durch goldene Fransen abgeschlossen. Das Verhältnis des Wappens zur Standarte beträgt 1 : 2, das der Einfassung zur Standarte 1 : 20. (...) Alle mit dem Staatswappen und der Staatsflagge im Zusammenhang stehenden weiteren Fragen, insbesondere die Flaggenführung der See- und Binnenschiffe und die Schaffung von Dienstflaggen und Dienstwimpeln, regelt der Ministerrat der Deutschen Demokratischen Republik ..."

Standarte Wilhelm Piecks, des einzigen Präsidenten der DDR. Mit goldenen Fransen und Farbenrand nach dem Gesetz vom 26. September 1955. Nur geführt bis zu seinem Tod am 7. September 1960.

Vor seiner ersten Standarte – nach deutschen und internationalen Gepflogenheiten in quadratischer Form – führte der Präsident der Deutschen Demokratischen Republik die Staatsflaggen. Die ersten Versionen hatten nur einen Aufdruck. Im roten Streifen „Präsident" und im gelben Streifen „D.D.R.". Nach varianten Schrifttypen des Aufdrucks folgte die Version mit Hammer und Ähren als Wappen und dann die Vorwegnahme der Staatsflagge von 1959. Sie kam ab 1952 zum Einsatz.
Es war absehbar, dass man Unterscheidungsmerkmale für die Nationalflaggen benötigte, zumal sich im Ausland beim Flaggenge-

brauch zunehmend diplomatische Irritationen ergaben. Durch die bundesdeutsche Handhabung der „Hallstein-Doktrin“, nach der die Bundesregierung Staaten, die die DDR anerkannten, mit dem Abbruch der diplomatischen Beziehungen abstrafte, wurde ein diplomatisches Nebeneinander unmöglich. Auf bundesrepublikanischer Seite

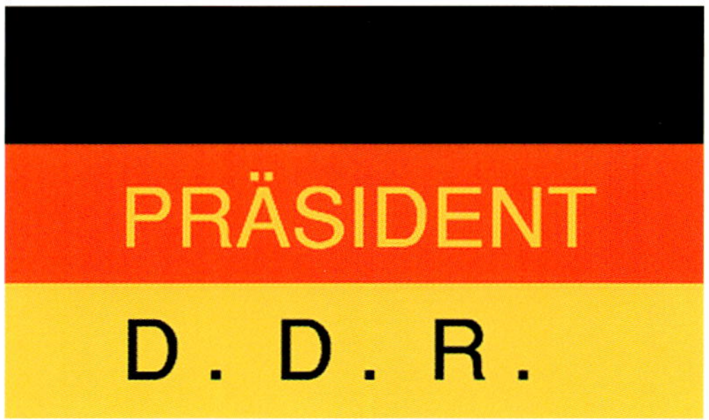

Bis 1955 führte der Präsident der DDR verschiedene Anwesenheitsflaggen (von oben nach unten): Form von 1949, DDR mit Punkten, Form ab 1950 mit gehaltvollerer Schrifttype; Form mit „Schlichtwappen“ etwa 1951 und die vierte Form mit dem neuen Staatswappen ab 1952. Noch zeigt der Zirkelschieber nach rechts.

dachte niemand daran, den festgeschriebenen Flaggenstatus zu ändern. Anders in der DDR. „Das Gesetz zur Änderung des Gesetzes über das Staatswappen und die Staatsflagge der Deutschen Demokratischen Republik vom 1. Oktober 1959“ ließ das Staatswappen ins Zentrum der schwarz-rot-goldenen Flagge wandern und zur neuen Staatsflagge werden: „... Die Breite der Staatsflagge verhält sich zu ihrer Länge wie 3 : 5. Der Durchmesser des Staatswappens verhält sich zur Länge der Staatsflagge wie 1 : 3.“ Verwechslungen im diplomatischen Denken und Handeln sollten jetzt ausgeschlossen sein. Am 6. Oktober wurde das DDR-Gesetz verkündet, und genau zehn Jahre nach der Gründung der DDR am 7. Oktober 1949 flatterte eine neue Staatsflagge über dem Land, die sich von der Bundesflagge unterschied.

Staatsflagge der DDR mit Staatswappen auf beiden Seiten. Sie kam als Abgrenzung zur Bundesrepublik Deutschland am 1. Oktober 1959 zur Einführung.

Beide Deutschlands forderten vom Ausland die Akzeptanz ihres jeweiligen Alleinvertretungsanspruches. Das öffentliche Zeigen der DDR-Staatsflagge in der Bundesrepublik Deutschland und West-Berlin rief bis Ende der 1960er-Jahre die Polizei auf den Plan. Den „Verstoß gegen Verfassung und öffentliche Ordnung“ hatte sie im Auftrag der Innenminister der Länder ab Oktober 1959 zu unterbinden. Erst 1969 verfügte die Bundesregierung, „... dass die Polizei nirgendwo

mehr gegen die Verwendung von Flagge und Wappen der DDR einschreiten soll".
Das Ende des Staatswappens kam mit einem Beschluss der einzigen – nach demokratischem Verständnis – frei gewählten Volkskammer der DDR am 31. Mai 1990. Innerhalb einer Woche mussten alle DDR-Staatswappen an öffentlichen Gebäuden innen und außen entfernt werden.
Doch zurück in das Jahr 1960. Am 7. September starb DDR-Präsident Wilhelm Pieck. Nach seinen Wiederwahlen durch die Volkskammer 1953 und 1957 befand er sich bei seinem Tod offiziell im Amt. Wegen seiner angegriffenen Gesundheit nahm er aber seit Mitte der 1950er-Jahre nur noch die notwendigsten Repräsentationsaufgaben wahr. Mit seinem Leichnam trugen seine Genossen auch das Präsidentenamt der DDR bei einem Staatsakt zu Grabe. Am 12. September präsentierten sie ihren Bürgern das „Gesetz über die Bildung des Staatsrates der Deutschen Demokratischen Republik": „Durch das Ableben des Präsidenten der Deutschen Demokratischen Republik, Wilhelm Pieck, hat die Bevölkerung unserer Republik und das ganze deutsche Volk einen großen und schmerzlichen Verlust erlitten. Getragen von der großen Verantwortung für die Erhaltung des Friedens, für die sozialistische Zukunft der Deutschen Demokratischen Republik, zur weiteren Festigung und Entwicklung der sozialistischen Gesellschaftsordnung und zur Wiedergeburt Deutschlands als friedliebender, demokratischer und einheitlicher Staat wird die Bildung des Staatsrates der Deutschen Demokratischen Republik beschlossen."
Am 4. Oktober 1960 verkündete ein Anpassungsgesetz zur neuen Entwicklung an der Regierungsspitze der DDR den Ersatz des Wortes „Präsident" durch „Vorsitzender des Staatsrates". Dies bezog sich auf das jetzt zur Geschichte gewordene Präsidentenamt und seine Standarte. Dafür gab es eine neue, und in § 4 des Anpassungsgesetzes ließ Walter Ulbricht, der neue Vorsitzende des Staatsrates und de facto Staatsoberhaupt der DDR, verkünden: „1. Der Vorsitzende des Staatsrates der Republik führt eine Standarte. 2. Die Standarte ist quadratisch, trägt in der Mitte auf rotem Grund das Staatswappen der Deutschen Demokratischen Republik und wird durch eine schwarz-rot-goldene Kordel eingefasst." Nach dem Tod Ulbrichts am 1. August 1973 führte Willi Stoph (1914–1999) bis 1976 und danach Erich Honecker (1912–1994) bis zum Ende der DDR diese Standarte des Staatoberhauptes.

Die goldenen Fransen sind ab. Standarte des Vorsitzenden des Staatsrates der DDR. Nach dem Tod Wilhelm Piecks Ersatz der Präsidentenstandarte für das nominelle Staatsoberhaupt der DDR.

Erst Walter Ulbricht und später Erich Honecker: Seit 1960 geballte Macht für Friedens- und Kriegszeiten unter der Flagge des Ersten Sekretärs des Zentralkomitees der SED und Vorsitzenden des Nationalen Verteidigungsrates der DDR.

Wer darf flaggen, wann und wo?

„Zur Herbeiführung eines geordneten Verfahrens bei der Beflaggung in der Deutschen Demokratischen Republik wird Folgendes angeordnet ..." Atmosphärisch dichter kann der Wille zur Ordnung im vermeintlichen Flaggendickicht einer flaggenfreudigen Bevölkerung, die kleine Fähnchen und große Flaggen aufzieht, wie sie will und kann oder auch nicht soll, kaum ausgedrückt werden. Wohlbemerkt: Es war das Jahr 1955 in der DDR und nicht die große Fußballweltmeisterschaftsparty im Deutschland des Jahres 2006. Freiwillig wollten seinerzeit nur wenige flaggen, also musste die staatstragende Aktion verordnet werden. Deshalb hieß es weiter im Text der Anordnung über die Beflaggung von Dienstgebäuden und Betrieben vom 28. September 1955: „... Alle Dienstgebäude der zentralen und örtlichen staatlichen Organe, der staatlichen Institutionen und Einrichtungen und die volkseigenen Betriebe sind ohne besondere Anweisung an folgenden Tagen zu beflaggen: am 1. Mai, dem Internationalen Kampf- und Feiertag der Werktätigen; am 8. Mai, dem Tag der Befreiung; am 7. Oktober, dem Tag der Gründung der Deutschen Demokratischen Republik; am 7. November, dem Tag der Großen Sozialistischen Oktoberrevolution. (...) Zu anderen als den genannten Anlässen erfolgt eine generelle Beflaggung nur auf Anweisung des Ministers des Innern. (...) Die Beflaggung zu besonderen Anlässen von örtlicher Bedeutung regelt der Rat des Bezirkes auf Vorschlag des Rates des betreffenden Kreises. (...) Die Beflaggung erfolgt mit der Staatsflagge der Deutschen Demokratischen Republik und der Fahne der internationalen Arbeiterbewegung. (...) Die Beflaggung beginnt um 7 Uhr und endet bei Eintritt der Dunkelheit. (...) Am 1. Mai, 8. Mai, 7. Oktober und 7. November beginnt die Beflaggung jeweils am Vortage um 12 Uhr und endet am nachfolgenden Tage um 7 Uhr." Diese Übernachtbeflaggung war ein echtes DDR-Novum und eine ungewöhnliche Regelung für Beflaggungstage.

DDR-Dienstflaggen – traditionell oder ganz anders

Bereits mit der „Anordnung über die deutschen Flaggen" vom 7. Juni 1950 gab es in der Bundesrepublik die Festlegung einer Dienstflagge für alle Bundesbehörden mit Ausnahme der Bundespostverwaltung, später Bundespostministerium. Bis heute ist die Bundesflagge, verziert mit dem Bundesschild, die Bundesdienstflagge. In der DDR konnte frühestens mit dem Gesetz über das Staatswappen vom 26. September 1955 gleichgezogen werden. Seit diesem Tag stand das Wappensymbol fest und hätte auf der Staatsflagge als Dienstflagge fungieren können. Doch die Aufwertung der Dienstflagge in die optische Richtung einer Staatsflagge war von der DDR-Führung nicht erwünscht. Sie billigte lediglich der „Deutschen Post"

Posthorn der Deutschen Post der DDR, wie es auf der Dienstflagge im roten Streifen geführt wurde. Die schwarz-rot-goldenen Streifen der Postdienstflagge waren im Gegensatz zur Bundespostflagge gleich breit.

eine schwarz-rot-goldene Dienstflagge mit Posthorn zu und verordnete für die übrigen Behörden den Dienstwimpel. So hieß es am 27. September 1955 in der Verordnung über die Führung von Dienstflaggen und Dienstwimpeln: „... Die Deutsche Post führt eine Dienstflagge. Die Farben der Dienstflagge sind Schwarz-Rot-Gold, die in drei gleich breiten Streifen angeordnet sind. Die Dienstflagge enthält in der Mitte des roten Streifens ein goldgelbes Posthorn mit einer goldgelben

Schnur, zwei goldgelben Quasten und vier goldgelben Blitzen. (...) Die Breite der Dienstflagge verhält sich zu ihrer Länge wie 3 : 5, das Posthorn zur Länge der Dienstflagge wie 1 : 3. (...)
Auf Schiffen, die zur Durchführung staatlicher Aufgaben bestimmt sind und sich im Einsatz befinden, sind während dieser Zeit Dienstwimpel zu führen. (...) Die Dienst-

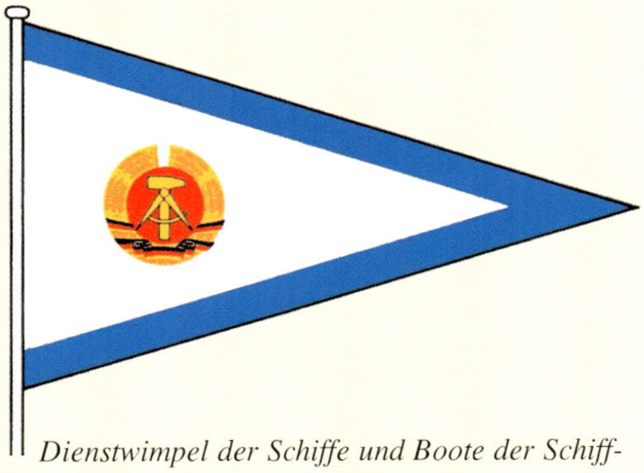

Dienstwimpel der Schiffe und Boote der Schifffahrtsaufsicht

Dienstwimpel der Fahrzeuge der Zollverwaltung

Dienstwimpel der Fahrzeuge des Gesundheitswesens

Dienstwimpel der Fahrzeuge der Wasserwirtschaft – Gewässeraufsicht

Dienstwimpel der Fahrzeuge der Fischereiaufsicht

wimpel sind dreieckig. Ihre Breite verhält sich zu ihrer Länge wie 3 : 5. Sie tragen beiderseits auf weißem Grund das Staatswappen, dessen Durchmesser ein Drittel der Breite des Dienstwimpels beträgt. Die Dienstwimpel sind an den beiden langen Seiten mit einem farbigen Streifen in einer Breite von einem Zehntel der Breite der Dienstwimpel versehen. Die Farbe dieser Streifen ist blau für Fahrzeuge der Schifffahrtsaufsicht; grün für Fahrzeuge des Amtes für Zoll und Kontrolle des Warenverkehrs; gelb für Fahrzeuge des Gesundheitswesens; silbergrau für Fahrzeuge der Fischereiaufsicht." Zu einem späteren Zeitpunkt kam noch der Dienstwimpel für Fahrzeuge der Wasserwirtschaft-Gewässeraufsicht hinzu.
Noch im gleichen Jahr, am 27. Dezember, erhielt die Deutsche Lufthansa (der DDR) mit der ersten Durchführungsbestimmung der oben zitierten Verordnung eine Dienstflagge gemäß Paragraph 4: „... Andere Erken-

nungszeichen als die in dieser Verordnung festgelegten dürfen nur dann geführt werden, wenn sie vom Ministerium des Innern genehmigt und bekannt gemacht sind." Der Minister des Innern Karl Maron (1903–1975) genehmigte der Deutschen Lufthansa also eine Dienstflagge, auf die die westliche Schwester mit gleichem Namen besonders irritiert reagierte.

Die Farben und Symbole gehörten der Deutschen Lufthansa der Vorkriegszeit. Das einfache Bedienen der Ost-Lufthansa beim Altbestand funktionierte nicht.

Mit Genehmigung der Sowjets beschloss der Ministerrat der DDR: „Zur Durchführung des zivilen Personen- und Frachtluftverkehrs ist mit Wirkung vom 1. Mai 1955 die deutsche Lufthansa zu gründen. Die deutsche Lufthansa untersteht dem Ministerium des Innern." Am 16. September 1955 startete der erste offizielle Flug mit Otto Grotewohl und seiner Delegation an Bord Richtung Moskau. Doch auch hier hatte der westdeutsche „Igel" die Nase vorn und zwar in der Flaggenfrage besonders konkret. Nach der Gründung der westdeutschen Lufthansa in Köln am 6. Januar 1953 hatte die neue Gesellschaft aus der Masse der Vorkriegs-Lufthansa, der damaligen „Deutschen Lufthansa AG – in Liquidation –", sämtliche Namensrechte, inklusive Kranich-Emblem und Flaggensymbolik für 30 000 Mark erworben und zwar mit Datum vom 17. September 1954.
Nunmehr setzte die DDR der Lufthansa in Köln, zu 100 Prozent in Bundesbesitz, ihr Pendant vor die Nase – mit der Krönung einer staatlichen Dienstflagge: „... die Farbe der Dienstflagge ist blau mit einem schwarzrotgoldenen Mittelstreifen. In der Mitte der Dienstflagge befindet sich ein goldgelb umrandeter blauer Kreis mit dem Zeichen der Lufthansa (fliegender stilisierter Kranich) und den Worten DEUTSCHE LUFTHANSA, ebenfalls in goldgelber Farbe."
Zum nun beginnende Verwertungsrechtestreit um Namen, Farben und Symbole soll der Begründer der Ost-Lufthansa Arthur Pieck (1899–1970), Sohn des DDR-Präsidenten Wilhelm Pieck, gegenüber Grotewohl Anfang Januar 1957 geäußert haben, dass – formaljuristisch gesehen – sich die DDR in einer Situation befände, nach der selbst eigene Gerichte das Recht auf Führung des Namens Deutsche Lufthansa und des stilisierten Kranichs als Warenzeichen untersagen müssten. Der vor internationalen Gerichten ausgetragene Streit läutete das Ende der Ost-Lufthansa ein. Letztendlich kam am 1. September 1963 ihre Liquidierung und Zusammenlegung mit der vorsorglich schon im Herbst 1958 gegründeten „Interflug, Gesellschaft für internationalen Flugverkehr mbH". Weltweit akzeptiertes Recht an Namen, Zeichen und Symbolen konnte auch die DDR – ohne großen Schaden für ihr Image zu nehmen – nicht beugen.
Eine gewisse Symbolgestaltungsähnlichkeit ist im Übrigen bei der Dienstflagge für Hilfsschiffe der Volksmarine von 1966 bis 1989 gegeben. Eigene Dienstflaggen und Varianten erhielt dann die Nationale Volksarmee ab 1957.

Eine Handelsflagge als Intermezzo

Zusammen mit der Einführung der neuen Staatsflagge am 1. Oktober 1959 erfolgte die Verkündung der „Verordnung über die Einführung einer Handelsflagge der Deutschen Demokratischen Republik". Die Unterscheidung zwischen Staats- und Handelsflagge in Farbe und Symbolik hat durchaus internationale Üblichkeit, was allerdings nicht für Deutschland galt. Seit dem Norddeutschen

Bund hatten Nationalflagge und Handelsflagge gleiches Aussehen, mit Ausnahme der Weimarer Republik. Die DDR brach mit dieser Traditionslinie und verordnete: „... Die Handelsflagge der Deutschen Demokratischen Republik besteht aus den Farben Schwarz-Rot-Gold. An der dem Flaggenstock zugewandten Seite ist in der oberen Ecke auf rotem Grund das Staatswappen der Deutschen Demokratischen Republik angebracht. (...) Die Breite der Handelsflagge verhält sich zu ihrer Länge wie 3 : 5. Der obere und seitliche Abstand des Staatswappens zum Flaggenrand beträgt ein Viertel der Breite des Farbstreifens, die Unterseite des Staatswappens reicht bis zur Mitte des roten Farbstreifens."

Bei der Gründung des Volkseigenen Betriebes (VEB) Deutsche Seereederei am 1. Juli 1952 machten der altersschwache Frachter VORWÄRTS und die Schlepper CARL und SASSNITZ die Schiffsliste aus. Nur langsam vergrößerte sich der Schiffsbestand, und am zehnten Gründungstag der DDR, am 7. Oktober 1959, setzten diese Schiffe erstmals die neue Handelsflagge. Kurz darauf erfolgte die Indienststellung des bekanntesten DSR-Schiffes: Am 3. Januar 1960 begann das Passagierschiff VÖLKERFREUNDSCHAFT ex STOCKHOLM seine erste Fahrt unter der Handelsflagge der DDR, die übrigens ein Manko hatte. Bei mehrmaliger Winddrehung um den Flaggenstock war vom Staatswappen nichts mehr zu sehen, und es bestand die Gefahr, mit einem „BRD-Schiff" verwechselt zu werden.

Dies war mit ein Grund, warum ab 1. Mai 1973 die Staatsflagge der DDR die Handelsflagge ersetzte.

An der Grenze beginnt ein Krieg! Von Mauerbau und Grenztruppen

Nach Einrichtung des Nationalen Verteidigungsrates (NVR) am 10. Januar 1960 – er hatte „... den Schutz des Arbeiter- und Bauernstaates und der sozialistischen Errungenschaften der Werktätigen zu organisieren und zu sichern sowie die sich daraus ergebenden Maßnahmen festzulegen ..." – beschloss dieser, die West-Grenzen der DDR dicht zu machen. Lange vorbereitet, begann die Aktion am 13. August 1961, einem Sonntag. Volkspolizei und NVA riegelten die Sektorengrenze nach West-Berlin hermetisch ab. Straßen wurden aufgerissen, Panzersperren und Stacheldrahtverhaue errichtet. Die Mauer entstand und damit auch die Aufstellung der entsprechenden Bewachungstruppen.

Das Gründungsdatum der Grenztruppen der DDR ist der 15. September 1961. Bereits 14 Tage später sollten die Übergabe und Übernahme aller Stäbe und Einheiten der bis dahin existierenden Deutschen Grenzpolizei erledigt sein. 40 000 Grenzpolizisten waren schlagartig zu Grenzsoldaten geworden und nicht mehr dem Innenminister unterstellt, sondern dem Ministerium für Nationale Verteidigung (MfNV). Ursprünglich unterstand die Grenzpolizei seit ihrer Existenz nach sowjetischem Vorbild zunächst dem Ministerium für Staatssicherheit (MfS), dann gehörte sie zum Ministerium des Inneren. 1973 erfolgte die Direktunterstellung beim MfNV. Aus den Grenztruppen der NVA wurden die „Grenztruppen der DDR". So konnten die Grenztruppen auch aus den Abrüstungsverhandlungen zwischen NATO und Warschauer Pakt in den 1970er- und 1980er-Jahren herausgehalten werden.

Handelsflagge der DDR von Oktober 1959 bis Mai 1973.

Bereits die Boote der Grenzpolizei führten ab Mai 1960 eine Dienstflagge mit grüner Zusatzfarbe. Der grüne Streifen am Liek der Flaggen wurde dann zum Kennzeichen der Grenztruppen ab 1962.

In einer zweiten Durchführungsbestimmung zur 1955er-Verordnung über die Führung von Dienstflaggen und Dienstwimpeln vom 20. Januar 1962 erhielten die Grenztruppen und die Grenzbrigade Küste „Fiete Schulze" in

Verordnet ein Jahr nach dem Bau der Berliner Mauer: Dienstflagge für Schiffe und Boote der Grenzbrigade Küste seit 1962.

Rostock neue Dienstflaggen. Die Schiffe und Boote der Grenzbrigade führten zukünftig die Flagge der Kampfschiffe der Volksmarine – mit einem Unterschied: Am Liek der Flagge befand sich ein grüner Streifen, der sich in seiner Breite zur Gesamtlänge der Flagge verhielt wie 1 : 5. Auf den Booten der Grenztruppen auf Elbe und Oder flatterte dagegen die Dienstflagge der NVA mit grünem Streifen. Anhand der gleichen Durchführungsbestimmung behielten die Boote der „bewaffneten Organe des Ministeriums des Innern" die Dienstflagge der Volkspolizei mit dem Volkspolizeistern nebst Staatswappen im Zentrum der Flagge. Abgeschafft wurde dagegen die Dienstflagge für Boote der Deutschen Grenzpolizei. Sie entsprach der Volkspolizeiflagge seit dem 4. Mai 1960, allerdings mit einem schmalen grünen Streifen am Liek. Seine Breite verhielt sich zur Gesamtlänge der Flagge wie 1 : 10.

Im Flaggenwald der Organisationen von Partei und Staat

Neben den offiziellen Flaggen und Dienstflaggen als staatlichen Hoheitszeichen der DDR führten fast alle Organisationen des allumfassenden Parteiapparates der SED eine Flagge. Zu entsprechenden Jubeltagen, wenn die „Massenorganisationen" ihre Mitglieder auf die Straße befahlen, paradierten wahre Flaggenwälder in Rot oder in der blauen Farbe der Freien Deutschen Jugend (FDJ) auf den Straßen der Hauptstadt der DDR oder in den Bezirkshauptstädten. Die Vielfalt der Flaggensymbole und -farben in den 40 Existenzjahren der DDR können hier nicht berücksichtigt werden. Ein Beispiel sei aber herausgegriffen, weil es für eine Tendenz des DDR-Systems sensibilisiert, die Militarisierung der Menschen in der DDR.

Bereits viele Jahre vor der Errichtung einer Nationalen Volksarmee (NVA) begannen Bestrebungen, durch vormilitärische Ausbildung junge Menschen an einen Wehrdienst heranzuführen. Zu dem Zweck wurde am 7. August 1952 die Gesellschaft für Sport und Technik (GST) gegründet. In der „Chronik zur Geschichte der GST 1952–1984" aus dem Militärverlag der DDR hieß es zum Auftrag der Organisation: „... zur Stärkung des Sozialismus und zur Sicherung des Friedens beizutragen, indem durch die wehrpolitische Erziehung, die vormilitärische Ausbildung und den Wehrsport die Entwicklung sozialistischer Persönlichkeiten gefördert wird, die die Verteidigung des Sozialismus als wichtigste Konsequenz des sozialistischen Patriotismus und proletarischen Internationalismus erkennen und danach handeln ..."

Vordringlichste Aufgabe war damit die Gewinnung und Vorbereitung Jugendlicher für den Dienst in der NVA. Jede auch nur vermeintliche organisierte Freizeitbeschäftigung, die einen militärischen Nutzenwert hatte, wurde in die GST eingegliedert. Dazu gehörten: Deutscher Schützenverband, Flug- und Fallschirmsportverband, Militärischer Mehrkampfverband, Modellsportverband,

Mitglieder der Freien Deutschen Jugend (FDJ) beim Werbegespräch für den Dienst in der Gesellschaft für Sport und Technik (GST) – Vorstufe für eine Karriere bei der Nationalen Volksarmee.

Motorsportverband, Radiosportverband, Seesportverband, Tauchsportverband und Wehrkampfsportverband. Briefmarkensammler oder Tanzsportler zum Beispiel konnte man natürlich nicht gebrauchen.
Bezeichnete man in der Bundesrepublik die Bundeswehr auch gern als „Fahrschule der Nation", weil preiswerter ein Lkw-Führerschein nicht zu erwerben war, so hatten angehende NVA-Soldaten den Führerschein oftmals bereits in der Tasche, bevor sie einen Fuß in eine Kaserne setzten. Darin lag u. a. die Attraktivität der GST begründet. Berechtigungsnachweise wie Kfz-Führerscheine, Segel- und Flugscheine konnten kostenlos bzw. sehr kostengünstig und ohne längere Wartezeiten erworben werden.

Lagerflagge mit dem GST-Wappen in der Form ab 1961. Vormilitärische Ausbildung war das Ziel der Gesellschaft für Sport und Technik (GST). Wer einen Führerschein zu Land, zu Wasser oder in der Luft machen wollte, kam an einer Mitgliedschaft meist nicht vorbei.

Im Jahre 1979 hatte die GST rund 530 000 Mitglieder in über 9800 lokalen Sektionen. Neben den meist fachspezifischen Sektionen war die GST als Massenorganisation nach den Regeln des demokratischen Zentralismus in Grundorganisationen, Kreis- und Bezirksvorstände und dem Zentralvorstand organisiert, die ebenfalls Flaggen führten. Für Mitglieder gab es Uniformen, Dienstränge, Leistungsnadeln und Auszeichnungen. Sehr häufig rekrutierte sich das hauptamtliche Personal der GST-Vorstände aus ehemaligen Berufssoldaten.
Der Erfolg der GST muss im Nachhinein wohl eher skeptisch beurteilt werden. Das eigentliche Ziel, auf diese Art freiwillig qualifizierten und engagierten Nachwuchs für eine langjährige NVA-Dienstzeit zu gewinnen, wurde verfehlt. Viele der so „Zwangsrekrutierten" wurden vom Militärdienst eher abgeschreckt. Ab Anfang der 1980er-Jahre funktionierten die betroffenen Jungendlichen die so genannten Wehrlager-Aufenthalte immer mehr von vormilitärischer Ausbildung zur unterhaltsamen Klassenfahrtromantik um.

„Symbole militärischer Ehre und Tapferkeit"

„Der Schutz der Arbeiter-und-Bauern-Macht, der Errungenschaften der Werktätigen und die Sicherung ihrer friedlichen Arbeit sind elementare Pflicht unseres demokratischen, souveränen und friedliebenden Staates. Die Wiedererrichtung des aggressiven Militarismus in Westdeutschland und die Schaffung der westdeutschen Söldnerarmee ist

Erstes Abzeichen der Gesellschaft für Sport und Technik (GST), in Gebrauch seit ihrer Gründung 1952 bis zum Jahre 1960.

Staatswappen mit goldenem Lorbeerkranz auf Schwarz-Rot-Gold. Dienstflagge der Nationalen Volksarmee seit Juni 1957.

eine ständige Bedrohung des deutschen Volkes und aller Völker Europas. Zur Erhöhung der Verteidigungsfähigkeit und der Sicherheit unserer Deutschen Demokratischen Republik beschließt die Volkskammer auf der Grundlage der Artikel 5 und 112 der Verfassung der Deutschen Demokratischen Republik das folgende Gesetz: Es wird eine ‚Nationale Volksarmee' geschaffen. Die ‚Nationale Volksarmee' besteht aus Land-, Luft- und Seestreitkräften, die für die Verteidigung der Deutschen Demokratischen Republik notwendig sind." Die verbale Attacke in der Präambel des Gesetzes „über die Schaffung der Nationalen Volksarmee und des Ministeriums für Nationale Verteidigung" vom 18. Januar 1956 lässt ahnen, mit welcher Verbissenheit sich zukünftig NVA und Bundeswehr im Kalten Krieg am Eisernen Vorhang gegenüberstehen würden.

Die offizielle Gründung der NVA am 1. März 1956, zeitlich nach der Bundeswehr, war der Schlusspunkt einer Entwicklung in der DDR, die 1952 mit der Proklamation der „Nationalen Streitkräfte" begonnen hatte und in deren Verlauf vor allem die Kasernierte Volkspolizei (KVP) sowie die Grundstrukturen einer Militärorganisation aufgebaut worden waren. Dieser Aufbau vollzog sich ab 1955 im Rahmen des Warschauer Vertrages und unter Anleitung der Sowjetunion. Anfangs rekrutierte sich die NVA aus Freiwilligen, mit Einführung der Wehrpflicht im Januar 1962 auch aus Wehrpflichtigen. Zu diesem Zeitpunkt lag die Personalstärke bei rund 170 000 Soldaten.

Ein gutes Jahr nach der Gründung der Nationalen Volksarmee verordnete der Ministerrat die Einführung einer Dienstflagge für die NVA sowie Rangabzeichen und Kommandozeichen der Seestreitkräfte der NVA. Am 27. Juni 1957 hieß es im Gesetzblatt der DDR dazu: „Die Dienstflagge der Nationalen Volksarmee entspricht in Form und Größe der Staatsflagge der Deutschen Demokratischen Republik. In der Mitte ist auf rotem Grund das Staatswappen der Deutschen Demokratischen Republik, umgeben von einem einfachen goldgelben Lorbeerkranz, angebracht. Der Durchmesser des Staatswappens mit Lorbeerkranz verhält sich zur Breite der Dienstflagge wie 2 : 3." Die Festlegung von Form, Größe und Verwendung für die Rangabzeichen und Kommandozeichen der Volksmarine legte die Verordnung in die Obliegenheit des Ministers für Nationale Verteidigung, und dieser ließ mit Datum vom 11. Juli 1957 die erste „Flaggenordnung" der NVA veröffentlichen.

Rangabzeichen als Flaggen auf den Schiffen und Booten der NVA-Seestreitkräfte, eingeführt ab Konteradmiral aufwärts bis zum Minister im Juli 1957. Sie waren einen Meter lang und 60 cm breit. Hier in der letzten Form und Abstufung seit dem 9. Februar 1973 bis 1989.

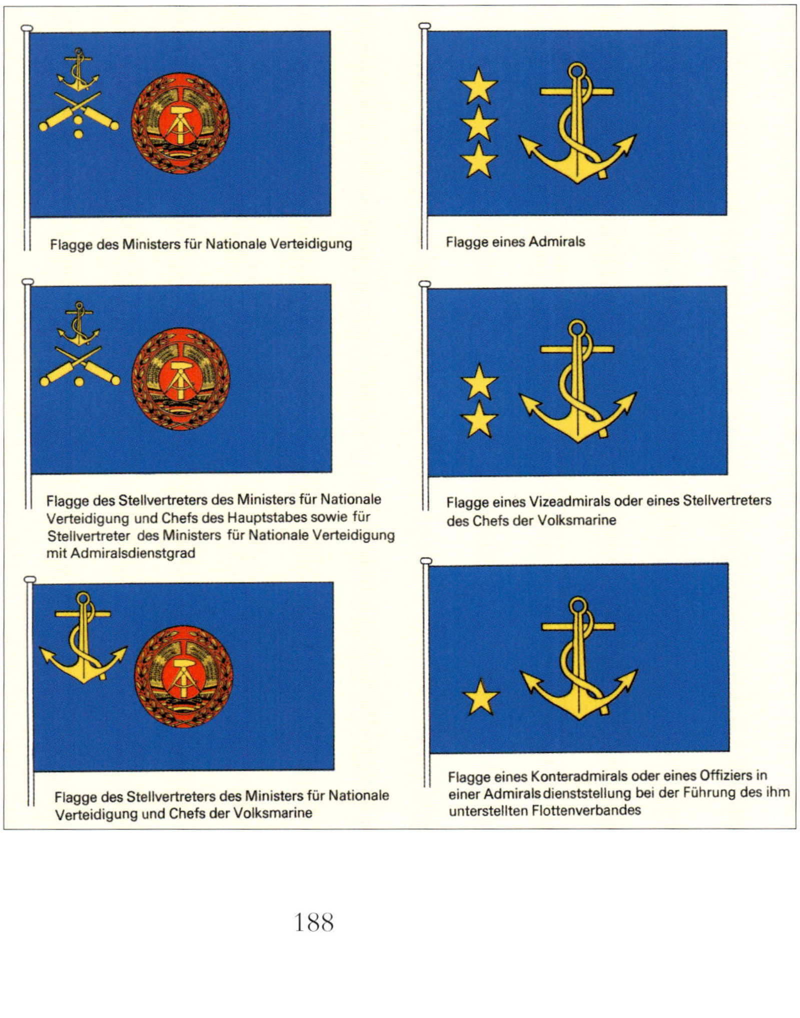

Flagge des Ministers für Nationale Verteidigung

Flagge eines Admirals

Flagge des Stellvertreters des Ministers für Nationale Verteidigung und Chefs des Hauptstabes sowie für Stellvertreter des Ministers für Nationale Verteidigung mit Admiralsdienstgrad

Flagge eines Vizeadmirals oder eines Stellvertreters des Chefs der Volksmarine

Flagge des Stellvertreters des Ministers für Nationale Verteidigung und Chefs der Volksmarine

Flagge eines Konteradmirals oder eines Offiziers in einer Admiralsdienststellung bei der Führung des ihm unterstellten Flottenverbandes

Dienstmütze eines Stabsoffiziers der Volksmarine mit der goldenen Kokarde im traditionell goldenen Eichenlaubkranz der Marine.

Sie unterschied die Arten der Flagge, legte die Ordnung für das Führen von Flaggen fest und regelte zum Beispiel die Zeitdauer der Beflaggung, die Flaggenparade, Flaggentrauer, den Flaggengruß und den Flaggenschmuck. Die Flaggenordnung der NVA

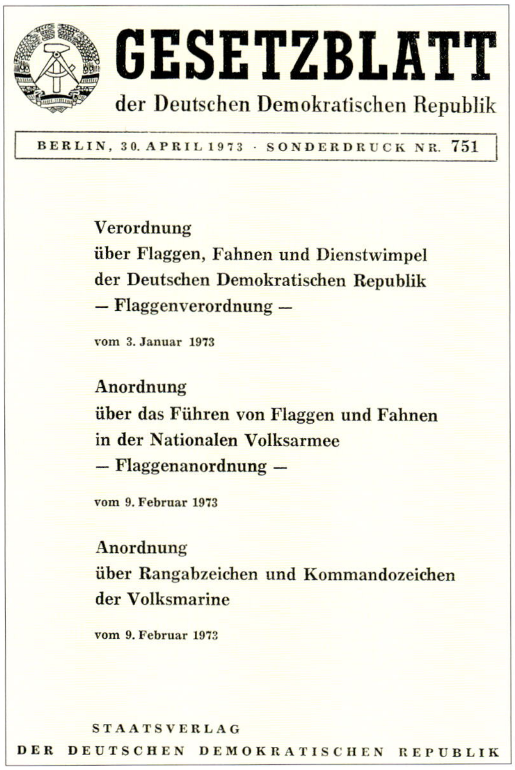

GESETZBLATT
der Deutschen Demokratischen Republik

BERLIN, 30. APRIL 1973 · SONDERDRUCK NR. 751

Verordnung
über Flaggen, Fahnen und Dienstwimpel
der Deutschen Demokratischen Republik
— Flaggenverordnung —

vom 3. Januar 1973

Anordnung
über das Führen von Flaggen und Fahnen
in der Nationalen Volksarmee
— Flaggenanordnung —

vom 9. Februar 1973

Anordnung
über Rangabzeichen und Kommandozeichen
der Volksmarine

vom 9. Februar 1973

STAATSVERLAG
DER DEUTSCHEN DEMOKRATISCHEN REPUBLIK

Gesetzblatt der DDR mit Flaggenverordnung und Flaggenanordnung aus dem Jahre 1973.

erschien in jeweils neuen Fassungen 1973 und 1979. In ihrer Fassung von 1957 gab es folgende Arten von Flaggen, die in der NVA geführt wurden: Die Staatsflagge der DDR noch ohne Staatswappen, die Dienstflagge der NVA und die Standarte des Präsidenten der DDR mit Einfassung und goldenen Fransen. Als Rangabzeichen wurden aufgeführt: die Flagge des Ministers für Nationale Verteidigung – eine blaue Flagge, 1 Meter lang und 60 Zentimeter hoch, mit dem Staatswappen in der Mitte; in gleicher Größe mit Anker und drei Sternen die Flagge des Chefs der Seestreitkräfte; die Flagge eines Vizeadmirals besaß zwei Sterne und die eines Konteradmirals einen Stern. Es folgten dann die Kommandozeichen der Seestreitkräfte mit den Standern für Flottillen-, Abteilungs- und Gruppenchefs sowie der Wimpel des Kommandanten. Bei Schiffen und Booten, die berechtigt waren, eine Dienstflagge zu führen, hatte dieser rote Wimpel mit schwarzrotgoldener Gösch von 28 cm Länge eine Gesamtlänge von 4 Metern bei einer Höhe von 15 cm. Bei kleineren Schiffen war der Kommandantenwimpel nur 2 Meter lang. Schiffe und Boote ohne Dienstflaggenberechtigung führten den Wimpel in

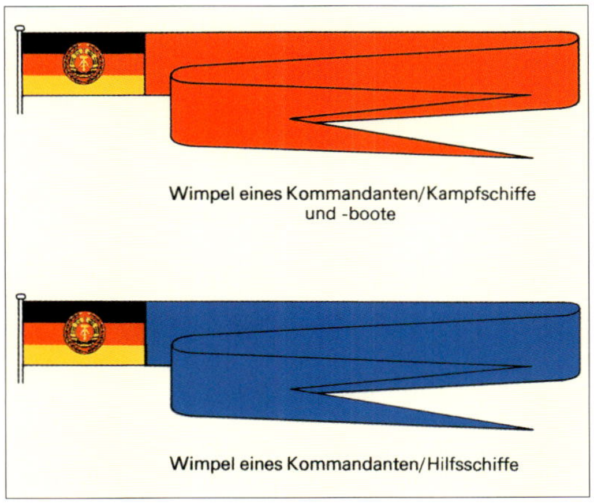

Bei den ersten Ausführungen der Kommandantenwimpel ab 1957 fehlte noch das NVA-Staatswappen in der Gösch. Außerdem bestand der Unterschied zwischen roter und blauer Farbe darin, ob das Schiff zum Führen der NVA-Dienstflagge berechtigt war (rot) oder nicht.

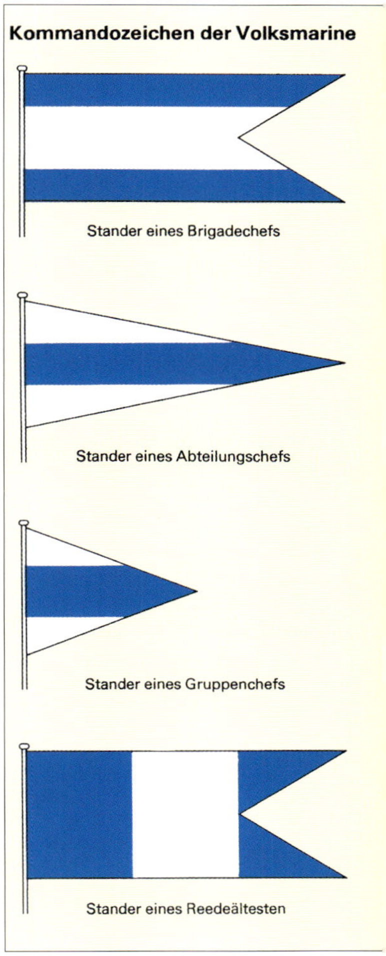

Kommandozeichen der Volksmarine seit Juli 1957. Der Stander eines Brigadechefs seit 1960 und eines Reedeältesten waren Kommandozeichen späterer Jahre, als der Schiffsbestand anstieg.

blauer Farbe. Die späteren Schiffseinheiten der Grenztruppen und der Grenzbrigade See führten eine grünen Kommandantenwimpel. Der umfangreichste Flaggengebrauch bei den Streitkräften der Nationalen Volksarmee fand, wie überall auf der Welt, bei den Seestreitkräften statt. Begonnen hatte deren Geschichte mit der Bildung der Hauptverwaltung Seepolizei am 15. Juni 1950. Neben der Grenzsicherung beschäftigte sie sich auch mit dem Aufbau einer umfangreicheren Küstenverteidigung durch die Entwicklung eigener Schnellboote, die noch auf Bootstypen der Kriegsmarinezeit fußten. In dem 1954 verabschiedeten „Plan für den Ausbau der Volkspolizei See“ war eine Schnellbootbrigade mit drei Schnellbootdivisionen und insgesamt 36 Booten vorgesehen. Nach dem Scheitern der eigenen Entwicklungen musste mit der Gründung der NVA auf russische Boote zurückgegriffen werden. Am 1. März 1956 nahm die Abteilung Seestreitkräfte im Ministerium für Nationale Verteidigung in Strausberg ihre Arbeit auf. Am gleichen Tag wurde auch das Kommando der Seestreitkräfte in Rostock aufgestellt. Ein Jahr später lieferten die Sowjets Torpedoschnellboote an die NVA-Seestreitkräfte, denen man ihre Abstammung von amerikanischen Bootstypen des Zweiten Weltkriegs ansah. Im Rahmen der Kriegshilfe bekam die UdSSR über 200 Boote dieses Typs von den USA geschenkt.

Zum 42. Jahrestag des Kieler Matrosenaufstandes, am 3. November 1960, erfolgte die offizielle Umbenennung der NVA-Seestreitkräfte in „Volksmarine“. Zukünftig erhielten die Schiffe und Boote der Volksmarine Namen von Persönlichkeiten, „... die den revolutionären Traditionen der deutschen Arbeiterbewegung und dem sozialistischen Aufbauwerk der DDR entsprechen“. Aus Geheimhaltungsgründen wurden diese Namen aber nur intern geführt, und nach außen zeigten die Boote weiterhin von Zeit zu Zeit wechselnde Nummern. Ebenfalls am 3. November 1960 erfolgte die Einführung einer neuen Dienstflagge für die Volksmarine. Auf rotem Grund zeigte sie ein schwarz-rot-goldenes Band mit dem Staatswappen der DDR im Lorbeerkranz. Daraus

Nur mit Flaggenzertifikat: Seit Verordnungsdatum vom 5. Juli 1966 zeigten Kampfschiffe und -boote der Volksmarine ihre eigene Dienstflagge.

Für alles, was schwimmt und nicht schießt: 23 Jahre lang Dienstflagge für Hilfsschiffe der Volksmarine – von 1966 bis 1989.

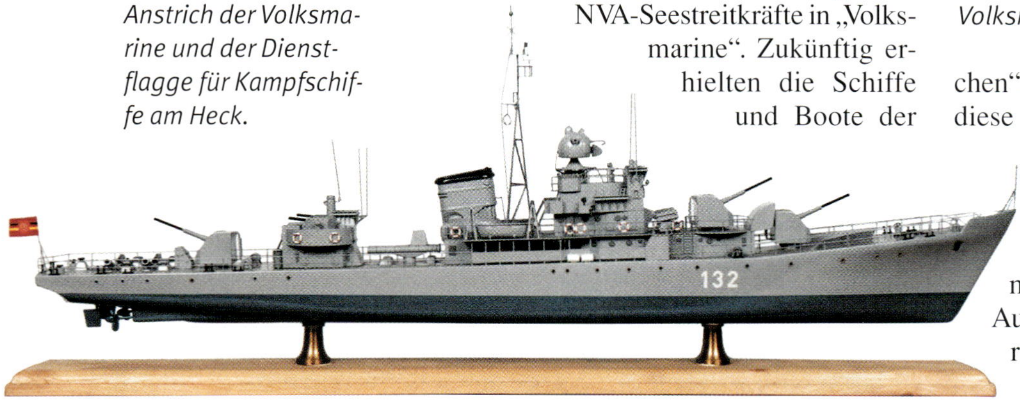

Erstausstattung der Volksmarine durch die Sowjetunion 1956. Modell einer Fregatte der russischen RIGA-Klasse mit dem Anstrich der Volksmarine und der Dienstflagge für Kampfschiffe am Heck.

Zwei Dienste der Volksmarine führten seit 1966 besondere Kennzeichen in ihren Flaggen: der Seehydrographische Dienst einen gelben Leuchtturm, und der Bergungs- und Rettungsdienst einen gelben Taucherhelm.

wurde 1966 die Dienstflagge der Kampfschiffe und -boote der Volksmarine. In dem Jahr bekamen alle übrigen Schiffe ihre eigene Dienstflagge mit blauer Grundfarbe. Diese Dienstflaggen der Hilfsschiffe der Volksmarine erhielten für die Einheiten des Seehydrographischen Dienstes und des Bergungsdienstes mit Leuchtturm oder Taucherhelm besondere Unterscheidungszeichen.

Hoheitszeichen in der Luft und auf dem Lande

Nicht nur Kriegsschiffe auf See benötigen ihre Hoheitsabzeichen in der Form von Flaggen, sondern auch Kampfflugzeuge und Landfahrzeuge der Streitkräfte müssen nach internationalen Gepflogenheiten mit Hoheitsabzeichen gekennzeichnet sein.
Das erste „Hoheitszeichen für Luftfahrzeuge der Nationalen Volksarmee“ war ab 1956 ein auf der Spitze stehendes, schwarz, rot, gelbes, schwarz gerahmtes Quadrat, das bis 1959 noch kein weiteres Emblem aufwies. Es folgten dann funktionalisierte Varianten des neuen Staatswappens auf dem Farbenquadrat. Bedingt durch die Technik des Aufspritzens der Farben mithilfe von Schablonen auf den Flugzeugrumpf musste das Emblem stark stilisiert werden und verlor dadurch seine grafische Kleinteiligkeit.
In seiner 1973 veröffentlichten Form erreichte das Hoheitszeichen für Luftfahrzeuge seine abschließende offizielle Optik. Das bedeutete aber noch nicht, dass die Vorlage vom Verordnungstext identisch auf die Flugzeugrümpfe und Tragflächen gelangte. Es gab Varianten in zeitlichen Abständen, die heute besonders die Flugzeugmodellbauer bei der authentischen Ausstattung ihrer Modelle in Verlegenheit bringen. So hatten die schwarzen, roten und gelben Felder in den 1960er- und Anfang der 1970er-Jahre noch keine weiße Einfassung. Am auffälligsten sind die Unterbrechungen der Linien des Hoheitszeichens an NVA-Kampfflugzeugen. Dies war bedingt durch die Verbindungsstege der verwendeten Schablonen beim Farbauftrag des Hoheitszeichens.
Etwas einfacher gestaltete sich der Aufwand beim Anbringen der Hoheitszeichen für Landfahrzeuge der NVA.
Zum Aufmalen an Panzertürme und Fahrzeugtüren bei der Truppe war das kreisrunde Hoheitszeichen zu kompliziert, zu kleinteilig und für Soldatenhände zu anspruchsvoll. Also verwendete man zu dem Zweck bedruckte Selbstklebefolien. Eine wahre Herausforderung für die „Plasteindustrie“ der DDR. Denn richtig gut geklebt haben die 30 cm großen Abzeichen während der ganzen Existenz der selbstklebenden Hoheitszeichen nicht.

Hoheitszeichen für Luftfahrzeuge (unten) und Fahrzeuge der Nationalen Volksarmee der DDR (darunter) in der Form seit 1973. Hier die offiziellen Vorlagen, die sich mit variierenden Details auf den Fahrzeugen wiederfanden.

Anfang und Ende der Nationalen Volksarmee

1985 erschien im Militärverlag der DDR das „Wörterbuch zur Deutschen Militärgeschichte", das mit folgender Leseprobe zum Thema Fahnen und Nationaler Volksarmee aufwartet: „... Die Tradition der für den gesellschaftlichen Fortschritt kämpfenden bewaffneten Kräfte des deutschen Volkes und der revolutionären deutschen Wehrorganisationen fortsetzend, werden in der NVA Dienstflaggen, Truppen-Fahnen, Stander und Wimpel geführt. Ihre Form sowie die Gestaltung und das Führen sind festgelegt. Die Truppen-Fahnen der NVA werden als Symbol der militärischen Ehre und Tapferkeit und des militärischen Ruhmes auf Befehl des Ministers der Nationalen Verteidigung der DDR an Truppenteile und Verbände sowie an Militärakademien, an Offiziersschulen und Unteroffiziersschulen der NVA verliehen. Auf die Truppen-Fahnen schwören die Soldaten den Fahneneid."

Für den Begriff „Flagge", in dem zitierten Text nur kurz erwähnt, verweist das ansonsten recht profunde DDR-Wörterbuch auf den Terminus „Fahne". Offenbar kannten die Autoren den Unterschied nicht. Mit Ausnahme der Truppenfahnen, die – an ihre Stange genagelt – originär nur ihrem beliehenen Truppenteil zugeeignet waren, war alles, was bei der NVA flatterte und wehte, eine Flagge. Doch als Erstes kam bei der Nationalen Volksarmee keine Flagge in Gebrauch, sondern eine Truppenfahne.

Fahne mit Fahnenbegleitern der Grenztruppen der DDR im April 1986 anlässlich des 11. Parteitages der SED.

Fahnenabordnungen der Nationalen Volksarmee. Ehrenformation zum 8. Parteitag der SED im Juli 1971.

Auf sie erfolgte die erste Vereidigung am Montag, dem 30. April 1956. Am Vortag des 1. Mai, dem „Internationalen Kampf- und Feiertag der Werktätigen" hallte es über dem Feierplatz: „Ich schwöre: meinem Vaterland, der Deutschen Demokratischen Republik, allzeit treu zu dienen, sie auf Befehl der Arbeiter- und Bauernregierung unter Einsatz meines Lebens gegen jeden Feind zu schützen, den militärischen Vorgesetzten unbe-

Wappen und Devise: Fahnensymbol der NVA-Truppenfahne, auf die die Soldaten eingeschworen wurden.

BUNDESWEHRKOMMANDO OST

MARINEKOMMANDO ROSTOCK

Herrn

Fregattenkapitän

MIT DANK UND ANERKENNUNG

FÜR IHREN EINSATZ

BEIM AUFBAU

GESAMTDEUTSCHER STREITKRÄFTE

IM

BUNDESWEHRKOMMANDO OST

MARINEKOMMANDO ROSTOCK

Ciliax
Flottillenadmiral

28.06.1991

dingten Gehorsam zu leisten, immer und überall die Ehre unserer Republik und ihrer Nationalen Volksarmee zu wahren."

Bei dieser prägnant kurzen Eidesformel der ersten Freiwilligen der NVA sollte es nicht bleiben. Mit Einführung der allgemeinen Wehrpflicht, mit Gesetz vom 24. Januar 1962, wurde der Eid stark modifiziert. Er war deutlich länger als sein Vorgänger und an das sowjetische Vorbild angelehnt.

Alle NVA-Angehörigen, ob Berufssoldat oder Wehrpflichtiger, hatten ihn gleichermaßen zu schwören, das letzte Mal im Herbst 1989. Die Truppenfahne der Nationalen Volksarmee, erstmals 1956 verwendet, erhielt ihre gesetzliche Bestätigung allerdings erst am 3. Januar 1973 mit der ausführlichen Beschreibung in der „Verordnung über Flaggen, Fahnen und Dienstwimpel der Deutschen Demokratischen Republik – Flaggenverordnung".

Mit der Wiedervereinigung 1990 wurde die NVA aufgelöst und Standorte, Einrichtungen und Ausrüstung an die Bundeswehr übergeben. Die meisten der vorhandenen Standorte wurden geschlossen und die Ausrüstung zum Teil an andere Staaten verkauft oder verschenkt, so etwa Schützenpanzerwagen an die Türkei oder Schiffseinheiten an Indonesien. Ein großer Teil des Unteroffizierskorps sowie nahezu das gesamte Offizierskorps wurden entlassen.

Jörg-M. Hormann

Symbolträchtige Urkunde: Im Wappenhalbkreis der alten DDR-Länder verteilt der Bundesadler Dank und Anerkennung für die gelungene Mitarbeit bei der NVA-Abwicklung; offiziell: der Aufbau gesamtdeutscher Streitkräfte.

Die Bundesrepublik Deutschland (1949 bis heute)

Die Westalliierten und die Beneluxstaaten beschlossen auf der Londoner Sechsmächtekonferenz im Frühjahr 1948, auf dem Territorium der drei Westzonen einen westdeutschen Staat entstehen zu lassen. Am 1. Juli des Jahres übergaben die Militärgouverneure der westlichen Besatzungszonen die Beschlüsse der Konferenz als so genannte „Frankfurter Dokumente" an die Ministerpräsidenten der westdeutschen Länder. Mit der Aufforderung der Westmächte, eine verfassunggebende Versammlung einzuberufen, eine Neugliederung der Länder vorzunehmen und zum angekündigten Besatzungsstatut Stellung zu nehmen, begannen in den Ländern sehr kontrovers geführte Diskussionen. Vielfach wurde die Meinung geäußert, die Errichtung eines westdeutschen Teilstaates würde Deutschlands Teilung forcieren. Die Ministerpräsidenten bestanden deshalb darauf, dass der neue Staat nur provisorischen Charakter haben dürfe und beauftragen statt einer Nationalversammlung einen Parlamentarischen Rat mit der Ausarbeitung eines „Grundgesetzes". Es ging also nicht um die Verfassung eines Nationalstaates, sondern um das Grundgesetz eines Bundesstaates.

Eröffnungsfeier des Parlamentarischen Rates am 1. September 1948. Ehrenabordnung der Bonner Polizei vor dem Alexander-König-Museum mit dem Flaggenschmuck der Landesbanner.

Nach einem vorbereitenden Verfassungskonvent auf Herrenchiemsee seit dem 10. August 1948, der die Marschroute zum Grundgesetz festlegte, trafen sich Parlamentarier der Länder zur konstituierenden Sitzung des „Parlamentarischen Rates" im Alexander-König-Museum in Bonn am 1. September des Jahres. Zu dem Festakt wehten an der Museumsfront die Landesbanner der Westzonenländer, von denen einige nur noch für wenige Jahre Bestand hatten. 65 stimmberechtigte Mitglieder des Parlamentarischen Rates wurden vorher von den Länderparlamenten der drei westlichen Besatzungszonen gewählt. Die großen Parteien CDU/CSU und SPD stellten je 27 Abgeordnete, zur FDP gehörten fünf Parlamentarier und die kleinen Parteien DP (Deutsche Partei), KPD und Zentrum stellten je zwei Delegierte. Die fünf

Abgeordneten der Westsektoren Berlins hatten nur beratende Stimme.
Die Erfahrung mit dem Totalitarismus des Dritten Reiches prägten die Debatten des Parlamentarischen Rates. Fehler der Weimarer Verfassung sollten im Grundgesetz vermieden werden. Sehr schnell gab es Übereinstimmung darüber, die Farben Schwarz, Rot und Gold in Fortschreibung der Weimarer Tradition zu übernehmen. Über Details sollte allerdings noch geredet werden. Umstritten waren unter den Abgeordneten besonders die Machtverteilung zwischen Bund und Ländern sowie die Finanzverfassung. Nach mehrfachen Korrekturen durch die Besatzungsmächte konnte der Grundgesetzentwurf des Parlamentarischen Rates am 8. Mai 1949 in dritter Lesung verabschiedet werden. Nach der Genehmigung durch die Militärgouverneure erfolgte dann die Zustimmung der Landesparlamente.

Schwarz, Rot, Gold: mit oder ohne Bindestrich – Diskussionen um Farben und Formen

Die Farben waren grundsätzlich entschieden, aber beim Aussehen der Flagge schieden sich die Geister der Abgeordneten. Im Grundgesetz sollten die Nationalfarben und -flagge definiert sein. Hier saß der Stachel des Weimarer Flaggenstreites tief, der ja gerade mit unglücklichen Festlegungen und Formulierungen in der Verfassung begonnen hatte. Die Farbenfolge in der Schreibweise mit Bindestrichen, also „Schwarz-Rot-Gold", legte nach Meinung einiger Parlamentarier die Trikolore in genau dieser Farbenfolge von oben nach unten fest. Sie wollten sich dagegen die Flaggengestaltung mit der Farbenformulierung „Schwarz, Rot, Gold" offen lassen.
Die SPD-Abgeordneten vertraten mehrheitlich die bekannte horizontale Streifung der Weimarer Flagge und – wenn es unbedingt sein sollte und um Streitereien zu verhindern – vertikale Streifen in noch zu diskutierender Reihenfolge. Die CDU plädierte dagegen für eine ganz neue Flaggengestaltung und Symbolik im Spiel mit den unstrittigen Farben. Sie schlug als Formulierung im Grundgesetz vor: „Die Flagge des Bundes zeigt auf rotem Grund ein schwarzes liegendes Kreuz und auf dieses aufgelegt ein goldenes Kreuz." Bei dieser Idee standen die Nationalflaggen der skandinavischen Länder Pate. Das Argument der schlechten Erkennbarkeit der Streifenflagge war eher vorgeschoben. Deutlicher wurden die Initiatoren des CDU-Vorschlages mit dem Hinweis auf die Notwendigkeit einer generell neuen Flagge, die sich die Bevölkerung angeblich wünschte. Plötzlich gab es wieder Diskussions- und Streitpotenzial, dem sich die Parlamentarier allerdings – den Weimarer Flaggenstreit und seine Auswirkungen im Hinterkopf – nicht allzu intensiv hingeben wollten.
Das Protokoll der Verhandlungen des Hauptausschusses des Parlamentarischen Rates vermerkte dazu: „... Der Abgeordnete Theodor Heuss wandte ein, dass nach seinem Empfinden die Versuche, aus dem gegebenen Farbenvorrat etwas Neues zu schaffen, zu sehr ins Kunstgewerbliche geraten seien. Dabei gehe es nicht um die Werbekraft des Kreuzes. In der vorgeschlagenen Form wirke es jedoch als rein geometrisch-grafische

Abstimmung zur dritten Lesung des Grundgesetzes im Parlamentarischen Rat am 8. Mai 1949. Die beiden nordrhein-westfälischen KPD-Abgeordneten Max Reimann (1898–1977) und Heinz Renner (1892–1964) enthielten sich der Stimme (1. u. 2. Reihe links). In der ersten Reihe als Dritter von links Carlo Schmid (1896–1979), Vorsitzender des Hauptausschusses von der SPD des Landes Württemberg-Hohenzollern und daneben Theodor Heuss (1884–1963) von der FDP des Landes Württemberg-Baden.

Lösung. Während die schwarz-rot-goldene Trikolore eine gewisse Geschichte habe, wirke der Versuch einer Neukonstruktion wie eine Verlegenheitslösung. Im Übrigen hätten die Abgeordneten nicht die Geschichtsmächtigkeit, ein Symbol zu schaffen. Symbole entständen aus geschichtlichen Vorgängen, nicht aus Abstimmungen. Er trat für die schwarz-rot-goldene Flagge ein, begrüßte, dass niemand von einer Flagge auf hoher See gesprochen habe, und schloss mit den Worten: ‚Lassen wir uns in der ganzen Angelegenheit davon leiten, dass wir etwas, das einmal eine Tradition werden wollte, zur Tradition werden lassen'."

Die Diskussion um die Gestaltung der zukünftigen Nationalflagge fand in der Bevölkerung durchaus ein Echo und zwar in der Form, dass eine größere Menge von Gestaltungsvorschläge für die neue deutsche Flagge beim Parlamentarischen Rat eingingen, von denen heute im „Haus der Geschichte" in Bonn eine Auswahl besichtigt werden kann. Am 8. Mai 1949 ging es im Parlamentarischen Rat um die endgültige Festlegung der Formulierung des Artikels 22 des Grundgesetzes. Die Politiker hatten zwischen zwei Anträgen zu wählen. „Die Bundesfarben sind Schwarz-Rot-Gold. Über die Gestaltung der Flagge entscheidet ein Bundesgesetz" oder „Die Bundesflagge ist schwarz-rot-gold".

Wie sich die kommenden Bundesbürger ihre neue Flagge vorstellten, offenbarten sie mit ihren Entwürfen Ende der 1940er-Jahre. Hier eine kleine Auswahl, als Blickfang drapiert im Haus der Geschichte in Bonn.

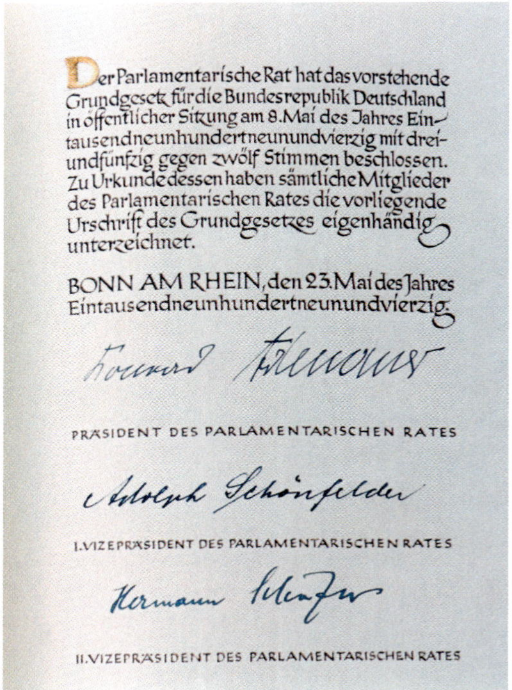

Der Parlamentarische Rat hat das vorstehende Grundgesetz für die Bundesrepublik Deutschland in öffentlicher Sitzung am 8. Mai des Jahres Eintausendneunhundertneunundvierzig mit dreiundfünfzig gegen zwölf Stimmen beschlossen. Zu Urkunde dessen haben sämtliche Mitglieder des Parlamentarischen Rates die vorliegende Urschrift des Grundgesetzes eigenhändig unterzeichnet.

BONN AM RHEIN, den 23. Mai des Jahres Eintausendneunhundertneunundvierzig.

Konrad Adenauer

PRÄSIDENT DES PARLAMENTARISCHEN RATES

Adolph Schönfelder

I. VIZEPRÄSIDENT DES PARLAMENTARISCHEN RATES

Hermann Schäfer

II. VIZEPRÄSIDENT DES PARLAMENTARISCHEN RATES

Unterschriften des Präsidenten des Parlamentarischen Rates Konrad Adenauer (1876–1967) und seiner Stellvertreter Adolf Schönfelder (1875–1966) und Hermann Schäfer (1892–1966) unter dem Grundgesetz der Bundesrepublik Deutschland vom 23. Mai 1949.

Unter einer Bundesstandarte. Hans Ehard (1887–1980), von 1946 bis 1954 Ministerpräsident von Bayern, unterzeichnet das Grundgesetz in der Aula der Pädagogischen Akademie in Bonn am 23. Mai 1949.

Dieser prägnant kurze Antrag mit klarer Flaggendefinition des SPD-Abgeordneten Carlo Schmid bekam die 49-zu-1-Stimmenmehrheit des Rates und lebhaften Beifall.

Der Artikel 22 unserer Verfassung ist schnörkellos eindeutig. Aus Anlass der Proklamation des Grundgesetztes am 23. Mai 1949 flaggten erstmals seit 1933 wieder die öffentlichen Gebäude in Schwarz-Rot-Gold. Alle Mitglieder des Parlamentarischen Rates unterschrieben das Grundgesetz unter einer schwarz-rot-goldenen Standarte. Schwarz-rot-goldene Flaggen wehten im Übrigen ständig seit der Konstituierung des Rates am 1. September 1948 am Museum König und später vor der Pädagogischen Akademie, den Tagungsorten des Rates in Bonn.

Am 23. Mai 1949 stellte der Parlamentarische Rat in öffentlicher Sitzung fest, dass das am 8. Mai des Jahres beschlossene Grundgesetz für die Bundesrepublik Deutschland in der Woche vom 16. bis 22. Mai 1949 durch die Volksvertretungen von mehr als Zweidrittel der beteiligten deutschen Länder angenommen worden war. Jetzt konnte das verfassunggebende Gremium durch seinen Präsidenten das Grundgesetz ausfertigen und verkünden. Die zitierte Präambel und der Artikel 22 sollen hier zur Sache reichen: „... Im Bewusstsein seiner Verantwortung vor Gott und den Menschen, von dem Willen beseelt, seine nationale und staatliche Einheit zu wahren und als gleichberechtigtes Glied in einem vereinten Europa dem Frieden der Welt zu dienen, hat das Deutsche Volk in den Ländern Baden, Bayern, Bremen, Hamburg, Hessen, Niedersachsen, Nordrhein-Westfalen, Rheinland-Pfalz, Schleswig-Holstein, Württemberg-Baden und Württemberg-Hohenzollern, um dem staatlichen Leben für eine Übergangszeit eine neue Ordnung zu geben, kraft seiner verfassungsgebenden Gewalt dieses Grundgesetz der Bundesrepublik Deutschland beschlossen. Es hat auch für jene Deutschen gehandelt, denen mitzuwirken versagt war. Das gesamte Deutsche Volk bleibt aufgefordert, in freier Selbstbestimmung die Einheit und Freiheit Deutschlands zu vollenden. (...) Artikel 22: Die Bundesflagge ist schwarz-rot-gold."

Bundesrepublik Deutschland: Beständigkeit der Hoheitszeichen

Relativ schnell setzte die Bundesregierung die Beschlüsse des Parlamentarischen Rates zu den Bundesfarben, -wappen und -flaggen um. So ließ Bundespräsident Theodor Heuss bereits am 20. Januar 1950 in der „Bekanntmachung betreffend das Bundeswappen und den Bundesadler" folgenden Text im Bundesgesetzblatt veröffentlichen: „... Aufgrund eines Beschlusses der Bundesregierung gebe ich hiermit bekannt, dass das Bundeswappen auf goldgelbem Grund den einköpfigen schwarzen Adler zeigt, den Kopf nach rechts gewendet, die Flügel offen, aber mit geschlossenem Gefieder, Schnabel, Zunge und Fänge von roter Farbe. Wird der Bundesadler ohne Umrahmung dargestellt, so sind das gleiche Bild und die gleichen Farben wie beim Adler im Bundeswappen zu verwenden,

Staatsangehörigkeitsurkunde von 1952 mit dem Bundesadler in Sechseckform – auch gern als „Butteradler“ bezeichnet, weil er bis heute Markenbutterpäckchen verziert.

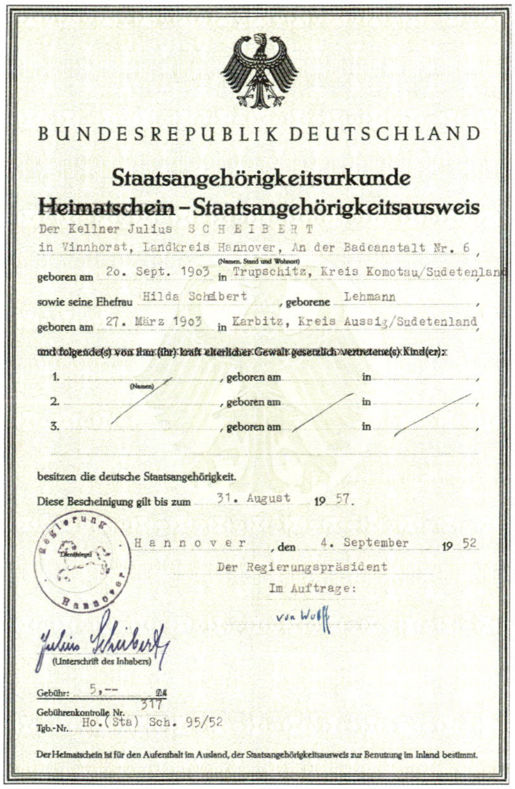

BUNDESREPUBLIK DEUTSCHLAND

Staatsangehörigkeitsurkunde
Heimatschein – Staatsangehörigkeitsausweis

Der Kellner Julius SCHEIBERT
in Vinnhorst, Landkreis Hannover, An der Badeanstalt Nr. 6,
(Namen, Stand und Wohnort)
geboren am 20. Sept. 1903 in Trupschitz, Kreis Komotau/Sudetenland,
sowie seine Ehefrau Hilda Scheibert, geborene Lehmann,
geboren am 27. März 1903 in Karbitz, Kreis Aussig/Sudetenland,
und folgende(s) von ihm (ihr) kraft elterlicher Gewalt gesetzlich vertretene(s) Kind(er):
1. (Namen), geboren am in ,
2. , geboren am in ,
3. , geboren am in ,

besitzen die deutsche Staatsangehörigkeit.
Diese Bescheinigung gilt bis zum 31. August 1957.

Regierung Dienstsiegel Hannover

Hannover, den 4. September 1952
Der Regierungspräsident
Im Auftrage:
von Wolff

Julius Scheibert
(Unterschrift des Inhabers)

Gebühr: 5,-- DM
Gebührenkontrolle Nr. 317
Tgb.-Nr. Ho.(Sta) Sch. 95/52

Der Heimatschein ist für den Aufenthalt im Ausland, der Staatsangehörigkeitsausweis zur Benutzung im Inland bestimmt.

Bundesadler auf der Verdienstmedaille des Verdienstordens der Bundesrepublik Deutschland in der Damenausführung mit Bandschleife seit dem Jahre 2000.

„Künstlerische Ausgestaltung für einen besonderen Zweck“. Erste Ausführung eines Abzeichens für Leistungen im Truppendienst der Bundeswehr von 1971 mit dem Bundesadler im Eichenlaubkranz.

doch sind die Spitzen des Gefieders nach außen gerichtet. Die im Bundesministerium des Innern verwahrten Muster sind für die heraldische Gestaltung des Bundeswappens maßgebend. Die künstlerische Ausgestaltung bleibt für jeden besonderen Zweck vorbehalten.“

Dieser erste offizielle Text zum Bundeswappen entsprach fast wörtlich der Bekanntmachung zum Reichswappen der Weimarer Republik vom 11. November 1919. Interessant war der letzte Satz der Bekanntmachung. Er machte es möglich, dass in Zukunft der Bundesadler in einer Vielzahl von Formen umgesetzt werden konnte und somit auch die Künstler bei den verschiedenen Gestaltungsaufgaben herausforderte. So ist sein Umriss auf den deutschen Euro-Münzen kreisförmig, während er auf amtlichen

Detail der maschinengestickten Bundesadler auf dem Schulterband für das Großkreuz des Verdienstordens der Bundesrepublik Deutschland.

Dokumenten oft in den Rahmen eines Sechsecks eingepasst ist. Im Gegensatz zur Beschreibung von anderen Länder- oder Nationalwappen, in denen alles bis ins Detail reglementiert wird, gab die Bekanntmachung nur einen Rahmen zur Gestaltung vor. Der wohl

Seit November 1962 Bestandteil des grauen Dienst- und Ausgehanzuges der Heeressoldaten auf dem linken Oberarm: Verbandsabzeichen des Heeres mit dem Bundesadler aus den 1970er-Jahren. Links für Soldaten der Truppen und Stäbe des II. Korps in Ulm. Rechts für Soldaten des Territorialkommandos Süd in Heidelberg.

nicht ausreichte, denn am 4. Juli 1952 gab es eine Bekanntmachung über die farbige Darstellung des Bundeswappens: „... In der Bekanntmachung (...) vom 20. Januar 1950 ist die heraldische Gestaltung des Bundeswappens niedergelegt. Für die farbige Gestaltung des Bundeswappens ist nach dem Beschluss der Bundesregierung vom 24. Juni 1952 das anliegende Muster einer Farbtafel maßgebend. Der Bundesminister des Innern/Dr. Lehr."

Der auf goldfarbenem Schild gedruckte Bundesadler hat seinerzeit schon der Bundesdruckerei, die das Muster für den Bundesanzeiger produzieren musste, Kopfzerbrechen bereitet, denn die Farbe Gold lässt sich nur mit größter Mühe drucktechnisch darstellen. In der Heraldik wird die „Metallfarbe" auch als Gelb oder Goldgelb beim Drucken akzeptiert. Umgangssprachlich wird zwar von „Gold" gesprochen, in der praktischen Umsetzung des Drucks auf Papier, Stoff oder anderen Materialien werden aber Gelbfarben verwendet. Beim Gold des Bundeswappens und der Bundesflagge die Spezialfarben nach RAL 1028 „Melonengelb" oder HKS 5.

Kleine Adlerkunde des Bundesadlers nach offiziellen Vorlagen goldfarben dargestellt. Von links oben nach unten: im Bundeswappen, im Bundesschild nur im Zusammenhang mit Flaggen und für Amtsschilder der Bundesbehörden im Ausland (oval).

Von rechts oben nach unten: der Bundesadler auf Amtsschildern der Bundesbehörden im Inland (rechteckig), auf der Standarte des Bundespräsidenten und als Farbdruckstempel des kleinen Bundessiegels.

Bundesadler auf den Dienstsiegeln der Bundesbehörden. Oben als Prägestempel des großen Bundessiegels (oben) und des kleinen Bundessiegels.

Das große Bundessiegel in Medaillenform. Bundeswehr-Einsatzmedaille am schwarz-rot-goldenen Band mit der Einsatzspange, hier für den einfachen Einsatz des Beliehenen bei einer EU-Mission.

Gleichzeitig mit der Bekanntmachung des Bundeswappens erfolgte der Erlass über die Gestaltung und Verwendung der Dienstsiegel mit dem neuen Bundesadler vom 20. Januar 1950: „... Das große Bundessiegel zeigt den Bundesadler ohne Umschrift, von einem Kranz umgeben; das kleine Bundessiegel den Bundesadler mit einer die siegelführende Behörde bezeichnenden Umschrift. (...) Das große Bundessiegel wird von dem Bundespräsidenten, dem Bundeskanzler, den Bundesministern und dem Rechnungshof der Bundesrepublik Deutschland geführt; es wird bei feierlichen Beurkundungen, besonders bei Ausfertigung von Gesetzen und Verordnungen, sowie bei Bestallungen angewendet. Des großen Bundessiegels können sich auch der Präsident des Bundestages und der Präsident des Bundesrates bedienen. Das Bundesverfassungsgericht, das Oberste Bundesgericht sowie die oberen Bundesgerichte verwenden das große Bundessiegel zur Ausfertigung von Urteilen und Beschlüssen. Im Übrigen führen alle Bundesbehörden das kleine Bundessiegel. Der Bundesminister des Innern kann Körperschaften des öffentlichen Rechts, die der Aufsicht von Bundesbehörden unterstehen, die Anwendung des Bundesadlers in ihren Dienstsiegeln gestatten, wenn ein besonderer Anlass vorliegt. Die Bundesbehörden dürfen Dienstsiegel von abweichender Größe oder Form nur zu besonderen Zwecken und nur mit Genehmigung des vorgesetzten Bundesministers gebrauchen. (...) Der Bundesminister des Innern wird allgemeinverbindliche Richtlinien zur Ausführung des Erlasses aufstellen. Der Bundespräsident/Theodor Heuss."

Die Bundesfarben waren ja bereits im Grundgesetz festgelegt, und über die Flaggengestaltung hatte der parlamentarische Rat ausführlich diskutiert. Jetzt kam die Zeit der Umsetzung in Form einer Anordnung des Bundespräsidenten auf Vorschlag des Bundeskanzlers und seines Kabinetts. Am 7. Juni 1950 veröffentlichte das Bundesgesetzblatt: „Anordnung über die deutschen Flaggen (...)
1. Die Bundesflagge besteht aus drei gleich breiten Querstreifen, oben Schwarz, in der Mitte Rot, unten Goldfarben, Verhältnis der Höhe zur Länge des Flaggentuches wie 3 zu 5.
2. Die Standarte des Bundespräsidenten ist ein gleichseitiges, rotgerändertes, goldfarbenes Rechteck, darin der Bundesadler, schwebend, nach der Stange gewendet. Verhältnis

Bundesflagge, Standarte des Bundespräsidenten und Dienstflagge der übrigen Bundesbehörden mit Ausnahme der Bundespostverwaltung (von oben nach unten), nach der Anordnung über deutsche Flaggen vom 7. Juni 1950.

der Breite des roten Randes zur Höhe der Standarte wie 1 zu 12.
3. Die Dienstflagge der übrigen Bundesbehörden, mit Ausnahme der Bundespostverwaltung, hat die gleichen Querstreifen wie die Bundesflagge, darauf etwas nach der Stange hin verschoben, in den schwarzen und den goldfarbenen Streifen je bis zu einem Fünftel übergreifend, den Bundesschild, den Adler nach der Stange gewendet, Verhältnis der Höhe zur Länge des Flaggentuches wie 3 zu 5.
4. Die Bundespostflagge hat die Querstreifen wie die Bundesflagge, in der Mitte des um ein Fünftel der Randstreifen breiteren roten Querstreifens ein goldfarbenes Posthorn mit goldfarbener Schnur, zwei goldfarbenen Quasten und vier goldfarbenen Strahlenblitzen, das Mundstück nach der Stange gewendet. Verhältnis der Höhe zur Länge des Flaggentuches wie 3 zu 5.
Alle Stellen und Behörden des Bundes, ausgenommen der Bundespräsident und die zur Führung der Bundespostflagge Berechtigten, führen die Dienstflagge der Bundesbehörden. Bundesdienstgebäude und Wasserfahrzeuge im öffentlichen Dienst des Bundes können mit der Bundesflagge oder mit der Bundesdienstflagge beflaggt werden.
Bonn, den 7. Juni 1950.
Der Bundespräsident Theodor Heuss
Der Bundeskanzler Adenauer
Der Bundesminister des Innern Heinemann".

Bundespostflagge mit „in der Mitte des um ein Fünftel der Randstreifen breiteren roten Querstreifens" und dem goldfarbenen Posthorn ab 7. Juni 1950.

Damit hatte sich die Bundesrepublik Deutschland ihr Wappen und ihre Flaggen gegeben – mit ganz geringen späteren Ergänzungen, wie die Einführung einer Postsignalflagge für Seeschiffe vom 5. Dezember 1951. Seeschiffe, die nach dem „Flaggenrechtsgesetz" das Recht oder die Befugnis zur Führung der Bundesflagge ausübten, hatten beim Posttransport im Auftrag der Deutschen Bundespost die Postsignalflagge zu setzen – einen Stander im Verhältnis 3 : 5 mit schwarzem (außen) und rotem (innen) Randstreifen an den Längsseiten und einem Posthorn im Zentrum.

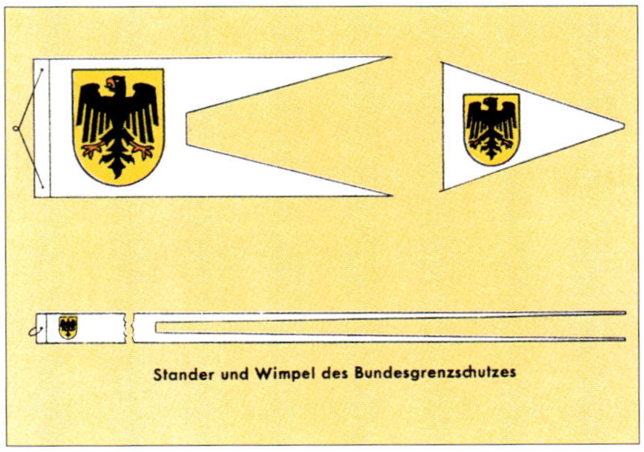

Kommando- und Unterscheidungszeichen für Seefahrzeuge des Bundesgrenzschutzes mit Bundesschild ab Dezember 1951. Links oben Führerstander, daneben Flottillenstander, unten Kommandowimpel.

Der Bundesgrenzschutz (BGS) erhielt am 17. Dezember 1951 eine Flaggenordnung, in der das Führen der Bundesdienstflagge und der Gösch für die Seefahrzeuge des BGS geregelt wurden. Als Kommandozeichen führte der BGS Führerstander, Flottillenstander sowie den Kommandowimpel. Als Unterscheidungszeichen gab es auch noch einen Gruppenstander zur Verwendung im Dienstbetrieb der BGS-Schiffe und -Boote. Alle Flaggen zeigten den Bundesschild auf weißem Grund. Die Dienstflagge der Seestreitkräfte der Bundeswehr, nach Anordnung des Bundespräsidenten vom 25. Mai 1956, sollte die letzte Flagge sein, die in der Bundesrepublik neu eingeführt wurde. Sie entspricht der Bundes-

Brigade

Regiment

Bataillon

Kompanie

Die Bundeswehr verwendete auf ihren Kommando- und Erkennungszeichen das unten gerundete Bundeswappen und nicht den für diese Zwecke vorgesehenen Bundesschild. Hier die Kommandozeichen der Territorialen Verteidigung mit grüner Grundfarbe, der Waffenfarbe der Infanterie.

Stichelei der DDR-Brüder: Den Bundesadlern aus einer ostdeutschen Publikation fehlt die optisch umgesetzte Würde der offiziellen Darstellung. Die verängstigte Mimik des Adlers auf dem Bundeswappen ist noch harmlos zum verunglückten Vogeltier auf der Standarte des Bundespräsidenten. Auch der Bundesschild auf der „Marineflagge" hat eigenschöpferische Qualitäten.

dienstflagge, ist jedoch als Doppelstander ausgeführt. Die Dienstflagge der Seestreitkräfte wird von allen deutschen Kriegsschiffen und ihren Beibooten geführt sowie von den ständig besetzten Küstenstationen. Hilfsschiffe der Bundesmarine mit zivilen Besatzungen führen dagegen die Bundesdienstflagge. Der Bundesschild befindet sich etwa in der Mitte zwischen dem Flaggenstock und dem Einschnitt, jedoch etwas weiter vom Flaggenstock entfernt. Die Dienstflagge der Seestreitkräfte lehnt sich dabei an die Flagge von 1848 an, wie sie auch von der Reichsflotte geführt wurde.

In der aktuellen Anordnung über die deutschen Flaggen vom 13. November 1996 bestimmte der damalige Bundespräsident Roman Herzog auf Vorschlag der Bundesregierung Form und Führung der deutschen Flaggen:

„1. Die Bundesflagge besteht aus drei gleich breiten Querstreifen, oben Schwarz, in der Mitte Rot, unten Goldfarben, Verhältnis der Höhe zur Länge des Flaggentuches wie 3 : 5. Die Bundesflagge kann auch in Form eines Banners geführt werden. Das Banner besteht aus drei gleich breiten Längsstreifen, links Schwarz, in der Mitte Rot, rechts Goldfarben.

2. Die Standarte des Bundespräsidenten oder der Bundespräsidentin ist ein gleichseitiges, rotgeränderte, goldfarbenes Rechteck, darin der Bundesadler, schwebend, nach der Stange gewendet. Verhältnis der Breite des roten Randes zur Höhe der Standarte wie 1 zu 12.

3. Die Dienstflagge der Bundesbehörden (Bundesdienstflagge) hat die gleichen Querstreifen wie die Bundesflagge, darauf, etwas nach der Stange hin verschoben, in den schwarzen und den goldfarbenen Streifen je bis zu einem Fünftel übergreifend, den Bundesschild, den Adler nach der Stange gewendet, Verhältnis der Höhe zur Länge des Flaggentuches wie 3 zu 5. Wird die Bundesdienstflagge in Bannerform verwendet, ist der Bundesschild, den Adler zum schwarzen Streifen hin gewendet, parallel zu den Längsstreifen ausgerichtet, etwas nach der Stange hin verschoben, in den schwarzen und den goldfarbenen Teil je bis zu einem Fünftel übergreifend.

4. Alle Stellen des Bundes führen die Bundesdienstflagge. Der Bundespräsident oder die Bundespräsidentin führt die Standarte am jeweiligen Amtssitz. Dienstgebäude des Bundes können mit der Bundesflagge oder mit der Bundesdienstflagge beflaggt werden; dies gilt auch für Wasserfahrzeuge im öffentlichen Dienst des Bundes. An Dienstkraftfahrzeugen können bei dienstlichen Fahrten die in den Anhängen 2 und 3 (hier nicht wiedergegeben) beschriebenen Flaggen geführt werden, wenn sich der Amtsinhaber oder die Amtsinhaberin oder in den in Nummer 2 des Anhangs 2 bezeichneten Fällen der Stellvertreter oder die Stellvertreterin im Fahrzeug befinden. Die Flagge ist am rechten Kotflügel anzubringen.

Über Änderungen des Anhangs 2 sowie bei Zweifeln hinsichtlich der Berechtigung zum Führen der Bundesdienstflagge oder des anzuwendenden Musters nach Anhang 3 entscheidet das Bundesministerium des Innern im Benehmen mit dem jeweils zuständigen Verfassungsorgan oder Bundesministerium. (...) Die Führung der Bundesdienstflagge an Dienstkraftfahrzeugen der deutschen Vertretungen im Ausland regelt das Auswärtige

Amt. (...) Die Flaggenführung bei der Bundeswehr und beim Bundesgrenzschutz wird besonders geregelt.
Diese Anordnung tritt am Tage nach der Verkündung in Kraft. Gleichzeitig treten die Anordnung über die deutschen Flaggen vom 7. Juni 1950 und der Erlass zur Ausführung der Anordnung über die deutschen Flaggen vom 14. April 1964 außer Kraft."

Streitkräfte ohne Truppenfahne gibt es im Ausland nicht

Die Wiederaufstellung von deutschen Streitkräften nach dem Zweiten Weltkrieg ab 1955 stieß bei Teilen der deutschen Bevölkerung auf wenig Gegenliebe. Die allgemeinen Proteste ließen Bundeswehr und Politik von der Einführung von Truppenfahnen zunächst einmal Abstand nehmen. Auf eine solche Fahne legten viele Generationen deutscher Soldaten ihren Fahneneid ab. Der erste Eid deutscher Soldaten auf Hitler am 2. August 1934 und das Bild der deutschen Truppenfahnen im Straßenschmutz des Roten Platzes bei der Moskauer Siegesparade der Roten Armee am 24. Juni 1945 waren noch gegenwärtig, und so wurde das Thema Truppenfahne zurückhaltend behandelt.
Diese Situation stellte sich jedoch zunehmend als unhaltbar heraus, da alle anderen NATO-Staaten Truppenfahnen mit sich führten und die Bundeswehr bald Probleme beim international üblichen militärischen Zeremoniell hatte. Die Anordnung des Bundespräsidenten Heinrich Lübke (1894–1972) über die Stiftung der Truppenfahnen für die Bundeswehr datierte vom 18. September 1964: „... Als äußeres Zeichen gemeinsamer Pflichterfüllung im Dienst für Volk und Staat stifte ich für Bataillone und entsprechende Verbände Truppenfahnen in den Farben schwarz-rot-gold mit Bundesadler. (...) Die Truppenfahne ist die Bundesdienstflagge in quadratischer Form (100 x 100 cm) aus schwerem Seidenstoff. Der Bundesadler ist gestickt. Das Fahnentuch ist mit schwarz-rot-goldener Kordel und goldenen Fransen eingefasst. (...) Das Fahnentuch ist an einem schwarzen Fahnenstock befestigt. Ein Metallring um den Fahnenstock trägt die Bezeichnung des Truppenteiles. Die Spitze des Fahnenstockes ist ausgebildet als ein ovaler Eichenlaubkranz mit einem Eisernen Kreuz in der Mitte. (...) Das mit schmalem Goldstreifen gefasste Fahnenband in der Waffenfarbe des Truppenteiles ist am Fahnenstock angebracht. Auf dem Fahnenband sind das Emblem der Teilstreitkraft und die Bezeichnung des jeweiligen Truppenteiles eingestickt."
Als erste Einheit der Bundeswehr bekam das Wachbataillon am 7. Januar 1965 eine Truppenfahne verliehen. In den folgenden Monaten erhielten dann auch alle anderen Verbände ihre Fahnen. Die Fahnenmuster sind für die drei Teilstreitkräfte identisch. Sie unterscheiden sich lediglich in dem in der Waffenfarbe gefertigten Fahnenband, auf dem sich die Verbandsbezeichnung sowie das Verbandsabzeichen der zugehörenden Division befinden. Truppenfahnen spielen im Selbstverständnis der Bundeswehr inzwischen eine angemessene Rolle, insbesondere bei Empfängen mit militärischen Ehren und Gelöbnissen. Wird eine Truppenfahne im Rahmen solcher Zeremonien im marschierenden Verband mitgeführt, haben Soldaten in Uniform der Truppenfahne gegenüber den militärischen Gruß zu erweisen. Eine in einer Ehrenformation eingetretene Truppenfahne wird

Am Tag der ersten Verleihung der Truppenfahne an das Wachbataillon der Bundeswehr. Detail mit dem aufgenähten Bundesschild und maschinengesticktem Schildadler.

Fahne und Flagge der Bundeswehr. Links die Truppenfahne mit gleicher Optik für alle Teilstreitkräfte und rechts die Dienstflagge der Seestreitkräfte der Bundeswehr als Doppelstander. An Land wird die Bundesdienstflagge gehisst.

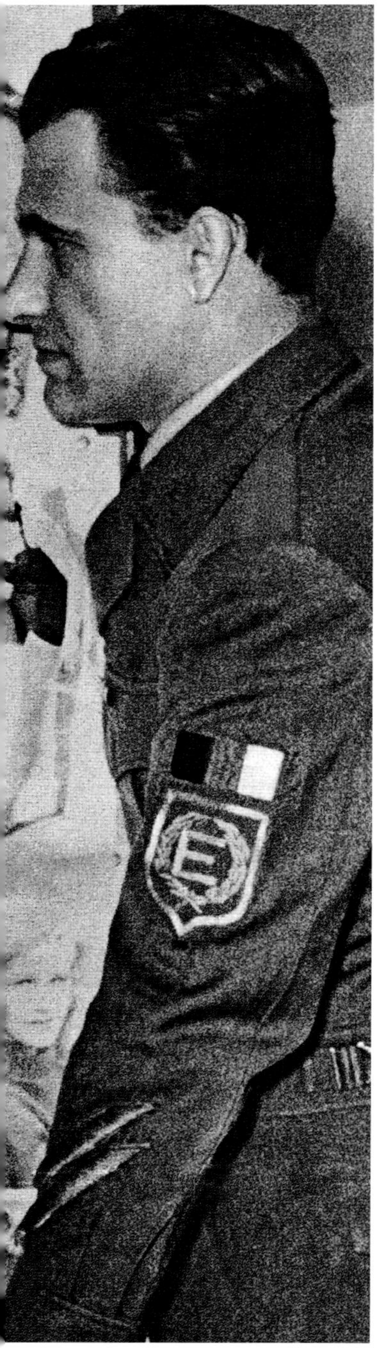

Für deutsche Soldaten geplant. Obergefreiter der Europäischen Verteidigungsgemeinschaft mit Nationalitätsabzeichen am linken Oberarm.

beim Abschreiten der Front im Gegensatz zur alten kaiserlichen Armee und Wehrmacht nicht gesenkt.
Es gibt nur wenige Gelegenheiten, bei denen die Truppenfahne gesenkt wird: Während des Sprechens der Gelöbnisses etwa halten die ausgesuchten Rekruten ihre linke Hand über der gesenkten Truppenfahne. Beim Vorbeitragen eines Sarges an der Ehrenformation während einer Trauerfeierlichkeit und beim Lied „Ich hatt' einen Kameraden" senkt die Truppenfahne sich ebenfalls. Letztendlich aus einem ganz praktischen Grund: Zum Anbringen zusätzlich verliehener Fahnenbänder muss sich die Truppenfahne vor dem Stifter senken.

Nationalitätsabzeichen auf Aluminium, Stahl und Uniformstoff

Im April 1961 kündigte das Bundesministerium der Verteidigung die Einführung eines Nationalitätsabzeichens an. Im „nato-oliven" Kampfanzug sahen die Soldaten der Mitgliedsländer doch sehr ähnlich aus, und bei gemeinsamen Manövern war es schon wegen der Kommunikation hilfreich zu wissen, mit welcher Nationalität und Sprache man zusammen gegen „Orange" ins Feld zog. Die Benennung des Manövergegners mit der Farbe Orange – obwohl alle Gegnerfahrzeuge mit roten Stoffkreuzen durch das Gelände fuhren – zeigte seit den 1970er-Jahren sprachliche Sensibilität in Bezug auf den „roten Feind" auf der Ostseite des Eisernen Vorhangs (der in dem Zusammenhang auch nicht als „Feind", sondern nur als „Gegner" betitelt wurde).
Bereits Anfang der 1950er-Jahre setzte eine Diskussion hinsichtlich der Gestaltung von Uniformen für deutsche Soldaten ein. Die Europäische Verteidigungsgemeinschaft (EVG), die Deutschland, die Beneluxstaaten, Frankreich und Italien am 27. Mai 1952 beschlossen, sah gemeinsame khakifarbene Uniformen der sechs Mitgliedsstaaten vor: Über den speziellen Europawappen sollten Nationalitätsabzeichen auf dem linken Oberarm der Uniform getragen werden, so etwa Schwarz-Rot-Gold von links nach rechts in vertikaler Anordnung für die deutschen Truppen. Die EVG scheiterte jedoch an der Ratifizierungsblockade des französischen Parlaments, und in der Folge wurde die Bundesrepublik in die NATO aufgenommen.
Es vergingen jedoch noch einige Jahre nach der Bundeswehrgründung, bis das „Nationalitätsabzeichen Bundesrepublik Deutschland" die Feldjacken, Feldblusen und Fliegeroveralls der Soldaten verzierte. Als 5 cm langes und 2,5 cm hohes Baumwollband mit eingewebten Bundesfarben wurde und wird das Nationalitätsabzeichen sechs Zentimeter unter der Ärmeleinsatznaht waagerecht unter der Schulterklappenmitte aufgenäht. Etwa zur gleichen Zeit – im Jahre 1961 – kam das Bundeswappen mit dem Bundesadler und dem Schriftzug BUNDESWEHR zu Ehren: als schwarz gewebtes Abzeichen auf weißem Grund für die Sportbekleidung. Bis heute hat sich auch nach 50 Jahren Bundeswehr daran nichts geändert, außer dass das Spektrum der Uniformteile mit kleinen Deutschlandflaggen erheblich erweitert wurde. Alles, was „funktionell getarnt" daherkommt, muss sich durch Schwarz-Rot-Gold zu erkennen geben. Eine kleine Auswahl der Bekleidungsstücke mit den Nationalitätsabzeichen auf beiden Ärmeln: Feldparka (oliv), Feldjacke (Tarndruck), Nässeschutzjacke (Tarndruck), Bordparka, Feldjacke (oliv), Bordjacke, Feldbluse, Pullover, Feldhemd, Bordhemd, Panzerkombination, Fliegerlederjacke, Fliegerkombination, Monteurkombination (luftfahrzeugtechnisches Personal), Nasstaucheranzug, Taucheranzug.

Bundeswappen auf der Kämpferbrust: seit 1961 Abzeichen für die Sportbekleidung der Bundeswehr.

Sonderbekleidung mit Nationalitätsabzeichen Mitte der 1980er-Jahre. Von links: Hauptmann der Luftwaffe in Fliegerkombination, Stabsunteroffizier der Panzertruppe des Heeres in „Panzerkombi" und Maat der Bundesmarine mit Bordjacke im Arbeits- und Gefechtsanzug.

Für ausländische Soldaten, die aufgrund eines Ausbildungshilfe-Abkommens in der Bundeswehr Dienst verrichten, ist das Tragen deutscher Dienstgrad-, Nationalitäts- oder Hoheitsabzeichen unzulässig. Soweit sie mit deutschen Uniformen ausgestattet sind, dürfen sie auch nicht ihre eigene Heimatflagge annähen, sondern müssen das „Nationalitätskennzeichen für ausländische Soldaten" tragen. Das Abzeichen, ein halbrunder, 10 cm langer und 3 cm breiter Bogenrahmen mit dem Schriftzug des betreffenden Landesnamens in offizieller deutscher Bezeichnung, wird nur auf dem linken Oberärmel mittig 3,5 cm unter der Ärmeleinsatznaht angebracht. So die aktuellen Erläuterungen aus der Zentralen Dienstvorschrift (ZDv) 37/10 „Anzugordnung für die Soldaten der Bundeswehr" vom Juli 1996.

Getarnt oder ungetarnt – das Nationalitätsabzeichen ist ein auffälliger Farbpunkt im Gelände und ein „Abzeichen" nach der Haager Landkriegsordnung. Bundeswehrgrenadiere zur Zeit der Einführung der Tarndruckuniformen Ende der 1980er-Jahre.

Hier zeigt sich die sensible Handhabung von Nationalflagge und Kennzeichen im militärischen Gebrauch. In der „Ordnung der Gesetze und Gebräuche des Landkrieges", Anlage des 4. Haager Abkommens, hieß es bereits 1907 im 1. Artikel, bezogen auf die Kriegführenden: „... dass sie ein bestimmtes aus der Ferne erkennbares Abzeichen tragen, ..." und in Artikel 23, der sich mit Verboten beschäftigt: „... der Missbrauch der Parlamentärflagge, der Nationalflagge, oder der militärischen Abzeichen oder der Uniform des Feindes

Unter dem Eisernen Kreuz: Theodor Blank (1905–1972) bei seiner Ansprache zur Ernennung der ersten 101 Freiwilligen der Bundeswehr in einer Kraftfahrzeughalle der Ermekeil-Kaserne in Bonn am 12. November 1955.

sowie der besonderen Abzeichen des Genfer Abkommens ...“ (Anm.: Rotes Kreuz). Somit wird die Anordnung des Bundespräsidenten über die Kennzeichnung der Luftfahrzeuge und Kampffahrzeuge der Bundeswehr vom 1. Oktober 1956 verständlich.
Am 9. Mai 1955 erfolgte die Aufnahme der Bundesrepublik Deutschland in die NATO und einen knappen Monat später wurde die „Dienststelle Blank“ zum Bundesministerium der Verteidigung (BMVtdg) umgewandelt. An Scharnhorsts Geburtstag, dem 12. November, erfolgte die Ernennung der ersten 101 Freiwilligen der neuen westdeutschen Streitkräfte, die sich ab 1. April 1956 offiziell „Bundeswehr“ nannten. Mitte Mai des Jahres standen die ersten von den USA gelieferten Panzer auf dem Kasernenhof, und Anfang Oktober begann die Luftwaffe mit der Ausbildung ihrer ersten Offiziersanwärter in Faßberg. Sie übernahm am 13. November ihre ersten Düsenjäger in Fürstenfeldbruck. Die Anordnung des Bundespräsidenten erfolgte zeitnah: „Als Erkennungszeichen für die Luftfahrzeuge und Kampffahrzeuge der Bundeswehr bestimme ich ein schwarzes Kreuz mit weißer Umrandung in der aus dem nachstehend abgebildeten Muster ersichtlichen Form. Der Bundesminister für Verteidigung wird ermächtigt, Ausführungsbestimmungen zu dieser Anordnung zu erlassen.
Der Bundespräsident Theodor Heuss
Der Bundeskanzler Adenauer
Der Bundesminister für Verteidigung Blank.“
Einmal mehr zeichnete sich auch diese Anordnung in Sachen nationaler Symbole durch eine bemerkenswerte Unverbindlichkeit aus. „Ein schwarzes Kreuz mit weißer Umrandung“ konnte alles Mögliche bedeuten, und lediglich das beigegebene Muster offenbarte das „Eiserne Kreuz“ oder vielleicht weiterhin unverbindlich, ein Tatzenkreuz nach Schinkel. So kurz nach dem Zweiten Weltkrieg und der kontrovers geführten öffentlichen Diskussion zur Wiederaufrüstung und Schaffung deutscher Streitkräfte wagte man nicht, das neue Kennzeichen für Düsenjägerflanken und Tragflächen sowie Kampfpanzertürme namentlich zu benennen. Eiserne Kreuze und die dazu passenden Ritterkreuze – mit dem Hakenkreuz auf der Frontseite – vor erst gut 15 Jahren spalteten sie die öffentliche Meinung und hatten das traditionsreiche Symbol diskreditiert. Als Argument blieb da nur der Hinweis auf den Ursprung der Tapferkeitsauszeichnung aus dem Jahre 1813.

Muster des „schwarzen Kreuzes mit weißer Umrandung“ von 1956. Eisernes Kreuz für Panzertürme und Flugzeugrümpfe.

In der Welt im Einsatz: Task Force Harvest (TFH) in Mazedonien im Herbst 2001. Panzer und Soldat im Bundeswehr-Lager Erebino bei Tetovo.

Seit dem 1. August 1922 gab es in Deutschland ein Luftverkehrsgesetz, das in den entsprechenden Verordnungen und Anlagen auch die Kennzeichnung der Luftfahrzeuge regelte, ihnen also eine Art „Nummernschild“ zusprach. Jedes zugelassene Fluggerät sollte so für jedermann klar und deutlich erkennbar sein und seine Identität preisgeben. Da Deutschland bei der Verteilung von Hoheitsabzeichen im Zuge des Pariser Luftfahrtabkommens vom 13. Oktober 1919 nicht berücksichtigt wurde – man ging davon aus, dass in Deutschland nach dem Ersten Weltkrieg nie wieder Flugzeuge gebaut, geschweige denn fliegen würden – gaben sich die Deutschen das „D“ als Hoheitszeichen selbst. Die ersten deutschen Flugzeugkennzeichen begannen also mit dem bekannten „D“ und der laufenden Eintragungsnummer aus der Deutschen Luftfahrzeugrolle. Dieses „D“ aus der Luftfahrt wird sich in den nächsten Jahrzehnten verselbstständigen und internationale Akzeptanz erhalten, etwa als Nationalitätskennzeichen am Auto oder als Adressenzusatz im internationalen Postverkehr von heute.

Dass die deutsche „Durchnummerierung“ Grenzen hatte und sich im praktischen Gebrauch nicht bewährte, wurde zur Erfahrung der nächsten zwölf Jahre. Man war bei D-3466 angekommen und interessanter als die bloße Anzahl der Luftfahrzeuge am deutschen Himmel waren Hinweise auf die Art des Fluggerätes – vom Passagierflugzeug über das Luftschiff und Sportflugzeug bis hin zum Gasballon. Solche Klassifizierungsmerkmale waren jedoch nur mit Buchstabengruppen zu ordnen, wie es das Ausland seit 1919 praktizierte. Mit dem 20. März 1934 erfolgte die Umstellung der Flugzeugkennzeichen ziviler Maschinen. Jetzt folgte nach dem „D“ mit Bindestrich eine vierstellige Buchstabengruppe, zum Beispiel D-ARYS für eine Junkers Ju 52/3m der Deutschen Lufthansa. Für die interne Lufthansa-Kennung malte man ihr mit „Hans Kirschstein“ noch einen „Merknamen“ auf dem Rumpf.

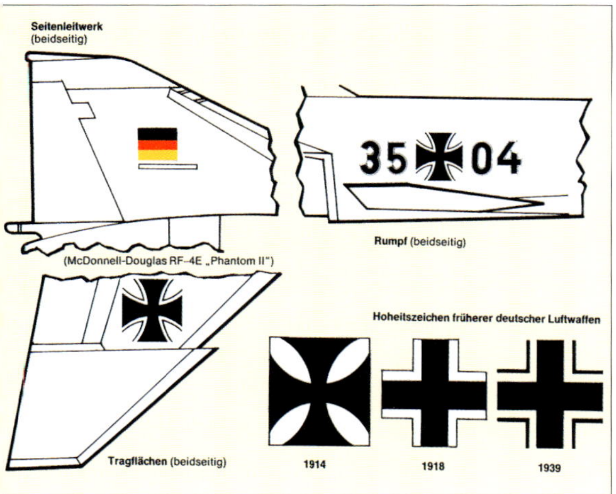

Platzierung von Hoheitsabzeichen an Luftfahrzeugen der Bundeswehr.

(Hans Kirschstein [1896–1918], Jagdflieger des Ersten Weltkriegs und Träger des Ordens Pour le Mérite, fiel am 24. Juni 1918.)

Militärflugzeuge flogen weiterhin mit verklausulierten Kennzeichen aus Buchstaben oder Zahlengruppen und waren auch nicht in der Luftfahrzeugrolle zu finden. Sie hatten in der Regel ihre technische Identität zu verbergen – was übrigens bis heute gilt. Dafür sollte ihre deutsche Nationalität durch das Eiserne Kreuz besonders hervorgehoben werden. Zivile und militärische Fluggeräte sind seit dem 6. Juli 1933 zusätzlich zum Buchstabenkennzeichen „D“ noch mit weiteren, aufgemalten Hoheitszeichen in der Form der Nationalflagge ausgestattet. Dies regelte erstmals die „Luftfahrtflaggenverordnung“ von 1933. Kurz nach Hitlers Machtergreifung ging es bei dieser Verordnung nicht um die sinnvolle Kennzeichenergänzung der Luftfahrzeuge nach internationalen Gepflogenheiten, sondern um eine spezielle NS-Symboldemonstration am Himmel, die der Reichsminister der Luftfahrt initiierte. So ließ Hermann Göring in den Text der Verordnung schreiben: „... Flugzeuge führen die Hoheitsflaggen in Form von Farbstreifen am Seitenleitwerk, und zwar an der Steuerbordseite drei zur Flugzeuglängsachse gleichlaufende, gleich breite Querstreifen, oben Schwarz, in der Mitte Weiß, unten Rot, an der Backbordseite einen roten Streifen mit runder weißer Scheibe, darin ein schwarzes, schräg gestelltes Hakenkreuz ...“ Mindestens die halbe Fläche des Seitenleitwerks war so zu bemalen, und bei Luftschiffen mussten das untere und das obere Seitenleitwerk sogar komplett mit dem Flaggenanstrich versehen werden.

Im Prinzip blieb die Kennzeichnungspflicht mit Buchstaben-Kennzeichen und Nationalflagge bei der Eintragung in die Luftfahrzeugrolle und der Verkehrszulassung bis heute bestehen. So heißt es in den neuesten Fassungen der Verordnungen und Anlagen zum deutschen Luftverkehrsgesetz: „... Deutsche Flugzeuge, Drehflügler, Luftschiffe, Motorsegler und bemannte Ballone führen als Staatszugehörigkeitszeichen die Bundesflagge und den Buchstaben D sowie als besondere Kennzeichnung (Eintragungszeichen) vier weitere Buchstaben an beiden Seiten des Rumpfes oder an beiden Seiten des Seitenleitwerks. Flugzeuge bis 5,7 t Höchstgewicht und Motorsegler führen den Buchstaben D und das Eintragungszeichen außerdem auf der unteren Seite des linken Flügels." Auf diese Weise gekennzeichnet, sind die Niedrigflieger auch vom Boden aus zu identifizieren.

Reisejet des Bundeskanzlers. Luftwaffen-Airbus A310 Reg. mit der Kennung 10 + 21 und dem Merknamen KONRAD ADENAUER im bundesfarbigen Anstrich.

Wo genau die Bundesflagge ihren Platz an Fluggeräten hat, ist natürlich auch festgelegt: „... sie führen die Bundesflagge im Farbanstrich auf beiden Seiten des Leitwerks möglichst in der oberen Hälfte, Drehflügler auf beiden Seiten des Rumpfes in Flugrichtung hinter dem Buchstaben D und dem Eintragungszeichen. (...) Die Bundesflagge ist in Rechteckform und auf beiden Seiten in gleicher Größe anzubringen. Das Verhältnis der Gesamthöhe zur Gesamtlänge der drei gleich breiten Farbstreifen soll etwa 3 : 5, die Gesamthöhe mindestens 15 cm betragen.

Kennzeichen aus Verlegenheit: Weil das „Y" als Ortskennzeichen niemand besaß und 1955 auch keiner wollte, bekam es die Bundeswehr zusammen mit den Bundesfarben.

Bemannte Ballone setzen die Bundesflagge in gegenüberliegender Anordnung außen auf der Hülle; die Gesamthöhe muss hierbei jedoch mindestens 30 cm betragen."

Auf See gibt es in Flaggenfragen keine Eventualitäten

Ganz anders als in der Luft und auf dem Lande ist der Stellenwert nationaler Kennzeichen bei der Handelsschifffahrt und bei der Marine zu werten. Vom Wasser stammt die Flagge, und dort findet sie auch die ernsthafteste Verwendung. Auf See versteht man mit Flaggen keinen Spaß: Wenn sie wehen, weiß jeder, woran er ist und wenn nicht, gab es früher einen „Schuss vor den Bug". Verhalf auch das nicht zum „Flagge zeigen", folgte die Breitseite, und das Gefecht auf See mit den diplomatischen Folgen an Land bis zur Kriegserklärung nahm seinen Lauf.
Das Prozedere der Handhabung von National-, Kriegs-, Handels-, Kommando-, Kontor-, Signalflaggen usw. füllte als „Flaggen-, Salut- und Besuchsordnungen" ganze Bücher. Für den Gebrauch von Flaggen auf See war und ist jede Eventualität geregelt – in den Jahrhunderten ohne Funk, Radar und GPS intensiver und sensibler als heute. Die Flagge, in der ganzen Vielfalt möglicher optischer Signale durch Farben und Formen, blieb jahrhundertelang die einzige Möglichkeit, auf See miteinander zu kommunizieren. Besonders hilfreich, ja geradezu notwendig, sind in diesem Zusammenhang offizielle Flaggenbücher mit farbigen Abbildungen aller Flaggen der internationalen Schifffahrt. Mit dem Flaggenbuch der Kriegsmarine von 1939 gab es ein in seiner Art einmaliges Standardwerk, besonders für den praktischen Gebrauch an Bord von Kriegsschiffen in ausländischen Gewässern. Flaggenbücher sind für die Identifizierung sich begegnender Schiffe anhand der geführten Flaggen und für das Erkennen der Kommandosituation bei fremden Marinen notwendig. Das galt sehr schnell auch für die Marinestreitkräfte der Bundeswehr ab 1956. Doch dort wollte und

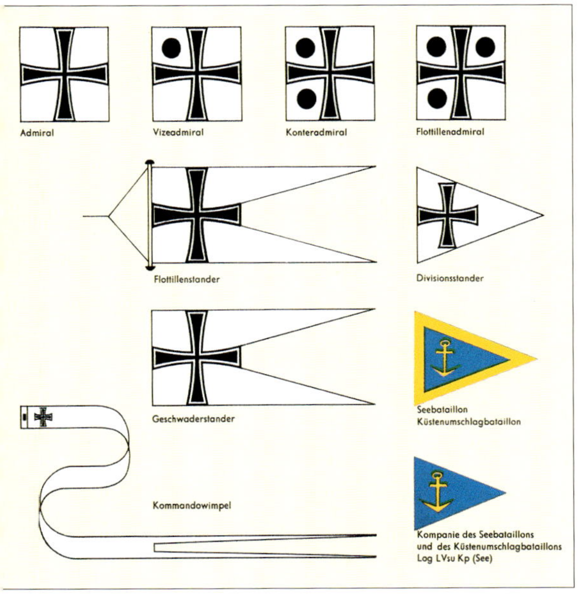

Ungebrochene Tradition, wie zu den Zeiten des Kaiserreiches: Kommando- und Erkennungszeichen der Bundesmarine mit dem Eisernen Kreuz und dem Anker ab 1956.

konnte man das Flaggenbuch der Kriegsmarine nicht wieder verwenden. Durch die Auswirkungen des Zweiten Weltkriegs hatte sich auf der Staatenkarte der Welt viel verändert. Ein gebrauchswertes Flaggenwerk lebt vom aktuellen Informationsstand und hier lag das Manko der Marine-Dienstvorschrift (M. Dv.) Nr. 377 „Flaggenbuch". Seit 1944 gab es keine Fortschreibung mehr und zehn Jahre später hatte sie nur noch antiquarischen Wert. Der Inspekteur der Marine entschied im November 1960, dass die Bundesmarine kein eigenes Flaggenbuch herausgeben würde, und führte, mit einem Exemplar pro Schiffseinheit, das englische Loseblattwerk BR 20: „Flags of All Nations", Band 1 und 2, der britischen Admiralität ein. Es wird bis heute verwendet, allerdings in der Form einer CD-ROM.

Die Kokarde, mehr als nur ein bunter Punkt an der Uniformmütze

Immer wenn optische Signale im öffentlichen Miteinander an Land kreisrunde Formen präsentieren, beginnt sich der Staat als Institution zu zeigen. Siegel, Siegelmarken, Dienststempel, Poststempel oder die Kokarde an der Uniformmütze sind solche Signale staatlicher Hoheit in Wahrnehmung staatlicher Aufgaben. Über den Ursprung der Kokarde ist schon berichtet worden. Sie hatte in Deutschland immer eine Affinität zu den jeweiligen Landes- oder Reichsfarben, d. h. die Farben der Flaggen finden sich in den Kokarden wieder. Dies gilt auch für die Bundesfarben Schwarz-Rot-Gold in der Bundeskokarde.

Über die Bundeskokarde gibt es keine gesetzlichen Verordnungen; sie wurde jeweils bei den Bekleidungs- und Uniformbestimmungen der entsprechenden Behörden in ihrer Form und Trageweise festgelegt. So lautete ein offizieller Beschreibungstext von 1956: „Die Soldaten der Streitkräfte, die Bediensteten der Deutschen Bundesbahn, der Deutschen Bundespost, der Zollverwaltung, des Bundesgrenzschutzes sowie der Wasser- und Schifffahrtsverwaltung des Bundes und des Deutschen Hydrographischen Instituts tragen an der Dienstmütze die Bundeskokarde. Die Bundeskokarde zeigt die Farben Schwarz-Rot-Gold in der Farbenfolge Schwarz innen und Gold außen."

Für Soldaten ist die Kokarde oder die Nationale seit über zwei Jahrhunderten übliches Kennzeichen an den verschiedenen Kopfbedeckungen, um Freund und Feind zu unterscheiden. Zu Zeiten des „Bunten Rocks" hatte sie sicherlich auch eine gewisse Qualität des Uniformenschmucks, die immer mehr verloren ging. Heute sind naturfarben

Bundeskokarde aus Metall über dem goldenen unklaren Anker, dem Abzeichen der Teilstreitkraft Marine der Bundeswehr, hier mit Eichenlaubkranz für die Dienstmütze.

Extrafeine Dienstmütze für die Leutnante der Bundesmarine mit Schirmstickerei seit 1959 und handgestickten Abzeichen und Kokarde aus Goldfaden, so genannter Bouillonstickerei.

gesprenkelte Tarnanzüge beim Militär üblich, und umso wichtiger wird die Kokarde oder das Nationalitätsabzeichen. Für die neu aufgestellte Jägertruppe der Bundeswehr führte das Heer 1971 grüne Baretts ein und verpasste seinen Fallschirmjägern und Panzersoldaten auch diese inzwischen international beliebte Kopfbedeckung. Besonders gestaltete Metallabzeichen, die auf die Truppengattung hinwiesen, verzierten die linke Seite der Baretts. Die Jäger bekamen für ihr grünes Barett den Eichenlaubbruch im Seilkranz, die Panzertruppe für ihr schwarzes Barett den vorpreschenden Panzer im Eichenlaubkranz, und das bordeauxfarbene Barett der Fallschirmjäger schmückte der stürzende Adler im Eichenlaubkranz. Alles sehr traditionelle Abzeichen und Farben, die ihren Ursprung beim Heer der Wehrmacht hatten.

Spätere Barettabzeichen für alle Waffengattungen, hier für die Heeresflugabwehrtruppe, führten die Bundesflagge als Nationale. Links in der Ausführung in Bouillonstickerei auf Grundtuchunterlage für Offiziere und daneben die Metallausführung.

Bei den drei Truppengattungen mit Barett sollte es eigentlich bleiben. Doch jetzt kam die Eitelkeit der übrigen Truppengattungen ins Spiel – alle wollten ihr Barett mit eigener Farbe und Abzeichen. Inzwischen war den Verantwortlichen aufgefallen, dass bei genereller Verwendung als vorrangige Kopfbedeckung die ersten Barettabzeichen kein Nationalitätskennzeichen oder Kokarde besaßen – das durfte nach internationalen Gepflogenheiten nicht sein. Also bekamen die neuen Abzeichen eine kleine schwarz-rot-goldene Flagge. Inzwischen hat das Barett die Schirmmütze mit der Kokarde beim Heer der Bundeswehr verdrängt.

Beflaggungstage in Deutschland

Für die Beflaggung von Dienstgebäuden des Bundes, der Länder, der Gemeinden und Gemeindeverbände sowie der übrigen Körperschaften und Anstalten des öffentlichen Rechts, die der Aufsicht des Bundes oder der Länder unterliegen, regeln die „Beflaggungsverordnungen" des Bundes und der Länder, an welchen Tagen ohne weitere Anordnung zu flaggen ist.

Die erste Bundesverordnung vom 14. April 1955 listete die folgenden Tage als „Regelmäßige allgemeine Beflaggungstage" auf: 1. am Neujahrstage, 2. am Feiertag der Arbeit (1. Mai), 3. am Jahrestag der Verkündung des Grundgesetzes (23. Mai), 4. am Tag der deutschen Einheit (17. Juni), 5. am nationalen Gedenktag des deutschen Volkes (7. September), 6. am Volkstrauertag (zweiter Sonntag vor dem ersten Advent), am Volkstrauertag ist halbmast zu flaggen. Der 7. September erinnerte an die Konstituierung des 1. Deutschen Bundestages 1949 und ist heute kein Beflaggungstag mehr, genauso wie der Neujahrstag, mit Ausnahme von Hamburg.

Der „Erlass der Bundesregierung über die Beflaggung der Dienstgebäude des Bundes vom 10. Juli 1991" benannte dann folgende Beflaggungstage: 1. am Feiertag der Arbeit

Dienstflagge des Landes Nordrhein-Westfalen vor einem Dienstgebäude.

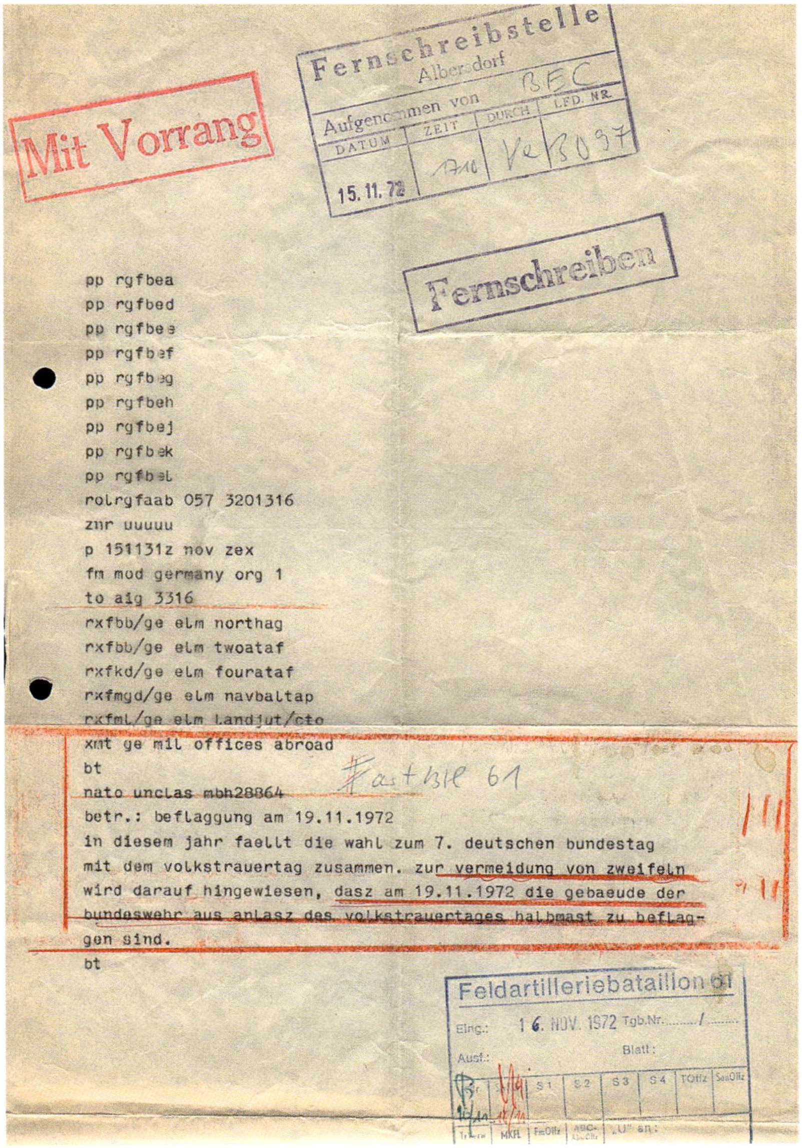

Mit Vorrang

Fernschreibstelle
Albersdorf
Aufgenommen von BEC
DATUM 15.11.72 | ZEIT 1710 | DURCH Ve | LFD. NR. B097

Fernschreiben

pp rgfbea
pp rgfbed
pp rgfbee
pp rgfbef
pp rgfbeg
pp rgfbeh
pp rgfbej
pp rgfbek
pp rgfbel
rolrgfaab 057 3201316
znr uuuuu
p 151131z nov zex
fm mod germany org 1
to aig 3316
rxfbb/ge elm northag
rxfbb/ge elm twoataf
rxfkd/ge elm fourataf
rxfmgd/ge elm navbaltap
rxfml/ge elm landjut/cto
xmt ge mil offices abroad
bt
nato unclas mbh28864
betr.: beflaggung am 19.11.1972
in diesem jahr faellt die wahl zum 7. deutschen bundestag
mit dem volkstrauertag zusammen. zur vermeidung von zweifeln
wird darauf hingewiesen, dasz am 19.11.1972 die gebaeude der
bundeswehr aus anlasz des volkstrauertages halbmast zu beflag-
gen sind.
bt

Feldartilleriebataillon 61
Eing.: 16. NOV. 1972 Tgb.Nr. ....../......
Ausf.: Blatt:
S 1 | S 2 | S 3 | S 4 | TOffz | SanOffz
MKFL | FmOffz | „U" an:

Wenn Beflaggungstage kollidieren, bedurfte es der Erläuterung, wie am 19. November 1972: Bundestagswahlen am Volkstrauertag.

(1. Mai), 2. am Europatag mit der Europaflagge (5. Mai), 3. am Jahrestag der Verkündigung des Grundgesetzes (23. Mai), 4. am Jahrestag des Aufstandes in Ostberlin 1953 (17. Juni), 5. am Jahrestag des Attentats auf Hitler 1944 (20. Juli), 6. am Tag der Deutschen Einheit (3. Oktober), 7. Volkstrauertag (2. Sonntag vor dem 1. Advent; halbmast), 8. am Tag der Wahl zum Deutschen Bundestag, 9. am Tag der Wahl zum Europäischen Parlament.

Diese Beflaggungstage übernahmen alle Länder in ihren Verordnungen. Baden-Württemberg, Bremen, Mecklenburg-Vorpommern, Niedersachsen, Sachsen und Thüringen haben zu den bundeseinheitlichen Tagen keine zusätzlichen Beflaggungstage. Die übrigen Bundesländer fügten ihre eigenen Tage hinzu. So wird in Bayern zum „Jahrestag des Volksentscheids über die Annahme der Verfassung" am 1. Dezember geflaggt. Ebenso in Rheinland-Pfalz am 18. Mai als „Tag des Inkrafttretens der Landesverfassung" und in Sachsen-Anhalt am 16. Juli, dem „Tag der Ausfertigung der Verfassung des Landes Sachsen-Anhalt".

Das Saarland flaggt regelmäßig ohne besondere Anordnung am 23. Oktober, dem „Jahrestag der Saarabstimmung" von 1955. In Berlin, Brandenburg, Hessen und Sachsen-Anhalt ist es der „Tag der Heimat", der zweite Sonntag im September, an dem zusätzlich die entsprechenden Flaggen vor und an den Dienstgebäuden flattern.

Hamburg hatte schon 1991 mehrere zusätzliche Beflaggungstage: Der 27. Januar, der „Tag des Gedenkens an die Opfer des Nationalsozialismus", an dem die Flaggen halbmast gehisst werden, ist später in die Bundesliste der Beflaggungstage aufgenommen worden. Am „Überseetag", dem 7. Mai, und dem Tag der Wahl zur Hamburgischen Bürgerschaft wird in Hamburg öffentlich geflaggt. Weiterhin sind die staatlichen Flaggenmasten auf dem Rathausmarkt und das Rathaus ohne besondere Anordnung am Neujahrstag mit Flaggen zu schmücken.

In Schleswig-Holstein, aber nur in der Landeshauptstadt Kiel, wehen für die Dauer der „Kieler Woche" die Flaggen vor den Dienstgebäuden aller Behörden und Dienststellen des Landes.

Sehr unterschiedlich handhaben die Länder die öffentliche Beflaggung bei Wahltagen. Hessen formulierte eine Beflaggung „am Tag allgemeiner Wahlen (Wahl zum Europäischen Parlament, Bundestags-, Landtags- und Kommunalwahlen)". Andere Länder sehen eine Beflaggung an Wahltagen nicht vor. Berlin allein flaggt öffentlich ohne besondere

Bundesdienstflagge in Bannerform, wie sie erst seit November 1996 geflaggt werden darf.

Ankündigung am Tag der Wahl des Bundespräsidenten. Alle übrigen Länder verlangen zu dem Termin alle fünf Jahre oder zur Trauerbeflaggung aus Anlass des Ablebens eines ausländischen Staatsoberhauptes die separate Anordnung durch den Bundesminister des Innern. Die Beflaggungsanordnung aus regionalen nichtpolitischen Anlässen ist in einem Erlass der Bundesregierung ausführlich für die einzelnen Bundesländer geregelt. Wie Hamburg so flaggte auch Nordrhein-Westfalen (NRW) seit den 1980er-Jahren am 27. Januar als „Tag des Gedenkens an die Opfer des Nationalsozialismus". In NRW hat der allgemeine Beflaggungstag 1. Mai eine von der Bundesformulierung „Feiertag der Arbeit" bemerkenswert abweichende Bezeichnung: „Tag des Friedens und der Völkerversöhnung". Zu den Beflaggungstagen von 1991 kam bis heute nur noch der 27. Januar hinzu. Damit gibt es zehn Tage im Jahr, an denen in Deutschland bundeseinheitlich die öffentlichen Gebäude beflaggt sind. Dienstgebäude der Vertretungen der Bundesrepublik Deutschland im Ausland werden täglich beflaggt, wenn dies ortsüblich ist. Zudem ist am Nationalfeiertag des Gastlandes zu flaggen.

In der Regel ist in den jeweiligen Beflaggungsanordnungen auch die Art der Beflaggung geregelt. Hier orientieren sich die Verordnungen der Länder ebenfalls am Erlass der Bundesregierung. So ist es üblich, dass die Beflaggung bei Tagesanbruch, jedoch nicht vor 7.00 Uhr morgens, beginnt und bei Sonnenuntergang endet. In Rheinland-Pfalz beginnt die Beflaggung erst um 8.00 Uhr, in Bremen grundsätzlich bei Sonnenaufgang. Erstreckt sich die Beflaggung über mehrere Tage, so sind die Flaggen bei Sonnenuntergang einzuholen und am Morgen wieder zu hissen. Bei besonderen Anlässen können die Flaggen auch nach Sonnenuntergang gesetzt bleiben, wenn und solange sie angestrahlt werden.

Wie zu flaggen ist und in welcher Anordnung, ist ebenfalls geregelt: „... zu flaggen ist an aufrecht stehenden Flaggenmasten. Stattdessen können auch waagerecht oder schräg stehende Flaggenstöcke am Gebäude verwendet werden. Die Größe der Flaggen soll in einem angemessenen Verhältnis zur Größe und Höhe der beflaggten Gebäude stehen. Mehrere Flaggen an einem Gebäude sollen von gleicher Größe sein. (...) Reihenfolge der Flaggen: Der Bundesflagge gebührt in der Regel die bevorzugte Stelle. Sie ist grundsätzlich rechts, vom Innern des Gebäudes mit dem Blick zur Straße gesehen, zu setzen, links anschließend die Landesdienstflagge oder Landesflagge und dann die übrigen Flaggen."

Jörg-M. Hormann

Die alten und die neuen Bundesländer Deutschlands

„Erschüttert von der Vernichtung, die die autoritäre Regierung der Nationalsozialisten unter Missachtung der persönlichen Freiheit und der Würde des Menschen in der jahrhundertealten Freien Hansestadt Bremen verursacht hat, sind die Bürger dieses Landes willens, eine Ordnung des gesellschaftlichen Lebens zu schaffen, in der die soziale Gerechtigkeit, die Menschlichkeit und der Friede gepflegt werden, in der der wirtschaftlich Schwache vor Ausbeutung geschützt und allen Arbeitswilligen ein menschenwürdiges Dasein gesichert wird." – mit dieser Präambel beginnt die Verfassung der Freien Hansestadt Bremen vom 21. Oktober 1947. Ähnlich lauteten die jeweils einführenden Worte der Verfassungen der sich konstituierenden neuen Länder in den Westzonen des besetzten Deutschlands nach dem Zweiten Weltkrieg. Von den Alliierten initiiert, sollten in Deutschland neue demokratische Staaten entstehen. Bei Verfassungsinhalten und -texten sowie Verwaltungsstrukturen griffen die politisch Verantwortlichen der ersten Stunde jetzt auf die Erfahrungen der Länder der Weimarer Republik zurück. Das galt besonders für die Findung von Landesfarben, Landeswappen und Landesflaggen. Mit sehr unterschiedlichem Tempo gingen die Länder an die Konstituierung ihrer staatlichen Hoheit heran, die de jure mit der Verkündung ihrer Verfassung begann. In dieser zeitlichen Reihenfolge sind sie hier vorgestellt.

Aus „State Greater Hesse" wird das Land Hessen

Nach dem Ersten Weltkrieg wurde aus dem Großherzogtum Hessen der Volksstaat Hessen mit Darmstadt als Sitz von Regierung und Landtag. Der Begriff „Volksstaat" ist genauso wie „Freistaat" lediglich die Verdeutschung des Terminus Republik. Nach der Umbenennung in Hessen im Jahr 1933 lösten die Nazis den Landtag ein Jahr später auf, und jedes politische Eigenleben Hessens erstarb. Mit der Grenzziehung der Besatzungszonen 1945 teilte sich das hessische Territorium: Oberhessen und Starkenburg gehörten zur amerikanischen, Rheinhessen – bis auf die rechtsrheinischen Gebiete – zur französischen Zone. Die amerikanischen Besatzer hatten es eilig mit ihrer Militärverwaltung, weil sie bereits nach zwei Jahren Deutschland wieder verlassen wollten. Sie beriefen einen Ministerpräsidenten und gründeten am 19. September 1945 den neuen Staat Groß-Hessen (Greater Hesse).
Am 1. Dezember 1946 trat die erste Verfassung eines neuen Landes auf deutschem Boden nach dem Zweiten Weltkrieg in Kraft. Gleichzeitig erfolgte die Umbenennung von „Groß-Hessen" in „Land Hessen" und die Festschreibung der Landesfarben Rot-Weiß im Artikel 66 der Verfassung. Konkreter wurde dann das „Gesetz über die Hoheitszeichen des Landes Hessen" vom 4. August

Seit 4. August 1948 das Wappen des Landes Hessen: Blauer Schild mit neunmal silber und rot geteiltem, steigendem Löwen mit goldenen Krallen und goldenem Laubwerkgewinde auf dem Schild.

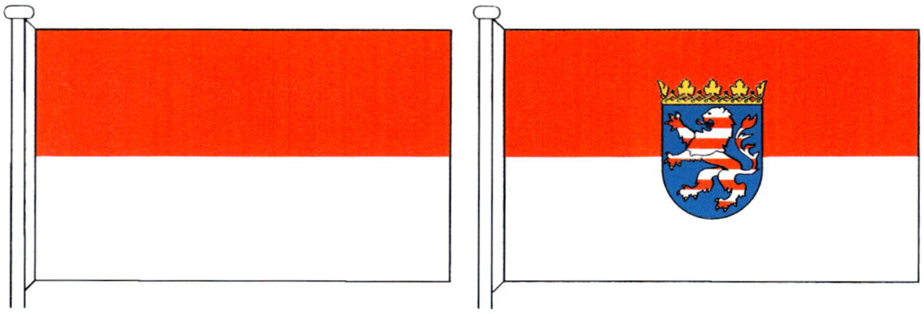

Rot-weiße Landesflagge und die Landesdienstflagge mit dem Landeswappen in der Mitte für das Land Hessen.

Hessische Dienstflaggen in Bannerform gab es nur Anfang der 1950er-Jahre. Sie bekamen keinen offiziellen Segen.

1948: „... Das Landeswappen zeigt im blauen Schilde einen neunmal silbern und rot geteilten steigenden Löwen mit goldenen Krallen. Auf dem Schilde ruht ein Gewinde aus goldenem Laubwerk mit von blauen Perlen gebildeten Früchten ..." Dies war der fast identische Text zur Verordnung vom 20. April 1920 über das Staatswappen des Volksstaates. Mit dem kleinen, aber wichtigen Unterschied, dass der hessische Löwe Weimarer Zeiten zehnfach gestreift war.
Weitere Details im Text von 1948 lauteten: „Die Landesflagge besteht aus einem oberen roten und einem unteren weißen Querstreifen; die Höhe der Flagge verhält sich zu ihrer Länge wie 3 : 5. Die Landesflagge ist zugleich Handelsflagge. Die Landesdienstflagge ist die Landesflagge, die in der Mitte das Landeswappen zeigt. (...) Das Landessiegel zeigt die Wappenfigur, den Löwen. (...) Für die Gestaltung der Hoheitszeichen nach diesem Gesetz sind die beigefügten Muster maßgebend. (...) Die künstlerische Ausgestaltung der Hoheitszeichen bleibt für besondere Zwecke vorbehalten ..."
Es gab dann doch einige Unterschiede zum Gesetz vom 5. Juli 1923, dem Weimarer Gegenpart. Dort war die Dienstflagge in rot-weiß-rote Querstreifen geteilt. Die beiden roten, gleich breiten Querstreifen hatten die Hälfte der Höhe des weißen Mittelstreifens, in dem mittig das Staatswappen stand. Bei der hessischen Handelsflagge fielen die drei Streifen gleich breit aus.
Besondere Aufmerksamkeit erfordern die Verordnungen über die jeweiligen Dienstflaggen der Länder oder des Bundes – sie dürfen im privaten Bereich nicht verwendet werden. Für Hessen lautete der Verordnungstext wie folgt: „Verordnung über die Landesdienstflagge vom 26. November 1949, verkündet am 31. Dezember 1949. Aufgrund des Gesetzes über die Hoheitszeichen des Landes Hessen vom 4. August 1948 (GVBl. S. 111) wird im Benehmen mit dem Minister der Justiz verordnet: (...) Die Landesdienstflagge wird nur von den staatlichen Verwaltungen des Landes geführt. In Zweifelsfällen entscheidet die zuständige oberste Landesbehörde im Einvernehmen mit dem Minister des Innern, ob eine Dienststelle als staatliche Verwaltung im Sinne dieser Verordnung anzusehen ist. (...) Die Landesdienstflagge wird nach näheren Bestimmungen des Ministers des Innern gesetzt: a) an Dienstgebäuden, wenn eine Beflaggung angeordnet ist, b) an Dienstfahrzeugen auf Binnengewässern, c) an Dienstkraftwagen als rechteckige Flagge oder dreieckiger Wimpel in der Größe 21 x 35 cm. (...) Für die Gestaltung der Landesdienstflagge sind die beigefügten Muster maßgebend."
Damit folgte die hessische Handhabung dem gesetzgeberischen Prozedere für Flaggen und Wappen der Länder der Weimarer Republik und wurde Beispiel der entstehenden Länder der Bundesrepublik, an die 1946 niemand zu denken wagte. Die Verfassung legte die Landesfarben fest, ein Hoheitszeichengesetz regelte Details der Landesflaggen und -wappen und entsprechende Verordnungen regelten Verwendung und Gebrauch.

Das große und das kleine Landessiegel von Hessen zeigen die Wappenfigur, den Löwen.

Bayern: festgefügte Traditionen

Abgesehen vom Verlust der Pfalz gab es für Bayern 1945 keine territorialen Veränderungen. Als zweites Land der amerikanischen Besatzungszone gab sich Bayern eine Verfassung mit Datum vom 2. Dezember 1946 und legte darin die traditionellen Landesfarben Weiß und Blau fest. Über die wiederholte Einführung der in Bayern seit Jahrhunderten üblichen Farben und Flaggenformen gab es in der verfassunggebenden Versammlung keinerlei Diskussionen. Zukünftig wehten die alten als neue Staatsflaggen des Freistaates Bayern gleichberechtigt nebeneinander: die von oben nach unten weiß-blaue Streifenflagge und die Rautenflagge mit 21 schräg laufenden Rauten oder Wecken. Die angeschnittenen Rauten sind dabei mitzuzählen.
Mit dem „Gesetz über das Wappen des Freistaates Bayern“ vom 5. Juni 1950 gab sich das Land ein großes und ein kleines Staatswappen, wie schon mit ähnlichem Gesetz vom 20. Juli 1923. Danach ist das große Wappen in vier Felder geteilt, mit aufgelegtem Herzschild. Die bayerischen Rauten in den Farben Silber und Blau bilden seitdem den Mittelpunkt des Wappens. Dies war eine Änderung zum Vorläuferwappen von 1923. Seit dem 13. Jahrhundert waren die Rauten das Zeichen des früheren bayerischen Herrscherhauses der Wittelsbacher – neben dem Löwen, der als Schildhalter seine Rolle im großen Staatswappen spielt, das bekannteste bayerische Symbol. Der weiß-blaue Herzschild soll als besonderes Symbol für die Gesamtheit des bayerischen Staates verstanden werden, während die übrigen vier Felder Sinnbilder der bayerischen Landesteile und Regionen tragen.
Der Herzschild mit den Rauten und der aufgesetzten Volkskrone ist das kleine Staatswappen des Landes Bayern. Die Volkskrone von 1923, nach einer Idee von Professor Otto Hupp (1859–1949), soll die Volkssouveränität, also die Demokratie kennzeichnen.
Der Freistaat Bayern führt keine besondere Dienstflagge, und das große und kleine

Pfälzer Löwe, fränkischer Rechen, der blaue Panther der Herzöge von Kärnten aus dem Hause Sponheim, die staufischen Löwen und die Rauten der Wittelsbacher: Wappenfelder des bayerischen großen Staatswappens in der Form seit 5. Juni 1950.

Staatswappen sind als staatliche Hoheitszeichen dem öffentlichen Bereich vorbehalten. Bei privater Benutzung droht nach dem Gesetz über Ordnungswidrigkeiten ein Bußgeld. Lediglich die „blanke“ Verwendung des Rautenwappens, also ohne Volkskrone oder irgendwelcher Schmückungen mit dem Schriftzug „Freistaat Bayern“ oder „Bayern“,

Großes bayerisches Staatswappen von 1923 bis 1936 mit einer „Volkskrone“. Sie besteht aus einem mit Steinen geschmückten goldenen Reifen, der oben mit fünf ornamentalen Blättern besetzt ist.

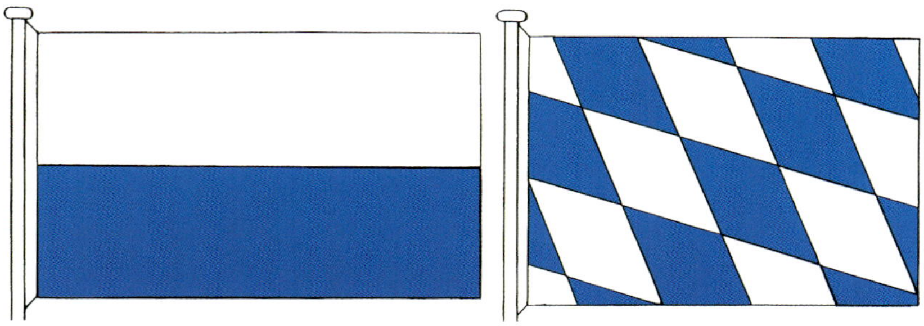

Zwei Staatsflaggen gleichberechtigt nebeneinander: weiß-blaue bayerische Streifen- und Rautenflagge.

40 mm im Durchmesser: Dienstsiegel des Freistaates Bayern mit großem Staatswappen.

ist gestattet. Ähnliches gilt auch für die Verwendung der Fränkischen Rechen, dann mit dem Schriftzug „Franken“. In den bayerischen Landesflaggen werden offiziell keine Staatswappen geführt.

Kleines bayerisches Staatswappen und die passenden Siegelarten dazu.

Rheinland-Pfalz: schneller als die französischen Besatzer dachten

Die Beteiligung Frankreichs an der Militärverwaltung Deutschlands mit Besatzungsstatus gehörte zu den weitreichenden Beschlüssen der Potsdamer Konferenz vom 17. Juli bis zum 2. August 1945. Programmatisch verständigten sich die jetzt vier Alliierten auf die berühmten „5 Ds“. Sie standen schlagwortartig für Denazifizierung, Demilitarisierung, Demokratisierung, Dezentralisierung und Demontage. Das Thema der politischen Demokratisierung und Dezentralisierung von Macht begann in der ehemals bayerischen Pfalz, in den Regierungsbezirken Koblenz und Trier, in der ehemaligen preußischen Rheinprovinz, in der ehemals zu Hessen-Darmstadt gehörigen Provinz Rheinhessen sowie Teilen der preußischen Provinz Hessen-Nassau (Montabaur) und in dem ehemals oldenburgischen Gebiet um Birkenfeld mit der Übernahme der Besatzungshoheit durch Frankreich. Die Verordnung Nr. 57 des Chefs der französischen Besatzungstruppen, des Generals Pierre Koenig (1898–1970), vom 30. August 1946 schuf das neue Land Rheinland-Pfalz.

Im Koblenzer Theater fand die konstituierende Sitzung der „Beratenden Landesversammlung“ am 22. November des gleichen Jahres statt. Ihre Aufgabe, die Erarbeitung eines Verfassungsentwurfs, erledigte die Versammlung zügig, sodass bereits am 18. Mai 1947 durch eine Volksabstimmung die Verfassung für das Land Rheinland-Pfalz angenommen werden konnte. Wenige Wochen später, am 4. Juni, erfolgte bereits die konstituierende Sitzung des ersten rheinland-pfälzischen Landtages, dessen Abgeordnete Dr. Wilhelm Boden (1890–1961) zum ersten Ministerpräsidenten wählten.

Ähnlich wie in Nordrhein-Westfalen ließ der Artikel 74 der Landesverfassung von Rheinland-Pfalz ein Gesetz die Farben und Flaggenfragen regeln. Nach der Verkündung der Verfassung benötigte der Landtag ein Jahr, um sich über diese Fragen Klarheit zu verschaffen. Im „Landesgesetz über die Hoheitszeichen des Landes Rheinland-Pfalz (Wappen und Flaggengesetz)“ vom 10. Mai 1948 erfolgte die erste Beschreibung des Wappens: „... Das Landeswappen hat die Form des heraldischen Rundschildes. Dieser ist durch eine aufsteigende eingebogene Spitze gespalten und zeigt rechts in silbernem Feld ein rotes durchgehendes Kreuz, links im roten

Die Landesfarben Schwarz-Rot-Gold wählte man in Rheinland-Pfalz in Erinnerung an den Ursprung der deutschen Farben. Das Hambacher Fest von 1832 fand auf dem Territorium des heutigen Landes statt.

Feld ein silbernes sechsspeichiges Rad und in der aufsteigenden schwarzen Spitze einen rot gekrönten, rot bewehrten goldenen Löwen. Das Wappen ist von einer goldenen Volkskrone (Weinlaub) überhöht ..." Reben umkränzen das Landeswappen auch im großen Landessiegel.

Damit sind die wichtigsten historischen Territorien des Landes Rheinland-Pfalz im Wappen vertreten. Das rote Kreuz steht für das Erzbistum und Kurfürstentum Trier, während das Mainzer Rad das Wappenbild des Erzbistums und Kurfürstentums Mainz ist. Der Pfälzer Löwe schließlich repräsentiert die Kurpfalz.

Rheinland-Pfalz gehört zu den ganz wenigen Ländern, in denen alle drei Flaggenformen – Hissflagge, Hängeflagge und Banner – erlaubt sind.

Paragraph 3 des Wappen- und Flaggengesetzes widmet sich der Landesflagge: „... die zeigt in drei gleich breiten Querstreifen von oben nach unten die Farben Schwarz, Rot und Gold. In der oberen Ecke an der Stange, bis in die Hälfte des roten Querstreifens übergreifend, befindet sich das Landeswappen. Die Landesflagge kann die Form einer Hissfahne, einer Hängefahne und eines Banners haben ..."

Seinerzeit dürfte Rheinland-Pfalz das einzige Land gewesen sein, in dem alle drei Flaggenarten gezeigt werden konnten. Beim Banner und der Hängeflagge waren deshalb die Landeswappen um 90 Grad gedreht.

Die im Gesetz verwendete Terminologie von „Hiss- und Hängefahne" ist im Übrigen falsch – es muss „Hissflagge" und „Hängeflagge" heißen. Bemerkenswert ist die Tatsache, dass Rheinland-Pfalz genauso wie Bayern keine spezielle Dienstflagge einführte. Die Landesflagge ist auch Dienstflagge und wird von Behörden und Bürgern gleichermaßen benutzt.

Bezeichnend für die Region und das ganze Land: Weinreben und Weinlaub begrenzen den Rand des großen Landessiegels von Rheinland-Pfalz.

Bremen: kein Änderungsbedarf in Flaggensachen

Artikel 68 der Bremer Verfassung vom 21. Oktober 1947 verkündete lapidar: „Die Freie Hansestadt Bremen führt ihre bisherigen Wappen und Flaggen". Über die Genese bremischer Wappen und Flaggen schrieb Theodor Spitta (1873–1969), ehemals Bürgermeister der Hansestadt und einer der Väter der bremischen Verfassungen von 1925 und 1947: „Die früheren Verfassungen Bremens enthalten keine Bestimmungen über die bremischen Wappen und Flaggen. Bei den Verfassungsberatungen, die zu den bremischen Verfassungen von 1849 und 1854 führten, war offenbar der Gedanke gar nicht aufgetaucht, die Wappen und Flaggen Bremens zu ändern. Bei den Beratungen von 1919/1920 über die bremische Verfassung lag der Gedanke einer

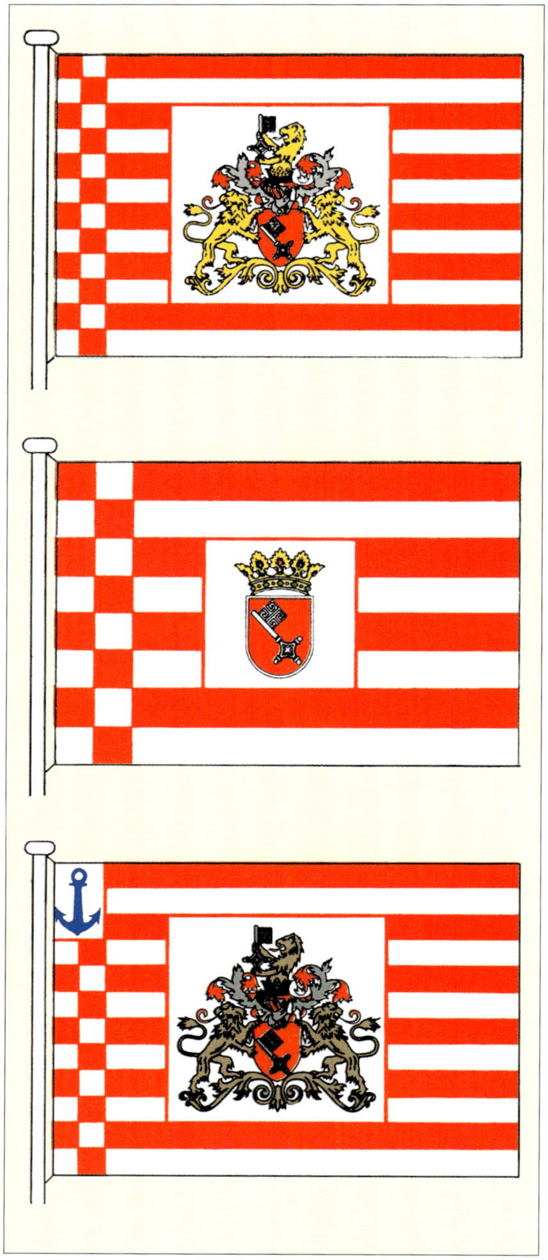

Über 110 Jahre alt sind die Staatsflaggen der Hansestadt Bremen. Sie zeigen im Zentrum der zwölfmal gestreiften Flagge ein besonderes Flaggenwappen, das sich vom großen Wappen unterscheidet: Helmzier mit steigendem Löwen statt Laubkrone. Das Flaggenwappen wird auch im großen Siegel verwendet.

Änderung an sich schon näher. Über die Reichsfarben und Reichsflaggen war bei Beratung der Weimarer Verfassung ein heftiger Streit entbrannt. Als aber die bremische Verfassung vom 18. Mai 1920 geschaffen wurde, war die Weimarer Reichsverfassung schon erlassen und der Flaggenstreit im Reich durch den Artikel 3 der Reichsverfassung wenigstens verfassungsrechtlich zunächst entschieden. Für Bremen war jedenfalls keine Gefahr mehr vorhanden, dass man die seit Jahrhunderten geltenden bremischen Wappen und Flaggen ändern würde. Anders war das, als man an die Schaffung einer neuen bremischen Verfassung von 1947 heranging. Man stand vor einem Zusammenbruch des deutschen und bremischen Staatslebens ohnegleichen und konnte nicht voraussehen, ob und wie Deutschland und seine Länder wieder aufgebaut werden würden. Es galt daher, wenigstens für Bremen, die geschichtlich überlieferten Symbole verfassungsrechtlich zu sichern."

Somit blieb es bei den maßgebenden Bestimmungen über das bremische Staatswappen und die Staatsflagge entsprechend der „Bekanntmachung des Senats betreffend Vorschriften über das bremische Staatswappen" vom 17. November 1891. Fast genauso alt ist die „Verordnung des Senats über den Gebrauch des bremischen Staatswappens" vom 14. Mai 1897. Dort werden auch die Ausnahmefälle geregelt, in denen das bremische Staatswappen durch Privatleute benutzt werden darf.

Heute wie 1891 heißt es zur Bremer Landesflagge: „„... Die Staatsflagge ist von Rot und Weiß mindestens achtmal gestreift und längs des Flaggenstocks mit der den Streifen entsprechenden Zahl abwechselnd roter und weißer Würfel in zwei Reihen gesäumt. Die Zahl der roten und die der weißen Streifen soll stets eine gerade sein. (...) Wenn die Flagge nur achtmal gestreift ist, erhält das Mittelfeld das mittlere Wappen ..." Diese Flagge dokumentiert sich in bildlichen Darstellungen seit 1691 und ihre rot-weiße Farbgebung leitete sich vom Reichsbanner des Heiligen Römischen Reiches Deutscher Nation ab – Ausdruck der Verbundenheit privilegierter „Reichsstädte" zum alten Reich wie auch Frankfurt, Hamburg oder Lübeck. Ohne Wappen gilt sie heute als Bremer Landesflagge, und viele Bremer nennen sie auch „Specksnieder" oder hochdeutsch „Speckflagge".

Die Beschreibung des Wappens von 1891 sei hier zitiert: „Der Senat ordnet an: § 1 Das große bremische Wappen wird gebildet durch einen schräg nach rechts aufgerichteten (heraldisch) mit dem Barte linkshin gewandten silbernen Schlüssel gothischer Form in einem roten Schilde. Auf dem Schilde ruht eine goldene Krone, welche über dem mit Edelsteinen geschmückten Reife fünf (sichtbare) Zinken in Blattform zeigt. Der Schild ruht auf einer Konsole oder auf einem bandartigen Fußgestell und wird von zwei aufgerichteten rückwärts schauenden Löwen mit den Vorderpranken gehalten. Das mittlere Wappen wird gebildet durch den gleichen Schlüssel im roten, mit der goldenen Krone gekrönten Schilde. Das kleine Wappen wird lediglich durch den gleichen Schlüssel ohne Schild gebildet ..."

Das bremische Wappen mit dem schräg liegenden Schlüssel bezeugte ein Siegelabdruck erstmals 1336.

Neben der achtmal gestreiften Staatsflagge mit mittlerem Wappen gibt es die Variante der Staatsflagge für mindestens zwölfmal gestreifte Flaggen mit dem „Flaggenwappen" auf weißem, viereckigen Feld. Es ist eine Abwandlung des großen Wappens, das auf Bremer Flaggen nicht geführt wird. Beim Flaggenwappen tritt an die Stelle der Krone ein gekrönter Helm mit roter und weißer Helmdecke. „Die Helmzier bildet ein nach rechts gewandter, wachsender Löwe, der mit den Pranken den Wappenschlüssel, den Bart nach links gekehrt, senkrecht hält." Beide Flaggen sind einander rechtlich gleichgestellt.

Die Landesdienstflagge der bremischen Schifffahrt ist eine Variante der Staatsflagge mit Flaggenwappen. „Die Flaggen der im Staatsdienste stehenden Schiffe führen außer dem Wappen in der oberen rechten Ecke einen aufrecht stehenden blauen Anker", hieß es 1891. Gemeint war ein Obereck an Stelle von sechs rot-weißen Würfeln mit aufrecht stehendem blauen Anker. Weiter hieß es zur Dienstflagge in einer „Bekanntmachung, betreffend Landesdienstflaggen der bremischen Schifffahrt vom 19.9.1952: „ (...) Die im öffentlichen Dienst des Landes Bremen stehenden See- und Binnenschiffe und die öffentlichen Gebäude des Landes Bremen, die den Zwecken der Seeschifffahrt dienen, (...) führen neben der Landesflagge die Landesdienstflagge der bremischen Schifffahrt."

1891 durch Senatsverordnung festgelegt und heute noch gültig – die drei Wappen der Hansestadt Bremen mit dem „Bremer Schlüssel". Großes Wappen (oben), mittleres Wappen (links) und nur der Schlüssel als kleines Wappen.

Kleine Auswahl Bremer Dienstsiegel mit den verschiedenen Wappen.

Nordrhein-Westfalen: handeln nach Bedenkzeit

Zur britischen Besatzungszone zählten die Gebiete im Norden und Westen Deutschlands, die ursprünglich überwiegend zu Preußen gehört hatten, darunter auch der Nordteil der Rheinprovinz mit den Regierungsbezirken Aachen, Düsseldorf und Köln sowie die Provinz Westfalen. Auch das ehemalige Land Lippe lag innerhalb des britischen Besatzungsgebietes. Mit der Verordnung Nr. 47 der britischen Militärregierung „Auflösung der Provinzen des ehemaligen Landes Preußen in der Britischen Zone und ihre Neubildung als selbständige Länder“ mit Verkündungsdatum vom 26. Oktober 1946 begann die politische Neugestaltung Deutschlands nach britischen Vorstellungen, die sich zumindest in den zeitlichen Rahmenbedingungen zu denen der Amerikaner erheblich unterschieden. Die Briten wollten sich für eine neue demokratische Ordnung mehr Zeit lassen.

So hieß es in der alles verändernden Verordnung Nr. 47: „... Ohne die Möglichkeit einer späteren Neugliederung auszuschließen, werden die Provinzen des Landes Preußen oder Teile davon in der Britischen Zone (in der Verordnung die ‚Provinzen' genannt) – aufgeführt in Teil 1 des Anhangs zu dieser Verordnung – hiermit als solche aufgelöst und erhalten vorläufig die staatsrechtliche Stellung von Ländern. Sie führen in Zukunft die Namen, wie sie in Teil II des genannten Anhangs aufgeführt sind. (...) Vom Tage des Inkrafttretens dieser Verordnung an führen die Oberpräsidenten der Provinzen die Amtsbezeichnung ‚Ministerpräsidenten'. (...) Sämtliche Beamten oder Angestellten der Provinzen bleiben vorläufig in ihren derzeitigen Ämtern oder Stellungen. (...) Gesetzliche Bestimmungen zur Durchführung von Änderungen auf dem Gebiete der Behörden- und Amtsbezeichnungen, der Verwaltung, der Finanzen und sonstiger Art, soweit sie aus Gründen der Erhebung der Provinzen zu Ländern notwendig oder wünschenswert sind, werden von der Militärregierung oder von den zuständigen deutschen Behörden mit Genehmigung der Militärregierung verkündet. (...) Anlage: Anhang Teil I: 1. Provinz Schleswig-Holstein, 2. Provinz Hannover, 3. Provinz Westfalen, 4. Die Regierungsbezirke von Aachen, Düsseldorf und Köln in der Rheinprovinz. Anhang Teil II: 1. Land Schleswig-Holstein, 2. Land Hannover, 3. Land Nordrhein/Westfalen, bestehend aus den unter Nr. 3 und 4 Teil I aufgeführte Gebieten ...“

Der Tag des In-Kraft-Tretens der Verordnung Nr. 47, der 23. August 1946, kann somit als Gründungstag des späteren Landes Nordrhein-Westfalen angesehen werden. Am 21. Januar 1947 wurde von der Militärregierung, unter Vorbehalt eines Volksentscheides innerhalb von fünf Jahren, das Land Lippe an Nordrhein-Westfalen angegliedert. Mit Gesetz vom 5. November 1948 sanktionierte der Landtag von Nordrhein-Westfalen die endgültige Angliederung des Landes Lippe, und die rote Rose mit goldenen Samen und Kelchblättern auf silbernem Grund des Landeswappens fand sich im Wappen einer territorialen Länderneugründung wieder.

Zum Ministerpräsidenten hatte die britische

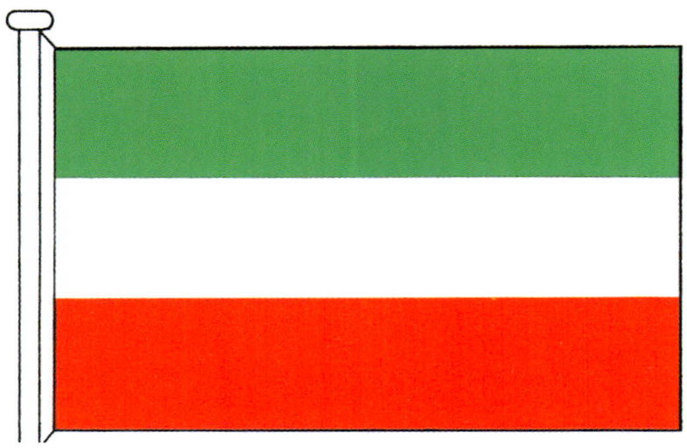

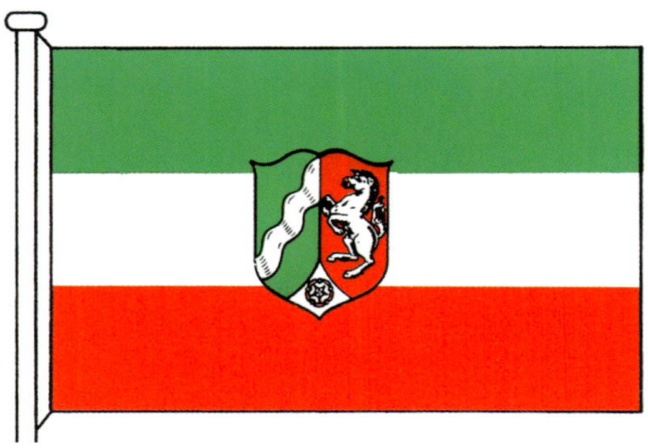

Ab 10. März 1953 offiziell Landesflagge von Nordrhein-Westfalen: Die grün-weiß-rote Flagge war schon seit 1948 stillschweigend in Gebrauch; jetzt kam die Dienstflagge hinzu.

Besatzungsmacht am 27. Juli 1946 den damals noch parteilosen Dr. Rudolf Amelunxen (1888–1969) ernannt. Die Briten beriefen auch die Abgeordneten des ersten Landtags, der sich am 2. Oktober 1946 konstituierte. Die erste Landtagswahl fand am 20. April 1947 statt. Bis zur Verabschiedung einer Verfassung für das Land Nordrhein-Westfalen sollten noch gut drei Jahre vergehen. Am 28. Juni 1950 stand in derselben unter Artikel 1 „Von den Grundlagen des Landes", Absatz 2: „Die Landesfarben und das Landeswappen werden durch Gesetz bestimmt."

Wiederum drei Jahre später, am 10. März 1953, hieß es im „Gesetz über die Landesfarben, das Landeswappen und die Landesflagge": „... Die Landesfarben sind Grün-Weiß-Rot. (...) Das Landeswappen zeigt in gespaltenem Schild vorne in grünem Feld einen linksschrägen silbernen Wellenbalken, hinten im roten Feld ein springendes silbernes Ross und unten in einer eingebogenen silbernen

Wappen des Landes Nordrhein-Westfalen.

Spitze eine rote Rose mit goldenen Butzen und goldenen Kelchblättern. (...) Die Landesflagge besteht aus drei gleich breiten Querstreifen, oben grün, in der Mitte weiß, unten rot. Das Verhältnis der Höhe zur Länge des Fahnentuches ist wie drei zu fünf. (...) Die Dienstflagge der Landesbehörden ist die Landesflagge, die in der Mitte, etwas nach der Stange hin verschoben, in den grünen und roten Streifen je bis zu einem Fünftel übergreifend, das Landeswappen zeigt ..."

Für die Findung eines eigenen Wappens schrieb die Landesregierung im Jahr 1947 einen offenen Wettbewerb aus, der zwar über 1000 Einsendungen ergab, aber insgesamt enttäuschte. Keiner dieser neuen Gedanken fasste die Gesamtheit des Landes repräsentativ zusammen. Deshalb wandte sich die Landesregierung an den Düsseldorfer Kunstmaler und Heraldiker Wolfgang Pagenstecher (1880–1953) und bat ihn um einen Entwurf, in dem die drei Wappen für Rheinland, Westfalen und Lippe vereinigt sein sollten. Mit kleinen Änderungen wurde sein Entwurf ab Februar 1948 zum Hoheitszeichen des Landes Nordrhein-Westfalen bestimmt, das 1953 seinen gesetzlichen Segen bekam.

Zur Deutung des Wappens: Im heraldisch rechten Teil des gespaltenen Schildes wellt sich auf grünem Grund der Rhein als silbernes Band von links oben nach rechts unten. Im linken Teil steht das aufgerichtete, nach rechts springende silberne westfälische Ross auf rotem Untergrund. Ross und Rhein bewegen sich also als Zeichen ihrer Zusammengehörigkeit aufeinander zu. Die Grundfarben der beiden Wappenfelder können als Darstellung der Eigenheiten der beiden Landesteile verstanden werden. Das Grün erinnert an die Rheinwiesen und das Rot an die sprichwörtliche rote westfälische Erde. Im unteren Wappenfeld, an der Spitze des Schildes, blüht auf silbernem Grund die rote Rose des ehemaligen Landes Lippe.

Die stark geschweifte Oberlinie des Schildes, einmalig bei den deutschen Länderwappen, stammt aus der optischen Trickkiste, um das Auge von den unterschiedlich großen Wappenhälften abzulenken: Für das Ross wurde etwas mehr Raum benötigt als für das schlankere Wellenband. Die Grundfarben des Landeswappens entsprechen mit Bedacht den Landesfarben Grün-Weiß-Rot.

Ein lustiges Pferd steigt auf dem Verbandswappen in die Höhe. Getragen am Dienst- und Ausgehanzug von Soldaten der Panzerbrigade 21 im ostwestfälischen Augustdorf. Sie gehörte zur 7. Panzerdivision der Bundeswehr Mitte der 1970er-Jahre.

Hamburg: wer alles hat, der hat auch Zeit

Vier Tage vor dem offiziellen Ende des Zweiten Weltkriegs kapitulierte Hamburg am 3. Mai 1945. Die 7. britische Panzerdivision besetzte die in großen Teilen in Schutt und Asche liegende Stadt. Durch die britische Militärverwaltung wurde zunächst eine neue Bürgerschaft eingesetzt, und am 13. Oktober 1946 fanden in Hamburg die ersten freien Parlamentswahlen seit 1932 statt. Neuer Erster Bürgermeister wurde Max Brauer (1887–1973). Da sich die Gründung eines westdeutschen Staates bald abzeichnete, beschloss die Bürgerschaft, dies abzuwarten, um dessen Verfassung nicht vorzugreifen. Erst nach der Wahl von 1949 beschloss die Bürgerschaft am 6. Juni 1952 die bis heute gültige Verfassung der Freien und Hansestadt Hamburg. Sie äußert sich eindeutig zu Wappen und Flaggen in Artikel 5: „... Die Landesfarben sind weiß-rot. Das Landeswappen zeigt auf rotem Schild die weiße dreitürmige Burg mit geschlossenem Tor. Die Landesflagge trägt die weiße Burg des Landeswappens auf rotem Grund. Das Gesetz bestimmt das Nähere über die Flagge und das Wappen ..."

Die drei Flaggen der Freien und Hansestadt Hamburg: Staatsflagge (oben), Landesflagge (Mitte) und Admiralitätsflagge (unten).

Das war für Hamburg und seine Hoheitssymbole nichts Neues. Schon im Senatsbeschluss über die Schiffsflagge vom 14. Mai 1751 hieß es: „... dass dieser Stadt Bürger und Einwohner auf ihren Schiffen einen rothen Flüger und rothe Flagge mit einem weißen Stadtwappen zu führen gehalten sind ..." Daran hielten sich die Hamburger die nächsten Jahrhunderte bis heute. Die Burg, als Symbol im Stadtwappen, ist als Siegelbild Hamburgs seit 1241 belegt und wurde seit etwa 1470 auch in der Flagge verwendet. Eine der ältesten Flaggenverordnungen der Welt hatte 1270 bestimmt, dass „ein jedelc user borghere scal voren enen roden vlugher" (ein jeglicher unserer Bürger soll einen roten Flüger führen).

Doch die Bürger Hamburgs nur anzuhalten, eine Flagge zu führen, reichte dem Senat nicht, denn es sollte auch die mit dem „richtigen" Wappen sein, und da schritten die Senatoren am 23. Oktober 1861 zur Tat. Ihr „Senatsbeschluss betr. richtiges Wappen in Hamburger Flaggen" gab der Hamburger Burg das heute bekannte Aussehen. Das Protokoll vermerkte: „Herr Senator Hübener reassumirt die Angelegenheit wegen der Aufnahme einer richtigen Wappenzeichnung in die hamburgische Flagge und beauftragt demnach der Senat die Herren Lutheroth und Geffcken, den Commerzdeputierten zu eröffnen, dass auf seine Veranlassung die Schifffahrt- und Hafendeputation sich mit der Frage über die Einführung eines richtigen hamburgischen Wappens beschäftigt und beschlossen haben, dasselbe bei jeder Erneuerung ihrer Flaggen, und als sonst gehörig, einzuführen. Es scheine dem Senat angemessen, dass auch die hamburgischen Handelsschiffe bei allen Erneuerungen von Flaggen, diese neue Ausführung sich zu eigen machen, weshalb auch Commerzdeputierte zu veranlassen seyen, die hamburgischen Rheder, etwa durch ein Circular, davon in Kenntnis zu setzen. Einige Exemplare der neuen Zeichnungen des Wappens in den Staats- und Handelsflaggen füge der Senat bei, um deren Kenntnisnahme zu fördern. Zugleich wird ein Exemplar dem Herrn Archivar Lappenberg zur Archivierung im Archiv überwiesen."

Die Staatsflagge, die auch heute noch allein dem Hamburger Senat in seiner Eigenschaft als Staatsoberhaupt vorbehalten ist, verdankt ihr Entstehen dem neuen Rathaus. Zum Ablauf der Feierlichkeiten zur Einweihung des Rathauses trug Senatssekretär Anton Hagedorn (1856–1932) dem Senat vor, dass zu dem Anlass vom Phönixbalkon eine hamburgische Flagge herabwehen solle. Wegen der notwendigen Größe wünschten sich die Rathausbaumeister eine Flagge mit dem großen hamburgischen Staatswappen. Eine angemessene Gelegenheit also zur Schaffung einer neuen hamburgischen Staatsflagge, bestimmt zum alleinigen Gebrauch der Staatsbehörden und zur Schmückung von Staatsgebäuden – soweit hierfür nicht die Admiralitätsflagge oder die Landesflagge als Dienstflagge in Frage kamen. In der Form der Staatsflagge empfahl Hagedorn die Anlehnung an die Bremer Staatsflagge mit einem viereckigen weißen Feld in der roten Hamburger Flagge und darin das große Staatswappen. Der Senat erklärte sich einverstanden und genehmigte am 8. Oktober 1897, dass eine nach dem „Antrage des Herrn Referenten" hergestellte Flagge bei der Einweihung des neuen Rathauses Verwendung finden solle.

Als dritte Hamburger Flagge flattert die Admiralitätsflagge im Hafen, auf der Elbe und an Land. Die Admiralität als für Schifffahrts- und Hafenangelegenheiten zuständige Behörde hat seit 1642 eine eigene Flagge, die unter der Hamburger Burg zusätzlich einen blauen Anker zeigt. Der Senatsbeschluss bezüglich Flaggenführung der hamburgischen staatlichen Wasserfahrzeuge vom 11. Mai 1951 hatte folgenden Wortlaut: „Der Senat hat beschlossen, dass die hamburgischen staatlichen Wasserfahrzeuge künftig am Heck die Bundesflagge und am Göschstock die hamburgische Admiralitätsflagge zu führen haben, (...) am Mast der Senatsbarkasse die Staatsflagge zu setzen ist, sobald sich ein Senator an Bord befindet." So blieb die Admiralitätsflagge bis heute als Gösch

Drei Landeswappen von groß bis klein sind für Hamburg seit 26. März 1902 festgelegt. Die dreitürmige Burg des Hamburger Wappens ist seit 1241 mit Siegeln dokumentiert und wird bis heute fortgeschrieben.

der staatlichen Wasserfahrzeuge und als Dienstflagge der für die Seeschifffahrt zuständigen Behörden.
Wie schon die Staatsflagge, so ging auch die Gestaltung der Hamburger Wappen auf Vorschläge von Dr. Hagedorn, Historiker und Vorsitzender des Staatsarchivs, zurück. Nach seinem Senatsvortrag genehmigte dieser am 26. März 1902, dass das hamburgische Staatswappen, sofern es mit dem Helm, der Helmzier und der Helmdecke, jedoch ohne Schildhalter, dargestellt wird, als „Mittleres Staatswappen" zu bezeichnen ist, während im „Großen Staatswappen" noch die Schildhalter hinzutreten und das „Kleine Staatswappen" nur aus dem Schilde mit der Burg besteht.
Nachdem über die Bundesflagge durch Artikel 22 des Grundgesetzes Klarheit herrschte, erließ der Hamburger Senat wenige Tage nach der Verkündung des Grundgesetzes eine Anordnung für die Beflaggung der öffentlichen Gebäude und der staatlichen Flaggenmasten ab dem 3. Juni 1949. Auf öffentlichen Gebäuden waren grundsätzlich die Bundesflagge und die hamburgische Landesflagge gemeinsam zu hissen. Dabei wurde die Bundesflagge rechts, die hamburgische Flagge links gesetzt (vom Innern des Gebäudes mit dem Blick zur Straße gesehen). Entsprechend war zu verfahren bei der Beflaggung der staatlichen Flaggenmasten. War nur ein Mast vorhanden, wurde ausschließlich die Bundesflagge gesetzt, und bei drei Masten gebührten zwei der Bundesflagge und einer blieb für die Hamburger Landesflagge übrig – im Zweifel gebührte der Bundesflagge der bevorzugte Platz. Auf Staatsgebäuden, die ausschließlich oder vorzugsweise der Seeschifffahrt dienten, wehte an Stelle der Landesflagge die Admiralitätsflagge, und aus der Laube des Rathauses flatterte die Staatsflagge.
Nachfolgend Auszüge der Anordnung über Wappen, Flaggen und Siegel der Freien und Hansestadt Hamburg vom 1. Juli 1982: Das Landeswappen steht in der Form des großen, des mittleren und des kleinen Landeswappens zur Verfügung. Das Landeswappen kann auch in Schwarzweiß- oder Prägedruck oder in anderem, von der Senatskanzlei gebilligten Druck verwendet werden. Das Admiralitätswappen ist nur in der Form des kleinen Wappens gestattet. Die Landesflagge zeigt in der Mitte des roten Flaggentuches die weiße dreitürmige Burg. Die Staatsflagge, die nur vom Senat in seiner Funktion als Staatsoberhaupt geführt wird, zeigt in der Mitte des roten Flaggentuches im rechteckigen weißen Feld das große Landeswappen. Die Admiralitätsflagge, die nur von den Hafen- und Schifffahrtsbehörden der Freien und Hansestadt Hamburg und von ihr eingesetzten Wasserfahrzeugen geführt wird, zeigt in der Mitte des roten Flaggentuches die Burg auf einem blauen Anker mit gelbem Ankerstock.

Hamburger Siegelabdrücke von heute. Von links nach rechts: Kleines Dienstsiegel, großes Staatssiegel und großes Dienstsiegel.

Die Senatoren und die Staatsräte führen bei repräsentativen Anlässen an ihren Dienstkraftwagen in der Fahrtrichtung rechts einen Stander. Der Stander ist ein Rechteck mit drei gleich breiten Längsstreifen in den Bundesfarben, das in der Mitte jedes zu einem Drittel in den schwarzen und goldenen Streifen übergreifend die hamburgische Staatsflagge zeigt. Der Stander ist 18 x 25 cm groß.

Schleswig-Holstein: „Up ewig ungedeelt"

Nesselblatt und schreitende Löwen – das Landeswappen von Schleswig-Holstein.

1846/48 benutzte das dänische Königshaus eine Erbfolgefrage, um das Herzogtum Schleswig dauerhaft an sich zu binden. Die Freiheitsbestrebungen der Bevölkerung im nördlichsten Winkel Deutschlands und die Blockaden der deutschen Häfen durch die Dänen im Zusammenhang mit den folgenden Auseinandersetzungen führten zum Ruf nach einer deutschen Kriegsflotte, um die Dänen zu vertreiben.

Als König Christian IX. mit der so genannten „Novemberverfassung" des Jahres 1863 eine endgültige Einverleibung Schleswigs von Dänemark anstrebte, rief er mit Preußen und Österreich die beiden Signatar- und Führungsmächte des Deutschen Bundes auf den Plan. Sie verlangten ultimativ die Zurücknahme der Verfassung. Der dänische König lehnte ab und musste im deutsch-dänischen Krieg von 1864 eine herbe Niederlage gegenüber der preußisch-österreichischen Übermacht einstecken. Die österreichischen und schleswig-holsteinischen Truppenkontingente kämpften übrigens unter schwarz-rot-goldener Flagge und trugen entsprechende Armbinden. Der preußisch-österreichische Krieg von 1866 beendete das gemeinsame Interesse der Preußen und Österreicher an den beiden Herzogtümern Schleswig und Holstein. Beide wurden zusammen mit Lauenburg am 12. Januar 1867 preußische Provinz.

Die preußische Verwaltungsorganisation von 20 Kreis- und Distriktbehörden, der Ausbau Kiels zum „Reichskriegshafen" ab 1871 und die Eröffnung des zunächst nach Kaiser Wilhelm I. benannten Nord-Ostsee-Kanals im Jahr 1895 brachte der Provinz und seiner Hauptstadt einen ungeahnten Aufschwung, aber keine politische Selbstständigkeit. Die kam erst nach dem Zweiten Weltkrieg mit der bereits zitierten Verordnung Nr. 47 der britischen Militärregierung „Auflösung der Provinzen des ehemaligen Landes Preußen in der Britischen Zone und ihre Neubildung als selbständige Länder" mit Verkündungsdatum vom 26. Oktober 1946.

Die Dänen unternahmen nach den beiden Weltkriegen ihre letzten Offensiven zur Wiedergewinnung von Schleswig. Nach dem Zweiten mit Speck und Butter, nach dem Ersten in Form einer Abstimmung, die im Versailler Vertrag festgelegt worden war. Sie erbrachte die Abtrennung Nordschleswigs zugunsten des Königreichs, beließ aber Südschleswig mit dem besonders heiß umkämpften Flensburg bei Deutschland. Seither existiert nördlich und südlich der Grenze eine deutsche bzw. dänische Minderheit. Deren Rechte wurden mit der „Kieler Erklärung" von 1949 und den so genannten Grundsatzerklärungen von 1955 dauerhaft kodifiziert und wechselseitig anerkannt.

Am 20. April 1947 fanden die ersten Landtagswahlen statt, und Hermann Lüdemann (1880–1959) wurde erster Ministerpräsident

Landesflagge von Schleswig-Holstein seit 1948 und die Landesdienstflagge (unten) nach dem Hoheitszeichengesetz des Landes vom 18. Januar 1957.

Sieht dem Landeswappen ähnlich: „abgewandeltes Landeswappen" von Schleswig-Holstein für die allgemeine Verwendung.

des Landes Schleswig-Holstein. Die gut zwei Jahre später folgende Verfassung des Landes Schleswig-Holstein vom 13. Dezember 1949 geht mit keinem Wort auf Landesfarben, Flagge oder Wappen ein.

Diese Bereiche regelte das Gesetz über die Hoheitszeichen des Landes Schleswig-Holstein vom 18. Januar 1957: „... Das Landeswappen zeigt in gespaltenem Schild rechts auf goldenem Grund zwei blaue, nach innen gewandte, rot bewehrte, schreitende Löwen, links in Rot ein silbernes Nesselblatt. Die Landesfarben sind blau-weiß-rot. Die Landesflagge zeigt die Landesfarben von oben nach unten in drei gleichbreiten Querstreifen. Die Höhe der Landesflagge verhält sich zu ihrer Länge wie 3 : 5. Die Dienstflagge ist die Landesflagge; sie zeigt in der Mitte das Landeswappen ..."

Zum Landeswappen schrieb Dr. Klaus Kellmann, Dezernent bei der Landeszentrale für politische Bildung in Kiel: „Das schleswig-holsteinische Landeswappen hat die Form eines zweifeldrigen Schildes. Die eine Hälfte zeigt auf goldenem Grund zwei blaue, rot bezungte, schreitende, nach innen gewandte Löwen – seit dem Mittelalter die Wappentiere des Herzogtums Schleswig. Die andere Hälfte zeigt auf rotem Grund ein silbernes Nesselblatt – das Wappenzeichen Holsteins, dessen Entstehungsgeschichte in der heraldischen Forschung lange umstritten war. Durchgesetzt hat sich die Deutung, dass es sich bei dem Nesselblatt nicht um den Teil einer Pflanze, sondern um das Innenfeld eines gezackten roten Schildbeschlages handelt, wie ihn das Herrschaftsgeschlecht der Schauenburger (Schaumburger) in seinem Siegel führte. Diese wurden zu Beginn des 11. Jahrhunderts Grafen von Holstein. Um sich nun demonstrativ und gewissermaßen auch heraldisch augenfällig von den Gebietsansprüchen Dänemarks abzusetzen, das gleichfalls Rechte auf Holstein geltend machte, tauschten die Schauenburger, die bis dahin einen Löwen im Wappen geführt hatten, diesen gegen den gezackten Schildrand aus, dessen Innenfeld später zum ‚Nesselblatt' umgedeutet wurde, weil es einem Nesselblatt ähnlich sah."

Die Landesfarben leiteten sich wiederum vom Landeswappen ab. Sie sollen als Landesflagge erstmals um das Jahr 1840 aufgetaucht sein, als in den Herzogtümern Schleswig und Holstein die Bestrebungen zunahmen, sich von der dänischen Herrschaft zu lösen. „Up ewig ungedeelt" („Auf ewig ungeteilt") klang den Dänen in den Ohren, wenn sie ihre Hand in Richtung Süden zwecks territorialer Erweiterung ausstreckten. Der Wahlspruch der zueinander gehörenden Herzogtümer Schleswig und Holstein soll seit 1460 nach Norden gesandt worden sein.

Interessant ist in Schleswig-Holstein die Standartenführung für Kraft- und Wasserfahrzeuge, die als Durchführungsverordnung vom 10. August 1957 zum Hoheitszeichengesetz veröffentlicht wurde. In Paragraph 8 und 9 hieß es dazu, dass der Ministerpräsident, alle Mitglieder der Landesregierung, der Präsident des Landtages sowie die Staatssekretäre und der Präsident des Landesrechnungshofes bei besonderen Anlässen an ihren Dienstkraftwagen in Fahrtrichtung rechts

Verbandsabzeichen der ehemaligen 6. Panzergrenadierdivision der Bundeswehr. Sie war in Hamburg und Schleswig-Holstein in den 1970er-Jahren stationiert. Von links nach rechts: 18. Panzerbrigade der 6. Panzergrenadierdivison (1972), Stab und Divisionstruppen der 6. Pz.Gren.Div. (1972), heute für das Wehrbereichskommando I in Hamburg, Heimatschutzbrigade 51 (1980).

eine Standarte führen. Der Innenminister und sein Staatssekretär können an Stelle dieser Standarte für Polizeiaufsichtszwecke eine Polizeistandarte zeigen. Bei Anwesenheit des Ministerpräsidenten oder des Innenministers auf den im öffentlichen Dienst des Landes stehenden Wasserfahrzeugen bzw. auf Fahrzeugen der Fischereiaufsicht wird die Standarte als Kommandoflagge an der Steuerbord-Rahnock oder beim Fehlen einer Rah im Topp gehisst.

Die Standarte zeigt auf rotem Grund mit weiß-blauer Umrandung im Mittelfeld den Bundesadler in Gold mit dem farbigen Landeswappen in den Größen: für den Ministerpräsidenten und den Landtagspräsidenten 30 x 30 cm, für Minister 25 x 25 cm, für Staatssekretäre und den Präsidenten des Landesrechnungshofes 18 x 25 cm und als Kommandoflagge 50 x 50 cm. Die Polizeistandarte zeigt auf grünem Grund den Polizeistern mit dem Landeswappen.

Die aktuelle Landesverordnung zur Durchführung des Gesetzes über die Hoheitszeichen vom 28. November 2003 bringt die Verwendung der Symbole des Landes Schleswig-Holstein auf den Punkt. Danach dürfen nur die Landesbehörden und die Notare das Landeswappen führen. Andere Behörden müssen im Bedarfsfall die Genehmigung der Landesregierung einholen. Die Verwendung des Landeswappens zu künstlerischen, kunstgewerblichen oder heraldisch-wissenschaftlichen Zwecken ist zulässig. Jede sonstige Verwendung des Landeswappens bedarf der Genehmigung des Innenministeriums.

Das schleswig-holsteinische Landessiegel wird als großes Landessiegel und als Landessiegel geführt.

Das große Landessiegel zeigt das Landeswappen, umgeben von einem kreisförmigen Lorbeerreifen und führt keine Beschriftung. Es wird nur als Prägesiegel benutzt. Das Landessiegel zeigt das Landeswappen und eine Inschrift, welche die siegelführende Stelle angibt. Körperschaften, Anstalten und Stiftungen des öffentlichen Rechts führen das kleine Landessiegel. Hinzukommende Körperschaften sind ab 2003 allerdings mit dem Landessiegel ausgestattet.

Das große Landessiegel wird von den obersten Landesbehörden zur Vollziehung von Urkunden aus wichtigen und feierlichen Anlässen verwendet. Landesbehörden, von der Landesregierung besonders bezeichneten Stellen, Notare, Standesbeamtinnen und Standesbeamte, Gemeinden, Kreise und Ämter, die kein eigenes Wappen führen, Zweckverbände, soweit sie Hoheitsaufgaben wahrnehmen, führen das Landessiegel.

Die Landesdienstflagge bleibt den Landesbehörden vorbehalten. Bei Beflaggungen von Dienstgebäuden der Landesbehörde soll seit 1993 zusätzlich zur Bundesflagge und Landesdienstflagge die Europaflagge gesetzt werden. Die Beflaggung gilt nicht für die Dienstgebäude der Landräte als untere Landesbehörde.

Niedersachsen: alles neu – Territorien und Flaggen

Nach der bedingungslosen Kapitulation und der vollständigen Besetzung Deutschlands erfolgte in einer ersten Phase der staatlichen Neuordnung durch die britische Besatzungsmacht die Wiedereinrichtung der verwaltungstechnischen Länderstrukturen der Weimarer Republik, und so wurden zunächst das Land Hannover gegründet und in den Ländern Braunschweig und Oldenburg noch einmal – wie vor der Zeit des Nationalsozialismus – Landtage und Ministerien sowie der Landesrat von Schaumburg-Lippe eingerichtet.

Seit dem 13. Oktober 1952 ist das springende Ross auf rotem Schild das Landeswappen der Niedersachsen.

Das Gelb-Weiß der Welfenfarben als Hintergrund für das Niedersachsenwappen. Verbandsabzeichen der Panzerbrigade 3 der Bundeswehr aus Langendamm bei Nienburg an der Weser. Sie gehörte Mitte der 1970er-Jahre zur 1. Panzergrenadierdivision in Hannover.

Das Land Hannover entstand mit der Verordnung Nummer 47 der britischen Militärverwaltung, die der ehemaligen preußischen Provinz mit Wirkung vom 23. August 1946 „vorläufig die staatsrechtliche Stellung" eines Landes zusprach. Der Oberpräsident erhielt jetzt die Amtsbezeichnung Ministerpräsident, und der stellvertretende Oberbefehlshaber der britischen Besatzungszone ernannte im Neuen Rathaus der Stadt Hannover die Mitglieder des Hannoverschen Landtages – auf den Tag genau 80 Jahre nach der Unterzeichnung des Prager Friedensvertrages von 1866, durch den praktisch das Schicksal des Königreichs Hannover entschieden worden war.

Das faktische Bestehen des Landes Hannover dauerte nur gut 60 Tage. Mit ihrer Verordnung Nr. 55 verfügte die britische Militärregierung die Bildung des Landes Niedersachsen „zwecks Umgestaltung der Länder innerhalb der britischen Besatzungszone". Der erste Artikel lautete: „Mit Inkrafttreten dieser Verordnung verlieren die Länder Braunschweig, Hannover, Oldenburg und Schaumburg-Lippe ihre Selbstständigkeit als Länder und werden Teile eines neuen Landes, welches die Bezeichnung ‚Niedersachsen' führt." Weiter hieß es im Text: „... Vorbehaltlich der Vorschriften gesetzlicher Bestimmungen, die aufgrund dieser Verordnung erlassen werden, wird die vollziehende Gewalt in Niedersachsen von einem Ministerium ausgeübt, dessen Vorsitzender die Bezeichnung ‚Ministerpräsident' führt. (...) Der Ministerpräsident und die übrigen Mitglieder des Ministeriums werden vorläufig vom Militärgouverneur ernannt. (...) Im Lande Niedersachsen wird eine gesetzgebende Körperschaft errichtet. Einstweilig bestimmt der Militärgouverneur die Zusammensetzung dieser Körperschaft und ernennt deren Mitglieder. (...) Diese Verordnung tritt am 1. November 1946 in Kraft."

Für den gesamten Bereich der britischen Besatzungszone gab es einen Zonenbeirat. Ihm wurde von der Militärregierung durch ein Schreiben vom 4. Juli 1946 aufgegeben, Vorschläge für die Einteilung der britischen Besatzungszone in selbstständige Länder auszuarbeiten. Zur Durchführung dieser Aufgabe setzte der Zonenbeirat einen Sonderausschuss ein. Auf dessen Tagung am 20. September 1946 wurden die Vorschläge erörtert, die der Ausschuss erarbeitet hatte. Bei der Abstimmung erhielt als einziger Vorschlag das Gutachten des hannoverschen Ministerpräsidenten Hinrich Wilhelm Kopf (1893–1961) mit 16 von 22 Stimmen eine Zweidrittelmehrheit. In diesem Gutachten wurde vorgeschlagen, die britische Zone in die drei Länder Nordrhein-Westfalen, Niedersachsen und Schleswig-Holstein zu gliedern und daneben die Freie und Hansestadt Hamburg und die Freie Hansestadt Bremen als Stadtstaaten bestehen zu lassen.

Mehr als drei Jahre nach der Schaffung des Landes Niedersachsen beschloss der erste gewählte Niedersächsische Landtag eine Verfassung am 3. April 1951. Sie wurde als „Vorläufige Niedersächsische Verfassung" veröffentlicht und trat am 1. Mai 1951 in Kraft. Im Artikel 61, dem letzten Artikel der Vorläufigen Niedersächsischen Verfassung, hieß es seinerzeit: „Die Verfassung tritt ein Jahr nach Ablauf des Tages außer Kraft, an dem das Deutsche Volk in freier Entscheidung eine Verfassung beschließt."

Dementsprechend beschloss der Landtag eine seit dem 1. Juni 1993 gültige neue Landesverfassung. Im ersten Artikel der Niedersächsischen Verfassung werden Staatsgrundsätze, Landessymbole und Hauptstadt festgelegt: „... Das Land Niedersachsen ist hervorgegangen aus den Ländern Hannover, Oldenburg, Braunschweig und Schaumburg-Lippe. (...) Niedersachsen führt als Wappen das weiße Ross im roten Felde und in der Flagge die Farben Schwarz-Rot-Gold mit dem Landeswappen. Das Nähere bestimmt ein Gesetz. Landeshauptstadt ist Hannover."
Das Niedersachsenross gehört zu den eindeutigen Symbolen deutscher Länderwappen mit langer Tradition. Nach dem deutsch-österreichischen Krieg von 1866 annektierte Preußen das Königreich Hannover und machte es zur preußischen Provinz. Das springende hannoversche Ross als traditionsreiches Wappentier des welfischen Königreiches beließen die neuen Landesherren der 1867 eingerichteten Provinzselbstverwaltung als Wahrzeichen. Es folgte die Verleihung des weißen Rosses auf rotem Grund als hannoversches Provinzialwappen durch den preußischen König Wilhelm I. am 22. September 1880. Auch im Land Braunschweig hatte das weiße Ross auf rotem Grund als Wappen eine lange Tradition. Zuletzt wurde es im ersten Artikel der Braunschweigischen Verfassung vom 6. Januar 1922 offiziell als „Sachsenross" bezeichnet und für den Freistaat Braunschweig als Landeswappen übernommen.
Somit war die Weiterführung des Sachsenross-Wappens für das neue Land Niedersachsen selbstverständlich, da es vier Fünftel der neuen niedersächsischen Bevölkerung repräsentierte. Inoffiziell vertrat das weiße Ross im roten Schild das neue Land Niedersachsen bereits zur Einberufung des Parlamentarischen Rates in Bonn 1948 im Kreise der übrigen Länderwappen. Gleichwohl erhob sich vor der gesetzlichen Regelung die Frage, ob man für Niedersachsen ein einheitliches Wappenbild festsetzen oder ein heraldisches Konglomerat – wie es Nordrhein-Westfalen oder Rheinland-Pfalz nutzten – bilden solle, um auch Oldenburg und Schaumburg-Lippe zu berücksichtigen. Es setzte sich die vom heraldischen und ästhetischen Gesichtspunkt und von der Erfahrung mit politischen Symbolen gestützte Ansicht durch, dass es besser sei, sich auf ein einfaches und einprägsames Symbol zu konzentrieren, eben das Niedersachsenross. Also beschloss der Landtag am 3. April 1951 mit großer Mehrheit die Annahme des Sachsenross-Wappens.
Anders als das Landeswappen entfachte die Frage einer Flagge für das Land Niedersachsen heftige Diskussionen. Während das Sachsenross-Wappen seit alters her als gesamtniedersächsisches Sinnbild galt, hatte es eine überkommene gemeinsame Flagge für Niedersachsen nicht gegeben. Vielmehr hatten die 1946 zusammengeschlossenen Länder eigene Flaggen geführt, die in der Bevölkerung recht populär waren: Hannover Gelb-Weiß, Braunschweig Blau-Gelb, Schaumburg-Lippe Weiß-Rot-Blau und Oldenburg ein rotes Kreuz in Blau. Der am 12. April 1947 gebildete Sachverständigenausschuss und der Landtagsausschuss für Verfassungs-

Niedersachsen gab sich als Landesfarben Schwarz, Rot und Gold. Landesflagge und Landesdienstflagge unterscheiden sich durch die Doppelstanderform der Landesdienstflagge.

Das Niedersachsenross auf dem großen Landessiegel ohne Umschrift wird nur als Prägesiegel verwendet.

fragen erörterten das Problem ausführlich. Am 12. Oktober 1950 berief der Verfassungsausschuss eigens einen Flaggenausschuss. Von vielen Seiten gingen Anregungen und Entwürfe ein. Da eine Addition aller bisherigen Länderfarben einen ästhetisch wenig befriedigenden bunten Teppich ergeben hätte, einigte man sich auf den Kompromiss, die Bundesfarben Schwarz-Rot-Gold zu übernehmen und mit dem niedersächsischen Wappen zu belegen, wodurch man zugleich die Bundestreue Niedersachsens und den gesamtdeutschen Gedanken betonte. Das niedersächsische „Gesetz über Wappen, Flaggen und Siegel“ vom 13. Oktober 1952 ist letztmalig am 20. Juni 2001 geringfügig geändert worden und hat in Ausschnitten folgenden Wortlaut: „... Das Land führt als Wap-

Der Sparzwang des Landes hat dem stolzen Ross arg zugesetzt. Aktuelle Ironie aus dem Bereich der „eingedampften“ niedersächsischen Bezirksregierungen.

pen ein nach rechts gewendetes springendes weißes Ross im roten Felde. Das Wappen hat die Form eines Rundschildes. (...) Die Landesfarben sind Schwarz, Rot und Gold. Die Landesflagge zeigt in drei gleich breiten Querstreifen von oben nach unten die Farben Schwarz, Rot und Gold, auf dem roten Streifen, etwas nach der Stange hin verschoben, in den schwarzen und goldenen Streifen je bis zur Hälfte übergreifend, das Landeswappen, das Ross nach der Stange gewendet. (...) Die Landesflagge kann auch die Form des Banners und des Wimpels haben. Die Vorschriften über die Form der Landesdienstflaggen erlässt das Landesministerium. Die Landesdienstflaggen müssen die Landesfarben und das Landeswappen zeigen. (...) Die Landesregierung kann die allgemeine Verwendung eines bestimmten, dem Landeswappen ähnlichen Zeichens als Niedersachsen-Symbol erlauben.“

Die Landesdienstflagge in der Form eines Doppelstanders unterscheidet sich von den Dienstflaggen aller übrigen Bundesländer. Die Doppelstanderform ist notwendig, um Landesflagge und Dienstflagge auseinanderhalten zu können. Länder mit ähnlicher Problemstellung, weil sie ihr Landeswappen auf der Bundesflagge als Landesflagge führen, wie Rheinland-Pfalz und das Saarland, führen deshalb keine Dienstflaggen. Deren Funktion erfüllen dort die Landesflaggen.

Zum sehr „dienstlichen“ Aspekt des Gesetzes

Seit 1952 genießen die früheren Landesflaggen der zu Niedersachsen zusammengefügten Länder in ihren jeweiligen ehemaligen Landesgebieten als regionale Traditionsflaggen staatliche Anerkennung.

gehört die Untersagung der Symbolverwendung von Unbefugten. Das Verbot ist zwar nicht unverhältnismäßig, aber im Vergleich zu anderen Bundesländern bemerkenswert weitgreifend: Verboten sind die Verwendung des Landeswappens, der Wappenfigur, der Landesdienstflaggen und der Landessiegel. Entsprechendes gilt für die Verwendung von Zeichen und Flaggen, die den vorgenannten Hoheitszeichen ähneln und Verwechslungsgefahr besteht.
Zu den Landessiegeln äußert sich das Gesetz: „Die Landessiegel zeigen das springende weiße Ross. Das große Landessiegel ist ein Prägesiegel mit einfachem Rande ohne Umschrift. Das kleine Landessiegel wird als Prägesiegel, Siegelmarke oder Farbdruckstempel (aus Metall oder Gummi) verwendet und trägt eine die siegelführende Stelle bezeichnende Unterschrift. (...) Soweit Dienststellen des Landes zu den überkommenen heimatgebundenen Einrichtungen der ehemaligen Länder Oldenburg, Braunschweig und Schaumburg-Lippe gehören, wenden sie an Stelle des kleinen Landessiegels das vor der Bildung des Landes Niedersachsen herkömmlich geführte Landessiegel weiter an." Dieses Zugeständnis an die alten, in Niedersachsen aufgegangenen Länder bezieht sich nicht nur auf die Fortschreibung alter Siegelwappen. Auch bei der Beflaggung öffentlicher Bauten in Niedersachsen mit der Bundesflagge und der Landesflagge nehmen die früheren Flaggen einen Sonderstatus ein. So zeigen die öffentlichen Bauten des Landes im Gebiet der ehemaligen Länder in der Regel deren frühere Flaggen. Dies gilt nicht für Bauten von Dienststellen, die für den gesamten Bereich des Landes Niedersachsen zuständig sind.

Baden-Württemberg: aus drei Ländern wird eines

Baden-Württemberg entstand auf der Grundlage der Neugliederungsartikel 29 und 118 des Grundgesetzes der Bundesrepublik Deutschland und wurde als Bundesland Teil derselben nach einer im Grundgesetz vorgeschriebenen Volksabstimmung. Sie erfolgte am 9. Dezember 1951 mit dem Resultat, dass sich aus den Ländern (Nord-)Württemberg und (Nord-)Baden der US-Besatzungszone und (Süd-)Baden sowie (Süd-)Württemberg-Hohenzollern der französischen Zone das neue Land Baden-Württemberg bildete. Die erste Regierung unter Ministerpräsident Dr.

Von 1945 bis 1952 noch selbstständig: Wappen und Landesflaggen der Länder Württemberg-Hohenzollern, Süd-Baden und Württemberg-Baden (von links nach rechts).

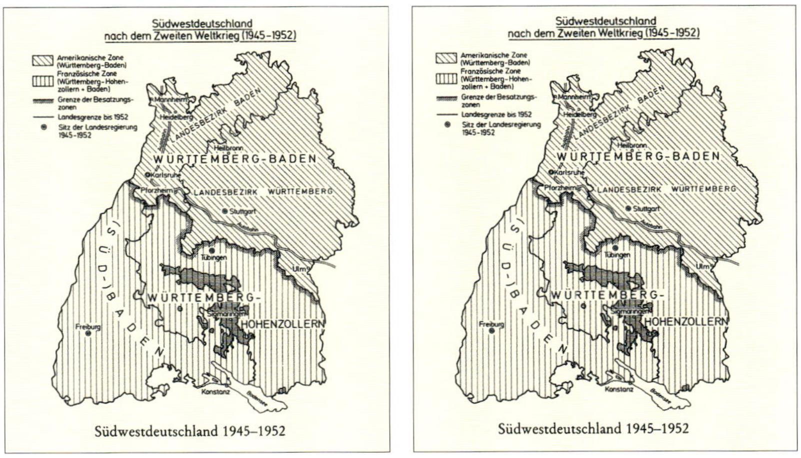

Aus drei Ländern der französischen und amerikanischen Besatzungszone wird 1952 das Bundesland Baden-Württemberg.

Heimatverbundenheit an der Schulter: Verbandsabzeichen der Heimatschutzbrigade 55 der Bundeswehr aus den 1970er-Jahren.

Ein goldener Hirsch und ein goldener Greif halten das große Landeswappen von Baden-Württemberg mit den Löwen der Hohenstaufer seit Mai 1954.

Reinhold Maier (1889–1971) begann die politische Arbeit am 25. April 1952. Das Land wurde nach 18 Jahren bei einer verfassungsrechtlich bedingten erneuten Volksabstimmung am 7. Juni 1970 politisch sanktioniert.
Artikel 24 der Verfassung des Landes Baden-Württemberg vom 11. November 1953 lautete: „Die Landesfarben sind Schwarz-Gold. Das Landeswappen wird durch Gesetz bestimmt.“ Die Verordnung der Landesregierung über die Führung des Landeswappens vom 2. August 1954 beschrieb dann die Farbenreihenfolge der Flagge: ein oberer schwarzer und ein unterer goldfarbener Querstreifen. Sie glich damit der Farbenfolge der ehemaligen preußischen Provinz Sachsen, dem Bundesland Sachsen-Anhalt nach der Wiedervereinigung. Dort musste Anfang der 1990er-Jahre notgedrungen die umgekehrte Reihenfolge der Farben angenommen werden. 1954 leiteten sich die baden-württembergischen Farben vom Wappen ab, das nach schwieriger Findung im „Gesetz über das Wappen des Landes Baden-Württemberg“ vom 3. Mai 1954 bekannt gegeben wurde: „... Das Wappen des Landes Baden-Württemberg zeigt im goldenen Schild drei schreitende schwarze Löwen mit roten Zungen.“ Sie erinnern an die hochmittelalterliche Epoche zwischen 1079 und 1268, als die in Südwestdeutschland beheimateten Staufer das Herzogtum Schwaben beherrschten und von hier aus die Geschichte des Deutschen Reiches bestimmten. Das Wappen wird als großes und kleines Landeswappen geführt. Im großen Landeswappen ruht auf dem Schild eine Krone mit Plaketten der historischen Wappen von Baden, Württemberg, Hohenzollern, Pfalz, Franken und Vorderösterreich. Der Schild wird von einem goldenen Hirsch und einem goldenen Greif, die rot bewehrt sind, gehalten. Im kleinen Landeswappen ruht auf dem Schild eine Blattkrone. Als „Volkskrone“ bezeichnet, kam sie in vielen Ländern nach 1918 als Symbol der Volkssouveränität zur Einführung.
Nach der Verordnung über die Führung des Landeswappens, einige Monate später am 2. August 1954 veröffentlicht, durften sowohl das große als auch das kleine Landeswappen nur von den in der Verordnung aufgeführten Behörden und Institutionen geführt werden, den so genannten wappenführenden Stellen. Zur Verwendung des großen Landeswappens sind danach berechtigt: die Regierung, der Ministerpräsident, die Ministerien, die Vertretung des Landes beim Bund, der Staatsgerichtshof und die obersten Gerichte des Landes, der Rechnungshof und die Regierungspräsidien. Alle übrigen Landesbehörden und die Notare führen das kleine Landeswappen. Die wappenführenden Stellen bedürfen zur Verwendung des Landeswappens keiner Genehmigung. Jede sonstige Verwendung des Landeswappens muss dagegen vom Innenministerium genehmigt werden. Lediglich die Abbildung und Verwendung des Landeswappens zu künstlerischen, kunstgewerblichen oder heraldisch-wissenschaftlichen Zwecken steht jedermann frei.
Anlässlich der Ausstellung „Baden-Württembergische Befindlichkeiten, Das Land und seine Symbole“ im April 2002 schrieb die „Stuttgarter Zeitung“: „... Die Vereinigung der Länder Württemberg-Baden, Württemberg-Hohenzollern und Südbaden war ja schon schwer genug gewesen. Die Suche nach einem Namen für den Südweststaat brachte so tolle Vorschläge wie Deutsch-Friedland, Hoch Badberg oder Südwesteck.

Aber ein Bundesland braucht natürlich auch ein Wappen – und die Suche danach war ein Kapitel für sich. Der Verfassungsausschuss, der seit dem Frühling 1952 tagte, sollte dem Fusionskind eigentlich alles gleichzeitig bescheren: einen Namen, eine Fahne und ein Wappen. Doch die Frage des Emblems erwies sich als so kitzlig, dass sie zurückgestellt werden musste. Wenigstens so lange, bis Einigkeit über den Namen ‚Baden-Württemberg' herrschte. Doch wer geglaubt hatte, dass jetzt alles ganz flott gehe, wurde eines Schlechteren belehrt. Zwar schlugen die emotionalen Wellen bei den Bürgern nicht mehr ganz so hoch wie beim Landesnamen; stattdessen kriegten sich die Fachleute in die Haare. Sollte man ein ganz neues Zeichen erfinden? Oder sollte man die bisherigen heraldischen Symbole einfach mischen? (...)
Dabei beschäftigten sich sehr ernst zu nehmende Experten mit diesen Fragen, darunter Rudolf Yelin von der Stuttgarter Kunstakademie, Max Miller, der Direktor des Hauptstaatsarchivs, und sein damaliger Mitarbeiter, der spätere Chef-Landeskundler Hansmartin Decker-Hauff. Letzterer glaubte, das Ei des Kolumbus gefunden zu haben.
Der Südweststaat, so schrieb er, sei ‚in der glücklichen Lage, dass sein Wappen sozusagen bereits existiert'. Damit meinte er das Wappen des alten staufischen Herzogtums Schwaben: drei schreitende schwarze Löwen auf goldenem Grund. Doch er hatte nicht mit den Badenern gerechnet. Die protestierten nicht nur gegen den ‚schwäbischen Kolonialismus', sie behaupteten gar, mit den drei Wüstenkönigen werde das neue Land, zumindest heraldisch, zu einem Teil des bayerischen Löwen-Landes. (...)
Nach langem Hin und Her, nachdem allegorische Tannen, Wellenbalken und Berge verworfen worden waren, einigte sich der ständige Ausschuss tatsächlich auf die Stauferlöwen. Doch deren Schild musste irgendjemand halten, und die Badener wehrten sich zunächst hartnäckig dagegen, dass diesen Dienst ein württembergischer Hirsch und ein badischer Greif leisten sollten. Zwei Greifvögel müssten es sein, als Ausgleich für die Schwaben-Löwen. Dies allerdings schien der württembergischen Seite untragbar. Die Stuttgarter Zeitung damals: ‚Man sollte den neuen badischen Entwurf scharf ablehnen'. Sonst könne ‚eines Tages der Wunsch auftauchen, die Landeshauptstadt nach dem badischen Örtchen Muggensturm bei Rastatt zu verlegen'.
Schließlich stimmte der Landtag mit großer Mehrheit für Löwenschild und zwei Schildträger namens Hirsch und Greif – wobei allerdings offen blieb, ob die Symboltiere nun aufrecht neben dem Schild stehen oder sich gemütlich neben ihn kuscheln sollten. Ehe auch dieser Knoten durchschlagen war, zeichnete eine Stuttgarter Kunststudentin namens Luitgard Müller einen Entwurf für das neue Wappen. Doch sofort ging der Ärger wieder los. Die Stuttgarter Nachrichten bemängelten die Schildhalter, ‚deren Beine zu plump und deren Schultern mit einem Netzhemd behängt' seien. Die Hinterbeine des Hirschs seien klumpfüßig, die Geweihe ‚wie Besenstiele mit Weihnachtskerzen'. Nun trat wieder der Landtag in Aktion und schrieb einen Wettbewerb unter sieben namhaften Künstlern im Land aus. Sie sollten den mül-

Nach der Verfassung des Landes Baden-Württemberg vom 11. November 1953 sind die Landesfarben Schwarz-Gold. Die Landesdienstflagge (links) wird mit großem und kleinem Landeswappen (unten) geführt.

lerschen Entwurf ins Reine und damit ins politisch Akzeptable zeichnen. Bedeutende Grafiker gaben in kürzester Zeit ihr Bestes, aber Fritz Meinhard, der inzwischen dank seiner Karikaturen in der Stuttgarter Zeitung landauf, landab als ‚Herr Fischle' bekannt geworden war, zeichnete die Tiere nach Meinung der Abgeordneten am elegantesten und am kraftvollsten. Und die ehemaligen Länder- und Landschaftsembleme kamen in die so genannte Wappenkrone. Schließlich machten die Volksboten im Landtag am 3. Mai 1954 einen Punkt hinter die schier endlose Debatte und verkündeten im Mai 1954 das neue Gesetz über das Wappen des Landes Baden-Württemberg ..."

Baden-Württemberg hat zwei verschiedene Landesdienstflaggen. Die eine zeigt das große Landeswappen ohne Schildhalter und darf nur von den das große Landeswappen führenden Behörden verwendet werden. Die Landesdienstflagge mit Blattkrone, die Kleine Landesdienstflagge, ist die Dienstflagge der Landesbehörden.

Erst Saargebiet, dann Saarland – ein Flaggenfall für sich

Mit den Artikeln 45 bis 50 des Versailler Vertrages vom 28. Juni 1919 wurde das Saargebiet nach dem Ersten Weltkrieg bis Januar 1935 dem Völkerbund unterstellt. Dann sollte die staatsrechtliche Stellung durch eine Volksabstimmung entschieden werden.

Historisch hatte das Saargebiet bis dahin immer zu Deutschland gehört. Ab Inkrafttreten des Vertrages am 20. Januar 1920 ergaben die Kreise Ottweiler, Saarbrücken-Land, Saarbrücken-Stadt und Saarlouis ganz sowie Teile der Kreise Merzig und St. Wendel aus der preußischen Rheinprovinz, das bayerische Bezirksamt St. Ingbert ganz und Teile der Bezirksämter Homburg sowie Zweibrükken aus der bayerischen Pfalz das zusammengefasste „Saargebiet", das erst 1949 zum „Saarland" werden sollte.

Die internationale Regierungskommission beschäftigte sich schon wenige Wochen nach ihrem Amtsantritt mit der Schaffung eines Wappens und einer Flagge des Saargebietes. Sie entschied sich nach einer Verordnung vom 28. Juli 1920 für eine Kombination aus den Stadtwappen von St. Ingbert, St. Johann, Saarlouis und Saarbrücken. Die Landesfarben Schwarz-Weiß-Blau erklärten sich als Hauptfarben des Wappens. Ihre Wahl entsprach aber auch der Kombination der bisher im Saargebiet geltenden preußischen und bayerischen Farben.

Die Bevölkerung verhielt sich äußerst zurückhaltend zu ihrem neuen Wappen und der Flagge; die Regierungskommission wurde von ihr als landfremd abgelehnt. Infolgedessen wurden meist nur Amtsgebäude mit Schwarz-Weiß-Blau beflaggt – die Bevölkerung hisste die Farben des Deutschen Reiches oder ihre Stadtfarben.

Erste Flagge des Saargebietes von 1920 bis 1935.

Mit der Volksabstimmung vom 13. Januar 1935 votierten 90,76 Prozent der gültigen Stimmen für eine Rückkehr des Saargebietes zu Deutschland. Für die Mehrheit der Wähler war dies in erster Linie eine Entscheidung für ihr deutsches Vaterland, nicht für den Nationalsozialismus, wenngleich die Nazis das Abstimmungsergebnis als ersten großen außenpolitischen Erfolg feierten. Der Völkerbund verfügte die Rückgliederung des Saargebietes mit Wirkung vom 1. März 1935. Zum selben Tag endete die Gültigkeit des Wappens und der Flagge des Saargebietes.

Nach dem Zweiten Weltkrieg obsiegten die

Territoriale Entwicklung des Saargebietes seit 1920. Der größere Teil des unter der Verwaltung des Völkerbundes stehenden Gebietes gehörte bis 1920 zur preußischen Rheinprovinz, der kleinere Teil zur bayerischen Pfalz.

französischen Interessen am Saargebiet wegen seines industriellen Potenzials im Bereich Kohle und Stahl. Frankreich fand dafür schließlich das Modell eines autonomen Saarlands, das in einer Wirtschafts- und Währungsunion mit Frankreich verbunden war und dessen Landesverteidigung und außenpolitische Vertretung Frankreich übernahm. Wichtige Stationen auf dem Wege zu diesem Ziel waren das Einverständnis der USA und Großbritanniens und die Ausarbeitung einer saarländischen Verfassung. Sie wurde zwischen Mai und September 1947 von einer aus Saarländern bestehenden Verfassungskommission mit starker französischer Hilfestellung und auf Druck des französischen Hohen Kommissars Gilbert Grandval (1904–1981) ausgearbeitet und von der am 5. Oktober 1947 gewählten, verfassunggebenden Versammlung am 15. Dezember 1947 angenommen, zwei Tage später trat sie in Kraft. Allerdings wurde sie später von der Bundesrepublik nicht anerkannt.

Artikel 61 der Verfassung verfügte: „Die Fahne des Landes besteht aus einem weißen

Flagge des Saargebietes mit französischen Grundfarben und skandinavischer Kreuzform ab 15. Dezember 1947.

Kreuz auf blaurotem Grund. Das Nähere darüber sowie über das Landeswappen bestimmt ein Gesetz.“ Während das skandinavische Aussehen der Flagge mit französischen Grundfarben durch ein Gesetz vom 16. Juni 1948 festgelegt wurde, gestaltete sich die Schaffung des Wappens schwieriger. Eine öffentliche Ausschreibung brachte zwar viele Entwürfe, aber nur wenige, die heraldischen Regeln entsprachen. Unter Mitwirkung von Lehrkräften der Schule für Kunst und Handwerk in Saarbrücken entstand schließlich das durch Gesetz vom 14. Dezember 1948 angenommene Wappen: Das Landeswappen stellte einen Schild mit einer Brückenkrone dar. Er war durch ein silbernes Kreuz geviertelt, und die beiden oberen Felder – in Form eines Quadrats – waren lichtkobaltblau und die unteren mittelzinnoberrot gehalten. Die Farbe des Kreuzes war Silber wie auch die Schildumrandung. Die mittelzinnoberrote Brückenkrone erstreckte sich über die obere Breite des Schildes.

Grenzschild des Saargebietes bzw. -landes mit Landeswappen von 1948 bis 1956.

Mit Diplomatie und um Interessenausgleich bemüht, versuchten Frankreich und das de facto autonome Saarland eine dauerhafte Lösung für die „Saarfrage“ zu finden. Immer dann, wenn die Saarländer selbst gefragt wurden, wollten sie Frankreich nicht zugeschlagen werden. Nachdem bei der Wahl zum dritten saarländischen Landtag im Dezember 1955 die Regierungsparteien ihre Mehrheit an die „Heimatbundparteien“ verloren, die sich an der Bundesrepublik orientierten, kam es sehr schnell zu erneuten Verhandlungen und

zur Unterzeichnung des „Vertrages zur Regelung der Saarfrage“ in Luxemburg am 27. Oktober 1956. Er verfügte, dass das Saarland am 1. Januar 1957 als eigenes, zehntes Bundesland mit der Bundesrepublik Deutschland vereinigt werden sollte.
Schon vor der Unterzeichnung des Luxemburger Vertrages hatte sich die saarländische Öffentlichkeit für die Änderung von Landeswappen und Landesflagge entschieden, sodass bereits am 9. Juli 1956 ein Gesetz über eine neue Landesflagge verabschiedet worden war. Die umfangreiche Verfassungsänderung vom 20. Dezember 1956 ergab als Artikels 61 der Verfassung: „Die Landesfarben sind Schwarz-Rot-Gold“ – ein mehr als deutlicher Hinweis auf die Zugehörigkeit des Saarlandes zur Bundesrepublik Deutschland. Die genaue Darstellung der Hoheitszeichen erfolgte mit dem erwähnten Gesetz über das Wappen und die Flagge des Saarlandes vom 9. Juli 1956. Bei gleicher Gelegenheit novellierte man die Landessiegelordnung vom 30. Juni 1949 und machte sie zum Gesetz. Weiterhin erfolgte 1956 die Verordnung der Regierung des Saarlandes über die Führung von Dienstflaggen an Kraftfahrzeugen vom 19. Dezember 1956 und die Verordnung über die Beflaggung der öffentlichen Dienstgebäude vom 31. Dezember 1956.
Am 1. Januar 1957 erlangte das saarländische Wappen die Rechtskraft eines bundesdeutschen Landeswappens, und es gilt die folgende Beschreibung: „... Das Landeswappen zeigt in einem gevierten Halbrundschild vom Standpunkt des Schildhalters aus: oben rechts: in blauem, von silbernen Kreuzen bestreutem Feld einen gold gekrönten und rot gezungten silbernen Löwen (Grafen von Saarbrücken-Commercy), oben links: in silbernem Feld ein rotes geschliffenes Kreuz (Kurfürstentum Trier), unten rechts: in goldenem Feld einen roten Schrägbalken, belegt mit drei gestümmelten silbernen Adlern (Herzogtum Lothringen), unten links: in schwarzem Feld einen rot gekrönten, rot bewehrten und rot gezungten goldenen Löwen (Wittelsbacher Herzogtum Pfalz-Zweibrücken). Das Wappen knüpft wie die Wappen verschiedener anderer Bundesländer an die territoriale Gliederung zu Zeiten des Heiligen Römischen Reiches Deutscher Nation an, indem es die Wappen der vier größeren Territorien zeigt, die an der Fläche des heutigen Landes Anteil hatten ...“

Wappen des Saarlandes für die Flagge des Landes seit dem 9. Juli 1956.

Im Gegensatz zu vielen anderen alten Bundesländern ist das Saarländische Hoheitszeichengesetz (SHzG) vom 7. November 2001 zwar sehr umfangreich, aber auf der anderen Seite auch modern, weil es auf digitale Verwendung und Gebrauch des Wappen und der Siegel zum Beispiel eingeht. Führungsberechtigung und der Gebrauch der Hoheitszeichen sind genau beschrieben. Zum Wappen heißt es im Gesetz: „... Das Landeswappen führen die Landesbehörden und die Organe der Rechtspflege. Soweit sie nicht über ein eigenes Wappen verfügen, führen die juristischen Personen des öffentlichen Rechts, die der Aufsicht des Landes unterstehen, das Landeswappen. Das Recht zur Führung des Landeswappens umfasst die Befugnis, das Landessiegel, das Landeswappen im

Die Verwendung des im Juli 2005 geschaffenen Saarland-Symbols ist für jedermann kosten- und genehmigungsfrei.

Briefkopf auf amtlichen Schreiben, auf amtlichen Druckschriften, in amtlichen elektronischen Dokumenten und auf dem Amtsschild zu verwenden. (...) Grundsätzlich ist die Verwendung des Landeswappens durch nicht führungsberechtigte Stellen verboten. Das Ministerium für Inneres, Familie, Frauen und Sport kann die Verwendung, insbesondere auf Drucksachen, auf Schildern, auf oder in Form von gewerblichen oder kunstgewerblichen Erzeugnissen genehmigen, wenn durch die Verwendung des Landeswappens kein amtlicher Eindruck hervorgerufen wird, das Landeswappen bei der Darstellung nicht verunglimpft wird und die Verwendung im Interesse des Landes liegt. (...) Die Zugehörigkeit und Verbundenheit mit dem Saarland kann durch die Verwendung des Saarland-Symbols zum Ausdruck gebracht werden. Seine Verwendung ist kosten- und genehmigungsfrei ..." Die Möglichkeit zur Verwendung des Saarland-Symbols, ein stilisiertes, abgewandeltes Landeswappen, eingebettet in die stilisierte Saarschleife, besteht seit der Bekanntmachung vom 21. Januar 1998.

Zur Landesflagge heißt es im Gesetz: „... Die Landesflagge hat die Form eines Rechtecks, dessen Breite sich zur Länge wie drei zu fünf verhält, und zeigt in drei gleich breiten Querstreifen von oben nach unten die Landesfarben Schwarz-Rot-Gold. Auf dem roten Streifen steht in der Mitte, in den schwarzen und in den goldenen Streifen übergreifend, das Landeswappen. Die Landesflagge kann auch in senkrechter Form als Banner- oder Hängeflagge gesetzt werden. Die Landesbehörden und die juristischen Personen des öffentlichen Rechts, die der Aufsicht des Landes unterstehen, haben zu beflaggen, wenn dies vom Ministerium für Inneres, Familie, Frauen und Sport angeordnet wird. Eine Anordnung erfolgt bei besonderen Anlässen, die für das Saarland von allgemeiner Bedeutung sind. Beflaggt werden grundsätzlich die Gebäude, in denen sich eine staatliche Stelle befindet. (...) Ordnungswidrig handelt auch, wer sich den Beflaggungsanordnungen des Ministeriums für Inneres, Familie, Frauen und Sport widersetzt. Das Ministerium kann die Ordnungswidrigkeit mit einer Geldbuße bis zu 5000 Euro ahnden ..."

Eine saarländische Besonderheit ist der Mangel einer eigenen Dienstflagge und die Tatsache, dass die Landesflagge, die auch gleichzeitig die Funktion einer Dienstflagge erfüllt, von jedermann gehisst werden kann. Zu besonderen Anlässen führen der Landtagspräsident und der Ministerpräsident an ihren Dienstfahrzeugen die „Standarte des Saarlandes". Sie ist quadratisch, etwa 30 x 30 Zentimeter groß, goldfarben und schwarz-rot gerändert. In der Mitte der Standarte ist schwebend auf beiden Seiten das farbig gestickte Landeswappen in der Größe von etwa 10 x 12 Zentimetern aufgebracht.

Umfangreich in der Sache sind die Ausführungen im Gesetz zu den amtlichen Siegeln. Unterschieden und geführt wird das Landessiegel als Staatssiegel in der Form eines 60 mm großen Prägestempels, als großes Landessiegel und als kleines Landessiegel sowie als Kleinstsiegel. Das Staatssiegel zeigt das Landeswappen und statt einer Umschrift einen Lorbeerkranz. Gut, dass der Lorbeerkranz im Gesetz benannt wird, denn beim Originalsiegel ist der stilisierte Blattkranz doch eher dem Eichenlaub zuzuordnen. Geführt wird das Staatssiegel vom Präsidenten des Landtages und den Mitgliedern der Landesregierung bei feierlichen Beurkun-

„Saarland-Symbol" – abgewandeltes Landeswappen, eingebettet in eine stilisierte Flussschleife der Saar.

Landesflagge des Saarlandes seit dem 9. Juli 1956, dem Tag der Wiedervereinigung des Saargebietes mit der Bundesrepublik. Sie darf auch als Banner gesetzt werden.

Überblick saarländischer Dienstsiegel mit allen Formen der Siegel: Staatssiegel als Prägesiegel (oben links), großes Landessiegel als Petschaft (oben rechts), großes Landessiegel als Farbdruckstempel (unten links) und kleines Landessiegel als Farbdruckstempel.

dungen, insbesondere bei Ausfertigungen von Gesetzen, Verordnungen und Bestallungen. Das große Landessiegel hat einen Durchmesser von 60 mm und zeigt das Landeswappen mit einer Umschrift, die die amtliche Bezeichnung der siegelführenden Stelle angibt. Es wird als Farbdruckstempel oder als Petschaft verwendet. Das 35 mm messende kleine Landessiegel zeigt den Löwen des rechten oberen Feldes im Landeswappen mit einer entsprechenden Umschrift. Gleiches gilt für das Kleinstsiegel, das aber nur einen Durchmesser von 22 mm hat. Ganz zeitgemäß ist diese Passage aus dem Gesetz zur Siegelverwendung: „... Für die Siegelung von Schriftstücken, die mithilfe drucktechnischer oder elektronischer Einrichtungen erstellt werden, kann ein Abdruck des kleinen Landessiegels oder des Kleinstsiegels maschinell eingedruckt sein oder aufgedruckt werden ..."

Berlin: Nach dem Gesetz kein Bundesland und trotzdem mitgezählt

Aufgrund des Vier-Mächte-Status Berlins waren West-Berlin und Ost-Berlin nicht integrale Bestandteile der Bundesrepublik Deutschland bzw. der Deutschen Demokratischen Republik. Von den Westalliierten waren lediglich so genannte besondere Bindungen anerkannt. Es fanden dennoch regelmäßig Sitzungen von Bundesorganen in West-Berlin statt, was dann jeweils zu Protesten der sowjetischen und der DDR-Seite führte. So tagte etwa die Bundesversammlung zur Wahl des Bundespräsidenten jeweils in West-Berlin.

Der Bundestag durfte keine Gesetze mit Wirkung für West-Berlin beschließen. Alle bundesdeutschen Gesetze mussten vom Berliner Abgeordnetenhaus selbst beschlossen werden, um Rechtswirksamkeit für Berlin (West) zu erlangen. Im Bundestag hatten die West-Berliner Abgeordneten nur beratendes Stimmrecht. Weiterhin wurden sie nicht direkt gewählt, sondern mittelbar über das Abgeordnetenhaus bestimmt. Im Gegensatz dazu waren die Vertreter Berlins zur Bundesversammlung stets stimmberechtigt; die Westalliierten hatten hier keinen Vorbehalt angemeldet.

Schon seit Jahrhunderten war der Bär im Wappen des preußischen Berlins nachgewiesen, als der Magistrat der nunmehrigen Reichshauptstadt 1875 beschloss, ihm die Freiheit zu geben – natürlich nur im übertragenden Sinn, indem er zukünftig ohne Halsband dargestellt wurde.

1935 erhielt Berlin ein grafisch modern gefasstes Wappen nach dem Entwurf von Siegmund von Weech (1888–1982), der bereits als Gestalter des stilisierten Reichsadlers mit erhobenen offenen Schwingen in Sechseckform von 1921 bekannt war. Sein Berliner Bärenentwurf zeigte das schwarze, bewehrte und rot gezungte Wappentier in silbernem, rot gerändertem Schild mit stilisierter, fünftürmiger roter Mauerkrone. Die Farben des

Berliner Stadtwappen nach dem Entwurf von Siegmund von Weech von 1935. Ost-Berlins Wappen bis 1990.

Entwurfs ergaben sich aus den Stadtfarben Weiß und Rot. Dieser Bär mit roter Mauerkrone lebte nach dem Zweiten Weltkrieg anfangs als Wappen von Groß-Berlin weiter. Von 1948 bis 1990 blieb der Bär mit roter Mauerkrone das Wappen Ost-Berlins, der „Hauptstadt der DDR“.

Die von den Alliierten erlassene Vorläufige Verfassung von Groß-Berlin vom 13. August 1946 schrieb vor, dass die Stadt Wappen und Flagge mit dem Bären zu führen habe. Der Entwurf der Stadtverordnetenversammlung für eine demokratische Verfassung von Berlin vom 22. April 1948 bestimmte in Artikel 5: „Berlin führt Flagge, Wappen und Siegel mit dem Bären, die Flagge mit den Farben Weiß-Rot ...“ Das Stadtwappen war in den politischen Gremien von West-Berlin bereits seit längerem in der Diskussion, sodass schließlich im April 1948 zu einem allgemeinen Wappenwettbewerb aufgerufen wurde, dessen Ergebnisse allerdings aufgrund der bald folgenden administrativen Spaltung Berlins nicht mehr zum Tragen kamen.

Während in Berlin (Ost) das von Weechsche Bärenwappen weiter geführt wurde, schrieb der Senat von Berlin (West), nachdem in der Verfassung des Landes vom 1. Oktober 1950 der Bär als Wappentier vorgesehen war, 1952 einen auf zwölf namhafte Berliner Künstler und Heraldiker beschränkten Wettbewerb aus. Zur Umsetzung kam der Entwurf des Zweitplatzierten: Ottfried Neubecker, renommierter Heraldiker der Vor- und Nachkriegszeit, gestaltete das Berliner Bärenwappen, das auch nach der Wiedervereinigung Hoheitszeichen des neuen Bundeslandes blieb.

Im Gesetz über die Hoheitszeichen des Landes Berlin vom 13. Mai 1954, hier in Auszügen zitiert, ist das Wappen mit dem Berliner Bären beschrieben: „.... Das Landeswappen zeigt in silbernem (weißem) Schilde einen aufgerichteten schwarzen Bären mit roter Zunge und roten Krallen. Auf dem Schild ruht eine goldene, fünfblättrige Laubkrone, deren Stirnreif aus Mauerwerk mit einem Tor in der Mitte ausgestattet ist. Die Bezirke führen das Landeswappen. Der Senat kann den Bezirken Bezirkswappen verleihen, die bei besonderen Anlässen neben dem Landeswappen geführt werden können. (...) Die Landesflagge zeigt die Farben Rot-Weiß-Rot in drei Längsstreifen. Die beiden äußeren Streifen nehmen je ein Fünftel, der mittlere Streifen nimmt drei Fünftel der Flaggenbreite ein. Der mittlere Streifen ist mit der etwas nach der Stange hin verschobenen Wappenfigur (ohne Schildumrahmung) belegt. Die Landesflagge kann auch die Form eines Banners haben. (...) Die Dienstflagge der Mitglieder des Senats ist ein gleichseitiges, weißes, rot gerändertes Rechteck mit dem Landeswap-

Berliner Landeswappen seit 1954 mit goldener Laubkrone und Mauerwerkreif nach dem Entwurf von Ottfried Neubecker.

Der Berliner Bär auf der Landesflagge in Bannerform mit Proportionsvermaßung.

pen. Die allgemeine Dienstflagge ist die Landesflagge mit dem Landeswappen im weißen Felde. (...) Die Landessiegel zeigen das Landeswappen ..."
Im Berliner Gesetz über die Hoheitszeichen wird den Kokarden, die bei den Gesetzen der Bundesländer kaum erwähnt werden, ein größerer Platz eingeräumt: „... Die Kokarden zeigen die Farben Rot-Weiß mit dem Landeswappen oder die Farben Rot-Weiß oder das Landeswappen ..." Drei unterschiedliche Kokarden waren also vorgesehen. Es werden auch die Stellen benannt, die im Einvernehmen mit dem Senator für Inneres die Hoheitszeichen an den Dienstbekleidungen und Uniformen in ihrem Zuständigkeitsbereich bestimmten. Für die Bekleidung der Justizbeamten zeichneten die Gerichtsverwaltungen verantwortlich. Der Senator für Post- und Fernmeldewesen verpasste seinen Dienststellen die Hoheitszeichen, der Senator für Finanzen der Zollverwaltung und der Senator für Verkehr und Betriebe regelte die „Ausgestaltung und Führung der Hoheitszeichen" bei der Feuerwehr.
Die aktuellen Ausführungsvorschriften zum Gesetz über die Hoheitszeichen des Landes Berlin vom 17. April 2003 zeigen das Spektrum des Erlaubten und Verbotenen für die Verwendung der Hoheitszeichen. Danach wird das Landeswappen vom Abgeordnetenhaus, vom Rechnungshof, vom Berliner Beauftragten für Datenschutz und Informationsfreiheit, von den Berliner Gerichten und von der Berliner Verwaltung geführt. Die den Bezirken vom Senat verliehenen Bezirkswappen können bei bezirksbezogenen Anlässen gezeigt werden. In Siegeln, auf Amtsschildern oder Briefköpfen werden sie nicht geführt.
Die Abbildung des Landeswappens und der Bezirkswappen zu künstlerischen, heraldischen und wissenschaftlichen Zwecken sowie zu Zwecken des Unterrichts und der staatsbürgerlichen Bildung ist jedermann erlaubt, sofern dies nicht in einer Weise oder unter Umständen geschieht, die dem Ansehen oder der Würde dieser Hoheitszeichen abträglich sind. Jede andere Verwendung bedarf der Genehmigung der Senatsverwaltung für Inneres.
Als Landessymbol kann der Wappenschild des Landeswappens ohne Laubkrone genutzt werden. Das Landessymbol darf als Zeichen der Verbundenheit oder des Bezuges zum Land Berlin von jedermann zu Zwecken frei verwendet werden, die mit dem Sinn dieses Symbols vereinbar sind, ausgenommen in Siegeln, Stempeln oder auf Schildern. Als Bezirkssymbol kann der Wappenschild des jeweiligen Bezirkswappens ohne Mauerkrone genutzt werden.
Die Landesflagge darf von jedermann gezeigt werden, sofern dies nicht in einer Weise oder unter Umständen geschieht, die dem Ansehen oder der Würde dieses Hoheitszeichens abträglich sind. Flaggen werden an senkrecht stehenden Masten gehisst (Hissflaggen); statt Flaggen können auch Banner verwendet werden. Bei der Landesflagge in Bannerform ist die Wappenfigur parallel zu den beiden senkrechten roten Randstreifen ausgerichtet. Bei Hissflaggen ist darauf zu achten, dass die Wappenfigur stets nach dem Flaggenmast, bei Bannern nach der Bundesflagge blickt. Die Flaggen sollen gleich groß sein und in einem angemessenen Verhältnis zur Größe des beflaggten Gebäudes und des Flaggenmastes stehen. Werden zwischen der Europa- und der Bundesflagge andere hoheitliche Flaggen gezeigt, so sind diese von der Europaflagge aus in alphabetischer Reihenfolge der amtlichen deutschen Kurzbezeichnung der ausländischen Staatennamen zu setzen.
Beflaggt werden die öffentlichen Gebäude an den allgemeinen Beflaggungstagen ohne besondere Anordnung. Eine Berliner Besonderheit ist die Beflaggung am Tag der Wahl des Bundespräsidenten und zu allen übrigen Tagen allgemeiner Wahlen zum Europäischen Parlament, zum Deutschen Bundestag, zum Abgeordnetenhaus von Berlin und zu den Bezirksverordnetenversammlungen.
Aus besonderem Anlass kann die Senatsverwaltung für Inneres eine eingeschränkte Beflaggung anordnen. Bei eingeschränkter

Das Landessymbol zeigt den Wappenschild des Landeswappens ohne Laubkrone in farbiger oder schwarz-weißer Ausführung.

Berliner Landes- und Dienstflaggen seit Mai 1954. Von oben nach unten: Landesflagge, Allgemeine Dienstflagge, Dienstflagge der Senatsmitglieder.

Beflaggung werden lediglich die Dienstsitze der Mitglieder des Senats sowie der Bezirksbürgermeisterinnen und Bezirksbürgermeister und die Verkehrsmittel der Berliner Verkehrsbetriebe beflaggt. Bezirks-Beflaggung kann das jeweilige Bezirksamt für entsprechende Anlässe anordnen.
Wird geflaggt, ist an der von außen auf das Gebäude gesehenen linken Seite die Europaflagge, in der Mitte die Bundesflagge und an der rechten Seite die Landesflagge zu setzen. Dienststellen des Landes Berlin, die überwiegend hoheitliche Aufgaben wahrnehmen, können statt der Landesflagge die allgemeine Dienstflagge setzen. Sind nur zwei Flaggenmasten vorhanden, ist vom Setzen der Europaflagge abzusehen. Bei bezirklicher Beflaggung kann neben der Bundes- und der Landesflagge an der rechten Seite die Bezirksflagge gesetzt werden. Sind nur zwei Flaggenmasten vorhanden, wird am Europatag an beiden Flaggenmasten die Europaflagge gesetzt.
Die Beflaggung beginnt bei Tagesanbruch, jedoch nicht vor 7.00 Uhr, und endet bei Sonnenuntergang. Erstreckt sich die Beflaggung über mehrere Tage, so sind die Flaggen bei Sonnenuntergang einzuholen und am Morgen wieder zu hissen. Werden Flaggen angestrahlt, können sie auch nach Sonnenuntergang gesetzt bleiben. Bei Trauerbeflaggung werden Hissflaggen zunächst vorgehisst und anschließend auf halbmast gesenkt. Banner werden mit Trauerflor versehen.

Die erste friedliche Revolution auf deutschem Boden und das Ende der DDR

Im Jahre 1971 betrug der Rüstungsetat in der Bundesrepublik Deutschland je Einwohner 368 DM gegenüber 775 Mark in der DDR. Von 10 000 Einwohnern verrichteten 83 Menschen in der Bundesrepublik und 290 Personen in der DDR ständig den Dienst mit der Waffe. Hinter diesen nüchternen Zahlen verbarg sich das absehbare Ende der Deutschen Demokratischen Republik. Die völlig überdehnte gesellschaftliche Militarisierung der DDR-Bevölkerung, die irgendwann nicht mehr finanzierbaren Rüstungskosten und die fehlenden Investitionsmittel für die Industrie ergaben u. a. ein Problembündel, für das die SED seit Anfang der 1980er-Jahre keine Lösungen mehr hatte. Besonders die Ablehnung der gesellschaftlichen Militarisierung war speziell für viele junge Menschen Grund zum Protest – dies endete als Flächenbrand mit dem Donnern aus zigtausend Kehlen: „Wir sind das Volk". Es beendete die vierzig-

Schwerter zu Pflugscharen: Aufnäher an Jacken und Mänteln sowie Zeichen der unabhängigen Friedensbewegung der DDR ab 1980.

jährige Alleinherrschaft einer Partei durch eine friedliche Revolution und die Herrschaft des real existierenden Sozialismus auf deutschem Boden.

Am 24. September 1983 fand während eines evangelischen Kirchentages in Wittenberg auf dem Lutherhof vor etwa 4000 Teilnehmern eine symbolische Aktion statt: Der örtliche Schmied Stefan Nau schmiedete ein Schwert zu einem Pflugschar um. Wegen der internationalen Präsenz auch von westlichen Medienvertretern griffen die DDR-Staatsorgane nicht ein. Die Initiative zu der Aktion ging von Friedrich Schorlemmer, damals Pastor an der Schlosskirche Wittenberg, aus. Dieser hatte bereits 1980 einen Friedenskreis gegründet, der sich auch nach dem Verbot des Aufnähers „Schwerter zu Pflugscharen“ und dem Abklingen der westdeutschen Friedensbewegung halten konnte.

Im Juli 1989 ging daraus eine Bürgerrechtsgruppe hervor, die sich mit anderen Vorläufern zur Initiative Demokratischer Aufbruch verband. Auch in der Nikolaikirche (Leipzig) entwickelte sich unter dem Motto „Schwerter zu Pflugscharen“ ein regelmäßiges offenes Montagsgebet, das zur Keimzelle der späteren Montagsdemonstrationen vom Herbst 1989 wurde. Dabei blieb das biblische Symbol zunächst Ausdruck für alternative Friedensaktivitäten in der DDR.

Das Symbol basierte im Übrigen auf der bekannten Skulptur des russischen Bildhauers Jewgenij Wuchetitsch (1908–1974), die

„Aus Bonn weht der Wind des Kalten Krieges!“ Start ins Ende des Deutschen Arbeiter- und Bauernstaates 1988. Von Anfang bis Ende von Fritz Behrendt mit spitzer Feder beobachtet.

die Regierung der Sowjetunion den Vereinten Nationen zum Geschenk gemacht hatte und die vor deren Hauptquartier in New York aufgestellt wurde. Sie trägt unter Bezugnahme auf die Bibel (Jesaja 2,4) die Umschrift „We shall beat our swords into plowshares“. Die „Friedensaktivisten“ eigneten sich ein sowjetisches Bildmotiv an und kehrten es gegen die staatliche Propaganda, nach der die DDR die Einheit von Volk, Staat und Partei realisiert habe und daher sich als eine „Friedensmacht“ definieren könne.

„Glasnost“, die von Michail Gorbatschow in der Sowjetunion propagierte Politik der Offenheit und Transparenz der Staatsführung gegenüber den Bürgern, gepaart mit weitgehender Informationsfreiheit der Medien, löste ab März 1985 zunächst in der UdSSR und bald auch in allen anderen Ostblockstaaten eine Welle von Freiheitsbestrebungen aus. Gorbatschow wollte mithilfe von Glasnost eine kritische öffentliche Diskussion über die krisenhafte sowjetische Wirtschaft auslösen, um so Akzeptanz für die 1987 eingeführte Reformpolitik „Perestroika“ zu bekommen. Der losgetretenen Lawine „Offenheit“ konnten die festgefahrenen, kommunistisch-stalinistischen Apparate nichts entgegensetzen. Im Sturm der Entrüstung der Menschen angesichts der veröffentlichten Wahrheiten über die bis dahin vertuschte reale Situation ihres Landes fiel das Regime der UdSSR wie ein Kartenhaus in sich zusammen. Der große Bruder stürzte und riss die kleine DDR schließlich mit.

Mit großem propagandistischem Aufwand feierte die Partei- und Staatsführung den 40. Jahrestag der DDR am 7. Oktober 1989. Vor dem Hintergrund der Massenfluchten über Ungarn und die Tschechoslowakei und vielfacher Demonstrationen mutiger Bürgerrechtler sollten diese Feierlichkeiten die letzten im roten und blauen Flaggenschmuck sein, bei denen überdimensionale Staatswappen die vermeintliche Staatsmacht der DDR symbolisierten. Die Chronologie der sich überstürzenden Ereignisse hier nochmals zur Erinnerung: Am 9. Oktober 1989 sind 70 000 Menschen in Leipzig bei einer der bereits legendären „Montagsdemonstrationen“ auf den Straßen; 18. Oktober: Egon Krenz löst Erich Honeckers als Generalsekretär der SED ab; 4. November: in Ost-Berlin demonstrieren etwa eine Millionen Menschen; 7. November: der komplette Ministerrat der DDR unter Willi Stoph tritt zurück; 9. November: Öffnung der Berliner Mauer; 1. Dezember: die DDR-Volkskammer ändert die Verfassung und streicht im Artikel 1 den 1968 aufgenommen Führungsanspruch der SED; 3. Dezember: die gesamte Führungsspitze der SED mit Egon Krenz als Generalsekretär tritt zurück; 7. Dezember: erste Tagung des „Runden Tisches“ der neuen DDR-Regierung unter Hans Modrow; 19. Dezember: Deutsch-deutsches Gipfeltreffen zwischen Bundeskanzler Kohl und DDR-Ministerpräsident Modrow in Dresden mit ersten Gesprächen über eine Konföderation der beiden deutschen Staaten.

Die Flagge der DDR mit herausgeschnittenem Staatswappen, einfach zum Kopfdurchstecken. Flaggenbeispiel vom Mauerfall am 9. November 1989.

In den nächsten Monaten der Diskussion um eine mögliche Konföderation tauchten Ideen auf, wie sich ein solches Zusammengehen auf kommenden Flaggenkombinationen darstellen könnte. Eine erste Flagge zeigte eine Zusammensetzung der Bundesflagge Schwarz-Rot-Gold mit der Hälfte der DDR-Staatsflagge, eine zweite Kombination die senkrecht halbierte Bundesdienstflagge mit der halbierten DDR-Staatsflagge, d. h. die Zusammensetzung des halben Bundesschildes mit dem halben DDR-Staatswappen. Das erschien als grafisch runde Sache, hatte aber keinerlei offiziellen Charakter – dies waren vielmehr gedruckte oder ausgestrahlte Geisteskimmzüge verschiedener Medien.

Deutschland – von jedem der beiden Staaten die gute Hälfte. Konföderationsvorstellungen in Flaggenform, beobachtet im Dezember 1989.

Der Runde Tisch als Gesprächsforum von Regierung und Oppositionsbewegungen hatte Anfang 1990 eine Arbeitsgruppe „Neue Verfassung der DDR“ eingerichtet, die im Ergebnis einen Verfassungsentwurf im April 1990 vorlegte. Die Arbeitsgruppe ging von einem Fortbestehen der DDR aus und schlug in Artikel 43 ihres Verfassungsentwurfs vor: „Die Staatsflagge der Deutschen Demokratischen Republik trägt die Farben Schwarz-Rot-Gold. Das Wappen des Staates ist die Darstellung des Mottos ‚Schwerter zu Pflugscharen‘.“
Über das vorgeschlagene Wappen gab es im Text des Verfassungsentwurfs keine weiteren Hinweise. Nur das Deckblatt des Entwurfs zeigte das Symbol in weißen Konturen auf schwarz-rot-goldenem Hintergrund. Der Verfassungsentwurf wurde nie Realität – Flaggen und Wappen blieben auch hier nur ein Vorschlag.

Angedacht, aber nicht umgesetzt: „Schwerter zu Pflugscharen“ als Nationalflagge einer fortbestehenden DDR.

Am 18. März 1990 fand in der DDR die erste freie Wahl zur Volkskammer statt. Das Ergebnis: Die konservative „Allianz für Deutschland" aus CDU, der Deutschen Sozialen Union (DSU) und Demokratischem Aufbruch (DA) stellte die neue Regierung, die eine schnelle Wiedervereinigung Deutschlands anstrebte. Auf Antrag der Fraktion der DSU, einer in der Wendezeit entstandenen neuen Partei, beschloss die Volkskammer am 31. Mai 1990 durch mehrheitliche Akklamation: „Alle Staatswappen, die sich in und an öffentlichen Gebäuden befinden, sind unverzüglich, spätestens jedoch in Wochenfrist, zu entfernen. Wo das aus technischen oder finanziellen Gründen nicht möglich ist, ist das Wappen zu verdecken." Das war zwar ein Beschluss zur Beseitigung des Staatswappens an öffentlichen Gebäuden, aber nicht dessen offizielle Abschaffung.

Staatswappen und Staatsflagge bestanden offiziell als Hoheitszeichen bis zum Ende der DDR am 2.10.1990 weiter, und im Gegensatz zu einigen anderen deutschen Flaggen aus der Geschichte sind die Flaggen und Symbole der DDR nicht mit Verboten belegt. Das Bundesministerium des Innern teilte dazu auf Anfrage mit: „Es gibt keine rechtlichen Bestimmungen, die das Zeigen der DDR-Flagge untersagen. Entsprechende Vorschriften wie die Paragraphen 90a und 104 StGB sowie Paragraph 124 des Gesetzes über Ordnungswidrigkeiten dienen ausschließlich dem Schutz der Staatssymbole der Bundesrepublik Deutschland gegen eine missbräuchliche Verwendung."

Auf den Leipziger Montagsdemonstrationen im Herbst 1989 tauchten erst vereinzelt, dann immer häufiger weiß-grüne Flaggen der sächsischen Farben auf. Man besann sich offenbar zuerst in Sachsen auf die traditionellen Länderflaggen aus den Anfangsjahren der DDR, die seit 1952 ihre Gültigkeit verloren hatten und danach nicht mehr gezeigt werden durften. Auch in Thüringen, insbesondere in den ostthüringischen Kreisen, die 1952 auf dem Verordnungswege dem sächsischen Bezirk Leipzig angeschlossen worden waren, wehten die traditionell weiß-roten Farben. Im Vorfeld der Märzwahlen 1990 flaggten die Menschen in nahezu allen Landesteilen der DDR neben Schwarz-Rot-Gold nach dem sächsischen und thüringischen Vorbild ihre früheren Landesfarben. Das Zeigen der Landesfarben in den Tagen des Aufbruchs zu neuen Zielen waren auch ein deutliches Zeichen der Rückbesinnung auf historische Traditionen, wie auch immer die Länderneubildung am Ende ausgehen sollte.

Am 3. Oktober 1990 war die deutsche Einheit erreicht; überall wurden nun auch im Osten Deutschlands die schwarz-rot-goldenen Nationalfarben offiziell gesetzt und die DDR-Staatsflagge am Vorabend letztmalig eingeholt.

Sachsen: keine Diskussion um die Landesfarben und das Wappen

Nach der friedlichen Revolution im Herbst 1989 erweckte der Geist der Freiheit und der Wunsch zur Erneuerung auch den Willen zur Wiederherstellung des Landes Sachsen. Auf der Grundlage des vom postkommunistischen Parlament der DDR beschlossenen Ländereinführungsgesetzes vom 22. Juli 1990 wurde Sachsen mit gleicher Territonalstruktur wie in der Nachkriegszeit im Jahre eins nach der Wende wieder ins Leben gerufen. Am 3. Oktober 1990 erfolgte diese Neubegründung in einem Festakt auf der Albrechtsburg in Meißen. Verfassungsrechtlich

Verbrieftes Verfassungsrecht: In Görlitz darf offiziell die niederschlesische Flagge neben der sächsischen Landesflagge flattern.

wirksam wurde die sächsische Wiedergeburt mit den Landtagswahlen vom 14. Oktober 1990. Die konstituierende Sitzung des Sächsischen Landtages am 27. Oktober 1990 gab dem neuen Bundesland die an demokratische Traditionen in der Zeit der Weimarer Republik anknüpfende Bezeichnung „Freistaat Sachsen".
Im Artikel 2 der Verfassung des Freistaates Sachsen vom 27. Mai 1992 heißt es: „... Die Hauptstadt des Freistaates ist Dresden. (...) Die Landesfarben sind Weiß und Grün. (...) Das Landeswappen zeigt im neunmal von Schwarz und Gold geteilten Feld einen schrägrechten grünen Rautenkranz. Das Nähere bestimmt ein Gesetz. (...) Im Siedlungsgebiet der Sorben können neben den Landesfarben und dem Landeswappen Farben und Wappen der Sorben, im schlesischen Teil des Landes die Farben und das Wappen Niederschlesiens gleichberechtigt geführt werden ..."
Bereits während der Monate nach dem Herbst 1989 wehten in Görlitz die weiß-gelben Farben Niederschlesiens. Mit der sächsischen Verfassung bekam ein Stückchen Schlesien im deutschen Staatsgebiet von heute ein wenig Flaggenrecht zugestanden. Nach dem Zweiten Weltkrieg wurde Görlitz durch die Oder-Neiße-Grenze geteilt. Der östlich der Neiße gelegene Teil der Stadt ist seitdem polnisches Staatsgebiet und heißt Zgorzelec. Der bei Deutschland verbliebene Stadtteil wurde dem Land Sachsen zugeordnet und 1952 dem DDR-Bezirk Dresden zugeschlagen.
Mit dem „Gesetz über das Wappen des Freistaates Sachsen" vom 18. November 1991 regelte der Landtag die Verwendung des historischen Landeswappens: „... Das kleine Wappen des Freistaates Sachsen zeigt im neunmal von Schwarz und Gold geteilten Schild einen schrägrechten grünen Rautenkranz. (...) Ein großes Staatswappen des Freistaates Sachsen kann durch besonderes Gesetz bestimmt werden. (...) Für die Gestaltung der Wappen sind die Muster maßgebend, die diesem Gesetz als Anlage beigefügt sind. Die farbigen Muster werden im Sächsischen Hauptstaatsarchiv verwahrt ..." Das war insgesamt nicht viel, was dort erlassen wurde, zumindest im Verhältnis zu anderen Bundesländern und für den praktischen Gebrauch des Wappens zu wenig. Also wurde am 4.3.1992 eine „Verordnung der Sächsischen Staatsregierung über die Verwendung des Staatswappens" erlassen. Dort heißt es: „... Das Wappen des Freistaates Sachsen führen 1. die Staatsregierung und der Ministerpräsident, 2. der Präsident sowie die Mitglieder des Landtags, 3. die Vertretung des Freistaates beim Bund, 4. alle Behörden und Gerichte des Freistaates, 5. die Notare des Freistaates, die Ländernotarkasse und die Notarkammer Sachsen. (...) Der Ministerpräsident entscheidet in Einzelfällen über die Führung des Staatswappens. (...) Es steht jedermann frei, das Wappen zu künstlerischen oder heraldisch-wissenschaftlichen Zwecken zu verwenden. Jede andere Verwendung, insbesondere kommerzieller Art, bedarf der Genehmigung durch die Staatskanzlei. (...) Die wappenführenden Stellen, mit Ausnahme der Mitglieder des Landtags und der Notare, sind berechtigt, auf der Landesflagge das Wappen zu zeigen (Landesdienstflagge). Der Ministerpräsident kann anderen Stellen gestatten, die Landesdienstflagge zu zeigen. Die Landesdienstflagge wird in der Regel an Dienstgebäuden gesetzt, sofern eine Beflaggung angeordnet ist ..."
Der letzte Teil des Gesetzes über die Landesdienstflagge war seit 1991 zwar in Kraft, aber bis 2002 gab es keine Durchführungsvorschrift und damit keine offizielle Handhabung. Das änderte erst die „Verwaltungsvorschrift der Sächsischen Staatskanzlei über die Flaggen und die Beflaggung der Dienstgebäude im Freistaat Sachsen" vom 19. März 2002: „... Die Landesflagge besteht aus zwei gleich breiten Querstreifen, oben Weiß, unten Grün; das Verhältnis der Höhe zur Länge des Fahnentuches ist 3 zu 5. Die Landesflagge kann auch in Form eines Banners geführt werden. Das Banner besteht aus zwei gleich breiten Längsstreifen, links weiß, rechts grün.

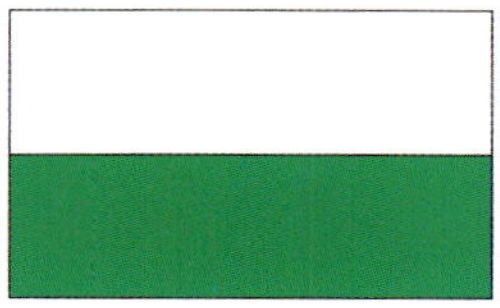

Weiß und Grün sind die Landesfarben des neuen Bundeslandes Sachsen seit dem 27. Mai 1992. Darunter das traditionelle sächsische Landeswappen als kleines Landeswappen, ein großes Landeswappen ist noch nicht erlassen worden. Unten das Wappen des Freistaates Sachsen.

(...) Die Dienstflagge der Landesbehörden (Landesdienstflagge) besteht aus der Landesflagge zusätzlich mit dem mittig angeordneten sowie in den weißen und den grünen Streifen je zur Hälfte übergreifenden Landeswappen in einfacher Schildform darauf; das Verhältnis der Höhe zur Länge des Flaggentuches ist 3 zu 5. Wird die Landesdienstflagge in Bannerform verwendet, ist das Landeswappen parallel zu den Längsstreifen, in den weißen und den grünen Teil je zur Hälfte übergreifend, mittig ausgerichtet. (...) Wenn beflaggt wird, setzen die Staatsbehörden neben der Landesdienstflagge oder der Landesflagge in der Regel auch die Bundesflagge und – sofern die technischen Voraussetzungen gegeben sind – die Europaflagge. Der Europaflagge und der Bundesflagge gebühren die bevorzugten Stellen ..."

Die in der sächsischen Verfassung verbürgten Rechte der sorbischen Minderheit wirken sich auch bei den staatlichen Symbolen aus. Im „Gesetz über die Rechte der Sorben im Freistaat Sachsen" vom 31. März 1999 steht unter Punkt 4: „... Farben und Wappen der Sorben können im sorbischen Siedlungsgebiet gleichberechtigt neben den Landesfarben und dem Landeswappen verwendet werden. Die sorbischen Farben sind Blau-Rot-Weiss ..."

Sachsen-Anhalt: die traditionellen Landesfarben waren vergeben

Auch in Halle und Magdeburg wehten in den Tagen der Wende bei den Demonstrationen schwarz-gelbe Flaggen in den Farben des ehemaligen Landes Sachsen-Anhalt nach dem Zweiten Weltkrieg oder der ehemaligen preußischen Provinz Sachsen vor dem Zweiten Weltkrieg. In Dessau, einstmals Anhalts Hauptstadt, flatterte im Herbst 1989 dagegen anhaltinisches Rot-Grün-Weiß aus den Fenstern oder bei den Demonstrationen.

Das am 29. Januar 1991 vom Landtag des Landes Sachsen-Anhalt beschlossene neue Wappen kehrte zur Streifenteilung in der Reihenfolge wie bei der Provinz Sachsen zurück und stellte den schwarzen preußischen Adler, golden bewehrt, in ein silbernes Obereck. Im silbernen Schildfuß repräsentiert ein auf roter Zinnenmauer schreitender schwarzer Bär das ehemalige Land Anhalt. Der Bär auf der Mauer war seit dem 15. Jahrhundert zunächst das Wappenbild der fürstlichen Linie Anhalt-Bernburg gewesen, die diesen Bären mit einem goldenen Halsband und einem Tor in gleicher Farbe in ihrem Wappen führten.

Die gelb-schwarz waagerecht gestreifte Landesflagge basiert auf den Hauptwappenfarben des provinzial-sächsischen Wappenfeldes und knüpft in dieser Farbzusammenstellung an das älteste askanische Wappen an, das aus gelben und schwarzen Streifen bestand. Die preußische Provinz Sachsen hatte 1884 Schwarz-Gelb als Provinzialfarben geführt, die 1945 vom Präsidenten der Provinz Sachsen als Landesflagge bestätigt wurden und bis 1952 auch für das Land Sachsen-Anhalt galten.

Doch im Oktober 1990, als das Land Sachsen-Anhalt wiederhergestellt wurde, war Schwarz-Gelb bereits vom Bundesland Baden-Württemberg belegt (seit 1953). Dort nennt man die Landesfarben übrigens Schwarz-Gold. Deshalb entschied sich der Landtag bei der Schaffung der neuen Landesflagge im Januar 1991 für die Abfolge Gelb-Schwarz, die damit auch der Streifenteilung im Landeswappen, von oben nach unten gesehen, entspricht.

In der Verfassung des Landes Sachsen-Anhalt vom 17. Juli 1992 lautet der Absatz 2 im 1. Artikel: „Die Landesfarben sind Gelb und Schwarz. Das Nähere über Wappen, Flaggen

Die Landesfarben und das Landeswappen von Sachsen-Anhalt sind erstmals am 29. Januar 1991 bekannt gegeben worden.

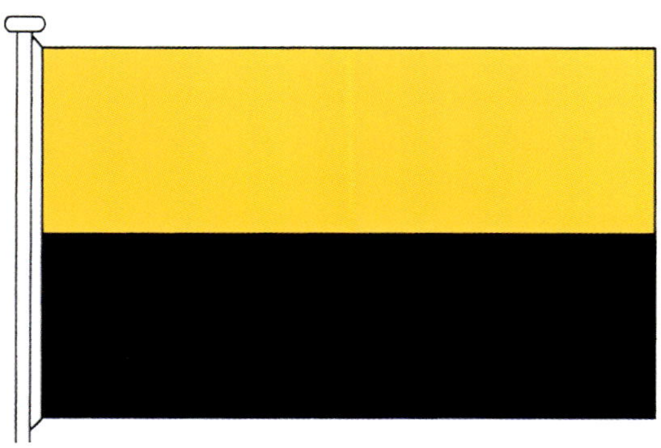

Landeswappen von Sachsen-Anhalt nach der heraldischen Festlegung im Hoheitszeichengesetz vom 2. Juni 1998.

und Siegel regelt ein Gesetz." Wie bei allen Verfassungen der neuen Bundesländer waren zum Zeitpunkt ihrer Verabschiedung die jeweils erwähnten Gesetze über Wappen, Flaggen und Siegel bereits erlassen. So auch in Sachsen-Anhalt, wo das einschlägige Gesetz am 29. Januar 1991 den Landtag passierte. Dort heißt es: „... Die Landesfarben sind Gelb und Schwarz. (...) Die Landesflagge zeigt sich horizontal geteilt in den Farben Gelb und Schwarz. (...) Die Landesflagge kann auch in den Formen des Banners und Wimpels geführt werden. (...) Die Vorschriften zur Form der Landesdienstflagge werden durch das Ministerium des Innern des Landes Sachsen-Anhalt erlassen. Die Landesdienstflaggen müssen aus den Landesfarben bestehen und das Landeswappen zeigen ..."
Im aktuellen Hoheitszeichengesetz vom 2. Juni 1998 liest sich die Beschreibung des Landeswappens detailreich ausgeschmückt wie folgt: „Das Landeswappen zeigt im geteilten Schild, oben neunmal geteilt, die Farben Gold über Schwarz, schrägrechts belegt mit einem grünen Rautenkranz sowie links – in Höhe der oberen fünf Teilungen – im silbernen Freifeld einen schwarzen Adler mit goldener Bewehrung und roter Zunge. Das untere Feld zeigt in Silber einen schreitenden schwarzen Bären auf einer schwarz gefugten roten Zinnenmauer mit offenem Tor." Mit diesem Hoheitszeichengesetz wurde das „Gesetz über Wappen, Flaggen und Siegel" von 1991 außer Kraft gesetzt.
Um den recht mageren Angaben zur Landesflagge („besteht aus zwei Längsstreifen in den Landesfarben Gelb und Schwarz") und zur Landesdienstflagge („zeigt zusätzlich das Landeswappen") mehr praktischen Gebrauchswert zu geben, erhielt das Ministerium des Innern die Verordnungsermächtigung, Folgendes näher zu regeln: die Führung des Landeswappens, die Gestaltung und Führung der Landesflagge und der Landesdienstflagge, die Gestaltung und Führung der Landessiegel und die Gestaltung und Führung von Amtsschildern.

Brandenburg: mit Diskussion zum Wappen

„Die Öffnung der bekannten Glienicker Brücke zwischen Potsdam und Berlin gehörte zu den bewegendsten Ereignissen der Wende. Das Brandenburger Landesbewusstsein wurde rasch wieder lebendig. Das volkstümliche Lied ‚Steige hoch, du roter Adler' war in aller Munde", schreibt Werner Känzel in seinen Ausführungen zur Entstehung der Brandenburger Hoheitszeichen nach der Wende. „Bereits im Vorfeld der Bildung des neuen Landes wurde über sein Wappen ebenso engagiert wie kontrovers diskutiert. Ausgelöst wurde die Debatte durch Thesen, die Mitarbeiter des Potsdamer Landeshauptarchivs im Februar 1990 veröffentlichten. Sie schlugen vor, den roten märkischen Adler auf weißem bzw. silbernem Feld, wie er seit dem 12. Jahrhundert von den askanischen Markgrafen und ihren Nachfolgern geführt worden war, wieder zum Landeswappen zu machen. Auf die in das Landeswappen offiziell erst 1824 bzw. 1864 eingeführten Beigaben Kurhut, Schwert, Zepter und Brustschild mit Erz-

Zurück zum traditionellen roten Adler Brandenburgs: Landeswappen und Landesflagge des neuen Bundeslandes seit dem 18. Mai 1993.

kämmererstab sollte bewusst verzichtet werden. Ein teilweise sehr emotional geführter Streit entbrannte. Während sich alle daran Beteiligten einig waren, dass das ‚heraldisch unschöne' Wappen von 1945 nicht wiedererstehen dürfte, entzündeten sich die Gemüter an der Frage, ob der rote Adler Kurhut, Schwert und Zepter erhalten solle oder nicht. Man bezichtigte die Archivare des ‚Wappenfrevels' und warf ihnen vor, sie wären, ohne Not und mit amtlicher Wut bemüht, alles zu tilgen, was an die 500-jährige gemeinsame Geschichte von Märkern und Hohenzollern erinnern könnte'. Der rote Adler solle ‚gerupft' und ein ‚Zielobjekt von Verfremdern', durch ‚Entattributisierung verunstaltet', zu einem ‚heraldischen Fragment' werden. Eine Vielzahl von Bürgern sprach sich aber für den Vorschlag der Archivare aus, die beteuerten, gerade weil er sich auf die ursprüngliche Gestalt des roten Adlers besinne, würde diesem ‚keine Feder gekrümmt'; er sollte weiterhin so frei und unbeschwert fliegen wie er vor 800 Jahren ins Land gekommen war, wehrhaft mit goldenen Fängen und goldenem Schnabel" – so weit Werner Känzel zur Diskussion um das Wappentier.

Im August 1990 nahm eine Arbeitsgruppe ihre Tätigkeit auf, die beauftragt war, in Vorbereitung der Neugründung des Landes Brandenburg einen Gesetzentwurf über Wappen, Flagge und Siegel des künftigen Bundeslandes zu erarbeiten. Sie legte den Entwurf eines Hoheitszeichens vor, das „in der friedfertigen Form des Adlers" auf seine älteste Form des 12. Jahrhunderts zurückgriff. Der Landtag folgte dieser Argumentation mit dem Beschluss des Hoheitszeichengesetzes vom 30. Januar 1991.

Weniger strittig als das Wappen war die künftige Landesflagge. Dass sie die traditionellen Farben Rot und Weiß enthalten müsste, darüber waren sich rasch alle einig. Wegen des besseren Kontrasts zu anderen gleichfarbigen Flaggen hat der Gesetzgeber schließlich entschieden, den roten Adler auch zu einem Bestandteil der Landesflagge zu machen. So hieß es dann in der Landesverfassung vom 20. August 1992 in Artikel 4: „Die Landesfarben sind Rot und Weiß. Das Landeswappen ist der rote märkische Adler auf weißem Feld."

Genauer stand es dann im „Gesetz über die Hoheitszeichen des Landes Brandenburg" vom 30. Januar 1991: „,... Das Landeswappen zeigt auf einem Schild in Weiß (Silber) einen nach rechts blickenden, mit goldenen Kleestengeln auf den Flügeln gezierten und Gold bewehrten roten Adler. (...) Die Landesflagge besteht aus zwei gleich breiten Querstreifen in den Landesfarben, oben Rot, unten Weiß und trägt in der Mitte das Landeswappen. Das Verhältnis der Höhe zur Länge des Fahnentuchs ist wie drei zu fünf."

In der Hoheitszeichenverordnung des Landes vom 6. September 2000 wird der aktuelle Gebrauch der staatlichen Symbole – mit einigen Unterschieden zu anderen Bundesländern – beschrieben. Die Liste der Stellen mit Erlaubnis zum Gebrauch des Landeswappens, vom Präsidenten des Landtages bis zu „wissenschaftlichen, künstlerischen und kulturellen Einrichtungen, die einer Landesbehörde unterstehen" ist 21 Positionen lang und in ihrer Vielfältigkeit bemerkenswert. Das Recht zur Führung des Landeswappens umfasst unter anderem die Befugnis, das Landeswappen im Dienstsiegel, im Briefkopf, auf amtlichen Druckschriften, Urkunden, Zeugnissen sowie auf Amtsschildern und Dienstfahrzeugen zu verwenden. Ansonsten ist die Abbildung des Landeswappens zu künstlerischen und wissenschaftlichen Zwecken sowie zu Zwecken des Unterrichts und der staatsbürgerlichen Bildung jedermann erlaubt. Jede andere Verwendung bedarf der Genehmigung des Ministeriums des Innern. Die Landesflagge besteht aus zwei gleich breiten Querstreifen in den Landesfarben – oben Rot, unten Weiß – und trägt in der Mitte das Landeswappen. Wird die Landesflagge mit Längsstreifen, als Banner verwendet, sind die brandenburgischen Landesfarben von links (Rot) nach rechts (Weiß) anzuordnen. „Die Landesflagge darf von jedermann gezeigt werden, sofern dies nicht in einer Weise oder unter Umständen geschieht, die dem Ansehen oder der Würde dieses Symbols abträglich sind." Also führt auch Brandenburg keine besondere Dienstflagge, und „Dienstflaggen an Kraftwagen" sind mit einer Kann-Bestimmung relativiert: „Die Führung einer Dienstflagge an Fahrzeugen des Landtages kann vom Präsidenten des Landtages geregelt werden", und der Minister des Innern kann das Führen einer Dienstflagge an Fahrzeugen der Landesregierung regeln.

Symbole zweier traditioneller Länder auf einer Flagge: Der Mecklenburger Stier und der pommersche Greif arrangieren sich in einer für Deutschland einmaligen Farbstreifenfolge auf der Landesdienstflagge von Mecklenburg-Vorpommern seit dem 23. Juli 1991 (links). Oben links die Landesflagge und rechts die Standarte für Mitglieder der Landesregierung.

Mecklenburg-Vorpommern: zwei Wappen und vier Farben

Auf einmal waren sie da, zwar nur vereinzelt, aber durchaus wahrnehmbar: Die weiß-blauen Pommernflaggen flatterten entlang der Ostseeküste und in Vorpommern. Seit dem Fall der Mauer und den Monaten vor der Volkskammerwahl im März 1990 wurde Flagge gezeigt. Zumeist von einer Stippvisite in den Westen mitgebracht, mussten sich viele Einwohner erst an das Flaggenwappen und die Farben wieder gewöhnen. Der Begriff „Pommern" sollte als historische Dimension in der deutschen Geschichte aus den Köpfen verdrängt werden. Denn wer an Vorpommern dachte, dem kam eventuell Gesamtpommern in die Erinnerung, und das tangierte eine Grenze – die Grenze zu Polen und nun die Ostgrenze Deutschlands. Das Hissen der alten blau-gelb-roten mecklenburgischen Farben fiel den Mecklenburgern angesichts der langen Tradition eigenständiger Staatsgeschichte da schon etwas leichter. Deren spontane Verwendung konnte in verschiedenen mecklenburgischen Stadtflaggen und als Binnenschifffahrtsflagge auf der Müritz seit März 1990 beobachtet werden. Nachdem sich im Oktober 1990 das neue Bundesland Mecklenburg-Vorpommern konstituiert hatte und der Landtag begann, darüber zu diskutieren, welche Flaggen und welche Wappen das Land künftig führen sollte, gab es bereits am 15. November 1990 den Antrag, beiden Landesteilen ihre traditionellen Wappen und Farben wiederzugeben: Die Farben und Wappen für das Land als Ganzes ergäben sich aus der Addition der Flaggensymbole der beiden Landesteile. Der Identität des neuen Bundeslandes wäre solche Entscheidung allerdings nicht förderlich gewesen, eher einer späteren Trennung. In einer breiten Öffentlichkeit wurden Entwürfe für die Farben und Wappen des Landes diskutiert. Bis zum Dezember 1990, dem Tag der Beschlussfassung über das erste Hoheitszeichengesetz, lagen dem in den Hoheitsfragen federführenden Rechtsausschuss des Landtages 24 Zuschriften mit insgesamt 50 verschiedenen Vorschlägen vor.

Der Vorschlag der Landesregierung knüpfte im Blick auf das Wappen an die Zusammenfügung der traditionellen Wappenbilder der beiden Landesteile an und schlug vor, den Stierkopf und den Greif in einem gespaltenen Schild nebeneinanderzustellen. Eine Zusammenfügung der Farben beider Landesteile erschien dagegen nicht möglich. Der Vorschlag ging in die Richtung des Bundesfarbenbeispiels der auch neu geschaffenen Länder Niedersachsen, Rheinland-Pfalz oder des Saarlandes: Schwarz-Rot-Gold mit dem Landeswappen in der Mitte.

Es blieb ein schwieriges Unterfangen, die traditionellen Farben der Landesteile zu akzeptierten Landesfarben zu machen. Letztendlich sah die Lösung dann folgendermaßen aus: Die Flagge zeigt waagerechte Streifen Blau-Weiß-Gelb-Weiß-Rot, wobei der gelbe Streifen wesentlich schmaler ist als die anderen. Damit finden sich in der Landesflagge wieder: 1. Blau-Weiß, die pommerschen Farben für den Landesteil Vorpommern, 2. Blau-Gelb-Rot, die mecklenburgischen Farben, 3. Blau-Weiß-Rot, die Farben der mecklenburgischen See- und Handelsflagge und 4. Weiß-Rot, die Farben der Hanse.

In der Verfassung des Landes Mecklenburg-Vorpommern vom 23. Mai 1993 heißt es im Artikel 1: „... Mecklenburg und Vorpommern bilden gemeinsam das Land Mecklenburg-Vorpommern. (...) Mecklenburg-Vorpommern ist ein Land der Bundesrepublik Deutschland. (...) Die Landesfarben sind Blau, Weiß, Gelb und Rot. Das Nähere über Landesfarben und Landeswappen sowie deren Gebrauch regelt das Gesetz ..." Im Gesetz über die Hoheitszeichen des Landes – Hoheitszeichengesetz – vom 23. Juli 1991 ging es dann ins Detail der Wappen und Flaggen: „... Die Farben des Landes Mecklenburg-Vorpommern sind Ultramarinblau-Weiß-Gelb-Weiß-Zinnoberrot. Die Flagge ist längs gestreift. (...) Die Dienstflagge zeigt in den beiden weißen Feldern die Wappenbilder von Mecklenburg und, in Kennzeichnung des Landesteils Vorpommern, von Pommern ohne Schilde nebeneinander. Der gelbe Streifen ist dafür unterbrochen. (...) Wird die Dienstflagge als Banner- oder Hängefahne in Hochformat gesetzt, zeigt sie die beiden Wappenbilder übereinander stehend, oben das Wappenbild Mecklenburgs und darunter das Wappenbild Vorpommerns. (...) In den Landesteilen Mecklenburg und Vorpommern können zusätzlich die traditionellen Farben und Flaggen geführt werden. (...) Der Landtag setzt bei offizieller Beflaggung die Landesflagge und die Flaggen der beiden Landesteile. (...) Der Landtagspräsident, der Ministerpräsident und die übrigen Mitglieder der Landesregierung sind berechtigt, an ihren Dienstfahrzeugen bei besonderen Anlässen Standarten zu führen. (...) Das Land Mecklenburg-Vorpommern führt ein großes und ein kleines Landeswappen. Das große Landeswappen zeigt einen geviertelten Schild. Im rechten oberen Feld befindet sich der mecklenburgische Stierkopf auf goldenem Grund, im linken oberen Feld der rote pommersche Greif auf silbernem Grund, im rechten unteren Feld der rote brandenburgische Adler auf silbernem Grund und im linken unteren Feld der mecklenburgische Stierkopf auf goldenem Grund. (...) Das kleine Landeswappen zeigt einen in der Mitte längs gespaltenen Schild. Im rechten Feld befindet sich der mecklenburgische Stierkopf auf goldenem Grund und im linken Feld der rote pommersche Greif auf silbernem Grund. (...) Das Landessiegel von Mecklenburg-Vorpommern wird als großes Landessiegel, Landessiegel und kleines Landes-

Großes (unten links) und kleines (unten rechts) Landeswappen von Mecklenburg-Vorpommern. Hier wird das Unpraktische der heraldisch korrekten Beschreibung von Gold und Silber deutlich: Die beiden Metallfarben sind im praktischen Gebrauch nur als Gelb und Weiß prägnant umsetzbar, wie das kleine Landeswappen hier unten zeigt.

siegel geführt. (...) Das große Landessiegel zeigt das große Landeswappen. Es führt keine Beschriftung. Das Landessiegel zeigt das kleine Landeswappen und ist zusätzlich versehen mit einer Umschrift, die die siegelführende Stelle angibt. Das kleine Landessiegel zeigt in einem runden Feld das Wappenbild des jeweiligen Landesteils ohne Schild mit einer Umschrift der siegelführenden Stelle.“

Das kleine Landessiegel ist das Zugeständnis an die Mecklenburger und Pommern, offiziell ihr traditionelles Wappentier allein zeigen zu dürfen.

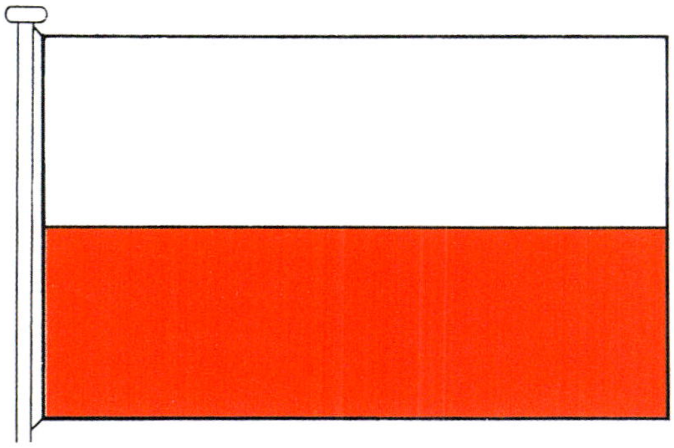

Landeswappen (unten links), Landesflagge, Landesdienstflagge und Landessiegel des Freistaates Thüringen. Die Flaggen sind auch in Bannerform erlaubt.

Thüringen: ein Wappen mit Verwechslungsgefahr

Eine Forderung der Demonstranten des Jahres 1989 war unter anderem die Wiedereinrichtung eines Landes Thüringen und die damit verbundene Auflösung der Bezirke. Diesem Wunsch entsprach die erste frei gewählte Volkskammer der DDR mit dem Ländereinführungsgesetz vom 22. Juli 1990. Am 14. Oktober 1990 wurde das Bundesland Thüringen durch die Zusammenlegung der Bezirksterritorien Erfurt, Gera und Suhl, zuzüglich der Kreise Altenburg, Artern und Schmölln neu gebildet. Am gleichen Tag fand die erste Wahl zum Thüringer Landtag mit einer Wahlbeteiligung von 71,69 Prozent statt. Der Landtag konstituierte sich in seiner ersten Sitzung am 25. Oktober 1990. Am 10. Januar 1991 beschloss der Thüringer Landtag das Gesetz über die Hoheitszeichen Thüringens. Veröffentlicht wurde es in der ersten Nummer des Gesetzblattes für das Land Thüringen auf der ersten Seite als erstes Gesetz des Jahres 1991. Unter Absatz 2 des ersten Paragraphen hieß es: „Die Landesfarben sind Weiß-Rot“. Eine Formulierung, wie sie aus anderen Landesverfassungen bekannt ist. Und in der Verfassung des Freistaates Thüringen vom 25. Oktober 1993 tauchte sie in Artikel 44 wieder auf: „Der Freistaat Thüringen ist ein Land der Bundesrepublik Deutschland. (...) Die Landesfarben sind Weiß-Rot. Das Wappen des Landes bildet ein aufrecht stehender, achtfach rot-silber gestreifter, gold gekrönter und gold bewehrter Löwe auf blauem Grund, umgeben von acht silbernen Sternen. (...) Die Hauptstadt des Landes ist Erfurt“.

Bei der Neugestaltung des Wappens galt es,

Das Logo des Landeswappens ist zur Benutzung für jedermann freigegeben.

sowohl historische Wurzeln als auch zeitgenössische Erfordernisse zu berücksichtigen. Darüber hinaus sollte ein Symbol für die gewachsene thüringische Identität und Geschichte gefunden werden. So griff man auf den Löwen der Landgrafen von Thüringen zurück. Dies ergab sich aus der herausragenden Bedeutung, die die Landgrafschaft in der thüringischen Geschichte hatte.

Sieben silberne Sterne standen für die sieben Kleinstaaten, aus denen Thüringen 1920 gebildet wurde. Der achte Stern wurde in das neue Wappen mit dem Löwen eingefügt, als der vormals preußische Regierungsbezirk Erfurt 1945 wieder an Thüringen fiel. Eine gewisse Ähnlichkeit des neuen Wappens mit dem Wappen des Landes Hessen bleibt nur bei oberflächlicher Betrachtung. Bei genauem Vergleich zeigen sich vier wichtige Unterschiede: Der hessische Löwe ist zehnfach quergestreift, wobei diese Streifung von oben her mit Silber beginnt, er ist ungekrönt, und auf den Schildgrund sind keine Sterne gestreut.

Nach der „Verordnung zur Ausführung des Gesetzes über die Hoheitszeichen des Landes Thüringen" vom 11.4.1991 besteht die Landesflagge aus je einem gleich breiten weißen und roten Längsstreifen. Die Farben gehen zurück auf die Streifung des Löwen im Wappen bzw. auf das Wappen von 1921, das sieben silberne Sterne auf rotem Grund zeigte. Breite und Länge der Landes- und der Dienstflagge müssen mindestens ein Verhältnis von 1 zu 2 besitzen. Die Landesdienstflagge ist die Landesflagge, die in der Mitte das Landeswappen jeweils senkrecht zeigt. Landesflagge und Landesdienstflagge können in senkrecht oder waagerecht gestreifter Form verwendet werden.

Das Thüringer Wappen als Hoheitszeichen gehört zum Freistaat und der Thüringer Landesregierung. Das Logo des Freistaats, also die Kombination aus dem Wappen und dem Schriftzug „Freistaat Thüringen" steht ausschließlich der Landesregierung zur Nutzung frei. Deshalb wurde im Jahr 2003 auf der Basis des Thüringen-Wappens ein allgemeines Logo entwickelt, das den Freistaat unabhängig von offiziellen Verwendungsformen repräsentieren kann. Dieses Logo ist für jedermann zur Nutzung freigegeben. Jegliche Veränderung des Logos, auch die Verwendung von nachbearbeiteten Daten ist dabei nicht gestattet.

Jörg-M. Hormann

Daten zur deutschen Flaggengeschichte

Diese Auflistung von Daten zur deutschen Flaggengeschichte des 19. und 20. Jahrhunderts präsentiert in einer Auswahl die wichtigen Bestimmungen. Die Auswahl bezieht sich schwerpunktmäßig auf die National- Reichs-, Handels- und Kriegsflaggen. Aus Gründen der Übersichtlichkeit beschränkt sich die Flaggenübersicht auf die geschichtlichen Daten der heutigen Bundesrepublik Deutschland und ihrer Vorgängerstaaten – Norddeutscher Bund, Deutsches Reich, Deutsche Demokratische Republik. Die Daten zur österreichischen Flaggengeschichte werden hier nicht aufgeführt.
Die ausgewählten Quelleninhalte werden vereinfacht zusammengefasst. Quelleninhalte, die hier weniger von Interesse sind, werden jeweils ausgelassen, ohne dass dies besonders kenntlich gemacht ist. Originalzitate aus den Dokumenten stehen in Anführungszeichen. Die Überschriften neben den Daten sind jeweils die originalen Bezeichnungen der Gesetze.

Deutscher Bund 1848–1866

09. 03. 1848 Beschluss der deutschen Bundesversammlung, das Wappen und die Farben des Deutschen Bundes betreffend
Der schwarze, doppelköpfige „alte deutsche Reichsadler mit der Umschrift „Deutscher Bund“ auf goldenem Grund wird zum Bundeswappen, Schwarz-Rot-Gold zu den Bundesfarben bestimmt.

20. 03. 1848 Beschluss der deutschen Bundesversammlung
Bundeswappen und -farben werden in den Bundesfestungen angebracht; die Siegel der Bundesbehörden führen das Bundeswappen.

12. 11. 1848 Gesetz betreffend die Einführung einer deutschen Kriegs- und Handelsflagge (veröffentlicht im Reichsgesetzblatt vom 13. 11. 1848)
Art. 1: „Die deutsche Kriegsflagge ist schwarz-rot-gold mit dem Reichswappen in einem viereckigen Felde in der oberen Ecke am Liek, dessen Seitenlängen 2 : 5 der Breite der Flagge sind.“
Art. 3: „Die deutsche Handelsflagge ist schwarz-rot-gold ohne Reichswappen.“

Norddeutscher Bund und Kaiserreich 1866–1918

25. 06. 1867 Verfassung des Norddeutschen Bundes – IX. Marine und Schifffahrt
Art. 55: „Die Flagge der Kriegs- und Handelsmarine ist schwarz-weiß-rot.“
04. 07. 1867 Allerhöchster Präsidialerlass; Bestimmung der Kriegsflagge des Norddeutschen Bundes
Die neue Kriegsflagge hat folgendes Aussehen: das weiße Tuch wird von einem schwarzen, weiß geränderten, Balkenkreuz geviertelt, auf dessen, leicht zum Liek versetzten, weißen Mittelschild, das von den schwarzen Einfassungsstreifen des Kreuzes umzogen ist, sich der preußische heraldische Adler befindet. Das Obereck am Liek zeigt die Bundesfarben mit dem Eisernen Kreuz belegt.

25. 10. 1867 Gesetz betreffend die Nationalität der Kauffahrteischiffe und ihre Befugnis zur Führung der Bundesflagge
§ 1: Die Kauffahrteischiffe führen „als Nationalflagge ausschließlich die Bundesflagge“ (Schwarz-Weiß-Rot).

03. 08. 1871 Allerhöchster Erlass: Feststellung des Kaiserlichen Wappens
Kaiser Wilhelm I. genehmigt den einköpfigen Reichsadler, der auf dem Brustschild den mit dem Hohenzollernschild belegten preußischen Adler trägt.

08. 11. 1892 Verordnung über die Führung der Reichsflagge
§ 1: „Die Bundesflagge in der durch die Verordnung vom 25. Oktober 1867 festgelegten Form bildet die deutsche Nationalflagge.“

§ 3: „Die Reichsdienstflaggen zeigen auf dem kreisförmig verbreiterten weißen Streifen der Bundesflagge ein besonderes Symbol (Adler, Krone, Posthorn oder Kaiserliche Krone)."
§ 5: „Diese Verordnung tritt am 1. April 1893 in Kraft."

19. 12. 1892 Allerhöchste Order betreffend Reichskriegsflagge
Heraldische Änderung des preußischen Adlers: Fortan wird statt eines Adlers mit gespreiztem Gefieder einer mit gesenktem Gefieder geführt; tritt am 28. Dezember 1892 in Kraft.

26. 09. 1903 Allerhöchste Order über die Reichskriegsflagge
Die Streifen des schwarzen Mittelkreuzes werden gegenüber der bisherigen Ausführung verbreitert.

Weimarer Republik 1918–1933

16. 04. 1919 Ausführungsverordnung zum Gesetz über die Bildung einer vorläufigen Reichsmarine
§ 15: „Die vorläufige Reichsmarine führt bis zur endgültigen Regelung die völkerrechtlich anerkannte Kriegsflagge und die Kommandozeichen der bisherigen Marine."

11. 08. 1919 Verfassung des Deutschen Reiches
Art. 3: „Die Reichsfarben sind Schwarz-Rot-Gold. Die Handelsflagge ist schwarz-weiß-rot mit den Reichsfarben in der oberen inneren Ecke."

11. 04. 1921 Verordnung über die deutschen Flaggen
1. „Die Nationalflagge besteht aus drei gleichen Querstreifen, oben Schwarz, in der Mitte Rot, unten Goldgelb."
2. „Die Handelsflagge ist Schwarz, Weiß, Rot, in dem schwarzen Querstreifen ein Obereck an der Stangenseite mit den Reichsfarben wie in 1. Abgegrenzt zum fliegenden Ende durch einen zwei Zentimeter breiten, senkrechten weißen Streifen. Länge des Oberecks einschließlich dieses weißen Streifens gleich der Höhe des schwarzen Querstreifens. Das Obereck hat ein Höhen- und Längenverhältnis von 2 : 3. Das Verhältnis der Höhe zur Länge der gesamten Flagge ist wie 2 : 3."
4. „Die Reichskriegsflagge ist wie die Handelsflagge, erweitert um das Eiserne Kreuz, in der Mitte je bis zu einem Drittel in den schwarzen und roten Streifen übergreifend. Verhältnis der Höhe zur Länge der Flagge wie 3 : 5."
5. „Die Gösch ist schwarz, weiß, rot, in der Mitte das Eiserne Kreuz, je bis zur Hälfte in den schwarzen und roten Streifen übergreifend; auf dem inneren Drittel des schwarzen Streifens die Reichsfarben ohne weiße Abgrenzung. Verhältnis der Höhe zur Länge wie 2 : 3."
9. „Die Dienstflagge der übrigen Reichsbehörden zu Lande ist schwarz, rot, gold mit dem, etwas nach der Stange hin verschobenen, in den schwarzen und goldenen Streifen je bis zu einem Fünftel übergreifenden, Reichsschild in der Mitte, der Adler nach der Stange blickend."
10. „Die Dienstflagge der übrigen Reichsbehörden zur See ist schwarz, weiß, rot mit dem, etwas nach der Stange hin verschobenen, in den schwarzen und roten Streifen je bis zu einem Fünftel übergreifenden, Reichsschild in der Mitte, den Adler nach der Stange gewendet.
Die alten Flaggen dürfen noch bis zum 1. Januar 1922 geführt werden."

05. 05. 1926 Zweite Verordnung über die deutschen Flaggen
Änderung der Verordnung vom 11. April 1921:
1. Abschnitt I Nr. 10 erhält folgende Fassung: „Der Handelsflagge entsprechend werden die Reichsfarben im Obereck eingefügt."
2. „Die gesandtschaftlichen und konsularischen Behörden des Reichs führen an außereuropäischen Plätzen, die von Schiffen angelaufen werden, neben der Reichsdienstflagge zu Lande auch die Handelsflagge."

Nationalsozialistische Herrschaft 1933–1945

12. 03. 1933 Erlass des Reichspräsidenten über die vorläufige Regelung der Flaggenhissung
„… bestimme ich, dass vom morgigen Tage bis zur endgültigen Regelung die schwarz-weiß-rote Fahne und die Hakenkreuzflagge gemeinsam zu hissen sind. Diese Flaggen verbinden die ruhmreiche Vergangenheit des Deutschen Reichs und die kraftvolle Wiedergeburt der Deutschen Nation. Vereint sollen sie die Macht des Staates und die innere Verbundenheit aller nationalen Kreise des deutschen Volkes verkörpern!" (Unterzeichnet von Reichspräsident von Hindenburg und Reichskanzler Hitler).

14. 03. 1933 Verordnung über die Hoheitszeichen der deutschen Wehrmacht
1. Flaggen der Wehrmacht
Nr. 4. „Die Reichskriegsflagge ist schwarz-weiß-rot mit dem, etwas nach der Stange verschobenen, in den schwarzen und roten Querstreifen je etwa bis zur Hälfte übergreifenden, Eisernen Kreuz im weißen Streifen."
Nr. 5. „Die Gösch der Kriegsschiffe

wie Nr. 4., jedoch in entsprechend kleineren Abmessungen."
Nr. 10. „Die Dienstflagge der übrigen Reichsbehörden zur See, soweit sie von Behörden der Wehrmacht geführt wird, wie Nr. 4., jedoch im weißen Streifen der Reichsadler statt des Eisernen Kreuzes."

31. 03. 1933 Verordnung über die vorläufige Regelung der Flaggenführung
1. Bis zur endgültigen Regelung der Reichsfarben wird bestimmt:
„Die Dienstflagge der übrigen Reichsbehörden zur See ist schwarz-weiß-rot mit dem, etwas nach der Stange hin verschobenen, Reichsadler im weißen Streifen. Der weiße Streifen ist über und unter dem Reichsadler bogenförmig um etwa ein Fünftel verbreitet."

22. 04. 1933 Zweite Verordnung über die vorläufige Regelung der Flaggenführung
§ 1 (2): „Die Reichsdienstflagge ist schwarz-weiß-rot mit dem, etwas nach der Stange hin verschobenen, Reichsadler im weißen Streifen. Der weiße Streifen ist über und unter dem Reichsadler bogenförmig um etwa je ein Fünftel verbreitet."

29. 04. 1933 Erlass über das Setzen der Hakenkreuzflagge auf Kauffahrteischiffen
1. „Die ‚Handelsflagge mit dem Eisernen Kreuz' aus der Verordnung von 1921 wird ersetzt durch die ‚Flagge für ehemalige Marineoffiziere als Führer von Handelsschiffen'. Sie ist schwarz-weiß-rot, an der Stange im schwarzen Streifen befindet sich ein doppelt weißgerändertes Eisernes Kreuz."

15. 09. 1935 Reichsflaggengesetz
Art. 1: „Die Reichsfarben sind schwarz-weiß-rot."
Art. 2: „Reichs- und Nationalflagge ist die Hakenkreuzflagge. Sie ist zugleich Handelsflagge."
Art. 3: „Der Führer und Reichskanzler bestimmt die Form der Reichskriegsflagge und der Reichsdienstflagge."
Art. 5: „Dieses Gesetz tritt am Tage nach der Verkündung in Kraft …"

15. 09. 1935 Gesetz zum Schutze des deutschen Blutes und der deutschen Ehre
(1) „Juden ist das Hissen der Reichs- und Nationalflagge und das Zeigen der Reichsfarben verboten."
(2) „Dagegen ist ihnen das Zeigen der jüdischen Farben gestattet …"

05. 10. 1935 Verordnung über die Reichskriegsflagge, die Gösch der Kriegsschiffe, die Handelsflagge mit dem Eisernen Kreuz und die Flagge des Reichskriegsministers und Oberbefehlshabers der Wehrmacht
1. „Die Reichskriegsflagge zeigt auf rotem Tuch eine, etwas nach der Stange verschobene, zweimal schwarz-weiß geränderte weiße Scheibe mit einem schwarz-weiß geränderten, auf der Spitze stehenden Hakenkreuz in der Mitte. Unter der Scheibe befindet sich ein viermal weiß und dreimal schwarz gestreiftes Kreuz, dessen Balken die Verlängerung des senkrechten und waagerechten Durchmessers der weißen Scheibe bilden. Im Obereck am Liek befindet sich ein weiß gerändertes Eisernes Kreuz."
2. „Die Gösch der Kriegsschiffe zeigt auf rotem Tuch eine, leicht zur Stange versetzte, weiße Scheibe mit einem auf der Spitze stehenden schwarzen Hakenkreuz."
3. „Die Handelsflagge mit dem Eisernen Kreuz entspricht der Handelsflagge, erweitert um ein weiß gerändertes Eisernes Kreuz in der inneren oberen Ecke."

31. 10. 1935 Verordnung über die Reichsdienstflagge
I (1) „Die Reichsdienstflagge zeigt auf rotem Tuch in der Mitte eine weiß-schwarz geränderte weiße Scheibe mit einem schwarz-weiß geränderten schwarzen Hakenkreuz in der Mitte, dessen unterer Schenkel nach der Stange hin geöffnet ist. In der inneren oberen Ecke der Flagge befindet sich das schwarz-weiße Hoheitszeichen des Reiches. Der Kopf des Adlers ist nach der Stange hin gewendet."

Nachkriegszeit 1945–1949

07. 05. 1945 Befehl zum Niederholen der Reichskriegsflagge
In Absprache mit den Westalliierten ergeht um 16 Uhr der Befehl, die Reichskriegsflagge niederzuholen. Auch an die Handelsschiffe ergehen entsprechende Befehle.

30. 05. 1945 Funkspruch der britischen War Diary Summaries
„Deutsche Kriegs- und Handelsschiffe, die unter deutscher Besatzung für die Alliierten fahren, haben an der Gaffel die internationale Signalflagge ‚C' mit ausgeschnittenem Dreieck am fliegenden Ende zu führen."

30. 05. 1945 Befehl Commanding Naval Officer, Channel Islands
„Wenn die Flagge der deutschen Kriegsmarine vorhanden ist, ist die englische Flagge über die deutsche Flagge zu hissen."

20. 09. 1945 Kontrollratsgesetz Nr. 1 über die Aufhebung von Nazi-Gesetzen

Art. I. 1: Aufgehoben einschließlich aller zusätzlichen Gesetze, Durchführungsbestimmungen, Verordnungen und Verlasse wird: „... j) Reichsflaggengesetz vom 15. September 1935".

12. 11. 1946 Kontrollratsgesetz Nr. 39 betreffend Erkennungsflagge
Artikel I. 1: „Sämtliche deutschen oder ehemals deutschen Schiffe, die der Alliierten Kontrollbehörde unterstehen, haben jederzeit (...) die Erkennungsflagge der Alliierten Kontrollbehörde zu führen. Diese besteht aus der internationalen Signalflagge ‚C', aus der ein Dreieck (...) herausgeschnitten ist.
3. Dieser Flagge sind keine Ehrenbezeigungen zu erweisen, und sie ist nicht zum Gruß von Kriegs- oder Handelsschiffen irgendeiner Nation zu dippen."

Bundesrepublik Deutschland ab 1949

23. 05. 1949 Grundgesetz für die Bundesrepublik Deutschland
Art. 22: „Die Bundesflagge ist schwarz-rot-gold."

20. 01. 1950 Bekanntmachung betreffend das Bundeswappen und den Bundesadler
„... dass das Bundeswappen auf goldgelben Grund den einköpfigen schwarzen Adler zeigt, ..."

07. 05. 1950 Anordnung über die deutschen Flaggen
1. „Die Bundesflagge besteht aus drei gleichbreiten Querstreifen, oben Schwarz, in der Mitte Rot, unten Goldfarben ..."
2. „Die Standarte des Bundespräsidenten ..."
3. „Die Dienstflagge der übrigen Bundesbehörden mit Ausnahme der Bundespostverwaltung ist wie 1., darauf, etwas nach der Stange hin verschoben, in den schwarzen und goldfarbenen Streifen je bis zu einem Fünftel übergreifend, den Bundesschild, den Adler nach der Stange gewendet."
4. „Bundespostflagge ..."

17. 12. 1951 Flaggenordnung für den Bundesgrenzschutz
Die Bundesdienstflagge ist Flagge und Gösch des Bundesgrenzschutzes.

25. 05. 1956 Anordnung des Bundespräsidenten über die Dienstflagge der Seestreitkräfte der Bundeswehr
Dienstflagge der Seestreitkräfte der Bundeswehr ist die Bundesdienstflagge in Doppelstanderform. Der Scheitel des rechtwinkligen Einschnittes liegt in der Mitte des roten Streifens. Der Abstand des Scheitelpunktes vom Bundesschild ist etwas geringer als der Abstand des Bundesschildes von der Stange.

23. 07. 1958 Drittes Gesetz zur Aufhebung des Besatzungsrechts
§ 2 (1): „Die vom Kontrollrat in Deutschland erlassenen, in der Anlage 2 des Gesetzes aufgeführten, Vorschriften verlieren im Geltungsbereich dieses Gesetzes ihre Wirksamkeit. Anlage 2 (zu § 2) I Gesetze: Gesetz Nr. 39 vom 12. November 1946: Erkennungsflaggen für deutsche Schiffe."

24. 04. 1968 Flaggenordnung für Schiffe des Bundesgrenzschutzes
1. „Die Seeschiffe und Binnenschiffe des Bundesgrenzschutzes führen statt der Bundesflagge die Bundesdienstflagge."

Deutsche Demokratische Republik 1949–1989

07. 10. 1949 Verfassung der DDR
Art. 2 (I): „Die Farben der DDR sind Schwarz-Rot-Gold."

26. 09. 1955 Gesetz über das Staatswappen und die Staatsflagge der Deutschen Demokratischen Republik
§ 2 (1): „Die Staatsflagge der Deutschen Demokratischen Republik ist schwarz-rot-gold."

27. 09. 1955 Verordnung über die Führung von Dienstflaggen und Dienstwimpeln
§ 2: „(1) Schiffe, die sich zur Durchführung staatlicher Aufgaben im Einsatz befinden, führen während dieser Zeit Dienstwimpel.
(2) Die dreieckigen Dienstwimpel tragen beiderseits auf weißem Grund das Staatswappen, dessen Durchmesser ein Drittel der Breite des Dienstwimpels beträgt. An den beiden langen Seiten der Wimpel befindet sich ein farbiger Streifen von einem Zehntel der Breite der Dienstwimpel."

27. 09. 1955 Verordnung über die Flaggenführung der See- und Binnenschiffe
§ 1: „(1) Seeschiffe mit über 50 m^3 Bruttoraumgehalt, die ihren Heimathafen in der Deutschen Demokratischen Republik haben, führen die Staatsflagge der Deutschen Demokratischen Republik.
(2) Binnenschiffe mit Heimatort in der Deutschen Demokratischen Republik führen die Staatsflagge der Deutschen Demokratischen Republik."

27. 06. 1955 Verordnung über die Dienstflagge der Nationalen Volksarmee

§ 1: „Für die nationale Volksarmee wird eingeführt: (a) Dienstflagge der Nationalen Volksarmee.“
§ 2 (1): „Die Dienstflagge der Nationalen Volksarmee zeigt auf rotem Grund in der Mitte das Staatswappen der Deutschen Demokratischen Republik, umgeben von einem einfachen goldgelben Lorbeerkranz. Der Durchmesser des Staatswappens mit Lorbeerkranz verhält sich zur Breite der Dienstflagge wie 2 : 3.“

01.10.1959 Gesetz zur Änderung des Gesetzes über das Staatswappen und die Staatsflagge der Deutschen Demokratischen Republik
§ 1 (1) Der § 2 Abs. 1 erhält folgende Fassung:
„Die Staatsflagge der Deutschen Demokratischen Republik besteht aus den Farben Schwarz-Rot-Gold und trägt auf beiden Seiten in der Mitte das Staatswappen der Deutschen Demokratischen Republik.“

01.10.1959 Verordnung über die Einführung einer Handelsflagge der Deutschen Demokratischen Republik
§ 1: „(1) Es wird eine Handelsflagge der Deutschen Demokratischen Republik eingeführt.
(2) Die Handelsflagge der Deutschen Demokratischen Republik ist schwarz-rot-gold. In der oberen Ecke am Flaggenstock ist auf rotem Grund das Staatswappen der Deutschen Demokratische Republik angebracht.
(3) Der obere und seitliche Abstand des Staatswappens zum Flaggenrand beträgt ein Viertel der Breite des Farbstreifens, die Unterseite des Staatswappens reicht bis zur Mitte des roten Farbstreifens.“

04. 05. 1960 Anordnung über die Dienstflagge der Boote der Deutschen Grenzpolizei und der Deutschen Volkspolizei
§ 1: „Die Boote der Deutschen Grenzpolizei und der Deutschen Volkspolizei führen eine Dienstflagge.“
§ 2: „(1) Für die Deutsche Grenzpolizei ist die Flagge schwarz-rot-gold mit dem Volkspolizeistern in der Mitte und einem grünen Farbstreifen längs des Flaggenstocks.
(2) Die Flagge der Deutschen Volkspolizei wie in (1), nur ohne grünen Streifen.
(3) Die Breite des grünen Streifens aus (1) verhält sich zur Länge der Flagge wie 1 : 10.“

27. 10. 1960 Verordnung über die Dienstflagge für Schiffe und Boote der Volksmarine
§ 2: „(1) Für die Schiffe und Boote der Volksmarine wird eine besondere Dienstflagge eingeführt.
(2) Die Dienstflagge für Schiffe und Boote der Volksmarine zeigt auf rotem Grund einen waagerechten schwarz-rot-goldenen Mittelstreifen, dessen Breite ein Drittel der Breite der Flagge beträgt. In der Mitte befindet sich das Staatswappen, umgeben von einem einfachen goldgelben Lorbeerkranz. Der Durchmesser des Staatswappens mit Lorbeerkranz steht zur Breite der Flagge im Verhältnis 2 : 3.“

05. 07. 1966 Verordnung zur Änderung der Verordnung über die Dienstflagge für Schiffe und Boote der Volksmarine
§ 1: „(2) Die Dienstflagge für Kampfschiffe und -boote der Volksmarine entspricht der in der Verordnung vom 27. Oktober 1960 in § 2 (2) beschriebenen Flagge.
(3) Die Dienstflagge für Hilfsschiffe der Volksmarine wie die in (2), aber mit blauem statt rotem Grund.
(4) Die Zeichen der Dienste der Volkmarine sind an der dem Stock abgewandten Seite im oberen Drittel zu führen.“

Dominik Plaschke

Glossar flaggenkundlicher Begriffe

Admiralitätsflagge
Flagge der Marineverwaltung, in Großbritannien der Admiralität und ihrer Mitglieder.

Admiralsflagge
Die Flagge, durch deren Hissen oder Führen die Anwesenheit eines Admirals gekennzeichnet wird.

Andreaskreuz
Diagonalkreuz/Schrägkreuz (z. B. schottische Nationalflagge, russische Kriegsflagge).

Ausflaggen
Festliches Beflaggen von Schiffen (vgl. über die Toppen flaggen).

Banner
– Fahne oder Flagge, die lose an einem Querholz befestigt ist. Gegenwärtig in der Art, dass die Höhe größer als die Länge ist. Banner werden nicht auf „Halbmast" gehisst.
– Ursprünglich nur jene Art Fahnen, die auf ein rechteckiges, nicht länger als hohes Tuch das Wappen des betreffenden Landes oder „Bannerherrn" übertragen zeigten (Wappenbanner).
– Im Mittelalter gebräuchlicher Begriff für Fahne („Panier").
– Poetischer Ausdruck für Fahnen im Allgemeinen.

Beflaggungstage
Festgelegte Tage, an denen Behörden und ähnliche Einrichtungen – staatlich angeordnet – beflaggen.

Blutfahne
– Eine rote Fahne zur Zeit des Heiligen Römischen Reiches: Zeichen der hohen Gerichtsbarkeit, Symbol der Belehnung mit einem Fahnlehn.
– Im „Dritten Reich": eine beim Hitler-Putschversuch von 1923 in München mit Blut befleckte Hakenkreuzfahne, die nach der Machtübernahme durch Hitler zum Kultgegenstand der NSDAP mit eigenem Schrein und eigener Leibwache wurde; mit ihr wurden auf Parteiveranstaltungen andere Flaggen „geweiht".

Danebrog/Dannebrog
(amtliche dänische Schreibung)
Die dänische Nationalflagge.

Defensionerfahne
Fahnen der in Sachsen schon 1613 als „Defensioner" errichteten Landmilizen. Die Fahnen waren häufig mit dem Provinzwappen und dem Bezirksnamen versehen (z. B. in Preußen).

Dienstflagge
Flagge staatlicher Institutionen und Dienststellen (z. B. Post und Zoll). Oft eine Sonderform der Nationalflagge (z. B. mit Staatswappen).

Dippen
Dippen ist der Flaggengruß in der Seeschifffahrt. Dazu wird die Flagge bis zur halben Höhe des Flaggenmastes oder Flaggstocks niedergeholt und erneut auf die volle Höhe gehisst. Es grüßt im Allgemeinen zuerst das Handelsschiff ein Kriegsschiff, das auslaufende Schiff ein einlaufendes, das vorbeifahrende ein stillliegendes.

Doppelstander
Längeres rechteckiges Tuch mit einem oder zwei dreieckigen Einschnitten an der Flugseite oder trapezförmig auslaufender Flugseite. Als Kommandozeichen und besonders bei nordeuropäischen Staaten auch als Flagge verwendet.

Dreifarb
Siehe Trikolore.

Ehrenfahne
Eine aus einem besonderen Anlass verliehene Fahne.

Ehrenflagge
Flagge, die Schiffen für bestimmte Leistungen ihrer Besatzungen verliehen wird, z. B. die zwei österreichischen Ehrenflaggen von 1854 und die Kriegsverdienstwimpel der deutschen Kriegsmarine.

Ehrenzeichen
Seit etwa 1800 wurden an den Spitzen

der Truppenfahnen besondere Auszeichnungen – wie Tapferkeitsauszeichnungen – angebracht.

Emblem
Heraldisches Zeichen oder charakteristisches Symbol, das eine Person, ein Land oder eine Organisation repräsentiert.

Erbeutete Fahnen
Nicht im Kampf eroberte, sondern später vorgefundene Fahnen.

Eroberte Fahnen
Im Kampf gewonnene Fahnen. Die Eroberung einer Fahne – ebenso wie eines Geschützes – wurde einst mit einer Prämie belohnt. Dem Feind abgenommene Fahnen wurden in feierlicher Weise heimgebracht und aufgestellt, vielfach in Kirchen.

Fahne
Das Wort stammt vom mittelhochdeutschen „Van" ab. Ebenso wie das lateinische „pannus" geht es zurück auf das indogermanische Wort „Pan" und hat die Grundbedeutung „Tuch". Im Gegensatz zur Flagge ist die Fahne unmittelbar an die Stange befestigt. Während die Flagge ersetzbares Verbrauchsmaterial ist, wird die Fahne nicht erneuert, sondern in ihrer ursprünglichen Form so lange wie möglich aufbewahrt, da sie als Gegenstand ein Symbol darstellt. Eine Fahne kann daher auch kirchlich geweiht werden.

Fahneneid
Der militärische Diensteid, den Soldaten beim Dienstantritt leisten, wurde in Deutschland auf die gesenkte Fahne geleistet. In der Bundeswehr besteht ein Fahneneid im eigentlichen Sinn nicht mehr. An Stelle des Treueids gegenüber der Verfassung und des Gehorsamseids gegenüber dem Staatsoberhaupt leisten die Berufssoldaten und Soldaten auf Zeit einen Diensteid. Wehrdienstleistende legen ein feierliches Gelöbnis ab.

Fahnenjunker
Im 17. und 18. Jh. Edelleute im Alter von 14 bis 16 Jahren, die sich der militärischen Laufbahn widmeten und denen als besondere Auszeichnung das Tragen der Fahne anvertraut wurde. In der Bundeswehr heißen F. die Offiziersanwärter des Heeres und der Luftwaffe im Range eines Unteroffiziers (bei der Marine: Seekadett).

Fahnennagel
Ein in die Stange nichtmilitärischer Fahnen bei einer feierlichen Gelegenheit eingeschlagener, besonders verzierter Nagel.

Fahnenringe
Werden seit Mitte des 19. Jh. um die Stange einer Fahne gelegt, um den Truppenteil anzugeben, dem die Fahne verliehen worden ist, oder um besondere Ereignisse festzuhalten, an denen die Fahne teilgenommen hat oder denen sie unterworfen war, z. B. Erneuerung des Tuches, Tod oder tödliche Verwundung eines Fahnenträgers mit der Fahne in der Hand, Teilnahme an einer Feier, etwa der Kaiserproklamation in Versailles u. dgl.

Fahnenschlagen
Brauch bei Handwerker- und Schützenfesten, bei Umzügen und Prozessionen. Die Fahne wird nach der Musik kunstvoll geschwungen, emporgeworfen und wieder aufgefangen. Das Fahnenschlagen ist heute besonders in der Schweiz, in Österreich, den Niederlanden und am Niederrhein verbreitet.

Fahnenspruch
Geleitwort, mit dem die Fahne geweiht worden ist oder das auf ihr angebracht ist.

Fahnlehn, Fahnlehen
Im mittelalterlichen Deutschen Reich ein vom König unmittelbar verliehenes Lehen mit herzoglicher Amtsgewalt, durch Überreichung einer Fahne als Sinnbild des Heerbannes.

Feld
Farbe einer Fahne oder Flagge oder eines Wappenschildes.

Feldzeichen
Fahne einer militärischen Einheit, beispielsweise eines Regiments.

Finial
Schmuckspitze einer Fahnenstange.

Flagge
Vermutlich mit dem altisländischen „flogra" (= flackern, flattern) verwandt, ist „Flagge" im 15. Jh. dem englischen „flag" (= Fahne) entlehnt. Wie im niederländischen „vlag" und dem gleichbedeutenden dänischen „flag" entwickelte sich das Wort auch im Deutschen zur Bezeichnung einer Fahne, die mit einer Leine an einem Mast oder Stock gehisst wird. Sie ist ein aus Stoff gefertigtes, meist langrechteckiges, auch dreieckiges, länglich schmales oder ausgezacktes Zeichen, um die Zugehörigkeit zu einer Körperschaft, besonders einer Nation, erkennen zu lassen. Flaggen können im Unterschied zu den Fahnen ohne weiteres durch gleich aussehende Stücke ersetzt werden. Das Zeremoniell der Flaggenhissung gilt nicht dem betreffenden Stück, sondern der Darstellung auf ihm. Flaggen werden in der Regel morgens mittels einer beweglichen Leine an einem Flag-

genstock gehisst (geheißt, vorgeholt) und abends ein- (nieder-) geholt. Bleiben sie am Mast, werden sie nachts angeleuchtet. An einem Mast darf jeweils nur eine gehisst werden.

Flaggengruß
International üblicher Höflichkeitsakt der Handelsschiffe gegenüber Kriegsschiffen. Die Handelsflagge wird ein- oder mehrmalig gedippt oder auch während des Vorbeifahrens des zu grüßenden Schiffes gesenkt. Der Flaggengruß wird durch einmaliges Dippen der Kriegsflagge erwidert. Der Flaggengruß ist aus der einstigen Bezeugung der Unterwerfung unter die Gewalt der vorgeblichen Inhaber der Seeherrschaft hervorgegangen.

Flaggen-, Salut- und Besuchsordnung
Eine Dienstvorschrift der deutschen Kriegsmarine, die das Flaggenzeremoniell bei entsprechenden Anlässen regelte.

Flaggenparade
Das mit Ehrenbezeigungen verbundene Heißen einer Flagge morgens und Niederholen abends bei Sonnenuntergang.

Flaggentrauer
Die Bezeigung der Trauer durch die halbmast gesetzte oder mit Trauerflor versehene Flagge.

Flaggschiff
Das Kriegsschiff eines Verbandes, auf dem der führende Admiral mit seinem Stab eingeschifft ist. Das Flaggschiff ist durch ein Kommandozeichen (Admiralsflagge) kenntlich gemacht.

Fliegendes Ende
Die der Flaggenstange abgewandte Hälfte einer Flagge.

Flüger
Ein kurzer Wimpel, der im Topp gefahren wird und der Kontrolle der Windrichtung dient. Er wird heute meist „Stander“ genannt.

Flugseite, Flugsaum
Die dem Liek entgegengesetzte Kante eines Flaggentuchs.

Gebetsfahne
Kleine Fahne mit Inschriften oder Gebeten, vor allem in orientalischen Ländern gebraucht.

Gemeine Figur
In einer Flagge/einem Wappen abgebildetes Symbol, das in der Regel nicht separat verwendet wird (z. B. Adler, Lilie, Löwe oder auch Ahornblatt oder Schwerter).

Gösch
Aus dem Niederländischen stammender Begriff für eine kleine Flagge am Bug eines Schiffes, die die Nationalität anzeigt und bei besonderen Anlässen gesetzt wird. Die Gösch ist in Kriegs- und Nationalflaggen einiger Länder als oberes Feld am Flaggenstock abgebildet (z. B. bei der deutschen Kriegsflagge ab 1867 oder bei der britischen Kriegsflagge). Die Flaggenoberecke wird fälschlicherweise häufig als „Gösch“ bezeichnet.

Gonfanon (Gundfano)
Kriegsfahne; die mehrzipfelige, bildlose, längliche, seitlich an eine Lanze geknüpfte Fahne aus der Zeit, als es keine Wappen gab, also bis ins 12. Jh.

Großmastwimpel
Lange, flatternde Fahne, oft auf Kriegsschiffen im Einsatz.

Halbmast
Hissflaggen werden bei Trauer bis zur Mastspitze gehisst und anschließend langsam in die Stellung „halbmast“ gebracht. Die Unterkante der Hissflagge sollte hierbei auf der Höhe der Mastmitte stehen; vgl. Flaggentrauer.

Handelsflagge
Flagge, die die Nationalität von Handelsschiffen anzeigt. Sie ist vielfach identisch mit der Nationalflagge. Ein fremdes Schiff zeigt im Hafen des Gastlandes die Handelsflagge des betreffenden Landes.

Hängeflagge (Hängefahne, Hausfahne, Schrägfahne)
Die Hängeflagge wird von einem horizontalen Flaggenstock gehisst, üblicherweise an einem Gebäude. Sie ist höher als breit, wobei das Verhältnis Breite zu Höhe von 2 : 3 bis 1 : 6 schwankt. Streifen, die in der Hissflagge von oben nach unten angeordnet sind, werden in der Hängeflagge von links nach rechts (von der Straße zum Gebäude) angeordnet. Falls darauf ein Wappen gezeigt wird, erscheint es meist in der Mitte, manchmal etwas nach oben verschoben.

Hausfarben
Bevorzugte Farbenzusammenstellung einer (angesehenen) Familie; verwendet, um die Dienerschaft darin einzukleiden, ein Regiment zu uniformieren, Flaggen zu bilden, oft – aber nicht stets – aus dem Familienwappen entnommen. Hausfarben sind z. B. die nicht dem Wappen entnommenen weiß-grünen Farben des englischen Königshauses.

Hausflagge oder Kontorflagge
Bezeichnung für die Flagge eines Handelsunternehmens. Gleichzeitig verwendet mit besonderen Markierungen der Schornsteine der Dampfer.

Heckflagge
Die Hauptflagge eines Schiffes, die den völkerrechtlichen Ansprüchen genügen und international anerkannt sein muss. Am Heck bzw. einem sonst geeigneten, möglichst weit achtern liegenden Platz wird daher die Kriegs- bzw. Handelsflagge gezeigt.

Heerfahne
Hauptfahne einer Armee.

Heißen
Hochdeutsche Form von „Hissen", meist in der Imperativ-Form gebraucht („Heißt Fahne").

Hissen
Das Hochziehen einer Flagge am Flaggenstock oder -mast. Es hat langsam zu erfolgen, die Leine hat nach Beendigung des Vorgangs stramm angezogen zu sein.

Hissflagge
Die Hissflagge wird an vertikalen (oder leicht schrägen) Flaggenmasten gehisst. Nach den deutschen Normvorschriften haben sie ein Größenverhältnis von Länge zu Breite wie 5 : 3 oder 3 : 2.

Hissrolle
Sie wird unterhalb der Fahnenmastspitze angeschraubt und dient zur Aufnahme der Hissleine oder des Drahtseiles.

Hoheitszeichen
Die Zeichen staatlicher Gewalt, z. B. Flaggen, Wappen, Staatssiegel, auch Grenzzeichen. Der Gebrauch der Hoheitszeichen mit Ausnahme der Nationalflagge ist den öffentlichen Stellen vorbehalten. Wer Farben, Flagge, Wappen oder die Hymne der Bundesrepublik Deutschland verunglimpft oder ein öffentlich angebrachtes Hoheitszeichen der Bundesrepublik Deutschland oder eines Bundeslandes entfernt, zerstört, beschädigt, unkenntlich macht oder beschimpfenden Unfug daran verübt, wird mit Gefängnis bestraft (§ 96 StGB i. d. F. des Ges. vom 30. August 1951); Ähnliches gilt für ausländische Hoheitszeichen (§ 104 StGB).

Kaiserstandarte
Die von einem Kaiser geführte persönliche Flagge.

Kleid
Eine Stoffbahn, aus der die Flagge zusammengenäht ist, etwa 50 cm breit und früher manchmal als Berechnungsmaßstab angesetzt.

Klubflaggen
Flaggen von Dampf- und Segelyachten.

Knatterflagge (Knatterfahne, Hissflagge im Hochformat)
Die Knatterflagge wird wie die Hissflagge an einem vertikalen Flaggenmast gehisst; sie ist jedoch höher als breit, wobei das Verhältnis der Breite zur Höhe meist etwa 1 : 3 beträgt. Die Anordnung von Streifen ist nicht standardisiert, d. h. die in einer Hissflagge waagrecht angeordneten Streifen werden auch in Knatterflaggen manchmal waagrecht, manchmal senkrecht angeordnet. Falls darauf ein Wappen gezeigt wird, erscheint es meist in der Mitte, manchmal etwas nach oben verschoben.

Kokarde
Abzeichen in Rosetten- oder Schleifenform; fast immer in den Nationalfarben und ursprünglich deren hauptsächliche Anwendungsform; oft auf dem Flaggstock, aber auch an Hüten und Mützen des 18. Jahrhunderts.

Kolonialflagge
Manche Nationen haben für ihre überseeischen Gebiete Sonderformen der Nationalflagge entwickelt.

Kommandowimpel
Bei der Marine ein Kommandozeichen: eine schmale, lange, in eine oder zwei Spitzen auslaufende, im Großtopp zu setzende Flagge, die anzeigt, dass ein Schiff von einem Seeoffizier geführt wird, d. h. als Kriegsschiff anzusehen ist.

Kommandozeichen
– Marine: Flaggenzeichen zur Kennzeichnung von Offizieren als Befehlshaber von Schiffen. Persönliche Flaggen der Flaggoffiziere sowie die ein vorübergehendes Kommando kennzeichnenden Stander und Wimpel (Kommandowimpel).
– Heer, Luftwaffe, Polizei usw.: Mit der Verbreitung der Kraftfahrzeuge haben sich die K. eingebürgert; sie werden – meist versteift – gewöhnlich auf dem linken Kotflügel angebracht, wenn der führungsberechtigte Offizier anwesend ist.

Kornett
Der im 16. und 17. Jh. übliche Ausdruck für eine (viereckige) Reiterstandarte, daher auch für eine Kompanie Reiter und für den Standartenträger.

Kriegsflagge, Kriegsmarineflagge
Flagge eines Kriegsschiffes, die die Nationalität anzeigt. Sie unterscheidet sich häufig von der Handels- bzw. Nationalflagge. In der Bundesrepublik Deutschland heißt sie „Dienstflagge der Seestreitkräfte der Bundeswehr", in der Deutschen Demokratischen Republik hieß sie „Dienstflagge für Kampfschiffe und -boote der Volksmarine".

Labarum
Anfänglich das Schildzeichen der Truppen Konstantins des Großen seit 312; dann ein mit dem Christusmonogramm versehenes Vexillum.

Landesfarben
Diejenige Farbenzusammenstellung, die die Hoheit eines Staates oder die Zugehörigkeit zu einer Nation, in Deutschland auch zu einem Bundesland, ausdrückt.

Landesflagge
Flagge eines nicht voll souveränen Staates (Regionalflagge in Bundesstaaten/-ländern).

Lanzenflagge, Lanzenfähnchen
Ein dreieckiges oder eingeschnittenes Stück Tuch in einfacher Ausführung an den Lanzen berittener Truppen.

Liek (österreichisch Leik)
Flaggensaum, in dem die Flaggenleine eingenäht ist.

Liekseite oder Stockseite
Die dem Flaggenmast zugekehrte Seite einer Flagge, normalerweise die Hälfte des Tuches.

Lotsenflagge
Gibt es seit 1824; meist weiß geränderte Nationalflagge, die anzeigt, dass ein Schiff einen Lotsen benötigt oder an Bord hat.

Nagelung
– Die Nagelreihe(n), mittels derer das Fahnentuch an die Stange geheftet ist.
– Die Zeremonie, bei der das Fahnentuch durch Einschlagen der vorher nur lose eingesetzten Nägel an der Stange endgültig befestigt wird. Den ersten Nagel schlug dann der Landesherr ein, weitere seine Familie, die restlichen – in Preußen waren es etwa 100 Nägel – Abordnungen der Regimenter.

Nationalflagge
Die von souveränen Staaten allgemein geführte Flagge. Sie symbolisiert den Staat als politische Einheit, aber auch die Nation als kulturelle Einheit. Ursprünglich nur diejenige Flagge, die ein Schiff zur Bekanntgabe seiner Nationalität zeigte; heute eher diejenige Flagge, die – im Gegensatz zu den Dienstflaggen – von allen Bürgern einer Nation geführt werden darf.

Niederholen
Das Herabholen einer mit einer Flaggenleine gehissten Flagge vom Mast.

Oberecke
In der Heraldik auch „Freiviertel" genannt; rechteckiges Feld am Flaggenstock in der oberen Ecke einer Flagge.

Obere Flugseite
Die obere Hälfte des Fliegenden Endes.

Panier, Panner
= Banner.

Rahstander
Ein Stander, der an einer Rah (Querstange eines Mastes) gesetzt wird.

Ränderung
Schmales Farbband; setzt zwei andere Farben voneinander ab.

Rechts und links
In der Heraldik und der Vexillologie werden die Ausdrücke so gebraucht, als ob der Schildträger selbst das Wappen beschreibe. Der Adler in der Dienstflagge der Bundesrepublik Deutschland blickt also im heraldischen Sinne nach rechts.

Reichsbanner
Hauptfahne des Heiligen Römischen Reiches Deutscher Nation.

Rückseite
Jene Seite des Fahnentuchs, die, vom Flaggstock aus gesehen, nach links ausweht.

Salut
Gruß in Form von Schüssen. Die Anzahl der Schüsse ist mit wenigen Ausnahmen ungerade.

Schellenbaum
Ein im 18. Jahrhundert aus der türkischen Janitscharen-Musik (Mahometsfahne) übernommenes Rasselinstrument. Dient heute mit Verzierungen und fahnenartigem Behang als Prunkstück großer Militärorchester.

Schwenkel
Der lange Zipfel an der oberen Seite eines Banners; verlängerter Stoffstreifen, der besonders im Mittelalter sehr beliebt war zur Unterscheidung von Flaggen.

Signalflagge
Sie dient der Verständigung von Schiff zu Schiff oder zwischen Schiff und Küste und stellt entweder Buchstaben oder Zahlen dar. Zu mehreren zusammengestellt, hat sie bestimmte Satzbedeutungen. Diese Bedeutungen sind alphabetisch mit den dazugehörigen Zeichen im internationalen Signalbuch zusammengestellt.

Staatsflagge
Hoheitsflagge eines Staates, die oftmals den Behörden vorbehalten ist (z. B. Dienstflagge für Schiffe im Staatsdienst).

Staatswappen
Das heraldische Hoheitszeichen eines Staates. Seine Benutzung ist meist den staatlichen Dienststellen und Behörden vorbehalten.

Standarte
Eine Standarte ist eine quadratische Flagge. Sie entstand ursprünglich als Fahne für berittene Truppen, ist aber in vielen Staaten seit dem Beginn des 19. Jahrhunderts die Rangflagge von Staatsoberhäuptern und Fürstlichkeiten (z. B. die Kaiserstandarten).

Stander
– Dreieckige, in eine Spitze auslaufende oder trapezförmige, auch an der Flugseite eingeschnittene, Flagge;
– sie wird oft als Signalflagge oder Kommandozeichen zur Unterscheidung von Führern kleinerer Verbände verwendet;
– auch für Kraftwagenflagge verwendet.

Toppen/über die Toppen flaggen
Bei feierlichen Gelegenheiten setzen Schiffe eine Reihe von Neben-(Signal-)flaggen an einer Flaggenleine, die vom Bugspriet über die Mastspitzen (Toppen) bis zum Heck läuft.

Toppflagge
Eine Nebenflagge, die im Topp eines Schiffes geführt wird. Toppflaggen sind alle Kommandozeichen, Staatschefstandarten und Unterscheidungsflaggen von Dienstzweigen. In den Toppen werden auch Kriegsflaggen im Gefecht und im Vortopp die Handelsflagge des Ziellandes gesetzt.

Trauerflor
Schwarzes Stoffstück, das bei Trauer an der Stangenspitze von Hängefahnen angebracht wird. Seine Länge soll etwa ein Drittel oder die Hälfte der Fahnenlänge betragen. Beim Banner werden der Trauerflore links und rechts am Holzquerstab befestigt. Länge wie bei der Hängeflagge.

Trikolore (Dreifarb)
Flagge in drei Farben, die im Allgemeinen als Streifen angeordnet sind. Außerdem Bezeichnung für die französische Nationalflagge.

Truppenfahne
Fahne einer militärischen Einheit.

Reichssturmfahne
Gefechtsfahne des Reichsheeres im Heiligen Römischen Reich Deutscher Nation.

Untere Flugseite
Die untere Hälfte des Fliegenden Endes.

Unterscheidungsflagge
Eine für eine hohe Persönlichkeit bei der Marine gehisste Flagge, wenn die betreffende Persönlichkeit, etwa ein Armeeoffizier, beim Betreten des Schiffes keine Kommandogewalt übernimmt.

Vexilloid
Gegenstände oder Symbole, die die Rolle oder Bedeutung einer Fahne haben; häufig als Stange, an der verschiedene Embleme befestigt sein können.

Vexillologie
Wissenschaft von den Fahnen und Flaggen.

Vexillum
Römische Militärfahne, die mit einer Querstange an einer von einem Adler bekrönten Stange angebracht war (Urform der Querstabsstandarte).

Vorderseite
Jene Seite des Fahnentuchs, die – vom Flaggenstock aus gesehen – nach rechts ausweht. Sie ist die wichtigere Seite der Flagge.

Wappenfarben
Die in einem Wappen hauptsächlich enthaltenen Farben dienen oft, aber nicht immer, als Grundlage für die Zusammenstellung von Landesfarben, Hausfarben und Livreen.

Wappenflagge, auch Wappenbanner
Fahne, die die Zeichnung eines Wappenschildes enthält.

Weihe (Fahnenweihe)
Bei der Armee übliche feierliche Einweihung der Fahnen bei ihrer Übergabe an die Truppe. Die deutschen Fahnen der NS-Zeit wurden durch Berührung mit dem Tuch der „Blutfahne“ vom 9. November 1923 geweiht.

Weiße Flagge
Schon im 18. Jh. benutztes weißes Tuch, das die Verhandlungsbereitschaft eines unterlegenen Gegners anzeigt.

Wimpel
Schmale oder kleine in Spitzen auslaufende (meist dreieckig oder schwalbenschwanzförmig eingeschnittene) langgestreckte Flagge mit besonderer Bedeutung (z. B. Kirchen-, Königs-, Breitwimpel).

Winkeralphabet
Ein System, die Flaggen des Signalbuchs durch die bestimmte Haltung von zwei Flaggen durch einen Mann zu ersetzen.

Dominik Plaschke

Quellen und Literatur

Quellen

An den deutschen Reichstag. Antrag der am Auslands-Verkehr beteiligten wirtschaftlichen Körperschaften und Verbände auf Beibehaltung der alten Handelsflagge; Hamburg, im Juni 1921, 40 Seiten.

Brommy, Weiland Rudolf/Littrow von, Heinrich: Die Marine. Eine gemeinfassliche Darstellung des gesamten Seewesens für die Gebildeten aller Stände, Wien/Leipzig 1878, 623 Seiten.

Bundesministerium des Innern – Wappen und Flaggen der Bundesrepublik Deutschland und der Bundesländer, (1. Aufl.) Bonn 1956, 67 Seiten mit 18 Bildtafeln, (2. Aufl.) Bonn 1966, 56 Seiten mit 20 Bildtafeln, (3. Aufl.) Bonn 1981, 60 Seiten mit 20 Bildtafeln, (4. Aufl.) Köln 1993, 78 Seiten mit 27 Bildtafeln.

Die Standarten und Flaggen der Kaiserlichen Deutschen Marine, 15 Tafeln, Berlin 1886, sowie Allerhöchst genehmigtes Flaggen- und Salut-Reglement.

Flaggenbuch Teil II (M.Dv. Nr. 377), Berlin 1928, 148 Seiten mit Flaggen der Reedereifirmen der Welt, Flaggen der Jachtclubs und Segelvereine, Abzeichen der Luftfahrzeuge.

Flaggenbuch Teil I (M.Dv. Nr. 377), Berlin 1939, mit Deckblättern vom August 1941, 194 Flaggentafeln.

Flaggen- und Salut-Ordnung für die kaiserliche Marine, Berlin 1895, 60 Seiten mit 13 mehrfarbigen Vollton-Drucktafeln.

Flaggen-, Salut- und Besuchsordnung für die Kaiserliche Marine (Fla. S.B.O.), Berlin 1904, 109 Seiten.

Flaggen-, Salut- und Besuchsordnung für die Kriegsmarine (Flasbo M.Dv. Nr. 53.), Berlin 1932, Nachdruck 1941, 135 Seiten.

Flaggen-, Salut- und Besuchsordnung für Schiffe/Boote der Bundeswehr (FlaSBO M.Dv. 161/1), Bonn 1977, 135 Seiten mit Abbildungen.

Gegen die Abschaffung der alten deutschen Handelsflagge. Stimmen der Schiffahrtstreibenden und der Deutschen im Ausland, Hamburg, Mai 1921, 64 Seiten.

Gesetzblatt der Deutschen Demokratischen Republik, Flaggenverordnung und Flaggenanordnung, Sonderdruck Nr. 751, (Ost-)Berlin 1973, und Sonderdruck Nr. 1014, (Ost-)Berlin 1979.

Ghillany, F. W./Heideloff, Carl: Der deutsche Adler und die deutschen Farben, Stuttgart 1848, 15 Seiten und Anhang.

Hecker, Hellmuth/Hoog, Günter: Deutsche Flaggen. Sammlung von Vorschriften zum Flaggenrecht Deutschlands und der deutschen Küstenländer, Hamburg 1978, 384 Seiten.

Laitenberger, Birgit/Bassier, Maria: Wappen und Flaggen der Bundesrepublik Deutschland und der Länder – allgemeine Einführung in die Staatssymbolik einschließlich Hymnen, Feier- und Gedenktagen, (5. Aufl.) Köln 2000, 101 Seiten mit 31 Kunstdrucktafeln.

Marinedienstverordnung 100/1, Flaggenordnung für Schiffe der Bundesmarine, Juni 1957, 26 Seiten.

Marinedienstverordnung 100/1, Flaggenordnung für Schiffe der Bundeswehr, Juni 1963, 109 Seiten.

Marineverordnungsblatt 1870 bis 1945 – Sammlung der einschlägigen Flaggenverordnungen und -bestimmungen.

Reichsministerium des Innern (Hrsg.): Die Flaggen des Deutschen Reiches, Berlin 1921, Sonderdruck aus dem Reichs-Gesetzblatt Nr. 45. Jahrgang 1921, 3 Textseiten, 6 Farbtafeln.

Reichsministerium des Innern (Hrsg.): Die Flaggen des Deutschen Reiches, Berlin 1926, 4 Textseiten, 5 Farbtafeln.

Reichsministerium des Innern (hrsg. in Verbindung mit dem Reichspatentamt und dem Reichskulturwart): Die Flaggen des Deutschen Reiches und der deutschen Länder, Berlin 1928 und 1929 (zweite ergänzte Auflage), 7 Textseiten, 12 Farbtafeln.

Reichsministerium des Innern (hrsg. in Verbindung mit dem Reichskulturwart): Wappen und Flaggen des Deutschen Reichs und der deutschen Länder, Berlin 1928, 13 Textseiten, 4 Farbtafeln.

Reichsministerium des Innern (Hrsg.): Die Flaggen des Deutschen Reichs, Berlin 1933, 10 Textseiten, 4 Farbtafeln.

Reichsministerium des Innern (Hrsg.): Die Flaggen des Deutschen Reichs, Berlin 1934 (zweite, geänderte und ergänzte Auflage), 12 Textseiten, 4 Farbtafeln.

Reichsministerium des Innern (Hrsg.): Die Hoheitszeichen des Deutschen Reichs, Berlin 1939, 26 Textseiten, 12 Farbtafeln.

Vorschrift für die Fahnen und Standarten der Wehrmacht, der alten Armee und Marine (H. Dv. 133 Fahnenvorschrift), Berlin 1937, 23 Seiten mit Abbildungen.

Literatur

Baumgartner, Lothar: Die Entwicklung der österreichischen Marineflagge, in: Militaria Austriaca, herausgegeben von der Gesellschaft für österreichische Heereskunde, 1977, S. 29–40, mit Anhang und Flaggentafeln.

Berger, Ulrich: Jugendlexikon Militärwesen, (Ost-)Berlin 1986.

Busch, Otto/Schernitzky, Anton: Schwarz-Rot-Gold. Die Farben der Bundesrepublik Deutschland – Ihre Tradition und Bedeutung, Offenbach 1952, 95 Seiten.

Davis, Brian Leigh: Flags & Standards of the Third Reich, Army, Navy & Air Force 1933–1945, London 1975, 160 Seiten mit 60 Farbabbildungen und über 100 Fotos.

Diem, Peter: Die Symbole Österreichs – Zeit und Geschichte in Zeichen, Wien 1995, 446 Seiten, über 300 S/W- und Farbabbildungen.

Gritzner, Erich: Symbole und Wappen des alten deutschen Reiches, in: Leipziger Studien aus dem Gebiet der Geschichte, herausgegeben von Gerd Buchholz u. a., VIII. Band, 3. Heft, Leipzig 1902, 132 Seiten.

Günther, Erwin: Politische Symbole in der DDR 1989/90, Selbstverlag 1999.

Hoog, Günter: Deutsches Flaggenrecht. Die staatlichen Flaggen der Bundesrepublik Deutschland und ihre Verwendung, Reihe: Werkhefte des Instituts für Internationale Angelegenheiten der Universität Hamburg, Heft 37, Hamburg 1982, 267 Seiten.

Horstmann, Hans: Vor- und Frühgeschichte des europäischen Flaggenwesens, Die Rechtszeichen der europäischen Schiffe im Mittelalter, Bremen 1971, 164 Seiten mit S/W-Abbildungen.

Lehnert, Josef Ritter von: Beiträge zur Geschichte der k. k. Flagge; Vortrag, gehalten im militärwissenschaftlichen Vereine zu Wien am 13. März 1885, in: Organ der Militärwissenschaftlichen Vereine, XXXII. Band, 1886, S. 1–23, mit Anhang und Flaggentafeln.

Meuß, J. F. (Oberbibliothekar des Reichs-Marine-Amtes): Die Geschichte der preußischen Flagge, Berlin 1916, 75 Seiten mit 4 Abbildungen und 10 Tafeln.

Ders.: Die preußische Flagge, in: Meereskunde – Sammlung volkstümlicher Vorträge zum Verständnis der nationalen Bedeutung von Meer und Seewesen, Heft 10, Berlin 1916, 38 Seiten mit Abbildungen.

Neubecker, Ottfried: Fahnen und Flaggen, eine bunte Fibel, Berlin 1939, 128 Seiten mit über 50 farbigen Tafeln.

Ders.: Gesamtdeutsche Flaggenpläne 1848–1850. Nach den bisher unbekannten Entwürfen des Prinzen Adalbert von Preußen dargestellt; in: Deutsches Schiffahrtsarchiv 2, 1978, S. 207–213.

Ders.: Gesamtdeutsche Flaggenpläne 1860–1866. Nach den bisher unbekannten Entwürfen des Prinzen Adalbert von Preußen dargestellt; in: Deutsches Schiffahrtsarchiv 3, 1980, S. 220–226.

Ders.: Gesamtdeutsche Flaggenpläne 1866–1867. Nach den bisher unbekannten Entwürfen des Prinzen Adalbert von Preußen dargestellt; in: Deutsches Schiffahrtsarchiv 4, 1981, S. 231–247.

Norie, J. W./Hobbs, J. S.: Flaggen aller seefahrenden Nationen; Faksimiledruck nach der Ausgabe von 1848 übersetzt und mit einem Nachwort von Rudolf Hoffmann, Hamburg 1990, 46 Seiten und 24 farbige Flaggentafeln.

Plaschke, Dominik: Der Flaggenstreit und die Reichswehr 1918–1933, unveröffentlichte Hausarbeit am Historischen Seminar der Westfälischen Wilhelms-Universität Münster, 29 Seiten, Sommersemester 1998.

Ruhl, Moritz: Die Wappen aller souveränen Länder der Erde, (9. Aufl.) Leipzig etwa 1910, Leporello aus 16 mehrfarbigen Vollton-Drucktafeln mit 175 Abbildungen.

Schroeder, Kurt: Flaggenkunde – mit einer Einleitung von Albert Franz, Bonn 1953, 68 Seiten mit 300 Flaggenabbildungen.

Siegel, Rudolf: Die Flagge – Geschichte der Entwicklung der auf den Kriegs- und Handelsschiffen zur Verwendung kommenden Flaggen unter der Berücksichtigung des Gebrauchs von Flaggen zu Signal- und Salutzwecken, Berlin 1912, 267 Seiten mit 48 farbigen Flaggentafeln, 16 Schwarztafeln und 74 Textabbildungen.

Ströhl, Hugo Gerard: Deutsche Wappenrolle enthaltend alle Wappen, Standarten, Flaggen, Landesfarben und Kokarden des Deutschen Reiches, seiner Bundesstaaten und regierenden Dynastien, Stuttgart 1897, 98 Seiten mit 172 Wappen und Fahnen auf 22 Tafeln in 14-fachem Farbendruck und 131 Textillustrationen.

Ders.: Wappen und Flaggen des Deutschen Reiches und seiner Bundesstaaten, aus der Reihe: „Die bibliophilen Taschenbücher“, Dortmund 1979, 115 Seiten mit Farbabbildungen.

Valentin, Veit/Neubecker, Ottfried: Die deutschen Farben, Leipzig 1928, 240 Seiten mit 12 Farbtafeln und kritischer Bibliographie der deutschen Flaggenliteratur.

Wappen und Flaggen der Bundesrepublik Deutschland und der Bundesländer, Bundeszentrale für politische Bildung, Bonn 1987, 13 Faltblätter à 4 Seiten mit Farbabbildungen.

Wentzke, Paul: Die deutschen Farben – ihre Entwicklung und Deutung sowie ihre Stellung in der deutschen Geschichte, Heidelberg 1927, 240 Seiten.

Ders.: Hoheitszeichen und Farben des Reiches, Frankfurt 1939, 160 Seiten mit Kunstdrucktafeln.

Wer nennt die Länder – kennt die Fahnen? Album Nr. 1 (Massary-Zigarettenfabrik-Berlin), Berlin 1929, 66 Seiten mit 916 Bildern.

Wise, Terence/Rosignoli, Guido: Flaggen und Standarten 1618–1900, München 1977, 183 Seiten mit 64 Farbtafeln.

Znamierowski, Alfred: Flaggen-Enzyklopädie. Nationalflaggen, Banner, Standarten, Hamburg 2001, 256 Seiten mit 21 Farbfotos sowie 1260 farbigen und 15 S/W-Abbildungen.

Personenregister

Sachregister

Die Autoren

Jörg-Michael Hormann, Jahrgang 1949. Nach dem Architekturstudium in Hannover Einstieg in den Journalismus. 20 Jahre als Redaktionsleiter und Blattmacher bei verschiedenen Verlagen, danach freiberufliche Tätigkeit als Fachbuchautor.
Inzwischen 25 Buchveröffentlichungen und Hunderte von Fachbeiträgen zur Verkehrs-, Kunst- und Militärgeschichte des letzten Jahrhunderts, mit maritimem Schwerpunkt. Jörg-M. Hormann ist verheiratet, und zwei jugendliche Kinder sorgen dafür, dass zu Hause bei Oldenburg keine Langeweile aufkommt.

Dominik Plaschke, 1973 in Telgte/Westfalen geboren, ist Berufsschullehrer für Geschichte, Politik, Wirtschaft und Sport in Krefeld. Der „Flaggenstreit“ in der Weimarer Republik, zentrales Thema während seines Geschichtsstudiums in Münster, sensibilisierte ihn für dieses Thema. Zahlreiche wissenschaftliche Praktika an verschiedenen marine- und militärgeschichtlichen Einrichtungen, unter anderem auch beim Militärgeschichtlichen Forschungsamt in Potsdam, lenkten seinen Blick auf die Besonderheiten der deutschen Flaggengeschichte.
Dominik Plaschke ist verheiratet und Vater einer kleinen Tochter.